AF560998

La Bergère et le Ramoneur
de Paul Grimault et Jacques Prévert

Collection « Cinémas d'animations »

Dirigée par Sébastien Roffat

Mobile, indécis, turbulent, rétif à la définition, le film d'animation ne se laisse pas facilement appréhender. La tentative de définition lui est quelque peu chimérique tant la diversité de ses formes, de ses techniques et de ses ambitions contraint à une définition ouverte. Le terme même de "film d'animation" couvre un éventail si large de pratiques artistiques et techniques, qu'il ne saurait désigner un ensemble homogène du point de vue esthétique. La collection "Cinémas d'animations" se veut le chantre de cette incroyable diversité.

Déjà parus

Jérôme Dutel, *Adaptation littéraire et courts métrages d'animation, Au milieu de l'image coulent les textes*, 2020.

Emmanuel Trouillard, *Hayao Miyazaki et l'acte créateur, Faire jaillir le monde dessiné en soi*, 2019.

Pascal Vimenet, *Un abécédaire de la fantasmagorie, Tempo ritardando,* 2018.

Pascal Vimenet, *Un abécédaire de la fantasmagorie, Variations*, 2017.

Samuel Kaczorowski, *Capter le moment fuyant, Osamu Tezuka et l'invention de l'animation télévisée*, 2017.

Pascal Vimenet, *Un abécédaire de la fantasmagorie, Suite,* 2016.

Sous la direction de Patrick BARRES et Serge VERNY, *Les expériences du dessin dans le cinéma d'animation*, 2016.

Sous la direction de Marie Pruvost-Delaspre, *L'animation japonaise en France, réception, diffusion, réappropriations*, 2016.

Sébastien ROFFAT

LA BERGERE ET LE RAMONEUR DE PAUL GRIMAULT ET JACQUES PREVERT

Chronique d'un désastre annoncé

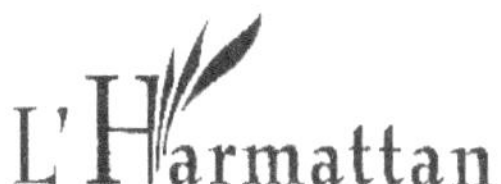

Du même auteur

Animation et propagande : les dessins animés pendant la Seconde Guerre mondiale, Paris, L'Harmattan, 2005. Traduit en japonais en 2011.

Disney et la France : les vingt ans d'Euro Disneyland, Paris, L'Harmattan, 2007.

Propagandes animées : le dessin animé politique entre 1933 et 1945, Paris, Bazaar&Co, 2010.

Histoire du dessin animé français de 1936 à 1940. Une politique culturelle d'État ?, Paris, L'Harmattan, 2014.

Histoire politique et économique du dessin animé français sous l'Occupation (1940-1944) : un âge d'or ?, Paris, L'Harmattan, 2014.

Esthétique et réception du dessin animé français sous l'Occupation (1940-1944) : l'émergence d'une école française ?, Paris, L'Harmattan, 2014.

Direction d'ouvrage :
Archives et acteurs des cinémas d'animation en France, Paris, L'Harmattan, 2014.

Edition établie et présentée :
Maurice Noverre, *La vérité sur l'invention de la projection animée. La vie et l'œuvre d'Émile Reynaud*, L'Harmattan, 2013.

© L'Harmattan, 2020

5-7, rue de l'École-Polytechnique ; 75005 Paris

http://www.editions-harmattan.fr

ISBN : 978-2-343-20418-5

EAN : 9782343204185

« Merci encore pour ton fantastique travail.
Tu me soulages d'un énorme sentiment de frustration que de voir tant de vérités dissimulées. »
Marly-le-Roi, 2 janvier 2015

Lettre de Jacques Thévenet (1927-2015),
directeur technique sur *la Bergère et le Ramoneur* à Sébastien Roffat

Introduction

C'est l'histoire d'un film mythique mais invisible.
C'est l'histoire d'une mémoire confisquée.
C'est l'histoire de l'un de plus grands péchés d'orgueil
de l'histoire du cinéma français.
C'est l'histoire d'une fantastique aventure humaine et industrielle.
Et artistique.
C'est l'histoire d'amitiés qui se déchirent - pour toujours.

C'est un échec financier, un succès artistique avorté. C'est un procès, des procès. Une équipe qui se déchire. Une aventure qui se termine.

C'est terminé.
Tout est terminé.
Ambition démesurée. Sabotage. Rivalités. Détestation. Incompétence. Incompatibilité d'humeur. Opinion divergente. Divergence d'opinions.

Ça a fermé pour toujours. Le petit château se tait.
Les dessins se sont envolés... de leur feuille... blanche.

Une bergère

Un ramoneur

De rien du tout.

Cette histoire est véridique. Parfaitement véridique.

C'est l'Oiseau qui l'a dit.

Et le Roi. « Misérable ».

* * *
**

« Combien de fois m'a-t-on demandé avec une pointe de reproche
pourquoi je laissais *la Bergère et le Ramoneur* dans une boîte
et ne voulais pas le ressortir.

C'est très simple :
Ce qu'il y a de meilleur dans *la Bergère et le Ramoneur*
on le retrouve dans *le Roi et l'Oiseau.*
C'est ce que nous avons fait jusqu'en 1950.
Et comme je ne veux pas que le reste me soit attribué
je préfère laisser le film dans sa boîte.

C'est mon film après tout. »[1]

Paul Grimault.

Étudier *la Bergère et le Ramoneur*, c'est s'attaquer à un mythe du cinéma d'animation, voire du cinéma tout court. Ce film, sorti en 1953 en France, a fait couler beaucoup d'encre. Il fait partie de ces films dont on parle beaucoup mais que finalement peu de personnes ont vu dans leur version d'origine. Un autre long métrage d'animation peut lui être comparé : *The Thief and the Cobbler* de Richard Williams. La comparaison se fait au niveau de la durée de production supposée : Paul Grimault, le réalisateur de *la Bergère et le Ramoneur*, considère que la véritable version de son film est celle de 1980 sortie sous le titre *le Roi et l'Oiseau*, soit une durée de production théorique de 38 ans (1942-1980)[2] ; Richard Williams a commencé *The Thief and the Cobbler* en 1964 et l'a terminé tant bien que mal - et bien malgré lui - en 1993, soit une durée de production de 29 ans (durée intermittente là aussi).

Les films de Paul Grimault et de Richard Williams ont également pour point commun d'être sortis dans une version désavouée par leurs auteurs respectifs. La grande différence est que Grimault a pu tourner un nouveau film en réutilisant de larges extraits de la première version alors que pour Richard Williams il n'existe qu'une version officielle sortie en 1993 en Afrique du Sud et en 1994 en Australie sous le titre *The Princess and the Cobbler* puis en 1995 aux États-Unis et au Canada sous le titre *Arabian Knight*[3]. C'est en 2006 qu'un fan poste sur le net *The*

[1] Note inédite pour le manuscrit des Mémoires de Paul Grimault non encore publiées. Cité par Jean-Pierre Pagliano, *Le Roi et l'Oiseau. Voyage au cœur du chef-d'œuvre de Prévert et Grimault*, Belin, 2012, p. 171.

[2] Grimault : « On dit que j'ai mis trente ans pour faire ce long métrage mais j'ai d'abord mis trois ans, puis deux ans, et il me fallut le reste du temps pour trouver du fric. » Entretien de Paul Grimault avec Serge Kornmann : « C'est Prévert qui m'a donné l'idée... », *l'Alsace*, 28 mai 1985.

[3] De ce fait, une version française québécoise a été réalisée et le film est sorti au Canada francophone sous le titre *Le Voleur et le Cordonnier*. Le film n'est jamais sorti en France au cinéma. Il faut dire que la fin de l'année 1994 et le début de l'année 1995 sont marquées en France par une grève des artistes-interprètes spécialisés dans le doublage et qu'*Aladdin* de Disney est sorti l'année précédente ; ces deux faits expliquent sûrement la non-distribution française du film.

Recobbled Cut, la version du film arrêtée en mai 1992 avant que Richard Williams ne soit évincé de son film ; en 2013-2015, Williams présente lui-même une version relativement proche intitulée *The Thief and the Cobbler : A Moment in Time*[4]. En 2015, le magazine *Première* évoquant le film de Richard Williams écrit : « *Le Voleur et le Cordonnier* pourrait bien s'envisager comme l'un des plus beaux péchés d'orgueil jamais commis »[5]. Cette belle expression s'applique également, à mon sens, au film de Paul Grimault.

Et si j'ai donné pour titre à ce livre *Chronique d'un désastre annoncé*[6] c'est qu'il me semble que dès le départ *la Bergère et le Ramoneur* est condamné à échouer. Paul Grimault s'engage en toute connaissance de cause aux côtés de Jacques Prévert dans une aventure tragique de plus de dix ans.

Depuis des années, je travaille à ce projet de livre et j'ai lu de nombreuses contre-vérités à propos du film *la Bergère et le Ramoneur*. Paul Grimault et Jacques Prévert se sont beaucoup étendu sur le sujet empêchant le producteur André Sarrut mais surtout l'équipe de s'exprimer librement. Les articles et les ouvrages parus sont généralement très orientés et penchent presque toujours du côté du réalisateur - mais n'en est-il pas toujours ainsi au cinéma où le producteur a toujours le mauvais rôle, forcément ?

Ce livre ne prétend pas détenir la vérité mais propose aux lecteurs une version différente de la doxa habituelle. Chacun se fera son opinion. Au moins, certains protagonistes du film ont pu s'exprimer dans les pages qui vont suivre pour la première fois. La plupart sont malheureusement aujourd'hui décédés car il m'aura fallu à moi aussi bien du temps pour aboutir... près de 20 ans...

Et c'est là mon principal regret...

* * *
**

---

4 En 2012, Kevin Schreck a réalisé le documentaire *Persistence of Vision* qui revient sur cette aventure (présenté au festival d'Annecy en 2013) ; le DVD, édité en 2014, contient en bonus la version de travail de Richard Williams. Le film a été présenté avec des sous-titres français de Jean-Christophe Perrier le 5 décembre 2015 au Forum des images à Paris.

5 François Grelet, « Le voleur de temps », *Première* n°460, juin 2015, p. 40 : « C'est l'histoire d'un mec qui, pendant presque trente ans, a couru après un rêve - celui de réaliser le plus grand dessin animé de tous les temps -, qui a presque failli y arriver mais s'est finalement pris les pieds dans le tapis de son intransigeance maladive et de sa mégalomanie galopante. C'est l'histoire de Richard Williams et de son *magnum opus* à jamais inachevé, *le Voleur et le Cordonnier*, qui, à défaut d'être le plus grand film de toute l'histoire de l'animation, pourrait bien s'envisager comme l'un des plus beaux péchés d'orgueil jamais commis. »

6 Je remercie Hervé Joubert-Laurencin pour l'idée du titre qui fait bien évidemment référence à *Chronique d'une mort annoncée* de Gabriel García Márquez.

Pour reprendre le distinguo créé par Roland Barthes entre écrivains et écrivants[7], Jean-Pierre Azéma usait en 1992 du néologisme d' « historiants »[8] pour qualifier ceux qui ne sont pas historiens professionnels, mais qui ont appuyé leurs travaux sur des archives au sens large du terme. En effet, si le dessin animé souffre de l'absence de travaux proprement historiques sur le sujet, il existe tout de même « des histoires du dessin animé français », mais ce sont généralement de simples chroniques, dépourvues de tout système de références scientifiques aux sources utilisées. Elles doivent être tenues dans le cadre d'une recherche historique pour des sources, toujours utiles, parfois précieuses, mais parmi d'autres. Ainsi, il est impossible de négliger l'immense travail de Raymond Maillet dont la famille a légué à sa mort toutes ses archives à l'Association française du cinéma d'animation (Afca). Pour autant, ces documents sont difficiles à manier car même s'ils ont été classés par réalisateur ou par pays producteur, les dossiers sont de valeur inégale et regroupent généralement seulement quelques coupures de presse (presque toujours non sourcées) et parfois des entretiens avec des réalisateurs (rarement datés, ils se résument à quelques notes prises à la volée). De plus, grand ami de Paul Grimault, Maillet a une vision partiale (et partielle) du média, misant tout sur le cinéma d'auteur, il a jeté aux oubliettes son producteur André Sarrut : les archives de l'Afca ne contiennent qu'un dossier avec deux feuillets intitulé « André Sarrut » alors même que ce dernier a créé après-guerre la plus grande société de dessins animés publicitaires : la Comète. Dans le même esprit, peu de dossiers des archives de l'Association s'intéressent aux productions télévisées de série ou même à la publicité en général. Seul compte pour Maillet le cinéma d'auteur traditionnel et artisanal (ainsi dans ses archives existe-t-il seulement un tout petit dossier de seulement quelques feuillets consacrés à l'œuvre de Walt Disney).

Les auteurs qui ont écrit sur *la Bergère et le Ramoneur* et sur Paul Grimault de manière générale peuvent être classés comme « historiants » dans le sens où jamais ils n'ont remis en cause la parole du « bon Paul »[9], n'ayant jamais pris l'initiative par

---

[7] Roland Barthes, *Essais critiques*, « Écrivains et écrivants » (1960) : « L'écrivain accomplit une fonction, l'écrivant une activité ».

[8] Jean-Pierre Azéma, « Vichy et la mémoire savante : quarante-cinq ans d'historiographie » *in* J.P. Azéma et F. Bédarida (dir.), *Le régime de Vichy et les Français*, Paris, Fayard, 1992, p. 24.

[9] Je pense à Jean-Pierre Pagliano, « biographe officiel » de Grimault dans ses entretiens de 1985 republiés en 1996 ou dans son livre sur *le Roi et l'Oiseau* (2012) et dans tous ses divers écrits dont le *Cahier de notes* destiné aux élèves et l'autobiographie de Grimault, *Traits de mémoire*. Le champ lexical utilisé est flagrant dans le catalogue de l'exposition au Palais de Tokyo en 1991 : *Paul Grimault : artisan de l'imaginaire*. Chacun y va de son petit mot : « Paul, le copain » (Raymond Maillet, p. 9) ; « mon Paul » (Jean Aurenche, p. 13) ; « un maître et un ami » (Jean-François Laguionie, p. 15), « La dernière ligne pour te remercier de nous avoir tant donné, cher Paul » (Gabriel Allignet, p. 17) ; « Le maître queux de ces somptueuses agapes, dispensateur de mille et une merveilles, Paul Grimault » (Michel Roudevitch, p. 18) ; « Cher Paul, merci pour tout et à ta santé » (Jacques Colombat, p. 19) ; « Paul Grimault : le cinéma des copains [...] Touche pas à mon Paul ! » (Lionel Charpy, p. 21) ; « Paul » [13 fois en quelques lignes] (Patrick Colin, p. 23) ; « Monsieur Paulo. Lettre ouverte [...] pour te dire que je t'aime, comme si je t'avais toujours connu, alors qu'il s'agit d'un amour fou [...] cher Paul [...] Cher ami » (Bernard Chardère, p. 25) ; « Les fruits de la passion » (Jean-Pierre Pagliano, p. 27) ; « Paul » [7 fois en moins de 40 courtes lignes] (Émile Bourget, p. 29). Comment demander à ces personnes

exemple d'interroger le producteur de Grimault, André Sarrut, avec lequel il a été en conflit. On se base uniquement sur le témoignage de Grimault, forcément partial : aucun recours à l'archive (judiciaire ou économique) ni contradiction. De manière générale, ces « historiants » accordent un prix démesuré à la parole du réalisateur-artiste opposé au producteur-financier[10]. Michael Barrier dans *How to Be a Disney Historian* reproche aux auteurs patentés de rester dans une approche qu'il qualifie de « Disney-approved narrative », c'est-à-dire qu'on écrit ce que la firme Disney veut bien qu'on écrive pour être publié avec des illustrations ou pour avoir le droit de fréquenter les archives de l'entreprise fermées aux autres chercheurs. Il faut rester dans la ligne fixée par la Walt Disney Company. Avec Paul Grimault, on a parfois un peu le même sentiment.

La force des Gémeaux réside dans ce que j'appelle une « filière protestante » du dessin animé pour son financement et une « nébuleuse du *Crime de monsieur Lange* » pour tout le côté artistique. Il est important de rappeler quelques données préalables. Tout d'abord que la mention de la religion protestante dans le cinéma n'est guère répandue. Cette « filière protestante » dans le dessin animé français ne s'inscrit pas à proprement parler dans les films mais plutôt dans leur mode de financement. Le producteur André Sarrut est protestant et il a mobilisé tout son capital social pour trouver les financements nécessaires.

André Sarrut. Ce nom ne vous dit probablement rien ou pas grand-chose[11]. Je dois bien avouer qu'à moi non plus ! Enfin, pendant longtemps. Ce n'est qu'en 2001, lorsque j'ai commencé à travailler sur le dessin animé français sous l'Occupation que ce nom m'est apparu. J'étudiais alors le riche fonds du Crédit national conservé à la Bibliothèque du film – Cinémathèque française,

---

d'émettre un jugement « objectif » sur un artiste qu'ils vénèrent autant ? D'ailleurs de la part de ses amis, ce n'est pas gênant, mais dans la liste ci-dessus il y a des « historiens », des critiques de cinéma et cela évidemment me pose un problème. Ailleurs Allignet décrit sa première rencontre avec Grimault : « Je suis subjugué. J'avais l'impression d'entrer dans un rêve. Je faisais connaissance avec celui qui était le magicien d'un Nouvel Art que je ne connaissais pas. Je venais de faire connaissance avec Paul Grimault. » (entretien avec Gildas Le Reste au cours d'une visite chez Lucie et Gabriel Allignet en septembre 1986). Jean Aurenche : « Paul est merveilleux à écouter. Une partie importante de sa réussite est l'attraction qu'il suscite, l'intérêt, le charme. Les gens travaillent avec lui par amour pour lui. Ça compte énormément. » (Jean Aurenche dans Jean-Pierre Pagliano, *Paul Grimault*, p. 171)

[10] Dans un autre ordre d'idées, le catalogue *Du Praxinoscope au cellulo* (2007) édité par le CNC fait une place minime aux producteurs : aucune notice pour André Sarrut ; en réalité, un seul a eu le droit à une courte biographie : René Risacher.

[11] André Sarrut en était, de son vivant, parfaitement conscient. Ainsi, lors d'une conférence en 1972 au Celsa à la Sorbonne, déclare-t-il aux étudiants, en introduction de son intervention : « Bon, je vais d'abord essayer de vous expliquer un peu qui je suis parce que malheureusement je ne suis pas célèbre à ce point-là, surtout dans votre génération. Je m'appelle André Sarrut, on vous l'a dit. [Les étudiants : « Euh, non ! ». André sourit :] Bah, je vous le dis ! [Rires dans la salle] S.A.R.R.U.T. Bon, je suis donc André Sarrut et je vais vous dire un peu ce que j'ai fait. » Conférence d'André Sarrut au Celsa, 1972. Enregistrement conservé en CD. Collection particulière Marthe Ripert Sarrut. Retranscription de l'auteur. Le *Who's Who in France* 1970-1971 contient tout de même une fiche « André Sarrut » de vingt-deux lignes.

aujourd'hui à Bercy. J'épluchais plus particulièrement les dossiers relatifs à la société de dessins animés fondée par André Sarrut et Paul Grimault en 1936, les Gémeaux. Et l'ensemble des courriers échangés par cette société et ses interlocuteurs n'était pas signé « Paul Grimault » mais « André Sarrut », le co-fondateur et surtout gérant de la société. Je m'interrogeai bientôt : le rôle de Sarrut se limitait-il à la gestion des affaires courantes de la société ou avait-il un rôle plus important ? Était-il un simple administrateur, pourvoyeur de fonds, mécène de Paul Grimault ? Mes premières recherches biographiques concernant André Sarrut se révélèrent très décevantes. La seule information trouvée, à part des anecdotes dans des articles très épars, provenait du livre de Marie-Thérèse Poncet, *Dessin animé : art mondial* publié par le Cercle du Livre en 1956 dans lequel trois pages lui étaient consacrées. Surtout le nom d'André Sarrut était lié à « l'affaire de *la Bergère et le Ramoneur* ».

De quoi s'agit-il ? D'après les « versions officielles », ce devait être le premier dessin animé de long métrage français mais devant le retard pris par la production, André Sarrut accusa Paul Grimault et Jacques Prévert de dilettantisme (ou de « perfectionnisme excessif »[12], c'est selon), exigea de larges coupures et même la suppression de certaines scènes. Sarrut emporta à Londres tout le travail effectué jusque-là à Paris et termina le film avec une tierce personne. Après avoir usé « de manœuvres dilatoires et d'affirmations inexactes », Sarrut présenta au festival de Venise « le film amputé, modifié, coupé[13] » qui remporta un prix. Terminé en Angleterre selon la volonté de Sarrut et malgré les protestations puis les procès de Grimault et Prévert jusqu'en Cour de cassation, *la Bergère et le Ramoneur* sortit à Paris en 1953. Grimault écrit dans sa biographie *Traits de mémoire* : « Privé de mon équipe en partie licenciée, je n'ai pas la possibilité d'achever mon film. En 1950, je suis licencié à mon tour des Gémeaux, avec mes principaux collaborateurs. Le film s'arrête. Il réapparaîtra trois ans plus tard, coupé, mal monté, défiguré, avec des scènes arrangées au goût du producteur mais avec suffisamment de beaux restes pour expliquer le prix qui lui sera décerné à la Biennale de Venise en 1952. [...] Dépossédé de mon film et de l'organisation que

---

[12] Lettre manuscrite de Catherine Vimenet à Paulette Grimault le 15 avril 2002 : « Jean me parla souvent de l'exigence qu'avait Paul envers son travail au point de passer sous l'eau du robinet de l'évier un décor magnifique qu'il venait d'exécuter mais qui ne le satisfaisait pas, LUI. » Archives Association Jean Vimenet, son œuvre. Dans un entretien avec Jean-Pierre Pagliano le 19 novembre 1991, Jean Vimenet raconte la même anecdote et Gabriel Allignet ajoute : « Il l'a fait plusieurs fois : le décor fini, il remettait tout en chantier... on était un peu terrifié. » Repris dans Jean-Pierre Pagliano, *le Roi et l'Oiseau. Voyage au cœur du chef-d'œuvre de Prévert et Grimault*, p. 19. Philippe Landrot le 23 juin 2009 à Pagliano, *op.cit.*, p. 24 : « Lacam était un perfectionniste. C'étaient tous des perfectionnistes, d'ailleurs, et à mon avis certains des ennuis financiers viennent de là. » En 1985, Allignet disait déjà : « Sarrut a réussi à virer les anciens... pour cause de perfectionnisme ruineux » *in* Jean-Pierre Pagliano, *Paul Grimault*, p. 173. Grimault lui-même citant des « louanges hypocrites » dans *Traits de mémoire*, p. 154 : « ... mais ce qui est dommage chez Paul, c'est son excès de perfectionnisme ».

[13] Extrait du mémoire ampliatif de la Première Section civile de la Cour de cassation. Archives Gallimard citées par Yves Courrière, *Jacques Prévert. En vérité*, Paris, Folio Gallimard, 2000, p. 881.

j'ai créée, je trouve un refuge provisoire offert par Henri Langlois à la Cinémathèque française, avenue de Messine[14]. »

Obtenant finalement gain de cause, Grimault monte et rallonge son film qui sort en 1980 sous le titre *le Roi et l'Oiseau*. Le film tel que Prévert l'avait imaginé et tel que Grimault l'avait conçu remporte le prix Louis-Delluc. André Sarrut est présenté, encore aujourd'hui, comme un financier requin, incapable de comprendre quoi que ce soit à l'art[15].

Voilà pour la version « officielle » qui a cours depuis 1950 et que tout le monde reprend. Oui, mais voilà, les faits sont parfois têtus et les informations que je récolte depuis des années dans les archives ne corroborent pas totalement cette interprétation des faits… L'enseignant-chercheur Dominique Bougerol aura la même impression lorsqu'il dépouillera les archives judiciaires de ce « long feuilleton jurisprudentiel » : « Si l'on en croit les faits tels qu'ils sont relatés par les différentes juridictions saisies - dont il faut cependant préciser qu'ils ne recoupent pas les souvenirs exprimés par Paul Grimault dans son autobiographie ou dans les propos tenus lors d'interviews… ».

Il est vrai que le père du *Roi et l'Oiseau*, de *la Bergère et le Ramoneur*, du *Petit Soldat* ou de *l'Épouvantail* est l'une des figures marquantes du cinéma d'animation français, à l'égal (mais bien plus célébré) d'Émile Cohl[16]. En 1956, Grimault est membre du jury du festival de Cannes ; en 1957, il fait partie du bureau de l'Association des Artistes et Amis du Cinéma d'animation (ACA) aux côtés d'Henri Gruel et d'Arcady. Il est ensuite président de l'Association française du cinéma d'animation de 1971 à 1975. En 1980, se tient l'exposition « Paul Grimault. La carrière d'un poète » au musée-galerie du Seita. En 1985, Grimault est l'invité d'honneur du festival national du cinéma d'animation de Marly-le-Roi puis président du festival international du dessin animé à Hiroshima. Il a également été célébré lors d'une édition du festival d'Annecy. Paul Grimault est Commandeur des Arts et des Lettres, il a obtenu le prix Louis-Delluc 1979 pour *le Roi et l'Oiseau*, le prix des graphistes en 1981, le prix du cinéma par la SACD la même année, un hommage pour l'ensemble de son œuvre par la SACD en 1988, il a reçu, en même

---

[14] Paul Grimault, *Traits de mémoire*, Paris, Seuil, 1991, p. 229.

[15] Lors d'un passage à la télévision française du *Roi et l'Oiseau* en avril 2008, Bernard Génin écrit en critique : « On sait avec quelle patience Paul Grimault est parvenu à réaliser son rêve : remanier *la Bergère et le Ramoneur*, un film commencé avec Jacques Prévert en 1950, dont la finition leur avait été retirée par des distributeurs sans scrupule. Trente ans après, le poète du dessin animé a eu le dernier mot. » *Télérama n°3038*, 2 avril 2008, p. 114. Le dictionnaire *Larousse* écrit : « Commencé dans l'enthousiasme en 1947, le film, en partie bâclé, mutilé et désavoué par ses auteurs, sort en 1953. »

[16] Citons tout de même Jean Image. En 1983, Jack Lang lui décerne l'ordre national du mérite pour avoir contribué à la défense du dessin animé français ; en 1984, à l'occasion de l'exposition « L'art du dessin animé et ses techniques », réalisée avec le concours des studios Jean Image, Jacques Chirac le décore de la grande médaille de vermeil de la ville de Paris ; enfin, en 1987, Jérôme Clément, directeur général du CNC, lui remet la médaille de l'ordre des Arts et des Lettres.

temps que Bernard Blier, un César d'honneur du cinéma français en 1989[17], un prix spécial par l'Association internationale du film d'animation en 1991, il a fait l'objet d'une exposition au Palais de Tokyo la même année, d'un nouvel hommage lors du festival d'Annecy, d'une entrée dans le *Larousse*, d'une commémoration lors de la 54ème rencontre internationale du cinéma de Pontarlier en 1999, de documentaires, d'articles, de livres, d'hommages divers et variés à l'Institut franco-japonais de Tokyo et Yokohama, au Forum des images à Paris, dans le Val-d'Oise en 2006, à l'abbaye de Fontevraud sous le titre « Mondes et Merveilles du dessin animé, Grimault, Takahata, Miyazaki » en 2008. Son long métrage *la Bergère et le Ramoneur* est considéré comme une référence pour le célèbre studio d'animation japonais Ghibli. Paul Grimault possède à son nom une place à Cernay-la-Ville (Yvelines), une esplanade à Annecy (Haute-Savoie), une école maternelle à Quimper (Finistère), une rue à Bouguenais (Loire-Atlantique) et à Pontarlier (Doubs), un cinéma à Aubergenville (Yvelines), un square à Paris dans le 13ème arrondissement. Ses dessins animés sont au programme d'École et Cinéma, *le Roi et l'Oiseau* restauré par Studiocanal en 2003 fait partie des films phares du cinéma français. En 2013, le film bénéficie d'une seconde restauration et d'une nouvelle édition en DVD.

Le 15 septembre 2001, le square de la Fontaine-à-Mulard à Paris dans le 13ème arrondissement dont on accède par la rue Bobillot (à deux pas du studio où Grimault réalise ses films) prend le nom de Paul-Grimault. Bertrand Delanoë, maire de Paris et Serge Blisko, maire du 13ème arrondissement, sont présents. Lors de la cérémonie, la veuve de Paul Grimault, Paulette lit un petit texte que Jean-Pierre Pagliano avait consacré au réalisateur lors de son décès en 1994 : « Il avait connu Georges Méliès et Max Linder, Derain et Picasso, il avait travaillé avec Wiéner et Kosma, avec Jean Aurenche et Jacques Prévert. Il était dans le monde de l'animation, le dernier survivant de la génération des grands maîtres et représentait en France la conscience du dessin animé. Chef de file de l'école française, il ne donnait pas de leçons mais des conseils, laissant chacun trouver sa propre voie. La porte de son petit studio était généreusement ouverte, et toutes les futures vedettes de « l'image par image » y sont venues faire leur premier essai[18]. » Pierre Tchernia a ensuite évoqué la ténacité de Paul Grimault, son sens de l'amitié, son talent et s'est réjoui que ce soit un jardin, avec des enfants qui jouent, qui en conservent la mémoire. Le soir, une projection du *Roi et l'Oiseau* a lieu en plein air.

Avec les années, Paul Grimault est devenu l'icône du cinéma d'animation français, une figure du dessin animé hexagonal voire mondial, le poète du dessin animé français. Et comme toutes les légendes, elles sont souvent entachées de mystères, de zones d'ombre, de mensonges parfois. L'histoire est de peu de poids devant certaines légendes.

---

[17] Grimault succède ainsi symboliquement au dernier César d'honneur attribué à un cinéaste d'animation : il s'agissait de Walt Disney (décédé en 1966) qui l'avait reçu à titre posthume en 1979.

[18] Jean-Charles Rousseau, « Mémoire d'un jardin pour une bergère, un ramoneur et un petit soldat », *Mémoire d'images*, bulletin de l'association n°2, automne 2001.

Quant aux informations concernant André Sarrut, elles sont lacunaires ou inexactes. En laissant de côté les livres et articles, je ne prends que deux exemples. En 2004, une mention spéciale du prix DVD du festival de Cannes est attribuée au *Roi et l'Oiseau*. Tristan du Laz de Studiocanal Vidéo qui a financé la restauration du film, remercie le jury : « Je suis très heureux car *le Roi et l'Oiseau* est une œuvre unique, fondamentale dans l'animation française, très influente au niveau internationale, pour des artistes comme Miyazaki[19]. » Ce qui est quelque peu gênant dans ce coffret[20], c'est l'absence de points de vue contradictoires. En effet, les deux documentaires proposés contiennent des omissions et accusations douteuses. André Sarrut n'y est présenté que comme directeur administratif, on y dénonce la confiscation de *la Bergère et le Ramoneur* par Sarrut comme une dépossession insupportable, liée à des accusations de « perfectionnisme » infondées. Grimault se présente comme une victime n'ayant aucune part de responsabilité dans l'échec du film. Les spectateurs sont manipulés. Ainsi, les films de Paul Grimault présentés dans l'anthologie *la Table tournante* (Jacques Demy, 1988) ne présentent-ils pas les génériques et ne rendent-ils pas hommage aux dizaines de collaborateurs des Gémeaux[21]. C'est comme si les courts métrages n'étaient que du seul fait de Paul

---

[19] Site internet du Festival de Cannes, « remise du prix DVD – Festival de Cannes 2004 ».

[20] À la fin de l'année 2000, il est constaté que le master original du *Roi et l'Oiseau* est en état de décomposition. Une restauration s'avère donc nécessaire et urgente. Le chantier s'étale sur deux ans et demi, de janvier 2001 à juillet 2003. En bonus DVD, on note la présence d'un autre dessin animé datant de 1988, *la Table tournante* (80 min), d'un documentaire sur *le Roi et l'Oiseau* (52 min), d'un entretien avec Paul Grimault (30 min), d'une sélection de films publicitaires de Paul Grimault et de la bande annonce du film. En 2013, Studiocanal sort un nouveau coffret collector en édition limitée et numérotée avec plus de trois heures de bonus dont un documentaire inédit de Sébastien Merlet, *S'il n'en reste qu'un nous serons ces deux-là*.

[21] Pascal Vimenet m'a communiqué le témoignage suivant concernant la relation de son père (peintre et animateur) avec Grimault : « Je pense que la relation avec Jean Vimenet s'établit fortement avec Grimault à ce moment-là [1937] du fait de cette sensibilité commune à la peinture (Vimenet a été, comme le confirme Allignet, le seul élève de Vuillard). Un autre élément témoigne de ces éléments : la dédicace de Grimault à Jean Vimenet en 1992 dans l'exemplaire de *Traits de mémoire* qu'il lui offre, où il écrit : « À toi mon cher Jean Vimenet compagnon des temps héroïques, de ces jours déjà lointains alors que c'était hier, j'ai plaisir à t'offrir ces images parce que je sais que tu les aimes. Tu as été peut-être le premier à me donner confiance… Je m'en souviens. » Pour des raisons que je n'ai jamais complètement élucidées, Paul Grimault, dans son ouvrage ne rendit pas avec précision hommage à ses collaborateurs. Par la suite, Paulette et son fils Henri furent les promoteurs d'une « épuration historique », dont Jean Vimenet fait particulièrement les frais. » Email de Pascal Vimenet à Sébastien Roffat, 17 janvier 2013. Le grand public a été témoin en 2002 de cette passe d'armes : Paulette Grimault fait paraître dans la *Lettre d'information de l'Afca* de mars une lettre datée du 12 février précédent intitulé « Lettre ouverte des Films Paul Grimault » commençant par ces mots : « Nous avons constaté que des documents et imprimés divers propageant des inexactitudes sur l'œuvre de Paul Grimault continuaient à être mis en circulation, notamment lors d'événements cinématographiques ou culturels ». L'attaque vise plus particulièrement Jean Vimenet et son action auprès de Paul Grimault. Le 15 avril 2002, sa veuve, Catherine Vimenet écrit à Paulette Grimault une lettre touchante de quatre pages manuscrites lui rappelant les bons moments passés ensemble et évoque son incompréhension. Le même jour, l'association « Jean Vimenet, son œuvre » apporte à divers partenaires financiers des éléments de réponse concernant la polémique (quatre pages imprimées). Le 27 avril, Paulette Grimault lui répond de manière expéditive qu'elle a « le devoir de

Grimault. Ce déguisement de la réalité est d'autant plus aisé que Grimault et Prévert sont des icônes de la France. La production (et par là, André Sarrut) est considérée comme porteuse d'un péché originel, car de par sa nature même, corrompue par des considérations mercantiles. Par pudeur, André Sarrut n'a jamais parlé dans la presse et a plutôt consacré son temps à la production de nouveaux films tandis que Grimault et Prévert se sont largement épanchés. Jamais ils n'ont été contredits par le milieu du cinéma, politiquement très à gauche[22] : dans ses mémoires, Louis-Émile Galey se souvient qu'Henri Langlois était un inconditionnel de Pierre et Jacques Prévert : « S'agissant des frères Prévert, il eût été vain de demander à Langlois le moindre signe d'objectivité »[23]. La notoriété des principaux auteurs de *la Bergère et le Ramoneur* écrasent la mémoire des équipes qui œuvrèrent au film. On a pu aussi reprocher à ce film un esprit « très local », très « saint-germain-des-prés » d'où l'impossibilité de toucher un large public. Le respect dû à la mémoire de Grimault et Prévert ne doit pas occulter le mérite d'André Sarrut et de tous ceux des Gémeaux qui ont voulu qu'advienne un cinéma d'animation français[24].

Deuxième exemple. Le plus surprenant survient lorsqu'un article extrêmement bien détaillé paraît sur l'encyclopédie libre du net, Wikipédia, en 2006 et qui met en avant le rôle exact d'André Sarrut au sein des Gémeaux, disparaît subitement en 2008 quelques semaines avant l'hommage rendu à Grimault à l'abbaye de Fontevraud... La famille du réalisateur semble avoir décrété que cet article n'était pas « convenable »... puisqu'avant sa suppression, elle avait indiqué que cet article n'était qu'un tissu de mensonges... Réapparu en 2010, l'article en question a, à nouveau, fait l'objet dans les discussions de Wikipédia de « problèmes de neutralité », je cite : « La partie intitulée "bibliographie" de cette page est une attaque directe envers Paul Grimault et Jacques Prévert, à l'amertume certes triste mais néanmoins inutile, dont la neutralité est plus qu'hypothétique » ; les « propositions pour la neutralisation » ont été... de tout supprimer ! De nos jours, l'article Wikipédia du *Roi et l'Oiseau* est certifié de « qualité » par l'encyclopédie en ligne même s'il reprend la doxa habituelle (André Sarrut bénéficie d'une fiche très laconique tout comme l'entrée Les Gémeaux). On peut enfin établir un même

rétablir la vérité historique ». Enfin, le 24 juin 2002, Catherine Vimenet publie « Paul ! Au secours ! Lettre ouverte de l'association Jean Vimenet, son œuvre » afin de répondre point par point à la lettre des Films Paul Grimault.

22 Jean-Michel Leveratto, *La mesure de l'art. Sociologie de la qualité artistique*, Paris, La Dispute, 2000 : « L'image sociale négative du producteur, très forte dans le public cultivé et dans les cercles militants jusqu'aux années 1970, s'est renversée récemment. »

23 Louis-Émile Galey, *Le peu qui en reste*, p. 106.

24 Le DVD *le Monde animé de Grimault* édité par Studiocanal en 2019 contient tous les courts métrages de Grimault, génériques inclus cette fois. Pour une raison incompréhensible *les Passagers de la Grande Ourse* est présenté en noir et blanc alors qu'une version couleur existe ! Le livret explique ainsi : « Malgré toutes les recherches effectuées les éléments originaux couleur des *Passagers de la Grande Ourse* n'ont pu être retrouvés, ce court métrage vous est donc proposé en noir et blanc »... Le film est en couleur dans *la Table tournante* et il est également en couleur aux Archives françaises du film à Bois-d'Arcy !

parallèle avec la réécriture du livret École et Cinéma concernant *le Roi et l'Oiseau* : la version de Pascal Vimenet a été réécrite par Jean-Pierre Pagliano sur l'injonction de la famille Grimault.

Enfin, je parle d'une « nébuleuse du *Crime de monsieur Lange* » pour tout le côté artistique du studio des Gémeaux. Ce film de Jean Renoir tourné à l'automne 1935 (alors que les Gémeaux sera fondée en janvier 1936) regroupe un grand nombre de personnalités que l'on retrouve ensuite tout au long du parcours artistique du studio. Qu'on en juge : la musique est de Jean Wiéner avec la collaboration technique de Roger Désormière, la chanson de Florelle a été composée par Joseph Kosma[25] (paroles de Prévert) et les dialogues sont de Jacques Prévert (c'est d'ailleurs sa seule collaboration avec Renoir[26]), la direction technique est de Maurice Blondeau, enfin Paul Grimault y tient un rôle de figurant (typographe) dans l'imprimerie Batala (même s'il n'a pas de texte, on le voit à quelques reprises à l'écran). Le film contient de nombreuses références que l'on retrouvera également dans les dessins animés de Paul Grimault. *Le Crime de monsieur Lange* parle d'autogestion, de coopérative, de communisme[27]. La théâtralisation du film est très poussée et c'est sans doute le seul film où un assassin s'en va et n'est pas jugé (un tribunal populaire l'acquitte à la fin). Jacques Prévert, poète, scénariste, copain de la rue du Château, un ancien du surréalisme (dont il s'est éloigné en raison de Breton), « anar monstrueux » de gauche, reprend l'histoire de Renoir et Castanier pour y mettre ses propres idées (mais comme le rappelle Noël Simsolo, historien du cinéma : « Prévert est paresseux, Prévert il n'aime pas qu'on lui donne des ordres, il n'aime pas les horaires fixes alors Renoir l'enferme et il doit passer les pages sous la porte. »[28]) Jean Renoir est fou de théâtre. On le voit dans ses grands mouvements d'appareils que Grimault utilise de la sorte dans ses dessins animés.

---

[25] Pour vivre, Joseph Kosma se tourne vers le cinéma et rencontre par hasard « un homme qui lui paraît très brillant et un peu étranger. C'est Jacques Prévert. Kosma lui explique qu'il voudrait écrire des chansons. Il lui donne son adresse. Deux ou trois mois passent. Prévert apporte à Kosma deux poèmes. L'un d'eux est *la Belle étoile*. Kosma, très enthousiaste, les met en musique avec une grande joie. » Maurice Fleuret, *Joseph Kosma 1905-1969, Un homme, un musicien*, Paris, la Revue musicale, 1989, p. 27. Lors du tournage du *Crime de monsieur Lange*, Prévert présente Kosma à Jean Renoir. Jean Wiéner lui écrit une musique mais Renoir cherche encore une chanson. Prévert et Kosma lui proposent *À la belle étoile* qui lui plaît aussitôt. C'est le début de sa longue collaboration et d'une longue amitié avec Renoir. Il écrit ainsi les partitions d'*Une partie de campagne*, *la Marseillaise* et *la Bête humaine*. L'élaboration de la musique avec Renoir se fait au piano lors de discussions amicales. Kosma, passionné, assiste presque à chaque tournage. C'est à cette occasion qu'il rencontre Marcel Carné qui tourne alors *Jenny*. Dans ce film, une chanson de Prévert et Kosma est chantée par un petit garçon que Prévert a recueilli, Mouloudji.

[26] Selon l'historien Roger Viry-Babel, Renoir aurait déclaré : « Je ne veux plus tourner avec Prévert ». Est-ce parce que c'était trop passionnel et que l'on ne pouvait pas faire mieux ?

[27] Lange dit lors du repas à la fin du film : « Mes chers camarades ». L'idée de coopérative exalte la solidarité ouvrière et la vie communautaire. Une autre idée très communiste est le fait que le bébé appartient à celui qui l'élève, pas à celui qui l'a fait.

[28] Documentaire de Philippe Saada, « Une auréole pour monsieur Lange », 25 min. En bonus du DVD édité par Canal plus *Le Crime de monsieur Lange.*

Surtout parmi les acteurs du *Crime de monsieur Lange*, un grand nombre vient du groupe Octobre (agitprop, théâtre dans les usines, textes poétiques et virulents) : Jacques Brunius, Paul Grimault, Max Morise, Marcel Duhamel, Guy Decomble ou Maurice Baquet. Renoir ne laisse pour autant aucune place à l'improvisation, tout est construit (tout comme le seront les dessins animés de Grimault). Parmi les compagnons de route du parti communiste on trouve alors Éluard, Picasso, Léger, Aragon, Barbusse. Tous aspirent à donner du beau au peuple. Le studio de dessins animés des Gémeaux se tient dans cette stricte filiation.

* * *
**

Pour l'historien, les archives sont lacunaires et les traces ténues pour étudier sereinement cette « affaire » de *la Bergère et le Ramoneur*. À la fin de l'année 1954, la Direction des Archives nationales, qui a déjà reçu des services de l'Information les dossiers du Service de la Presse et de la Censure pour la période 1939-1946, se préoccupe de reconstituer le fonds d'archives de l'ancien Secrétariat général de l'Information et de la Propagande. Comme le Centre national de la Cinématographie (CNC) a repris, à partir de 1947, les activités de la Direction générale de la Cinématographie nationale en même temps que celles du Comité d'organisation de l'industrie cinématographique (COIC), puis de l'Office professionnel du cinéma, il est à présumer que les archives de ces organismes se trouvent conservés, au moins en partie, dans les services du Centre. Après recherches faites dans ses services, la Direction du Centre national de la Cinématographie fait verser aux Archives nationales un mètre cube environ de liasses de documents de la période 1941-1947 et une série complète des pelures de la correspondance au départ depuis le 1er avril 1942 jusqu'à la fin de décembre 1950 (111 liasses). Il semble que le reste des archives a été perdu au cours de manipulations diverses ou détruit à la Libération. Ces archives, quoique très fragmentaires, sont importantes car elles se rapportent à des questions d'organisation générale, de budget, de contentieux et d'administration. La série F42 est ainsi constituée de 137 liasses de documents dont 109 consacrées à la correspondance de la Direction générale de la Cinématographie nationale. Ce pelurier de plusieurs dizaines de milliers de feuilles a subi des dégâts causés par l'œuvre du temps : médiocre qualité des supports (papier pelure et encre) et pénurie de papier sous l'Occupation. Ce dépouillement systématique a été long et fastidieux mais m'a permis de trouver environ 300 références au dessin animé français notamment sous la plume de Louis-Émile Galey. Le défaut de ces documents est lié à leur fonction même : ce sont les pelures des lettres envoyées aux nombreux correspondants de la Direction générale. Il ne reste rien des courriers d'origine (qui portent souvent plus de détails que leurs pelures, comme l'entête par exemple) ni de la correspondance reçue par le Ministère. Autre défaut : il ne commence qu'en avril 1942. Ce pelurier a été néanmoins fondamental dans la constitution de sources totalement inédites. Seulement trois cotes sont consacrées au Comité d'organisation de l'industrie cinématographique (F 42/112, 113 et 114).

Deux cotes ont été également précieuses : il s'agit des archives des Assurances risques de guerre en F42/115 et 116 pour les sinistres de certains dessins animés. La série F41 est consacrée au ministère de l'Information et se constitue de 2 943 cotes. Il était bien entendu impossible de tout consulter. La cote F41/2675 contient le dossier d'épuration de Louis-Émile Galey mais ce sont surtout les cotes F41/82 et 83 qui sont primordiales : elles contiennent le courrier de la sous-direction de Paris et de la direction de Vichy, sur les contrôles techniques des prix et des marchés, notamment en ce qui concerne le cinéma (et donc aussi le dessin animé) et F41/369 contient tous les ordonnancements pour le financement des courts métrages. La série Z/6 conserve les dossiers de la Cour de justice du département de la Seine.

Une autre source publique intéressante est les Archives de Paris en PEROTIN/901/64/1. Il s'agit du versement de la Direction des services de la guerre, sous-direction de la mobilisation civile et militaire. Comité régional interprofessionnel de l'épuration de la région parisienne. Ces 435 cotes contiennent les dossiers individuels concernant les personnes inculpées et amnistiées par la loi du 6 août 1953, les dossiers de la 16ème section (cinéma) et 18ème section (industrie du spectacle), enfin les dossiers généraux du Comité. Faute de dépouillement (les dossiers sont classés par ordre alphabétique mais il n'y a pas de liste générale), j'ai été obligé de consulter durant plusieurs mois une à une les 435 liasses de documents (plus d'une dizaine de dossiers à chaque fois) pour, au final, trouver une petite quinzaine de personnes ayant travaillé dans le dessin animé.

La source la plus précieuse de notre étude est constituée des archives du Crédit national déposées à la Cinémathèque française. Si les dossiers de l'organisme financier chargé de gérer les prêts de l'État à la production cinématographique paraissent arides, ils sont néanmoins incroyablement documentés en ce qui concerne leur décision d'attribuer ou non un prêt, dans le suivi du remboursement, dans les interactions entre le Crédit national, l'État et les producteurs. Elles permettent d'aller au-delà de ce que la presse ou les témoignages peuvent nous offrir. Les faits sont têtus et les chiffres précis et les élucubrations de tels ou tels réalisateurs durant des décennies voient son argumentation voler en éclats face à une comptabilité et un plan de financement et de remboursement certes pas forcément passionnants et pourtant terriblement enrichissants. Mensonges, omissions, oublis : faute d'autres archives, seule la parole de ceux qui s'exprimaient faisait foi. Les archives du Crédit national ouvrent la voie à bien d'autres versions beaucoup moins fantaisistes.

J'ai choisi par le biais de l'analyse détaillée de chaque dossier de m'intéresser aux acteurs (à leurs rôles et à leurs stratégies) et à leurs interactions. Par l'étude des contrats, des rapports d'expertises, de la comptabilité, des courriers divers, des décisions d'attribution d'avance, il est possible de suivre pas à pas le cheminement de la production de *la Bergère et le Ramoneur*. La réalisation d'un film ne peut commencer qu'une fois la totalité du devis, part producteur et avances, déposée en banque. Les dossiers du Crédit national se présentent toujours sous la même forme : d'abord le scénario ; ensuite six dossiers regroupant les rapports et décisions (A), les correspondances (B), la nationalité et capacité des emprunteurs

(C), la situation active et passive (D), les garanties offertes (E), la réalisation du prêt (F) et enfin le recouvrement. L'article trois de la loi du 19 mai 1941 promulguée au *Journal officiel* du 3 juin 1941 institue le Comité d'attribution des avances au cinéma pour faciliter la réparation des dommages causés par la guerre. Le Crédit national qui existe depuis 1919 est ainsi chargé de soutenir un nouveau secteur d'activité en difficulté : le cinéma. Pour autant, par rapport à l'ensemble des prêts - toutes activités confondues - le cinéma ne représente que 37 % du total en 1941, 11,3 % en 1942 et 8,4 % en 1947[29]. Et l'établissement financier n'a, au départ, aucune spécialisation en matière de 7ème art.

Pour ce qui nous concerne plus spécifiquement, seize dossiers du Crédit national conservés dans la collection des archives de la Cinémathèque française entourent le dessin animé (sur un total de 904 demandes d'avances)[30]. Ce qui est immédiatement remarquable pour la période de l'Occupation, c'est que ces demandes émanent de seulement deux producteurs : René Risacher pour *les Enfants du ciel*, *le Couple insatiable* et *Cri-Cri et Ludo*. Tout le reste (c'est-à-dire, neuf dossiers soit 75 % des demandes) provient de la société les Gémeaux.

Si les archives du Crédit national offrent une description très complète de la situation financière et commerciale des sociétés et de leur programme d'investissements, le fonds des archives économiques et financières de Savigny-le-Temple ne contient que quelques dossiers sur le cinéma et le Crédit national.

Le matériel archivistique s'ordonne ainsi autour de trois gisements :

- les sources géostratégiques renseignent sur l'orientation des politiques publiques et sur la création des dispositifs de contrôle et de contrainte ;

- les sources administratives (provenant des organismes de tutelle) ;

- les sources fonctionnelles (produites directement par les organisations et les individus) permettent d'apprécier la réception des directives ou de mesurer la gamme des conduites.

---

[29] Laurent Creton (dir.), *Histoire économique du cinéma français : Production et financement 1940-1959*, Paris, CNRS Editions, 2004, p. 14.

[30] Il s'agit d'*Alice au Pays des Merveilles* (CN199-B128 et CN242-B157), *Les Passagers de la Grande Ourse* (CN42-B29), *L'épouvantail à moineaux* (CN58-B37), *Les enfants du ciel* (CN73-B45), *Le Voleur de paratonnerres* (CN78-B49), *Le Couple insatiable* (CN79-B49), *La Flûte magique* (CN85-B52), *Le Soldat de Plomb* (CN96-B61), *Niglo reporter ou la machine à remonter le temps* (CN101-B66), *Cri-Cri et Ludo* (CN113-B74), *Bonjour Paris* (ex *Fantaisie à Paris*, CN616-B420), *L'épouvantail – la flûte magique – le voleur de paratonnerres – le petit soldat* (CN892-B537), *Jeannot l'intrépide* (CN1503-B660) et *La Bergère et le Ramoneur* (CN242-B157 (n°1) et CN1727-B158 (n°2)). Parmi ces seize dossiers (pour treize films différents), deux concernent le film de poupées de Lou Bunin (*Alice au pays des merveilles*), deux les longs métrages de Jean Image (*Jeannot l'intrépide* et *Bonjour Paris*). Christophe Lenoir a proposé une première analyse du fonds concernant *la Bergère et le Ramoneur* au Crédit national dans son article « Le producteur et les bergers », 1999 : « Répartition du contenu des archives : 757 Initiatives du projet / Premières propositions de financements. 158 Réalisation du prêt. 352 Rapports et décisions. 353 Contentieux - convention avec les créanciers / Réunions des créanciers / Données d'exploitation. 354 Recettes. 355 Notes aux comités et décisions / Rapport Chéret / Originaux des contrats / Notes sur le financement ».

Ce dernier « gisement » pour le dessin animé français est presque totalement inexploitable. Il n'existe aucun fonds d'archives des sociétés de dessins animés et cela pour des raisons diverses. André Sarrut qui souffrait à la fin de sa vie d'une maladie dégénérative avait tenté d'écrire ses mémoires mais il avait confié à son neveu : « J'écris quelque chose le matin, et je jette tout le soir. »[31] Mais que sont devenues les archives des Gémeaux suite à la faillite de la société en 1958 ? Elles ont d'abord été transférées au siège de la Comète, la nouvelle société d'André Sarrut, mais après 1968, on en perd la trace[32]. En prenant sa retraite, il aurait dit à son neveu : « J'ai mis ça [les archives] là où plus personne ne pourra s'en servir ». Même Orson Welles qui aurait voulu faire un documentaire sur les Gémeaux-Sarrut s'était vu recevoir cette réponse du principal intéressé : « Non, non, je ne veux pas, je ne veux pas »[33]. Sarrut ne voulait pas qu'on fasse quelque chose sur son œuvre. Aussi sa veuve, Marthe Ripert Sarrut et ses deux filles Corinne Sarrut et Dominique Bousquet ne possèdent absolument aucun document relatif à ses activités professionnelles. Quant à l'accès aux archives de la famille Grimault, il m'a été refusé... sous prétexte que ces dernières étaient « privées » et « sans intérêt » pour moi[34]… Dans le domaine du dessin animé, 131 documents de Paul Grimault sont catalogués à ce jour à la Cinémathèque française, issus des nombreux films publicitaires qu'il réalise entre les années quarante et soixante ; ainsi que pour ses courts métrages comme *l'Épouvantail* (1943), *le Voleur de paratonnerres* (1944), *Niglo Reporter* (1945) ou *la Flûte magique* (1946). Pour le long métrage *la Bergère et le Ramoneur*, la collection est riche de dessins sur papier aux crayons de couleur qu'il réalise avec Jacques Prévert complétée récemment grâce au British Film Institute (BFI) par 35 dessins sur cellulos peints à l'huile[35]. Il ne faut pas non plus compter sur des documents artistiques originaux tels que les dessins, esquisses ou cellulos

---

[31] Entretien de Marie-Claire et Bernard Marchal avec l'auteur, Paris, juin 2008.

[32] En 2007, la famille Sarrut apprend par hasard qu'une partie des archives de la Comète qui se trouvait au siège de TF1 a été jetée à la poubelle (y compris des films publicitaires).

[33] Orson Welles aurait tout de même récupéré une partie de ces archives. C'est en tout cas ce que pensent certains membres de la famille aujourd'hui.

[34] Ma conversation téléphonique avec Paulette Grimault le 24 janvier 2008 n'a pas présenté grand intérêt. En moins de cinq minutes d'échanges, elle m'a informé qu'elle n'avait rien de plus à ajouter que ce qui avait déjà été dit dans les ouvrages précédents et que les archives Grimault étaient personnelles et inaccessibles. Je l'interroge alors sur son rôle de secrétaire administrative au sein des Gémeaux de 1945 à 1950, mais elle ne sait rien… Si toutefois j'ai une question précise, je peux éventuellement lui écrire. Elle me renvoie vers Philippe Landrot, Jean-Pierre Pagliano et Jean-Pierre Berthomé. Fin de la conversation. Je la remercie tout de même de m'avoir autorisé à l'été 2011 à visionner aux Archives françaises du film *la Bergère et le Ramoneur*. Et je remercie MM. Landrot, Pagliano et Berthomé d'avoir répondu à certaines de mes questions.

[35] Françoise Lémerige et Nathalie Balcar, « Conserver les cellulos au sein de la collection des dessins d'animation de la Cinémathèque française » *in* Sébastien Denis, Chantal Duchet, Lucie Merijeau, Marie Pruvost-Delaspre, Sébastien Roffat (dir.), *Archives et acteurs des cinémas d'animation en France*, Paris, L'Harmattan, 2014, p. 114. Soixante-et-un cellulos de Jean Image sont également conservés dans la collection depuis 2007 pour les *Fabuleuses aventures du légendaire baron de Münchausen*. Enfin, quelques exemples de cellulos réalisés à Shanghai pour le film de Jacques Colombat *Robinson et Cie* sont arrivés dans la collection en 2011.

qui ont tous (ou presque) été détruits. Pour beaucoup d'artistes, les archives relatives au dessin animé sont très encombrantes (tout cela représente pour le moindre film des dizaines de milliers de documents à entreposer). De plus, la gouache sur les feuilles de cellulo ayant eu tendance à craqueler, elles ont donc été jetées[36].

Les lettres d'engagement, les contrats, les budgets prévisionnels, les comptes des entreprises et des organismes de tutelle seraient des sources précieuses. Les archives des entreprises du secteur quand elles existent restent difficiles d'accès : ce sont des archives privées qui ne relèvent pas d'obligations légales de conservation, qui appartiennent à des organisations à l'existence pas toujours pérenne (et bien souvent dans le cas du dessin animé elles appartiennent aux enfants et petits-enfants) et qui ne sont soumises à aucune obligation de communication pour les chercheurs.

Toutefois, comme je l'ai dit, les archives d'entreprises ne sont pas les seules à nous renseigner sur l'activité des entreprises : les relations permanentes qu'elles entretiennent avec de multiples institutions publiques (administrations diverses) et privés (syndicat, organismes financiers) laissent nécessairement une trace dans les fonds d'archives : études, rapports ou correspondances. Mais ces archives « externes » ne remplacent pas les archives d'entreprise vue de l'intérieur. Les administrations de tutelle, le Crédit national ou les procès d'épuration ne représentent pas un potentiel archivistique considérable. Aussi a-t-il fallu chercher des sources de substitution : imprimés et archives externes d'un côté, témoignages de l'autre.

La collecte d'archives externes a porté sur le rassemblement d'un corpus conséquent d'articles de presse évoquant *la Bergère et le Ramoneur*. Ma première démarche a été d'éplucher tous les dossiers conservés aux archives de l'Association française du cinéma d'animation. On y trouve de tout, parfois des surprises et des documents passionnants mais souvent des photocopies d'articles de presse non sourcées et des échanges de lettres entre Raymond Maillet et des réalisateurs de dessins animés. Ces documents, malgré leurs lacunes, sont à considérer comme des sources potentielles qu'il faudra ensuite croiser avec d'autres documents.

À la fois bibliophilique et documentaire, la collection Rondel de la Bibliothèque nationale de France (Arts du spectacle) rapproche, autour d'un spectacle ou d'un sujet, des ouvrages, des recueils factices d'articles de presse, des brochures et des programmes. L'inventaire manuscrit de la collection Rondel (75 volumes) est organisé selon un classement systématique ; le cinéma étant classé en cote Rk. La documentation est internationale, des origines à 1934 environ. Un

[36] Une dégradation du support associée à l'utilisation d'une gouache de mauvaise qualité peut produire un écaillage du tracé. C'est très certainement le cas pour certains cellulos de Paul Grimault réalisés avec une gouache de mauvaise qualité pendant la Seconde Guerre mondiale et conservés aujourd'hui à la Cinémathèque française. Les gouaches (liant à base de gomme arabique) présentent toutes un phénomène d'écaillage. Concernant la peinture présente sur les cellulos de *la Bergère et le Ramoneur*, il s'agit d'une peinture à l'huile. Les peintures à l'huile ont un caractère collant, diffusant des phénomènes de fluages.

supplément à la collection Rondel (cote Rsupp) regroupe principalement des recueils d'articles de presse et des programmes concernant des spectacles antérieurs à 1955. J'ai consulté 76 cotes mais épluché les dizaines de milliers de pages des catalogues manuscrits pour les trouver car le fonds n'avait jamais été catalogué informatiquement[37]. Pour me constituer un fonds d'archives documentaires, j'ai décidé de recopier intégralement tous les articles que je retrouvais. Je suis parvenu à rassembler ainsi un corpus de plus de mille articles de presse allant des années trente aux années cinquante. L'avantage du fonds Rondel est qu'il est constitué d'articles provenant de nombreux périodiques généralistes et qu'il aurait été impossible de les retrouver autrement.

Le fonds Marie-Thérèse Poncet conservé à la bibliothèque Raymond Chirat de l'Institut Lumière à Lyon a été catalogué suite à ma venue. Constitué de plus de 600 pièces consacrées uniquement aux dessins animés, il s'est révélé ne pas être très intéressant. Le carton GEN 009 consacré à l'animation l'est plus[38]. J'ai également pu consulter des articles de presse au Musée de la publicité à Paris.

Me reste à évoquer une dernière source : les témoignages. Ma méthode pour l'entretien est d'établir d'abord un questionnaire sommaire puis je laisse filer la conversation et je rebondis sur ce que m'indique mon interlocuteur. Je confronte ensuite ces dires avec les autres témoignages et les autres sources écrites que j'ai pu rassembler. Je tente de les inclure ensuite dans le corps de mon texte comme citations lorsqu'il me semble que la remarque est pertinente ou bien comme un tout dans la construction de ma réflexion générale (par exemple, les liens entre Sarrut et le milieu protestant ne me sont apparus qu'à la suite du témoignage de sa veuve ; cet aspect étant totalement absent des sources écrites disponibles).

Mais qui interroger pour la période qui nous intéresse sachant que j'ai commencé mes recherches en 2001 ? Le compositeur ? Joseph Kosma a disparu en 1969. Le scénariste ? Prévert nous a quittés en 1977. Le réalisateur ? Paul Grimault est décédé en 1994. Le producteur ? André Sarrut est mort en 1997... Le personnel ministériel ? Louis-Émile Galey est mort en 1997. Une solution serait donc de retrouver les héritiers pour les interroger. En 2006, je demandai à Paulette Grimault, la veuve de Paul[39], si André Sarrut était décédé. Bien que je me doutasse plus ou moins de la réponse, elle me répondit que oui mais elle savait que sa fille Corinne, créait des vêtements à son nom. Après une rapide recherche sur

[37] Tout a été consulté pour la collection Rondel K 1, K 2, K 3, K 4 et K 5. J'ai également regardé une à une toutes les pages des R Supp 1 A, R Supp 2 B, R Sup 3 Cac à Clu, R Supp 4 Coc à Del, R Supp 5 Dem – E, R Supp 6 F-Ge, R Supp 7 Gh-H, R Supp 8 I-Lh, R Supp 9 Li-Me, R Supp 10 Mi-Od, R Supp 11 Oe-Pop, R Supp 12 Por-R, R Supp 13 Sa-Tech, R Supp 14 Te-Vi et R Supp 15 Vieu-Z.

[38] GEN 009 : des documents consacrés à l'art de l'animation : coupures de presse (des années 1930 à nos jours), catalogue, revues, comptes rendus de festivals. Un carton consacré à Walt Disney (archives non cotées).

[39] Paul Grimault a eu pour première compagne dans les années quarante Minnie Danzas qui fit partie de l'équipe éditoriale de la Série noire. Elle a traduit, entre autres, *V* de Thomas Pynchon *; Pendez-moi haut et court* de Geoffrey Homes ; *Cercueil et fossoyeur : le cycle de Harlem* de Chester Himes… Philippe Landrot se souvient qu'elle savait parler plusieurs langues mais qu'elle avait toujours l'air triste, « le pathos slave » disait-elle. Entretien de Philippe Landrot avec l'auteur, Vaucresson, 19 mars 2008.

l'annuaire, j'écrivais à Corinne Sarrut. Ma lettre resta sans réponse. Occupé par d'autres activités, ce n'est qu'en décembre 2007, que je me décidai à écrire à nouveau, mais cette fois à une autre adresse. Le lendemain de Noël, Corinne Sarrut me téléphone. Elle se déclare enchantée de ma lettre, veut bien me rencontrer et surtout me dit que la veuve d'André Sarrut, Marthe, alors âgée de 95 ans, est toujours en vie. Notre première rencontre a lieu en janvier 2008 à Paris. C'est le début d'un certain nombre de discussions entre Marthe Ripert Sarrut et moi-même. C'était la première fois qu'elle parlait de son mari, car c'était la première fois qu'on l'interrogeait. Surtout, un grand nombre de faits rapportés corroboraient ce que j'avais trouvé de mon côté dans les archives. Le neveu et la nièce d'André Sarrut (Marie-Claire et Bernard Marchal) me furent également d'un grand secours pour reconstituer son histoire familiale (c'est également grâce à eux que j'ai pu rencontrer Nadège Brossolet, ancienne employée aux Gémeaux). Le jour de ma première rencontre avec Madame Sarrut, Gilbert Dubrisay, un ancien des Gémeaux, était également présent. C'est par son intermédiaire que j'ai pu rencontrer d'autres employés : Philippe Landrot, Jacques Capo ou Jacques Thévenet et leurs épouses respectives. Par le biais d'une étudiante à l'université, j'ai pu m'entretenir avec Lucette Simaeys, traceuse. Enfin, une autre forme de témoignage : Mme Sarrut m'a transmis un document audio d'un cours de son mari qu'il avait donné au Celsa en 1972 dans lequel il revenait sur son parcours. Jean Martin m'a également fourni des VHS des émissions télévisées *Fantasmagorie* du début des années quatre-vingt dans lesquelles il y a des entretiens avec Paul Grimault, entretiens qu'ont également menés Jean-Pierre Berthomé et Jean-Pierre Pagliano et que l'on retrouve dans les bonus DVD du *Roi et l'Oiseau.*

* * *
**

Dans *Histoire du dessin animé français entre 1936 et 1940 : une politique culturelle d'État ?*, puis dans *Histoire politique et économique du dessin animé français sous l'Occupation (1940-1944) : un âge d'or ?* et enfin dans *Esthétique et réception du dessin animé français sous l'Occupation : l'émergence d'une école française ?* tous trois parus chez l'Harmattan[40], j'ai retracé l'aventure des Gémeaux, société fondée par Paul Grimault et André Sarrut en 1936[41]. Tous les enjeux passés y sont retracés avec force détails et le

---

[40] Voir Sébastien Roffat, « La prééminence du studio Paul Grimault et André Sarrut : les Gémeaux » *in Histoire du dessin animé français entre 1936 et 1940 : une politique culturelle d'État ?*, L'Harmattan, 2014, p. 53-60.

[41] 15 janvier 1936, lettre de Paul Grimault à la société les Gémeaux : « Il est formellement entendu entre nous que, par la présente, je vous cède et transfère d'une façon définitive, sans aucune exception ni réserve, tous les droits de reproduction, sous quelque forme que ce soit de tous les travaux exécutés par moi pendant ma présence appointée dans votre maison ». 18 janvier 1936, création de la SARL Les Gémeaux au capital de 30 000 francs divisé en 300 parts sociales de 100 francs chacune : elle a notamment pour objet toutes applications publicitaires ou artistiques de la cinématographie ; André Sarrut et Paul Grimault sont porteurs de 10 parts chacun. 20 avril 1937, selon Grimault, une association en participation aurait existé entre Sarrut et Grimault « pour tout ce

lecteur s'y reportera s'il veut mieux comprendre l'histoire du studio avant son passage au long métrage[42].

Ce quatrième et dernier volume intitulé *la Bergère et le Ramoneur de Paul Grimault et Jacques Prévert : chronique d'un désastre annoncé* aborde la dernière partie de l'existence de ce studio mythique. En effet, ce film qui se voulait être le premier long métrage de dessins animés français accumule les difficultés si bien que la production dure près de dix ans (de 1942 à 1953) et s'achève par de retentissants procès opposant le réalisateur Paul Grimault et le scénariste Jacques Prévert au producteur André Sarrut.

Lors de sa sortie en salles, dans une version désavouée par ses auteurs, *la Bergère et le Ramoneur* ne rencontre pas le succès escompté et provoque la faillite des Gémeaux. C'est la fin des illusions pour tous ceux qui ont participé à la production du film.

Pour la première fois, à l'aide d'archives et de témoignages souvent inédits, découvrez les coulisses de la réalisation d'un film hors du commun qui deviendra plus tard *le Roi et l'Oiseau.*

L'histoire de la production de *la Bergère et le Ramoneur* (1953) est partagée en six chapitres comme autant de chansons qui parsèment le film : les années 1942-1946 correspondant à la pré-production évoquent le tournage d'autres courts métrages (dont *le Petit Soldat*) qui préparent l'équipe au passage au long métrage ; les années 1946-1950 correspondent à la production concrète du film et aux difficultés afférentes ; les années 1950-1952 correspondent à la rupture entre Grimault et Sarrut ; les années 1952-1953 à la sortie du film et aux divers procès opposant le réalisateur et le scénariste au producteur ; les années 1953-1959 à la carrière du film à l'international et à la suite du feuilleton jurisprudentiel. Enfin, le dernière chapitre évoque ce que sont devenus André Sarrut et Paul Grimault après la sortie du film.

qui concerne la publicité, l'édition, l'impression, le cinéma publicitaire et la production ». Sarrut prétend que cette association a été dissoute. Entre 1936 et 1937, la société les Gémeaux a réalisé un chiffre d'affaires de 720 000 francs ; 600 000 francs en 1938 et 770 000 francs en 1939. La société a été fermée de 1939 à 1941. À partir de 1942, la société est aidée par la Direction générale de la Cinématographie nationale.

[42] Un inventaire des sources, de larges remerciements et divers commentaires sont présents en introduction du tome 1 et en conclusion du tome 3. Le présent livre peut se lire indépendamment des trois autres tomes mais il est la suite logique de la trilogie déjà parue chez L'Harmattan.

Chapitre 1. 1942-1946. « Allons, allons, petit, petit, vite, vite, vite, vite, allons, allons, petit, petit, vite, vite, vite, vole, vole vole, vole vers ton gîte, vole, vole, vole, vole vers ton nid. Allons, petit, petit, allons, allons rejoins ton nid. Ohé ! Vive la liberté, la liberté, la liberté, la liberté ! Li-ber-té ! »

Cette chanson composée par Jacques Prévert et Joseph Kosma est la première que nous entendons dans *la Bergère et le Ramoneur*. Ces derniers se sont rencontrés dans les années trente « au hasard des antichambres des studios cinématographiques ». Kosma se souvient : « J'ai cherché un vrai poète pour écrire des chansons - un peu en marge de la production courante. Et j'ai rencontré Prévert [...] J'ai mis en musique les poèmes de Jacques Prévert sans changer une virgule - ce n'était pas chose facile, mais mon enthousiasme pour sa poésie m'a aidé à surmonter maints obstacles techniques. Pour le style de ces chansons, je les ai voulues « atemporelles », c'est-à-dire si possible indépendantes de la mode du moment »[43]. Dans un autre entretien, Kosma poursuit : « Je n'ai jamais pu me rendre indépendant des styles de films, des sujets, et la réussite ou l'échec de la partition dépendait énormément des sujets eux-mêmes. C'est curieux, avec Jacques Prévert, je me suis senti absolument à l'aise et aussi bien inspiré par la musique de ses films que lorsque j'ai mis en musique ses poèmes. »[44]

Cette première chanson a disparu du *Roi et l'Oiseau* mais elle contient finalement toute l'ironie de l'histoire. Le chef de la police se sert de son index et de son majeur comme branches d'un diapason. Le chœur des courtisans, des gardes, des rabatteurs et des valets entame alors cette étrange chanson afin de faire sortir l'oiseau de sa cage pour que le Roi puisse enfin lui tirer dessus. Sans succès. Le chef de la police secoue alors avec rage la cage pour faire sortir le petit oiseau. Louchant, le Roi lui tire dessus mais le rate.

Étrange hymne à la liberté que cette antiphrase ironique puisque la liberté consiste justement à rester enfermé en sécurité dans la cage en attendant la vraie délivrance de l'Oiseau. Cette chanson reflète les ambigüités de l'époque durant laquelle a été pensé et conçu *la Bergère et le Ramoneur*, entre l'Occupation et la Libération puis dans un immédiat après-guerre plein d'incertitudes[45].

---

[43] Entretien de Gérard Guillot avec Joseph Kosma in *Les Prévert*, Paris, Seghers, Cinéma d'aujourd'hui n°47, 1965, p. 135.

[44] Hubert Arnault, « Les frères Prévert », *Image et son* n°189, décembre 1965.

[45] Cette chanson fait également étonnamment écho au scénario d'un dessin animé nazi sorti en 1943, *Armer Hansi* dans lequel le pauvre canari Hansi en quête de liberté s'enfuit de sa cage et vit de

Ce premier chapitre couvre les années 1942-1946, années de la genèse cinématographique de ce qui devait être le premier dessin animé de long métrage français en couleur. Il revient aussi sur la production du *Petit Soldat* qui marque à n'en pas douter une date importante pour les Gémeaux : Jacques Prévert en est le scénariste, Joseph Kosma le compositeur, Paul Grimault le réalisateur, André Sarrut le producteur[46]. La production du film elle-même est un symbole : entrepris sous l'Occupation, le scénario est complètement refondu par Prévert après la guerre et devient un hymne à la liberté ; enfin, le film est terminé dans les nouveaux studios de Neuilly-sur-Seine après le déménagement de l'équipe des Gémeaux au sommet de son art. *Le Petit Soldat* est salué par la critique, il reçoit de nombreux prix et connaît un important succès commercial. Tout semble aller pour le mieux dans le meilleur des mondes. *La Bergère et le Ramoneur* doit marquer l'apogée de la carrière de Grimault et de Sarrut et la reconnaissance de la talentueuse équipe des Gémeaux.

Un immédiat après-guerre plein de promesses. -

Le 25 septembre 1944, *l'Épouvantail* et *le Voleur de paratonnerres* sont présentés à la presse en copie noir et blanc et *la Flûte magique* provisoirement intitulé *la Flûte enchantée* est projeté dans une version encore inachevée. Les critiques se montrent séduits. Marie Portal dans *l'Homme libre* écrit à propos de ce dernier film : « On devine déjà une perfection de dessin et de trame égale à celle des productions d'outre-Atlantique les plus appréciées. »[47]. *Ce Soir* commente : « [les nouvelles bandes de dessins animés que préparent les Gémeaux] promettent des films d'une inspiration poétique tout à fait nouvelle. Les dessins de Grimault, par l'importance donnée à l'atmosphère et aux décors, se dégagent complètement de l'influence américaine. Dans *la Flûte enchantée*, en particulier, la qualité de la musique, la perfection du dessin et la fantaisie de l'invention ont vivement frappé par leur caractère purement français quelques cinéastes anglais qui assistaient à la projection. »[48] Ainsi, les courts métrages des Gémeaux produits sous l'Occupation connaissent-ils une belle carrière après-guerre après avoir été tirés en Technicolor à Londres[49]. Durant la Seconde Guerre mondiale, *le Marchand de notes* et *les Passagers de*

terribles aventures avant de finalement accepter d'y retourner, certes moins libre mais plus en sécurité.

[46] *La Tribune de Genève* ne s'y trompe pas en écrivant : « *Le Petit Soldat* est le sixième court métrage de Grimault, et un film auquel il tient beaucoup parce qu'il prélude, par sa construction, par son registre, par sa poésie, au long métrage qu'il a entrepris depuis deux ans et qu'il n'achèvera pas avant quelques mois. » Jean Queval, « Les belles images de la Biennale. Paul Grimault et ses dessins animés. *Le Petit Soldat* », *Tribune de Genève*, 5 novembre 1948.

[47] Marie Portal, « Le dessin animé français va s'imposer. Quatre années de travail, une heure de projection », *l'Homme libre*, 26 septembre 1944.

[48] « De nouveaux dessins animés français », *Ce Soir*, 26 septembre 1944.

[49] Voir Sébastien Roffat, *Histoire politique et économique du dessin animé français sous l'Occupation (1940-1944) : un âge d'or*, Paris, L'Harmattan, 2014, p. 324. Archives nationales F42/27. 26 juillet 1945 : « La demande d'autorisation ci-jointe de visa est présentée par la société les Gémeaux pour permettre à

la Grande Ourse ont été tournés sur Agfacolor[50], *l'Épouvantail* et *le Voleur de paratonnerres*[51] ont été tournés sur une pellicule panchromatique noir et blanc, puis développés en noir et blanc à Paris. Le vrai tirage couleur s'effectue à Londres pour ces deux films mais également les deux suivants : *la Flûte magique*[52] et *le Petit Soldat.* Le nouveau ministre de l'Information soutient, tout comme Louis-Émile Galey en son temps, la société : « En raison de l'intérêt qui s'attache à favoriser la production de dessins animés et la qualité particulière des œuvres de M. Grimault, j'appuie la demande de ce dernier et je vous serais obligé de bien vouloir l'examiner favorablement. »[53]

---

son directeur technique et artistique, M. Paul Grimault, de se rendre à Londres, où il doit se mettre en rapport avec les techniciens des laboratoires Technicolor pour les travaux négatifs se rapportant aux dessins animés intitulés *l'Épouvantail* et *le Voleur de paratonnerres* réalisés pendant l'Occupation par la société les Gémeaux et confiés à ce laboratoire. Je donne à cette demande un avis favorable. »

50 « Pour ces deux films, les colorants se sont dégradés progressivement, au point qu'il ne reste presque plus rien sur les copies. Grâce aux Archives françaises du film de Bois-d'Arcy, qui avaient conservé des chutes ou des tirages contretypés provenant d'une copie de travail, il a été possible de reconstituer une version approximative du *Marchand de notes* en noir et blanc. C'est dommage, parce que le film était très joli en couleur. » Entretien de Paul Grimault avec Bénédicte Delesalle, *Sonovision*, octobre 1988. Le film est visible dans le coffret DVD de 2019 *le Monde animé de Grimault* : chaque court métrage a été scanné en 4K à partir des éléments nitrate (sélections trichromes et négatifs originaux ainsi qu'une numérisation des sons optique).

51 Le 9 décembre 1946, un avenant au contrat entre l'État et les Gémeaux est signé. Les premières recettes du film jusqu'à 1 900 000 francs doivent être réparties à raison de 16/19ème à la société les Gémeaux et à 3/19ème à l'État. Le 3 janvier 1947, l'État reçoit 182 856,20 francs pour *le Voleur de paratonnerres*, compte de répartition des encaissements du film concernant la France continentale pour la période du mois de mars à novembre 1946, et l'Allemagne occupée pour la période du 1er avril au 30 septembre 1946. Archives nationales F42/38. L'État reçoit aussi 990,40 francs sur le compte d'exploitation en Autriche et en Allemagne pour la période du 1er juillet au 30 novembre 1946 (Archives nationales F42/39) et encore 1 000 francs pour l'exploitation en Autriche du 1er décembre 1946 au 31 janvier 1947 (F42/48). Les remboursements continuent surtout grâce à l'exploitation en France : 23 539 francs le 28 février 1947 (pour décembre 1946), 249 357 francs le même jour (pour la période du 1er avril au 30 septembre 1946), 173 435 francs (pour la période de mars à décembre 1946), 26 762,55 francs le 12 avril 1947 (pour février 1947 en France continentale et janvier 1947 pour Afrique du Nord), 41 848,50 francs le 29 avril 1947 (pour janvier 1947 en France continentale, novembre et décembre 1946 en Afrique du Nord), 4 316,35 francs le même jour (pour décembre 1946 en Allemagne occupée), 5 868 francs le 23 août 1947 (pour le premier trimestre 1947) et ainsi de suite jusqu'à complet remboursement de l'avance (septembre/octobre 1947 : 13 236 francs, et juillet/octobre 1947 : 3 540 francs, F42/48).

52 Le 28 août 1947, l'État reçoit 35 395 francs puis 66 944 francs pour *la Flûte magique*, compte de répartition des encaissements du film concernant la France continentale pour les mois de mai et juin 1947. Archives nationales F42/42. L'État reçoit encore 29 242 francs pour août 1947 (F42/46), 31 910 francs pour septembre 1947 (F42/47) et encore 8 412 francs pour l'exploitation du film en Indochine pour septembre 1947 (F42/46).

53 Archives nationales F42/28. Le ministre de l'Information au directeur de l'Office des changes, 6 septembre 1945 : « M. Paul Grimault doit se rendre à Londres pour les travaux de montage et la vérification des négatifs de dessins animés dont il est l'auteur. Ces travaux doivent être exécutés dans le laboratoire Technicolor. Pour couvrir les frais de ces travaux, M. Grimault sollicite une attribution de 70 £ indépendamment de l'attribution journalière habituelle. »

Tous les courts métrages des Gémeaux continuent de recevoir des avances remboursables[54]. Le 1er septembre 1945, le ministère de l'Information verse 320 000 francs pour *la Flûte magique*, 175 000 francs pour *le Soldat de plomb* (futur *le Petit Soldat*) et encore 1 220 000 francs pour *Niglo reporter*[55]. Même chose pour l'attribution de contingent de pellicules nécessaires au tirage de six copies pour *les Passagers de la Grande Ourse*, *l'Épouvantail* et *le Voleur de paratonnerres*. Ces copies sont destinées à être projetées dans la zone d'occupation française en Allemagne[56].

Le 2 novembre 1945, Sarrut demande l'autorisation d'aller au Danemark pour discuter de la constitution éventuelle d'une fédération européenne du dessin animé qui regrouperait la France, le Danemark, la Tchécoslovaquie et peut-être les Pays-Bas afin de mutualiser les forces pour la réalisation du premier long métrage des Gémeaux[57]. En juillet 1946, Sarrut sollicite l'autorisation de se rendre en Italie

---

[54] Le 24 mars 1945, le Crédit national rédige un rapport à M. le Ministre des Finances sur l'activité du Comité d'Attribution des Avances à l'Industrie Cinématographique au cours de l'année 1944 : « Le Comité a continué à s'intéresser aux dessins animés, susceptibles de permettre au dessin animé français de prendre place dans la production mondiale. Après diverses tentatives, deux firmes seulement restent spécialisées dans ce genre [Risacher et les Gémeaux] ; leur production est fort réduite, ce qui a limité à sept le nombre des films bénéficiaires d'avances, ce sont :

- *Les Passagers de la Grande Ourse* (date de signature du contrat de participation financière : 7 avril 1942), 300 000 francs / 300 000 francs (montant de l'avance/remboursement). 58% de 510 560 francs ; subvention de 250 000 francs ;
- *L'Épouvantail* (28 juillet 1942) : 350 000 fr / 350 000 fr. Devis de 1 010 087 francs. Subvention de 650 000 fr.
- *Les Enfants du Ciel* (29 septembre 1943) : 250 000 fr. / 250 000 fr.
- *Le Voleur de paratonnerres* (28 janvier 1943) : 500 000 fr. / 500 000 fr. Devis de 1,3 million fr. Subvention de 500 000 fr.
- *La Flûte magique* (21 juin 1943) : 500 000 fr. / 500 000 fr. Devis de 1,3 million fr. Part de la Direction générale de la Cinématographie nationale : 700 000 fr.
- *Le Soldat de plomb* (13 avril 1943) : 750 000 fr. / 500 000 fr.
- *Niglo reporter* (ex *La machine à remonter le temps*) (non réalisé) : 750 000 fr. / 1524 fr.
- *Le Couple insatiable* (non réalisé) 300 000 fr. / 0 fr.

Total : 2 950 000 francs pour 8 avances.

Un producteur a même envisagé la réalisation d'un film de grand métrage de même classe que *Blanche Neige et les sept nains*. Le Comité s'est montré tout disposé en principe à lui accorder une participation au titre de la loi du 19 mai 1941 mais le programme financier d'une telle production, dont le travail s'étend sur quatre années et dont le devis ne peut de ce fait être établi que très approximativement, mais doit atteindre en tous cas un chiffre fort élevé, n'est pas encore au point. » Montant total de 208,0351 millions fr. répartis entre 62 grands films, 7 dessins animés et 3 films de court métrage (1944 : 11 films de long métrage, 3 dessins animés (dont deux avances complémentaires), 3 films de court métrage : 46,2 millions fr. / 1943 : 13 films de long métrage et 4 dessins animés : 54,5 millions fr. / 1942 : 25 films de long métrage et 2 dessins animés : 78, 566 millions fr. / 1941 : 13 films de long métrage : 28,6691 millions fr. Archives nationales F42/127.

[55] Archives nationales F42/29.

[56] Archives nationales F42/29. Le ministère de l'Information à l'Office professionnel du cinéma, 13 septembre 1945.

[57] Archives nationales F42/31. Dans un entretien, Grimault l'annonce : « Nous pensons même à travailler avec des équipes tchèques et danoises, créer une sorte de communauté européenne du dessin animé pour réaliser un long métrage de 2 500 mètres dont le scénario est de Jacques Prévert et dont le titre provisoire est *Niglo ou le voyage magique*. » L. Delysan, « Une enquête d'*Opéra*. Où en est le dessin animé français ? Paul Grimault au travail », *Opéra*, 2 janvier 1946. Jean-Charles Tacchella s'en

« où il doit prendre contact avec les milieux cinématographiques italiens pour la vente dans ce pays d'un certain nombre de films français et pour étudier les possibilités d'une co-production. »[58] Ces discussions n'aboutissent à rien de concret.

En 1946, *le Voleur de paratonnerres* reçoit le 1er Grand prix international du dessin animé au festival de Venise alors que *l'Épouvantail* reçoit le 2ème Grand prix. L'année suivante, *la Flûte magique* est le seul dessin animé français présenté au festival de Cannes 1947. En 1948, *le Petit Soldat* reçoit le Prix international du meilleur dessin animé au festival de Venise, *ex-æquo* avec le studio Walt Disney ainsi que de nombreux prix internationaux, par exemple au festival de Rio de Janeiro et de Prague en 1950.

Tous les projets prévus ne peuvent cependant aboutir[59]. Pour *Niglo reporter ou la machine à explorer le temps*, l'écrivain et scénariste Jean Ferry participe à l'écriture du scénario avec Paul Grimault. Le contrat entre les Gémeaux et le Crédit national est signé le 1er février 1944 pour une avance de 500 000 francs. Le 3 juin 1944, le titre de *Niglo reporter* est inscrit au registre public[60]. Le 5 décembre 1944, le Comité d'attribution des avances à l'industrie cinématographique accorde 500 000 francs pour *le Soldat de plomb* et 750 000 francs pour *la Machine à remonter le temps* (ou *Niglo reporter*)[61]. Mais une note du 3 décembre 1944 précise : « actuellement la production de ces deux films est arrêtée (sinistre déclaré aux risques de guerre le 17 août 1944). Lors de la reprise, vers les premiers mois de janvier [1945], les assurances seront réajustées en fonction des dépenses engagées. » De plus, le Comité d'attribution des avances à l'industrie cinématographique réuni au Crédit national ne consent plus qu'une avance de 500 000 francs pour *la Machine à remonter le temps* sous réserve

---

fait également l'écho : « Un accord est intervenu pour cette bande avec une firme tchèque et une danoise, économisant ainsi une année (deux ans et demi au lieu de trois ans et demi). Enfin, il est question pour les Gémeaux d'un film avec Walt Disney selon la formule *la Grande Parade.* » Tacchella, « Où en est le dessin animé français ? », *l'Écran français*, 20 février 1946. Cela rappelle en tout cas les projets nazis de Zeichenfilm Ring qui devait regrouper plusieurs studios européens d'animation afin de travailler ensemble à des films d'animation pendant la Seconde Guerre mondiale. Voir Rolf Giesen et J.P. Storm, « Deutsche Wochenschau and the Collaborators of the Europäischer Zeichenfilm Ring », *in Animation under the Swastika. A History of Trickfilm in Nazi Germany, 1933-1945*, McFarland & Company, 2012, pp. 126-135.

[58] Archives nationales F42/35. Attestation datée du 30 juillet 1946.

[59] Dans le cas du dessin animé *Cocri* produit par René Risacher, le CNC exige au premier semestre 1947 (les papiers pelure ne sont pas datés précisément) le remboursement de l'avance consentie de 175 000 francs puisque la production a été abandonnée (contrat du 1er décembre 1943). Le CNC exige également le remboursement de 585 000 francs pour l'avance consentie pour le film sinistré *le Couple insatiable*, lui aussi demeuré inachevé, Archives nationales F42/42.

[60] Collection des archives de la Cinémathèque française CN101-B66. Le Conservateur du Registre public de la Cinématographie nationale certifie que le titre du film *Niglo reporter* a été déposé au registre public et inscrit sous le n°114.

[61] Collection des archives de la Cinémathèque française CN101-B66. Montant de l'avance délivrée par le Comité d'attribution des avances à l'industrie cinématographique. Procès-verbal n°35.

du remboursement préalable de l'avance de 350 000 francs consentie pour *l'Épouvantail*[62].

Philippe Landrot se souvient de l'ambiance particulière de cet après-guerre : « André Sarrut se donnait beaucoup de mal, mais nous n'étions pas souvent payés. On ne travaillait pas beaucoup non plus. La rhumerie martiniquaise, boulevard Saint-Germain, nous voyait de plus en plus. De là, Paul [Grimault], Landrot et quelques autres allaient dîner rue de la sœur Rosalie où Paul prenait sa guitare et nous régalait de refrains western et parfois d'un intermède plutôt classique. Malgré une bonne carrure, il avait la main légère. »[63]

L'idée d'adapter *l'Intrépide Soldat de plomb* (1838) de Hans-Christian Andersen date de l'été 1943. Un premier scénario signé Paul Grimault est en effet daté du 23 août. Il suit de près la trame du conte danois. Le devis de production s'élève à 1,2 million de francs (puis 1,3) et la SARL les Gémeaux obtient une participation financière du ministère de l'Information de 700 000 francs le 15 octobre et le Crédit national accorde un prêt de 500 000 francs le 9 novembre 1943. L'autorisation de production est délivrée par le ministère de l'Information le 20 septembre 1943. Pourtant, rien ne se passe en raison de l'impossibilité de se procurer de la pellicule couleur. Ce film serait le 38ème produit par la société selon les registres (en effet la société ne tourne pas que des courts métrages pour le cinéma mais travaille également pour la publicité ou encore dans l'insertion d'animation dans des documentaires ou des longs métrages).

Paul Grimault attend la Libération pour reprendre le projet et modifier en profondeur le scénario avec l'aide de son ami Jacques Prévert. Ces deux-là se connaissent par l'intermédiaire de Brunius et de Jean Aurenche. Ils ont fait partie du groupe Octobre. Grimault : « Au fond, Jacques et moi nous étions un peu comme des frères qui se choisissent »[64] ; et Prévert parle de Grimault comme d'un « presque frère ». Le réalisateur se souvient : « Après la guerre, j'ai relu *le Petit Soldat de plomb*, fait un premier découpage avec des croquis, que j'ai montrés à Jacques Prévert. Il m'a fait quelques remarques très intéressantes [...] Nous avons travaillé ensemble sans jamais écrire de scénario, sans jamais écrire une ligne. Il n'y a jamais eu rien d'écrit sur *le Petit Soldat*. C'était simplement des conversations, des croquis que je lui montrais, le plus souvent au fur et à mesure de l'avancement du film. »[65]

---

62 Pour plus de détails voir Sébastien Roffat, *Histoire politique et économique du dessin animé français sous l'Occupation (1940-1944) : un âge d'or*, Paris, L'Harmattan, 2014, pp. 324-326.

63 Entretien de Philippe Landrot avec l'auteur, Paris, 19 mars 2008.

64 Témoignage de Paul Grimault in *Image et Son*, n°189, décembre 1965, pp. 61-62. Dans cet entretien, Grimault indique : « J'ai rencontré Jacques Prévert il y a longtemps, bien avant la guerre, ce devait être vers 1933-1934. J'avais certainement dû le croiser auparavant dans la rue et aussi dans un endroit où nous travaillions tous les deux : Le Bon Marché. Jacques y était emballeur et moi j'y faisais de la décoration. Mais c'est Jean Aurenche qui m'a vraiment fait rencontrer Jacques, aux Deux-Magots. Nous nous sommes entendus tout de suite. C'était à la fin d'un après-midi et nous nous sommes quittés très tard le soir ; je m'en souviens très bien. Et puis, très vite, il y a eu l'histoire du Groupe Octobre. »

65 Paul Grimault à Luce Vigo, *Jeune Cinéma*, n°128, 1980.

Ils travaillent tous les deux au *Petit Soldat* soit à l'Hôtel de Nice, rue des Beaux-Arts où loge Prévert, soit chez Constant, au Flore ou ailleurs. Grimault : « À un moment donné, il avait imaginé que le corbeau pouvait apporter une lettre de faire-part. [...] Il avait mis un curé, mais [il] n'avait pas sa place non plus. C'est bien d'accumuler plein de choses, et puis après d'épurer, d'arriver à l'essence même de ce qu'on raconte »[66]. Le court métrage illustre la haine des deux amis pour la guerre et l'armée[67]. C'est la première véritable incursion de Prévert dans le dessin animé et c'est la première fois qu'il collabore avec Grimault[68]. Henri Lacam anime le petit soldat et le bonhomme de neige, Jean Vimenet, assisté d'Alberto Ruiz, la poupée, Georges Juillet le diable, Paul Granger les corbeaux et l'orchestre d'animaux mécaniques, Gabriel Allignet la toupie mécanique, la neige et les effets d'eau. Roger Duclent assiste Grimault aux décors. Le réalisateur salue sa petite équipe « en progrès constant qui a donné le meilleur d'elle-même »[69] sur ce film. En novembre 1986, Paul Grimault rend hommage à Gabriel Allignet : « Gilles Margaritis m'avait amené un jour Henri Lacam dans mon petit studio de la rue de Berri où depuis deux ans j'essayais de faire mes premiers dessins animés. C'était en 1937. Et puis Henri Lacam m'a amené à son tour Gabriel Allignet, Jean Vimenet et Jacques Gadoin. Ça fait près d'un demi-siècle, c'était hier. Un demi-siècle ça peut être très long ou très bref, ça dépend de quel côté on regarde, s'il est à venir ou s'il est passé. C'était le début de la grande aventure. Toutes les expériences, les espoirs, les moments difficiles et les jours fastes... et l'amitié. Gaby a participé à tous mes films. Il n'est pas seulement animateur, il est indispensable, absolument. Il peut donner une vie particulière à n'importe quoi. Regardez la toupie du *Petit Soldat* et vous comprendrez ce que je veux dire. Il ne triche pas, il est fidèle à l'amitié et reste inébranlablement fidèle à ce qu'il y a de plus beau dans notre métier. Et puis il sait aussi raconter de merveilleuses histoires mais ceci en est une autre ! »[70]

Mais à part les animateurs dont parle Grimault, comment est composée l'équipe des Gémeaux à cette époque ? Les données sont rares mais aux Archives de Paris est conservé un document qui recense tous les salariés « ressortissants du dessin animé » en vue d'une convocation vraisemblablement datée de 1946[71]. Nous découvrons pour la première fois des noms totalement inconnus car les génériques des Gémeaux sont relativement succincts et exclusivement masculins (il n'y a que le nom des animateurs qui apparaît). Et surtout l'équipe se compose alors d'au

---

[66] Jean-Pierre Pagliano, *Paul Grimault*, Paris, Lherminier, 1986, p. 79-80.

[67] Pour une analyse détaillée du film voir Pascal Vimenet, « Le Petit Soldat. Clef argotique et réalisme poétique », in *Abécédaire de la fantasmagorie. Tempo ritardando*, Paris, L'Harmattan, 2018, pp. 87-99.

[68] Quinze ans auparavant, en 1930, Prévert avait écrit un scénario de dessin animé pour André Vigneau : *Baladar* qui racontait l'histoire, située en Bretagne, d'une pieuvre femme de ménage d'un pêcheur ivrogne et de son fils ; mais faute de commanditaires, le film ne s'est jamais tourné. À la même époque, Marcel Duhamel avait également tenté de vendre un autre scénario de dessin animé écrit par Prévert : *Mesdames et Messieurs* ou *le Conférencier*, sans plus de succès.

[69] Paul Grimault, *Traits de mémoire*, Paris, Seuil, 1991, p. 117.

[70] Extrait d'un fascicule intitulé « Gabriel Allignet. Chatellerault 1986 ». Succession Allignet.

[71] Archives de Paris, PEROTIN/901/64/1 340. « Liste des ressortissants du « Dessin animé » convoqués le lundi 27, mardi 28, mercredi 29, jeudi 30, vendredi 1er et samedi 2 de 9h15 à 14h15. »

moins 38 membres. L'organisation est déjà hiérarchisée. Outre le gérant (Sarrut) et le directeur artistique (Grimault) tel que cela a été défini le 16 décembre 1943, on compte quatre « premiers animateurs », deux « deuxièmes animateurs », quatre « animateurs adjoints » dont une femme Micheline Dembreville pour laquelle je n'ai aucune information (à moins que cette personne soit plutôt coloriste), un directeur de production, une secrétaire de production, un décorateur, deux opérateurs, un chef exécutant et vingt intervallistes et coloristes (dont au moins douze femmes généralement chargées de l'encrage et du gouachage).

SARL Les Gémeaux, 112 bis rue Cardinet, 17e.
Responsables : gérant : André Sarrut, 8, square du Graisivaudan (17e) ;
directeur artistique : Paul Grimault : 9, avenue de la Sœur Rosalie (13e).

Groupe Création	
Premiers animateurs	
Allignet Gabriel	14 rue de Tournefort 5e
Juillet Georges	260 rue de Nanterre (Colombes)
Lacam Henri	3 rue Jean-Louis Forain 17e
Vimenet Jean (délégué syndical épuré)	20 rue des Reculettes 13e
2ème animateurs	
Ruiz Alberto (commission d'épuration, épuré)	36 rue Sibuet 12e
Ségui Roger	116 rue de Bercy 12e
Animateurs adjoints	
Granger Paul	48 avenue de Rosny (Villemonble)
Dubrisay Gilbert	15 rue Montrun 14e
Vausseur Jacques	17 rue Jouvenet 16e
Dembreville Micheline	34 rue du Plateau (Vincennes)
Directeur de production	
Ryswick Pierre van	17 rue Fernand-Cormon 17e
Décorateurs	
Danet Louis	67 rue Lamarck 18e
Opérateurs	
Devaud Hubert	14 rue Plumet 15e
Dorbais Marcel	26 rue Rodin 9e
Secrétaire de production	
Dorbais Marcelle	26 rue Rodin 9e
Chef exécutant	
Guitat Raymond	18 rue Truffaut 17e
Intervallistes et coloristes	
Ballet Renée	33 avenue de la République (Nanterre)
Beauclair Marie	52 bld Voltaire 11e
Chaumat Odette	25 rue Ernest Renan 11e
Douay Michel	12 rue Castagnary 15e
Dieck Christiane	72 rue de Paris (Soisy-sous-Montmorency)
Devarenne Claudia	6 square Alice 14e
Dubourget Suzanne	13 rue Henri Poincaré 20e
Delaitre Evelyne	7 rue Boileau 16e
Genestre Roland	17 rue du Colonel Moll (Mantes-la-Ville)
Gillet Claude	6 rue Leonidas 14e
Joly Marie-Thérèse	78 rue du Kremlin (Bicêtre)

Le Squern Hélène	133 route de Montrouge (Malakoff)
Landrot Philippe	7 rue de la Barre (Enghien)
Moreau Roger	103 rue Olivier de Serres 15e
Merrer Jean	5 rue Delambre 14e
Rosé Robert	62 rue de Vouillé 15e
Saufnai Marcel	12 rue H. G. Fontaine (Asnières)
Reboul Charlotte	26 rue des Batignolles 17e
Roux Nicole	18 rue Cortambert 16e
Sari Marguerite	93 avenue des Moulineaux (Billancourt)

La presse se fait l'écho du défi technique exigé par un simple court métrage : « Travail gigantesque dont ces quelques chiffres donneront une idée : la réalisation du *Petit Soldat*, dessin animé de 320 mètres dont la projection dure 12 minutes, a demandé 54 000 heures de travail. Trente dessinateurs ont exécuté sur calque 31 000 dessins, ils ont utilisé pour ce travail un rouleau de papier calque, large de 32 cm et long de 12 kilomètres, ils ont consommé 600 mètres de mines et 10 kilos de gomme. »[72]

L'animation et les cellulos du court métrage sont terminés 112 bis rue Cardinet à Paris (les locaux s'étendent sur seulement 350 m^2), les prises de vues couleur sont effectuées à Neuilly-sur-Seine en 1947, où la société installe ses nouveaux studios aux 16-18 rue Delabordère.

A l'été 1948, Paul Grimault adresse une lettre à Jacques Prévert : « Cher Jacques, veux-tu me téléphoner pour qu'on puisse voir ensemble la fin du *Soldat*. J'ai fini le premier montage et tu pourras le voir quand tu voudras. Ce serait bien qu'on puisse le terminer vite maintenant parce que j'aimerais pouvoir me donner à fond sur *la Bergère*. »[73].

Le Petit Soldat est sans conteste la plus grande réussite du studio. En janvier 1948, Pierre Prévert écrit à Paul Grimault, qui lui a montré la veille une copie de travail du court métrage : « Jamais je n'ai vu un dessin animé de cette qualité-là. C'est une pantomime que seul le cinéma pouvait donner et, sans doute, que toi seul pouvait réaliser. Je me souviendrai très longtemps de ton bonhomme de neige avec dans sa main le petit soldat blessé, au même titre que certains visages de Charlot, du sourire forcé de Lilian Gish, des dernières images des *Rapaces* et de dix autres films que nous aimions. »[74]. Paul Grimault le considère à juste titre comme son meilleur court métrage : « Depuis mes débuts où je considérais le dessin animé comme un divertissement proche de la physique amusante, jusqu'au *Petit Soldat* où je m'engageai dans une autre voie, une évolution se produisait. Je commençais à prendre conscience du moyen d'expression exceptionnelle que j'avais entre les

[72] « La France a aussi son usine à images », *la Vie catholique illustrée*, 3 juillet 1949.

[73] André Heinrich, *Album Jacques Prévert*, Paris, NRF, Gallimard, 1992, p. 255. Succession Prévert 2009.0.268.

[74] Cité par Jean-Pierre Pagliano, « Le Petit soldat », *in* Xavier Kawa-Topor et Philippe Moins (dir.), *Le cinéma d'animation en 100 films*, Capricci, 2016, p. 78.

mains. » Durant la production, Picasso rend visite à Grimault et repart avec un croquis du découpage du film en souvenir[75].

Le Petit Soldat sort sur les écrans le 1er octobre 1948 en complément de programme *D'homme à hommes* de Christian-Jaque qui connaît un joli succès public avec 3,3 millions de spectateurs en France. Le court métrage a reçu quelques jours auparavant le Grand prix international du dessin animé au festival de Venise (19 août - 4 septembre 1948). Aussi Prévert accepte-t-il (sur l'insistance de Grimault) l'invitation de Simone Dubreuilh de venir parler du film aux studios de la Radiodiffusion française, 118, avenue des Champs-Élysées le 12 octobre 1948 à 16h30. Prévert y retrouve Alexandre Trauner, Henri-François Rey, Guitte Tarreyre et Pierre Sabbagh. Dubreuilh conduit son invité vers le bureau 102 surnommé l'Aquarium en raison de deux grandes portes-fenêtres qui donnent sur les Champs-Elysées. En pleine discussion, Jacques Prévert s'appuie au vitrage de la fenêtre car on attend l'arrivée de la voiture de Marcel Cerdan sur l'avenue.

Brusquement, celle-ci s'ouvre vers l'extérieur. Elle emporte avec elle le poète. Il tente de s'accrocher à la plaque de tôle qui abrite l'enseigne du cinéma des Champs-Elysées. Mais Prévert s'écrase violemment sur le trottoir. Sa tête heurte le sol cinq mètres plus bas[76]. Joseph Kosma qui arrivait lui aussi au studio vient d'assister à la scène depuis la rue. Il demeure pâle et immobile. Inconscient, la victime est transportée d'urgence à l'hôpital Marmottan. Trauner est à ses côtés dans l'ambulance. L'état est jugé grave. Les médecins diagnostiquent « 1) une fracture grave à la base du crâne s'accompagnant d'une très forte commotion cérébrale avec hémorragie méningée importante ; 2) une fracture de trois côtes avec enfoncement et lésion de la plèvre et du poumon sous-jacents ; 3) une fracture de l'humérus gauche, accompagnée de paralysie radiale ». Jacques Prévert est plongé dans le coma durant dix jours.

Prévert se réveille progressivement.

Miraculeusement, on ne décèle aucune lésion cérébrale mais une fracture du rocher - qui peut avoir des conséquences fonctionnelles (paralysie faciale, surdité ou vertiges) et infectieuses (méningites). Prévert passe plus de deux semaines à Marmottan, puis trois à la clinique Rémy de Gourmont[77]. Il passe enfin une longue convalescence à Saint-Paul-de-Vence.

Pendant deux ans, Jacques Prévert ne travaillera quasiment plus[78].

---

[75] Paul Grimault, *Traits de mémoire*, p. 46.

[76] Vingt ans plus tôt, Prévert était déjà passé à travers une verrière en regardant Yves Tanguy au travail. Aussi le peintre déclare-t-il en 1948 d'un humour macabre : « Il avait donc décidément la vocation de passer par les fenêtres ».

[77] Pour plus de détails, se reporter à Yves Courrière, *Jacques Prévert. En vérité*, pp. 849-855 et à Danièle Gasiglia-Laster, *Paris Prévert*, Gallimard, 2016.

[78] En octobre 1948, Prévert devait aussi rencontrer André Sarrut pour la réalisation d'*Hécatombe* dont le scénario était écrit conjointement par lui, son frère Pierre et Alexandre Trauner. Ces pourparlers furent interrompus par l'accident. Douze ans plus tard, Prévert obtiendra dix millions de francs de dommages et intérêts de la part de la société propriétaire de l'immeuble où émettait la Radiodiffusion française.

Cet accident dramatique n'empêche toutefois pas l'exploitation du *Petit Soldat* ni son très grand succès. En parallèle de la production de ses courts métrages, la société les Gémeaux a depuis plusieurs années déjà l'idée de créer le premier long métrage de dessin animé français.

Produire et financer le premier long métrage de dessin animé français : retour sur des années de discussions. –

Le plus ancien courrier relatif à la production d'un long métrage de dessins animés remonte au début du mois de décembre 1942. Il s'agit d'une correspondance entre André Sarrut et Louis-Émile Galey (Direction générale de la Cinématographie nationale) au sujet de la place du dessin animé français dans l'ensemble de l'industrie cinématographique aussi bien sur le plan production que sur le plan exploitation. Je n'ai pas retrouvé ce courrier mais Sarrut en fait mention le 3 mars 1943 dans une lettre, cette fois adressée à Xavier Flûry du Crédit national[79]. Sarrut rappelle que les Américains ont pris, « pendant 25 ans d'inactivité française », une avance considérable. Ils la conservent, profitant de leur riche marché comme tremplin. La France doit donc faire un énorme effort qui ne peut être entrepris qu'avec l'appui de l'État. Avant peu de temps, « la France atteindra la classe internationale si l'État français continue de lui apporter l'appui qu'il lui a apporté en 1942 ». Sarrut note que sur le plan de l'exploitation, le marché français ne permet d'amortir que 25 % du prix de production d'un film de dessins animés de 300 mètres sous le régime du « simple programme » et 3 % sous le régime du « double programme ». La raison de cet état de chose est que le prix de production du dessin animé est très élevé au mètre. L'amortissement de ce genre de production n'est donc possible que sur un large marché. Le marché français étant très restreint, le dessin animé français doit s'exporter ou ne pas s'amortir. Les Américains, au contraire, amortissent facilement leurs films chez eux, puis écrasent la concurrence dans le monde, en vendant à des prix dérisoires sur les marchés étrangers. Le dessin animé est donc une marchandise essentiellement internationale. Si le dessin animé veut résister à la concurrence américaine, il faut que l'État français l'aide. Cette aide financière sera d'ailleurs, assure-t-il, « très peu importante comparée au rayonnement qu'apportera à la France son dessin animé dans le monde ». Ce qui est très surprenant dans la lettre de Sarrut, c'est son incroyable honnêteté :

> « Il est certain, en tout cas, qu'en tant que producteur de dessins animés, nous ne pourrons pas affirmer que nous rembourserons les emprunts que nous ferons au Crédit national, puisque l'amortissement du prix de production de

[79] Collection des archives de la Cinémathèque française CN242-B157, Lettre d'André Sarrut à Xavier Flûry, Crédit national, 3 mars 1943.

> nos films dépend d'une position du marché mondial qui évolue sans cesse pour des raisons politiques. »[80]

Vous avez bien lu ! Sarrut écrit en 1943 : « nous ne pourrons pas affirmer que nous rembourserons les emprunts que nous ferons au Crédit national ». Il s'agit pour Sarrut de trouver une formule de financement qui, reconnaissant le risque politique, n'entraîne pas le producteur, s'il veut produire des films de dessins animés, à prendre des engagements qu'il ne pourra peut-être pas tenir.

Dans un courrier des Gémeaux au ministère de l'Information le 29 novembre 1943, Sarrut écrit : « Le sujet que nous adapterons sera vraisemblablement *Monsieur Pipe fait de la peinture*. C'est un sujet merveilleux et typiquement National d'esprit et de milieu. La dépense qu'entraînera la production d'un film de ce genre atteindra un maximum de 20 millions de francs. »[81]

L'idée finalement trouvée par Sarrut (soufflée sans doute par Galey lui-même) est une lettre d'agrément qu'il obtiendrait de la Caisse nationale des marchés de l'État après avis de la Direction générale de la Cinématographie nationale. Dans l'optique de la production d'un long métrage, le 25 avril 1944, le capital de la société Les Gémeaux passe de 30 000 à 1 million de francs.

Le 5 juin 1944, le Secrétariat général à l'Organisation industrielle et commerciale demande à Louis-Émile Galey s'il a accepté cette proposition. Les premiers contacts qui ont eu lieu entre les services ont fait apparaître que les fonds nécessaires pouvaient être mis à disposition de la société par différentes voies :

- par la Direction générale de la Cinématographie nationale au titre d'un marché (participations financières) ;
- par le Crédit national au titre d'une avance cinéma (prêts remboursables avec intérêts) ;
- et par la Caisse nationale des marchés de l'État au titre d'une lettre d'agrément.

Le Secrétariat général à l'Organisation industrielle et commerciale demande à Galey de lui indiquer le mode de financement retenu[82] ainsi que les montants, conditions de délivrance et d'amortissement des avances susceptibles d'être consenties aux Gémeaux par la Direction générale de la Cinématographie

---

[80] *Ibid.*

[81] Archives nationales F42/129. André Sarrut, « Financement de l'étude d'un film de dessins animés de 2000 m. » à Louis-Émile Galey, le 29 novembre 1943.

[82] Le Secrétariat général à l'Organisation industrielle et commerciale précise qu'il appartiendra à Galey d'examiner si le plan de financement fourni par les Gémeaux paraît correspondre à l'exécution du programme prévu autant par les chiffres des dépenses et recettes prévus que par leurs échelonnements dans le temps.

nationale et par le Crédit national (effort financier qui paraît devoir être à la charge de la Caisse nationale des marchés de l'État, au titre de la lettre d'agrément)[83].

Le même jour, le Secrétariat général à l'Organisation industrielle et commerciale demande au Crédit national s'il est d'accord pour financer partiellement l'opération (et dans l'affirmative, d'indiquer le montant de l'avance accordée, ainsi que les modalités d'intervention)[84].

Xavier Flûry, sous-directeur du Crédit national, lui répond quelques jours plus tard en lui communiquant, à titre confidentiel, l'extrait du procès-verbal de la séance du 11 mai 1944 tenue au Crédit national par le Comité des avances à l'industrie cinématographique :

> « La société Les Gémeaux se proposant de produire un film en couleur de 2 300 mètres, lequel demanderait au moins trois ans de travail et dont le coût serait de l'ordre de 36 millions, demande au Comité si, après examen du scénario, il se montrerait disposé à envisager une participation de 4 millions dont le versement n'interviendrait qu'après l'investissement des autres participations, c'est-à-dire à la fin de la réalisation du film. Après un échange de vues, les membres du Comité confirment l'intérêt qu'ils ont toujours porté à l'activité de cette Société qui leur paraît qualifiée pour une tentative de cette envergure. Tout en réservant leur décision jusqu'au moment où ils auront pu prendre connaissance du scénario et après la réalisation d'une partie notable du film, ils expriment l'opinion qu'une opération ainsi comprise ne devrait pas, le moment venu, soulever d'objection. »[85]

La mise sur pied du plan de financement de *la Bergère et le Ramoneur* se poursuit donc d'une façon favorable et M. Dagnicourt, directeur du Budget au

---

[83] CN242-B157. Lettre de M. le Ministre Secrétaire d'État à la Production industrielle et aux Communications - Secrétariat général à l'Organisation industrielle et commerciale - Service financier - l'Inspecteur des finances, chef du Service des lettres d'agrément, M. Frédet à M. le Ministre de l'Information - Direction du Cinéma, 5 juin 1944. En ce qui concerne spécialement l'intervention de la Caisse nationale des marchés de l'État, le Secrétariat général à l'Organisation industrielle et commerciale signale à Galey qu'en règle générale, les crédits accordés par cet établissement pour le financement d'une fabrication agréée se dénouent par la vente des produits fabriqués ou sont relayés par des crédits sur warrant si la vente n'est pas immédiate. Le Secrétariat général à l'Organisation industrielle et commerciale veut savoir si le warrantage du film peut avoir lieu par tranches et si le warrantage de produits intermédiaires tels que les cellulos tracés peut se concevoir à titre de garantie subsidiaire. Dans l'affirmative, le Secrétariat demande qu'on fixe les valeurs qui devraient servir de base aux warrantages. En outre, les recettes prévues ne proviendront pas de la vente du produit fabriqué mais de diverses sources qui restent à préciser afin que la Caisse nationale des marchés de l'État puisse tenir compte de l'intégralité des recettes quand elle établira les modalités de remboursement des crédits qu'elle aura accordés.

[84] CN242-B157. Lettre de M. le Ministre Secrétaire d'État à la Production industrielle et aux Communications - Secrétariat général à l'Organisation industrielle et commerciale - Service financier - l'Inspecteur des finances, chef du Service des lettres d'agrément, M. Frédet à M. le Président, 5 juin 1944. À l'attention de M. Flûry.

[85] CN242-B157. Xavier Flûry, sous-directeur du Crédit national à M. Frédet, le 12 juin 1944.

ministère de l'Économie nationale et aux Finances, admet le principe d'un crédit exceptionnel de 13 millions de francs sur les exercices à venir de la Direction générale de la Cinématographie nationale, afin de permettre à Sarrut la mise sur pied de cette production.

Les bonnes nouvelles s'enchaînent.

En mai 1944, Jacques Prévert est chargé de réaliser les dialogues et l'adaptation et Paul Grimault chargé de faire les dessins. Le 18 mai 1944, Prévert s'engage par contrat « à établir le traitement du scénario d'un film de dessins animés de long métrage... à réaliser à partir de février 1945. Il s'engage à céder et transférer notamment à la société les Gémeaux les droits exclusifs de reproduction, d'exploitation et de représentation pour le monde entier, sur tous travaux exécutés par lui ; que cette cession est consentie pour la durée de protection légale dans tous les pays ».

Le 26 juin 1944, André Sarrut envoie au Crédit national un document intitulé « Quelques arguments en faveur de la réalisation d'un film de dessins animés français, en couleurs, de long métrage » dans lequel il explique : « Il existe, en France, peu de groupes industriels capables de produire des marchandises qui intéressent le marché international. Un de ces groupes est maintenant capable de produire des films de dessins animés dont la qualité exceptionnelle permettra l'exploitation dans le monde entier. Il s'agit pour ce groupe de réaliser un film de dessins animés de long métrage. Trois films seulement, de ce genre, ont été produits dans le monde dont un seul projeté en France : *Blanche-Neige et les sept nains*. Un film de dessins animés de long métrage est le type de film capable de réaliser les plus grosses recettes cinématographiques pour deux raisons principales : a) l'exploitation du dessin animé s'étend au monde entier. Les recettes considérables qu'elle représente sont pour 80 % acquises sur des marchés étrangers. En effet, le dessin animé étant un moyen d'expression essentiellement plastique, il n'est pas limité dans son exploitation par les frontières linguistiques. b) Le dessin animé lance des « personnages types » tels que Mickey ou Mathurin [Popeye]. Ces personnages sont cédés, contre versement d'une redevance, à des industriels qui le reproduisent sous les formes les plus diverses : livres d'enfants, jouets, marques de fabrique, etc. Appuyée sur la notoriété des personnages, la vente de ces objets se trouve considérablement facilitée. Pour la première fois, une équipe de production de films de dessins animés, s'est haussée au niveau des deux équipes américaines : Disney et Fleischer, jusqu'à maintenant uniques au monde. Cette équipe est française et a réussi cette performance avec des moyens financiers dérisoires. Pour que ce groupe puisse définitivement construire un outil industriel et se classer sur le marché international, après-guerre, il faut qu'il trouve les moyens de réaliser un film de dessins animés de long métrage. Pour réaliser cette production, ce groupe fait appel à l'Etat, car la somme nécessaire au financement atteint 37 millions de francs et la durée de placement de trois à cinq ans. Cette opération doit être réalisée tout de suite car, si la somme est importante quand on envisage que la réalisation du film, elle est normale quand on sait : a) les recettes que doit réaliser un film de ce genre atteignent 100 millions de fr. b) elle est la seule dépense que demandera à l'Etat la production cinématographique jusqu'à la fin de la guerre. En effet, un dessin animé de long métrage peut être entrepris dans les circonstances actuelles, c'est-à-dire : sans électricité ou à peu près, avec peu de matières premières et sans risques. c) qu'elle permettra de créer définitivement une puissante industrie exportatrice qui fera rentrer en France des devises étrangères. d) qu'elle assurera, après-guerre, la sortie d'une œuvre qui servira le prestige de la France. L'opération proposée présente un intérêt national. Elle peut maintenant se réaliser d'une façon satisfaisante, grâce à la politique suivie depuis 1942 par la Direction générale de la Cinématographie nationale. »[86]

Le Crédit national étant en principe d'accord pour octroyer une somme de 22 millions de francs par l'intermédiaire du système des avances économiques, Louis-Émile Galey décide, sous réserve de l'accord du ministre de l'Information, d'octroyer une avance financière de 2 millions venant compléter celle de 600 000 francs déjà accordée le 28 avril 1944, destinée à assurer le début de la trésorerie de la production.

Le 30 juin 1944, un premier décompte des dépenses effectuées pour le long métrage est fait. Prévert reçoit 100 000 francs pour l'écriture du scénario[87]. Le 19 juillet 1944, Jacques Prévert s'engage « à établir le découpage littéraire et technique, ainsi que les dialogues du film animé de long métrage intitulé provisoirement *la Bergère et le Ramoneur*, et à collaborer pour ce travail avec Paul Grimault. » Il cède à la société les Gémeaux ses droits dans les conditions prévues au contrat du 18 mai 1944, étant toutefois précisée que ladite cession est consentie « pour une durée de 10 ans, dans tous les pays ». Article 8 : « Tous les travaux exécutés par moi seront, le cas échéant, modifiés ou changés par moi, conformément à vos désirs et directives. Vous aurez la faculté d'apporter dans l'exécution du ou des films qui pourraient être tirés par vous de mon scénario précité, toutes modifications que vous jugerez opportunes, étant entendu que ces modifications seront établies d'un commun accord. » Grimault et Prévert cèdent leurs droits patrimoniaux sur le film à la société les Gémeaux suivant différents accords, conventions verbales et contrats. En juillet 1944, Prévert perçoit 50 000 francs pour ses honoraires de découpage[88]. En août 1944, Prévert perçoit à nouveau 50 000 francs et Grimault la même somme au titre de « scénariste et découpeur ». Le compositeur Jean Wiéner 3 000 francs comme honoraires compositeur (c'est Joseph Kosma qui composera finalement la musique), Henri Lacam et Jean Vimenet 12 000 francs à eux deux au titre d'animateurs et Gabriel Allignet et Gilbert Dubrisay 9 800 francs au titre de décorateurs[89].

---

[86] CN242-B157. André Sarrut au Crédit national, « Quelques arguments en faveur de la réalisation d'un film de dessins animés français, en couleurs, de long métrage » 26 juin 1944.

[87] Archives nationales F42/31. « Dépenses effectuées pour le film de 2 000 mètres au 30 juin 1944 » : 109 940 francs.

[88] Archives nationales F42/31. « Dépenses effectuées pour notre film de dessins animés en couleur de long métrage. Juillet 1944 » : 76 800 francs.

[89] Archives nationales F42/31. « Dépenses effectuées pour notre film de dessins animés en couleur de long métrage. Août 1944 » : 150 800 francs.

Le 6 juillet 1944, André Sarrut formule auprès du Crédit national une demande de financement à concurrence de 10 millions de francs[90]. Une note assez longue expose la situation[91]. Sarrut rappelle que six films ont reçu des avances pour 2,65 millions et que 650 000 francs ont déjà été remboursés. La Direction générale de la Cinématographie nationale est d'accord pour réaliser un long métrage animé de 2 300 mètres. Sarrut avoue que le sujet du film n'est pas encore fixé « car avant d'engager les dépenses inhérentes à la préparation d'une œuvre cinématographique aussi importante, le producteur désire connaître si les organismes financiers auxquels il s'est déjà adressé sont disposés à lui apporter l'appui nécessaire pour réaliser cette production exceptionnelle, étant bien entendu que le scénario devrait avoir obtenu l'approbation unanime de tous les participants financiers. ».

Sarrut expose ensuite quatre points positifs en faveur de son projet :

1) le dessin animé ne fait qu'accessoirement appel à la parole ; libéré des frontières linguistiques, son exploitation s'étend au monde entier.
2) il intéresse un public immense, comprenant non seulement « les adultes des races les plus diverses », mais encore les enfants.
3) il ne se démode pas et peut effectuer plusieurs exploitations successives, échelonnées sur une période de temps très longue.
4) le dessin animé réalise 80 % de ses recettes sur les marchés étrangers. Marchandise d'exportation, il est payé le plus souvent en monnaie appréciée et l'étendue de son marché assure une sécurité monétaire maximum.

Le budget estimé s'élève à 36 millions de francs. Le temps de production estimé est calqué sur celui des studios Disney : trois ans et demi. Les dépenses devraient s'échelonner comme suit :

De novembre à décembre 1944 : 148 000 francs ;
De janvier à décembre 1945 : 5 284 617 francs ;
De janvier à décembre 1946 : 9 897 224 francs ;
De janvier à décembre 1947 : 15 180 894 francs ;
De janvier à décembre 1948 : 5 489 265 francs.

Selon André Sarrut, « les prix de revient français d'une industrie manuelle comme le dessin animé sont obligatoirement inférieurs aux prix de revient américains, les salaires français étant inférieurs d'environ 30 % aux salaires américains ». À titre indicatif, *Blanche-Neige et les sept nains* réalisé entre 1934 et 1937 a coûté 37 millions de francs[92], et *Pinocchio* réalisé de 1937 à 1940 a coûté

[90] CN242-B157. André Sarrut au Crédit national, 6 juillet 1944.

[91] CN242-B157. « Notes sur la production d'un film de dessins animés français en couleur de long métrage », juillet 1944.

[92] Le budget de *Blanche-Neige et les sept nains* a été de 1,48 million de dollars 1937. En 1937, 1 dollar vaut 25,2 francs mais en 1938, 1 dollar vaut 35 francs et en 1939, 1 dollar vaut 40,3 francs. Dans ce courrier, André Sarrut évalue le budget de *Blanche-Neige et les sept nains* à 60 millions de francs mais il

110 millions de francs[93]. On peut ajouter que *Fantasia* a coûté environ 100 millions de francs également[94] et pour parler d'un autre long métrage en dehors des studios Disney, *les Voyages de Gulliver* aurait coûté 52,5 millions de francs[95].

Depuis le début, ce projet trouve un bon accueil auprès de la Direction générale de la Cinématographie nationale[96] et du Secrétariat d'État à la Production industrielle : il a fait l'objet d'une lettre d'agrément qui semble être envisagé favorablement par la Caisse nationale des marchés de l'État. Le montant des avances nécessaires serait donc fourni par la Caisse nationale des marchés de l'État relayée par :

- une participation de 8 millions de francs accordée par la Direction générale de la Cinématographie nationale ;
- une avance de 4 millions de francs demandée au titre de la loi du 19 mai 1941 ;
- les à-valoir que verseront les distributeurs français et qui devraient atteindre 10 millions ;
- les à-valoir des distributeurs étrangers qui pourraient sans doute intervenir fin 1947.

---

prend pour base l'année 1940 avec 1 dollar à 43,8 francs, soit un budget de 64,8 millions de francs. Il serait plus judicieux de prendre pour base l'année de sortie en salles, soit 1937 ou 1938 pour la sortie européenne soit un budget de 37,3 millions de francs (1937 ou 1938).

[93] Le budget de *Pinocchio* est estimé à 2,5 ou 2,6 millions de dollars en 1940. En 1940, 1 dollar vaut 43,8 francs. Le budget de *Pinocchio* est donc compris entre 109,5 et 113,88 millions de francs 1940.

[94] Le budget de *Fantasia* a été de 2,28 millions de dollars en 1940.

[95] Dans *Hollywood Cartoons*, Michael Barrier rappelle combien sont rares les données financières concernant *les Voyages de Gulliver*. Il note que d'après un document promotionnel, le film aurait coûté 1,5 million de dollars, soit le même budget que *Blanche-Neige*, mais le film des Fleischer est sorti le 18 décembre 1939 (deux ans après *Blanche-Neige*). Michael Barrier, *Hollywood Cartoons: American Animation in its Golden Age*, Oxford University Press, 1999, p. 296. Leslie Cabarga dans *l'Histoire des Fleischer*, Montreuil, Artefact, 1980, p. 147 ne donne aucune donnée chiffrée bien que le film y soit largement commenté. Richard Fleischer dans *Out of the Inkwell: Max Fleischer and the Animation Revolution*, Lexington, The University Press of Kentucky, 2005, p. 103 écrit que *les Voyages de Gulliver* a été tourné pour un budget d'un million de dollars (mais il se trompe en écrivant que celui de *Blanche-Neige* a été de 3,5 millions). Enfin, Ray Pointer, *The Art and Inventions of Max Fleischer, American Animation Pioneer*, Jefferson, McFarland, 2017, p. 196 : « Bien qu'à l'origine le budget de *Gulliver* fut estimé à 500 000 dollars, son coût final avoisina les 1,5 million de dollars ».

[96] CN242-B157. « La Société les Gémeaux nous apparaît actuellement comme la seule entreprise française de dessins animés ayant l'envergure, le dynamisme et les capacités techniques indispensables pour mener à bonne fin ce travail difficile. Nous estimons qu'un pareil effort mérite d'être encouragé ».

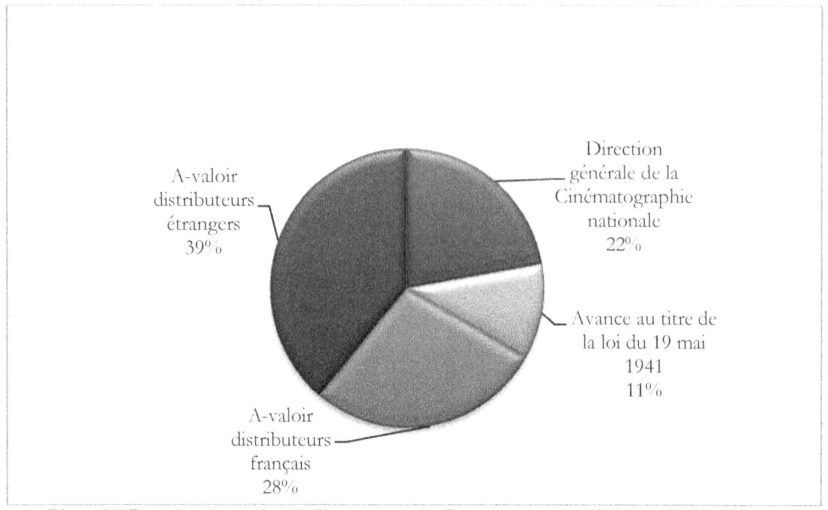

Plan de financement de *la Bergère et le Ramoneur* au 7 juillet 1944
Devis : 36 millions de francs
Source : Collection des archives de la Cinémathèque française CN242-B157 n°1

Avant de se lancer dans la production, André Sarrut demande une modification de la loi du 19 mai 1941 sur les Avances économiques[97] car les conditions de réalisation d'un dessin animé de long métrage ne s'accordent pas avec ses règles de financement pour trois raisons essentielles :

- la durée de fabrication atteint au minimum trois ans ;
- la durée d'amortissement sur le marché mondial après la mise en exploitation peut varier de trois à cinq ans ;
- l'importance des investissements qui sont de l'ordre de 35 à 40 millions de francs pour un film de 2 000 mètres est hors de proportion avec les possibilités financières du producteur, les sociétés spécialisées dans ce genre de travail étant de création récentes et ne disposant que de capitaux réduits.

Cette dernière raison est sans doute la plus problématique, et à nouveau Sarrut ne s'en cache pas : « L'importance des investissements est hors de proportion avec les possibilités financières du producteur ». Le Crédit national a légalement le droit de prêter une somme qui n'excède pas 65 % du devis total ; le producteur devrait donc, avant de commencer son film, disposer en argent liquide, d'au moins 35 % du devis total. Et l'on est bien loin du compte. Toutes les parties

[97] La loi du 19 mai 1941 a réservé sur les Avances économiques une tranche de crédit de 100 millions de francs pour le financement de l'industrie française du cinéma. Elle a prévu des modalités d'intervention appropriées aux conditions ordinaires de production et d'exploitation des grands films, notamment des délais de remboursement qui ne peuvent excéder trois années à dater du versement des fonds : ce délai correspond à une durée moyenne de production (tournage et montage) de 6 mois et à un délai de 2 ans et demi d'exploitation.

savent donc qu'en juillet 1944 la société Les Gémeaux ne dispose pas des capitaux nécessaires à la réalisation d'un dessin animé de long métrage.

André Sarrut demande alors à l'État une intervention sous une forme plus large et plus souple qui apparaît indispensable pour assurer la bonne fin de la production et permettre la constitution définitive d'une industrie nouvelle. Pour que la société les Gémeaux puisse construire un outil industriel lui permettant d'occuper une place sur le marché international de l'après-guerre, il est nécessaire qu'elle trouve les moyens de réaliser un film de dessins animés de long métrage, seule voie de salut selon les spécialistes.

Le programme de financement est ainsi proposé :

- subvention de 9 millions de la Direction générale de la Cinématographie nationale ;
- avance de 10 millions demandés au Crédit national (remboursée en 6 ans : 5 millions la 4ème année, 3 millions la 5ème, 2 millions à la 6ème) ;
- le financement du surplus (soit quand même 17 millions de francs) par une lettre d'agrément qui serait délivrée par le Secrétariat d'état à la production industrielle qui permettrait le warrantage par la Caisse nationale des marchés de l'État de tout ou partie des éléments du film déjà réalisés.

Sarrut indique en juillet 1944 : « En dehors de la propagande utile que peut créer hors de nos frontières la projection de dessins animés français, cette industrie nouvelle, qui ne demande pratiquement aucune matière première, peut apporter après-guerre un appoint de travail intéressant à de nombreux artistes ou dessinateurs ». Il conclut : « Cette tentative intéressante, mais qui n'est pas sans risque, mérite d'être encouragée par un financement d'État »[98]. Sarrut a alors bien conscience du caractère aventureux d'une telle entreprise.

Évidemment, le Crédit national n'est guère enchanté à l'idée de s'engager dans un projet totalement sous-financé : la société les Gémeaux n'investirait que 5 millions de francs sur un budget prévisionnel de 36 millions, soit un apport de fonds propres d'à peine 14 %. Certes, les Gémeaux apparaît comme la seule société française de dessins animés pouvant réunir les moyens techniques indispensables pour mener à bien la réalisation d'un film de dessins animés de long métrage ; un problème est toutefois soulevé par le Comité des avances à l'industrie cinématographique dans sa séance du 7 juillet 1944 : les conditions d'application de la loi du 19 mai 1941 et notamment le délai de cinq ans prévu pour le remboursement ne conviennent pas au financement d'une telle entreprise. Les Gémeaux ne pouvant participer aux investissements qu'à concurrence de 5 millions, le solde devrait provenir de l'octroi d'une subvention de la Direction générale de la Cinématographie nationale et des avances susceptibles d'être

---

98 CN242-B157. Juillet 1944. « Notes sur la production d'un film de dessins animés français en couleurs de long métrage ».

obtenues à divers titres grâce au concours de l'État. Après un échange de vues, le Comité reconnaît l'intérêt d'une réalisation à laquelle l'État donnerait son appui par l'octroi d'une subvention mais il estime que le programme de financement doit être réétudié notamment en accroissant, grâce à une augmentation de capital, la participation de la société les Gémeaux pour éviter la dispersion, entre de trop nombreux organismes, des concours extérieurs auxquels elle doit faire appel. L'examen du dossier ne sera repris que lorsque les membres du Comité se seront assuré, sur ces divers points, les informations nécessaires[99].

Une nouvelle fois, Louis-Émile Galey, de la Direction générale de la Cinématographie nationale (ministère de l'Information), intervient pour sauver les Gémeaux. Il envoie au président-directeur général du Crédit national (Xavier Flûry faisant fonction en attendant le retour de captivité de Wilfrid Baumgartner) une lettre de trois feuillets plaidant la cause de la société[100]. Galey rappelle que la Direction générale de la Cinématographie nationale s'est efforcée, depuis 1940, de susciter la renaissance de l'industrie française du dessin animé. Dans ce but, d'importantes avances financières ont été consenties à différentes sociétés, pour la réalisation d'un certain nombre de films de dessins animés de court métrage[101].

Les progrès d'ores et déjà réalisés autorisent les plus grands espoirs, et notamment, la société les Gémeaux qui travaille depuis 1936, a atteint une maîtrise technique et artistique, qui, aux dires des spécialistes étrangers les plus qualifiés, la classe sur le même plan que les deux grandes sociétés américaines de production Walt Disney et Max Fleischer.

Galey rappelle que la société les Gémeaux a, depuis janvier 1941, entrepris ou terminé la réalisation des films suivants :

- *Le Marchand de notes* (acheté par Continental-Films) ;
- *Les Passagers de la Grande Ourse* (en distribution avec le film *Service de Nuit* de Jean Faurez, après exclusivité au Cinéma des Champs-Élysées) ;
- *L'Épouvantail* (qui serait traité à 5 % de la recette nette du film *le père Goriot* de Robert Vernay pour la France avec un minimum garanti de 250 000 francs - offres d'achat pour l'étranger par des groupes allemands, pour une somme de 1 750 000 francs) ;
- *Le Voleur de paratonnerres* (qui serait traité à 5 % de la recette nette du film *le Bossu* de Jean Delannoy, avec minimum garanti de 250 000 francs pour la France - en pourparlers de vente pour l'étranger)[102] ;

---

[99] CN242-B157. CAAIC, PV n°28, séance du 7 juillet 1944.

[100] CN242-B157. La Direction générale de la Cinématographie nationale (Galey) à Monsieur le PDG du Crédit national, 45, rue Saint-Dominique, 75007 Paris. A l'attention de M. Flûry. 7 juillet 1944. (3 feuillets). On trouve la même lettre aux Archives nationales F42/129.

[101] Pour plus de détails, se reporter à Sébastien Roffat, *Histoire politique et économique du dessin animé français sous l'Occupation (1940-1944) : un âge d'or ?*, L'Harmattan, 2014.

[102] Louis-Émile Galey écrit ce courrier le 7 juillet 1944. Évidemment, au vu des événements, la distribution de *l'Épouvantail* et du *Voleur de paratonnerres* sera repoussée bien après la guerre.

- *La Flûte magique* (traité à 5 % de la recette nette pour la France avec 250 000 francs de minimum garanti) ;
- *Le Soldat de Plomb* (traité à 5 % de la recette nette pour la France avec 250 000 francs de minimum garanti) ;
- *La Machine à remonter le temps* (traité à 5 % de la recette nette pour la France avec 250 000 francs de minimum garanti) ;

« chacune de ces productions marquent un progrès très net sur la précédente.

L'instrument de réalisation est parfaitement au point, il conviendrait donc d'entreprendre, dès que possible, la réalisation d'un film français de dessins animés de grand métrage, dont l'exploitation constituera un élément incomparable pour le prestige français à l'étranger.

En effet, cette catégorie de films ne faisant qu'accessoirement appel à la parole, son exploitation ne comporte pas de frontières linguistiques et s'étend au monde entier ; de plus, en rendant célèbres des personnages types, elle amène des industriels à en acquérir les droits de reproduction, et permet ainsi une augmentation sensible des ventes à l'étranger. De caractère poétique et non pas réaliste, ces films touchent un public beaucoup plus étendu et ils ne se démodent pas.

Par ailleurs, au moment où la presque totalité de l'industrie cinématographique se trouve arrêtée, par suite des restrictions de l'énergie électrique, il serait d'un intérêt primordial de pouvoir mettre en chantier un film de cette importance, dont la réalisation, tout en exigeant une consommation de courant électrique presque nulle, procurera du travail à un personnel très important.

C'est compte tenu, d'une part, de cet élément de prestige, ayant présent à la mémoire celui qui rejaillit en son temps sur le pays producteur de *Blanche-Neige*, et, d'autre part, de l'élément social, au moment où l'on assiste à un accroissement continuel du chômage, que la Direction générale de la Cinématographie nationale attache le plus grand prix à la réalisation d'un tel film, et a décidé, sur ses crédits futurs, de lui accorder une participation financière de l'ordre de 8 à 10 millions de francs, mais qui ne pourra être effectuée qu'au fur et à mesure de l'octroi de son budget par les lois de finances. »

Le devis total du film étant de 36 millions de francs, c'est donc une somme de 28 millions de francs qu'il est en outre indispensable de trouver, afin d'en assurer la bonne fin. Galey a donc soumis à M. Brunet, Directeur du Trésor au ministère des Finances, deux projets de combinaisons financières afin d'en assurer le financement.

La première consisterait en une lettre d'agrément escomptée par la Caisse nationale des Marchés de l'État.

La deuxième envisage l'octroi d'une certaine somme par le système des avances économiques, mais uniquement destinée à la réalisation de la copie complète d'animation du film, celui-ci étant alors warranté pour permettre le complément de financement par des organismes privés, et en assurer l'achèvement.

Après examen de ces deux solutions, M. Brunet paraît s'orienter vers la seconde, la trouvant plus conforme aux règles financières. En tout état de cause, il accueille - selon Galey du moins ! - « avec intérêt » le projet exposé, et il est disposé à examiner toute suggestion qui lui paraîtrait susceptible de le faire entrer dans le stade des réalisations pratiques.

La Direction générale de la Cinématographie nationale ne pouvant assurer à elle seule, sur son propre budget, le financement total d'un film de cette importance, c'est pourquoi « je vous serais très obligé de vouloir bien examiner, d'une façon attentive, les possibilités de financement qui vous paraissent aptes à en permettre la réalisation, en mettant sur pied un système de crédit compatible avec les règles des différents organismes financiers d'État intéressés dans cette affaire »[103]. Signé : Galey.

Si on reprend les quelques expressions employées par Galey dans cette lettre du 7 juillet 1944, on est frappé de l'insistance avec laquelle il s'adresse au Crédit national : « L'instrument de réalisation est parfaitement au point », « un élément incomparable pour le prestige français », « d'un intérêt primordial », « un film de cette importance », « élément de prestige » et enfin : « la Direction générale de la Cinématographie nationale attache le plus grand prix à la réalisation d'un tel film ». Une nouvelle fois le ministère de l'Information compte bien peser de tout son poids sur l'établissement bancaire.

Assuré du soutien du ministère de l'Information, André Sarrut demande, le 1er août 1944, 22 millions de francs au Crédit national pour compléter les 15,6 millions de la Direction générale de la Cinématographie nationale (2,6 millions sur les crédits que possède déjà la Direction générale, plus 13 millions sur les crédits budgétaires extraordinaires qui lui ont été consentis par le ministère des Finances).

---

[103] *Ibid.*

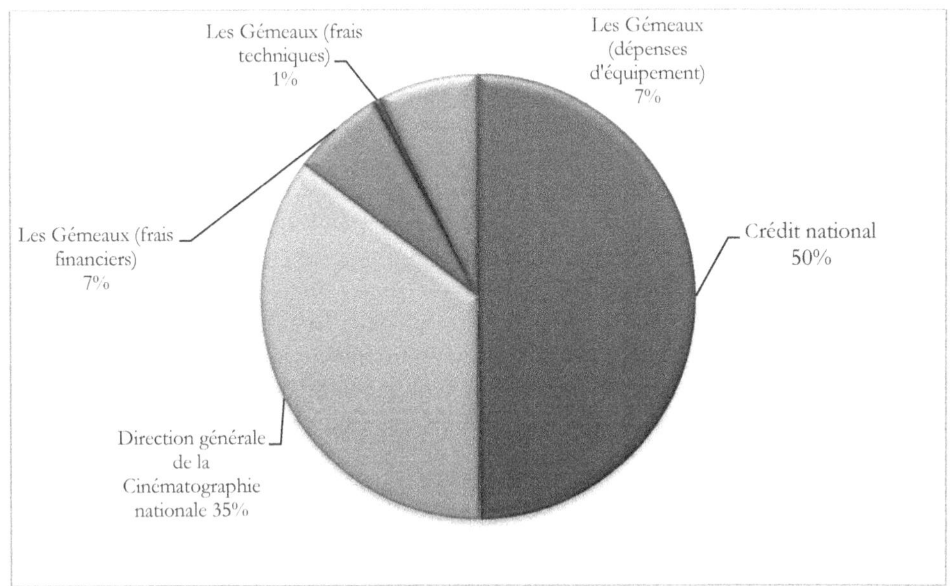

Plan de financement de *la Bergère et le Ramoneur* au 1er août 1944
Devis : 44,1301 millions de francs
Source : Collection des archives de la Cinémathèque française CN242-B157 n°1

Les 37,6 millions représentent « les frais de production proprement dits » non compris 3 millions qui représentent les frais financiers et qui seront couverts par les Gémeaux, 300 000 francs de frais techniques déjà engagés et couverts par les Gémeaux (grâce à un prêt de la banque Vernes). Les « frais de production proprement dits » atteignent un total de 40,9 millions de francs. À ces frais viennent s'ajouter « les frais hors production » composés par des dépenses d'équipement de 3 230 100 francs et seront couverts par les Gémeaux grâce à une future augmentation de capital (d'une SARL d'1 million à une SA de 5 millions mais seulement en avril 1946). En un mois seulement, le budget est passé de 36 à 44,1 millions de francs, soit une augmentation de 22,5 %.

André Sarrut insiste tout particulièrement sur la nécessité d'obtenir, le plus rapidement possible, du Comité d'attribution des avances à l'industrie cinématographique une décision définitive pour les raisons suivantes : « un personnel important qui viendra compléter notre équipe actuelle doit être dépisté, essayé, formé et engagé. Les qualités rares que nous demandons à ce personnel le rend difficile à trouver ; l'équipement industriel, immobilier, mobilier et de matériel doit être dès maintenant mis au point. Les difficultés que présentent actuellement la recherche d'un local, du mobilier et du matériel, disent assez que le délai qui nous reste jusqu'au 1er janvier 1945 est très court. »[104]

104 CN242-B157. Lettre de Sarrut au Crédit national, 1er août 1944.

Le 2 août 1944, Louis-Émile Galey confirme au directeur général du Budget la position de la Direction générale de la Cinématographie nationale dans le financement de *la Bergère et le Ramoneur*. La Direction générale a d'ores et déjà accordé une subvention de 600 000 francs aux Gémeaux destinée aux études préliminaires. Le Crédit national étant disposé sur les fonds des Avances économiques à accorder une participation financière de 22 millions de francs, Galey est obligé de demander au directeur général du Budget d'ouvrir à la Direction générale de la Cinématographie nationale un crédit exceptionnel de 15 millions de francs sur les exercices à venir.

Le Directeur du Budget demande à Galey d'envisager la possibilité de prendre en charge sur le budget 1944 une somme d'environ 2 millions de francs, destinée à assurer le début de la trésorerie de l'opération, et à marquer l'intérêt que Louis-Émile Galey y attache, tant au point de vue industriel, que du point de vue du prestige national.

Après examen des disponibilités financières de la Direction générale de la Cinématographie nationale, Galey décide d'octroyer aux Gémeaux (sous réserve de l'accord du ministre de l'Information), une participation financière de 2 millions de francs réduisant ainsi à 13 millions de francs le crédit exceptionnel que Galey avait demandé au directeur du Budget. Galey souhaite que sa demande soit examinée « dès que possible » afin « qu'à un moment où la presque totalité de l'industrie cinématographique se trouve réduite au chômage, la seule branche qui ne soit pas touchée par les restrictions d'ordre industriel, puisse poursuivre son activité et prouver par là sa vitalité et la classe exceptionnelle qu'elle a atteinte depuis les hostilités, et malgré les entraves multiples dues aux circonstances. »[105]

À la Libération, Louis-Émile Galey, qui a tant œuvré pour les Gémeaux, est relevé de ses fonctions le 25 août 1944[106]. André Sarrut doit désormais trouver de nouveaux interlocuteurs et surtout un nouveau soutien (un appui aussi indéfectible que celui de Galey relève de la gageure). Ainsi durant l'Occupation, la société les Gémeaux a pu compter sur Raoul Ploquin (du Comité d'organisation de l'industrie cinématographique, COIC), Louis-Émile Galey (directeur de la Direction générale de la Cinématographie nationale), Wilfrid Baumgartner (président du Crédit national) et Roland Dagnicourt de la Direction du Budget mais aussi de quelques groupes financiers privés comme Gallimard, Vernes et Bungener.

---

105 CN242-B157. Lettre du Chef du gouvernement, Ministre Secrétaire d'État à l'Information, Direction générale de la Cinématographie nationale à M. le Ministre, Secrétaire d'État à l'Économie nationale et aux finances, M. Dagnicourt, directeur général du Budget, rue de Rivoli, Paris, 2 août 1944.

106 Le 26 décembre 1944, Galey n'est pas révoqué mais est « admis à cesser ses fonctions », il peut alors toucher son traitement qui avait cessé depuis quatre mois. Après que Galey a présenté le bilan de ses années à la tête de la Direction générale de la Cinématographie nationale, le président du Comité, Maurice Crouzet, inspecteur général de l'enseignement, lui fait savoir qu'il ne lui est rien reproché et qu'il n'est l'objet d'aucune sanction. Archives nationales F41/2675. Épuration, lettres G à Z. Dossier d'épuration de Louis-Émile Galey.

André Sarrut ne perd pas de temps, puisqu'à peine trois semaines après la Libération de Paris (25 août 1944), il écrit à nouveau au Crédit national, tout en s'excusant de « rappeler une affaire qui, parmi les très grands problèmes qui se posent actuellement, est de peu d'importance. Nous pensons cependant que, dans la mesure où cela est possible, il est bon de ne pas arrêter les efforts qui, par les résultats déjà obtenus, ont attiré l'attention des pouvoirs publics ». Sarrut rappelle la nécessité de prendre une décision rapide pour trois raisons :

- La mise au point industrielle, dans un travail de ce genre, est très importante, et doit être terminée en décembre 1944. Elle ne peut être entreprise, en raison des dépenses qu'elle entraîne, que si la réalisation du film, et par conséquent, son financement, sont dès maintenant assurés.
- Le dessin animé est la seule forme de production cinématographique qui absorbe 70 % de main-d'œuvre pour 30 % seulement de dépenses diverses dont une faible partie de matières premières disponibles (papier, crayon, gomme, etc.)
- Cette œuvre cinématographique d'importance mondiale dont la production durera trois ans doit sortir dans les premières années de l'après-guerre. C'est dans ces conditions qu'elle atteindra le mieux ces deux buts principaux : servir les intérêts de la France en démontrant à l'étranger la vitalité de ses industries d'art, faire rentrer des devises étrangères en réalisant 80 % de ses recettes sur des marchés étrangers[107].

Sarrut déchante cependant.

Fin septembre 1944, les nouveaux représentants du ministère des Finances informent le Comité d'attribution des avances à l'industrie cinématographique que les crédits qui avaient pu être envisagés, notamment en ce qui concerne la subvention de la Direction générale de la Cinématographie nationale pour *la Bergère et le Ramoneur* sont remis en cause. Il y a donc lieu de suspendre, jusqu'à nouvel ordre, l'examen du dossier[108].

Le 29 septembre 1944, le Comité d'attribution maintient son avis de principe favorable du 7 juillet 1944 mais il demande une étude plus approfondie notamment pour ce qui concerne les frais de financement de 37,6 millions de francs. André Sarrut aurait obtenu le 28 septembre l'accord verbal de Jean Painlevé, successeur de Louis-Emile Galey, de maintenir les 2,6 millions de francs sur les crédits dont dispose la Direction générale de la Cinématographie nationale. Il n'empêche qu'il manque toujours les 13 millions de francs sur un crédit budgétaire extraordinaire à consentir par le ministère des Finances et les 22 millions de francs demandés au titre des Avances économiques.

---

[107] CN242-B157. Lettre de Sarrut au Crédit national, 14 septembre 1944.

[108] CN242-B157. Comité d'attribution des avances à l'industrie cinématographique. PV n°29, 29 septembre 1944.

Jean Painlevé paraît effectivement intéressé d'autant plus qu'il avait produit avant-guerre le film d'animation *Barbe-Bleue* de René Bertrand. Évidemment André Sarrut le sait. Début octobre 1944, Jean Painlevé souhaite la création d'une société française de production de films de dessins animés de long métrage car, selon Sarrut, « ce type de film est exceptionnellement intéressant aussi bien par les recettes qu'il réalise que par le prestige qu'il apporte au pays qui le produit »[109].

Le devis « définitif » de *la Bergère et le Ramoneur* est resté inchangé entre août et octobre 1944 à hauteur de 44 130 100 francs, ce qui peut surprendre. André Sarrut en explique la raison : « L'incidence de la hausse des salaires ne joue pas sur le devis de production car ce devis avait été calculé sur des salaires de base supérieurs à ceux de 1944 ». Sarrut a légèrement changé le plan de financement du film en enlevant 7 millions de francs au Crédit national pour les affecter à un apport - hypothétique - d'une société de distribution française. Le reste demeure inchangé[110].

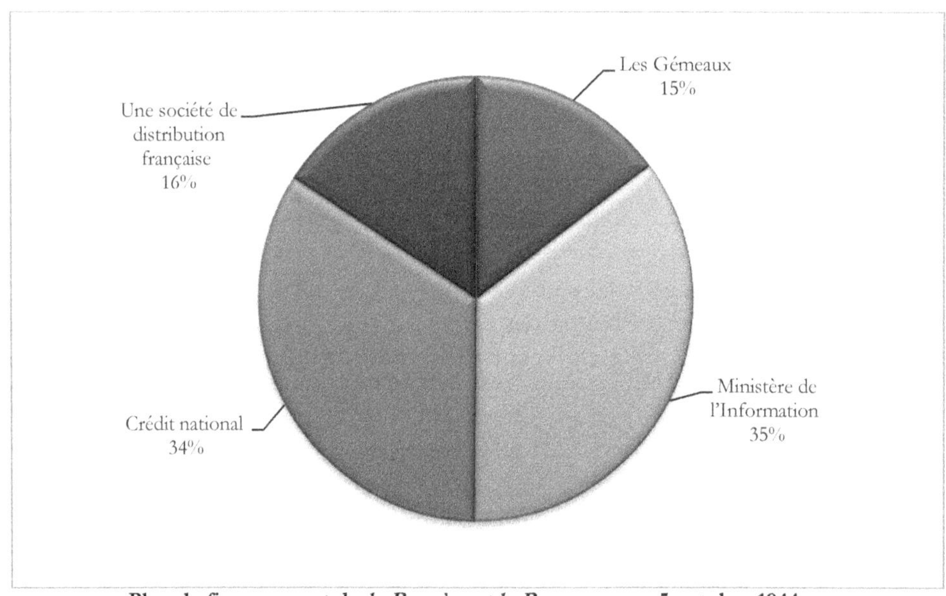

Plan de financement de *la Bergère et le Ramoneur* au 5 octobre 1944.
Devis : 44,1301 millions de francs
Source : Collection des archives de la Cinémathèque française
CN242-B157 n°1 « La Bergère et le Ramoneur »

[109] CN242-B157. Lettre de Sarrut au Crédit national, 5 octobre 1944.
[110] Les Gémeaux : 6,5301 millions (2,6 + 3,9301) ; Ministère de l'Information : 15,6 millions (2,6 + 13) ; Crédit national : 15 millions ; une société de distribution française : 7 millions.

André Sarrut peut compter sur le soutien de Jean Painlevé mais également du nouveau ministre de l'Information du gouvernement du général de Gaulle : l'ancien résistant Pierre-Henri Teitgen[111].

L'industrie cinématographique ayant été en arrêt total pendant plusieurs mois depuis juillet 1944, la mise en chantier de *la Bergère et le Ramoneur* est retardée. Aussi il ne paraît plus possible à Teitgen de faire appel au budget 1944 pour le financement de frais qui ne pourront être engagés au cours de l'exercice. En conséquence, « et afin que l'industrie du dessin animé puisse continuer à trouver le développement que les essais antérieurs permettent d'escompter », Pierre-Henri Teitgen demande à Aimé Lepercq[112], ministre des Finances, de lui confirmer son accord sur l'ouverture de crédits exceptionnels demandés dans la lettre du 27 juillet 1944, étant entendu que le montant fixé à 15 millions de francs sera imputable sur les exercices 1945 à 1947[113].

D'un gouvernement à l'autre, d'un régime à l'autre, d'un ministre à l'autre, André Sarrut maintient le cap... et parvient à ses fins.

Une lettre du ministre de l'Information adressée au ministre des Finances datée du 20 novembre 1944 illustre bien cette continuité : « Afin que l'industrie du dessin animé puisse continuer à trouver le développement que les essais antérieurs permettent d'escompter, j'ai l'honneur de vous prier de bien vouloir me confirmer votre accord sur l'ouverture des crédits exceptionnels demandés »[114].

En novembre 1944, Sarrut se montre rassurant auprès du Crédit national en indiquant que des pourparlers ont lieu avec divers groupes étrangers, ce qui lui fait espérer que les crédits qu'il demande à l'État pourront être relayés. Les distributeurs étrangers paraissent disposés à verser des à-valoir pour s'assurer la distribution exclusive du film dans les territoires qu'ils exploitent. Ces à-valoir serviraient à rembourser les avances que l'État aura consenties. Sarrut emploie les mêmes arguments que sous l'Occupation : « Si nous demandons l'appui de l'État, c'est que nous désirons, en tant que société française, conserver une liberté totale de négociations avec les groupes financiers ou distributeurs étrangers qui, du fait de l'aide qu'ils nous apporteraient chercheraient, soit à prendre le contrôle de notre société, soit à nous imposer des charges de distribution exagérées. »[115]

Pourtant l'intervention de Pierre-Henri Teitgen ne semble pas encore avoir porté ses fruits : le 29 novembre 1944, le Comité répond la même chose que deux

[111] Ministre de l'Information du gouvernement Charles de Gaulle du 10 septembre 1944 au 30 mai 1945.
[112] Aimé Lepercq meurt dans un accident de voiture le 9 novembre 1944. Il est remplacé au ministère des Finances par René Pleven le 16 novembre.
[113] CN242-B157. Lettre de M. Teitgen, ministère de l'Information à M. le Ministre des Finances, direction du Budget, 27 octobre 1944.
[114] Lettre du ministre de l'Information au ministre des Finances, 20 novembre 1944.
[115] CN242-B157. Lettre de Sarrut au Crédit national, 8 novembre 1944.

mois auparavant, à savoir qu'il est informé par les représentants du ministère des Finances « que les crédits qui avaient pu être envisagés, notamment en ce qui concerne la subvention de la Direction générale de la Cinématographie nationale, étaient remis en cause et qu'il y avait lieu de suspendre jusqu'à nouvel ordre l'examen du dossier. »[116]

Le 22 décembre 1944, Sarrut envoie les 4/5ème du scénario « définitif » de Prévert et Grimault. L'idée de novembre 1943 d'adapter *Monsieur Pipe fait de la peinture* (c'était déjà un projet de court métrage de 1936 demeuré inachevé) est abandonnée même si des idées demeurent dans le film final. Dans le scénario d'un film non tourné intitulé *le Baron de Crac* (1939), on trouve aussi des éléments que Prévert réutilise dans *la Bergère* : un perroquet, des personnages peints qui parlent et qui sortent de leur tableau, un régime despotique et policier, une ville « pleine de statues identiques du même personnage ».

Grimault et Prévert envisagent d'adapter *Niglo ou le voyage magique* ou encore *la Reine des neiges* ou *les Cygnes sauvages* d'après Andersen[117]. Dans un *Rapport sommaire* daté du 10 mai 1944, on évoque également *les Deux frères* de Grimm, *la Poupée de fromage* de Tagore (Rabindranath Thakur), des contes lithuaniens mais aussi *les Mille et une nuits.* Grimault serait aussi tenté par La Fontaine. C'est Jacques Prévert qui propose finalement *la Bergère et le Ramoneur.* Le titre *Niglo ou le voyage magique* apparaît cependant dans de nombreux documents de travail avant que *la Bergère et le Ramoneur* ne s'impose définitivement.

Jacques Prévert et Paul Grimault ont d'abord écrit un scénario de huit feuillets intitulé *Niglo ou le voyage magique* qui date de la fin du printemps 1944. L'histoire se passe à l'époque contemporaine dans une grande ville industrielle sombre et triste. Sur le trottoir, un enfant peint et fait la manche devant une maison avant d'être chassé par le domestique. Alors l'enfant s'installe en face et, sur le mur, peint un paysage avec une jolie jeune fille assise sur une chaise. Mais des colleurs d'affiches électorales recouvrent la peinture de l'enfant. Niglo déchire les affiches. L'homme politique qui est sur l'affiche habite la maison d'en face et voit Niglo commettre « un tel sacrilège » qu'il se met à lui hurler dessus. Les colleurs d'affiches reviennent, l'homme politique (le Barbu) descend les escaliers de sa maison… C'est alors que se passe « une chose extraordinaire » : la jolie jeune fille prend vie et entraîne Niglo dans le tableau. Le Barbu n'en croit pas ses yeux et se jette à son tour dans le tableau mais il s'écrase violemment contre le mur. Fou de rage, le Barbu détruit le mur sur lequel était peint le tableau. La pluie commence à tomber. Les deux enfants continuent de courir mais la jeune fille voit ses couleurs disparaître. Ils se réfugient dans un groupe de bâtiments abandonnés et Niglo fait

[116] CN242-B157. Comité d'attribution des avances à l'industrie cinématographique, séance du 29 novembre 1944.

[117] Si l'idée d'adapter *la Bergère et le Ramoneur* n'est pas écartée (puisque le film est inscrit au registre public sous le numéro 358), deux autres titres ont également été enregistrés au Registre public de la cinématographie : *la Reine des neiges* (registre public n° 1858) et *Niglo ou le voyage magique* (registre public n° 1917).

un feu. Alors que le garçon s'endort, la fille prend la palette et essaye « de se peindre telle qu'elle désirait être. Le résultat fut concluant. Elle était devenue réellement ravissante. » (peut-être est-ce un clin d'œil au court métrage *Comicalamities* daté de 1928 dans lequel l'animateur retouche le visage d'une chatte afin de plaire davantage à Félix le Chat). Elle peint ensuite une porte sur le mur qu'elle franchit avant de disparaître. Niglo se réveille et cherche la jeune fille. « Pendant ce temps, la petite fille, pris dans une aventure qui tournait au tragique, avait été enlevée par un personnage étrange. Celui-ci, sorte de mauvais génie du lieu, ressemblait d'une façon troublante au Barbu du début de l'histoire. ». Toujours à la recherche de la jeune fille, Niglo rencontre un personnage « un peu sorcier » et un oiseau. Le scénario n'est pas très précis et indique seulement « après bien des aventures »..., Niglo arrive devant un château puis est fait prisonnier par le propriétaire des lieux, le Barbu, qui a auparavant envoûté la petite fille. Le Barbu empoigne une hache. Autour de Niglo se trouve une série de tableaux. Niglo se jette alors dans un des tableaux. Une foule de poursuivants le traquent, tous passent de tableaux en tableaux. Soudain, Niglo aperçoit la jeune fille dans un des tableaux. Elle tient dans sa main la palette et le pinceau. Le combat s'engage entre Niglo armé de son pinceau et le Barbu de sa hache. Niglo marque le Barbu de couleurs qui se transforme alors en arbre. Niglo se saisit de la hache et coupe l'arbre qui s'abat contre une muraille. La brèche provoquée par la chute de l'arbre laisse apparaître la rue triste et maussade du début avec les colleurs d'affiches électorales qui continuent de lui hurler dessus. Niglo prend alors son pinceau et dessine un rideau de scène qui retombent ne laissant voir que le garçon s'éloignant au bras de la petite fille.

Ce projet *Niglo ou le voyage magique* est abandonné au profit de *la Bergère et le Ramoneur*. Pourtant Jacques Prévert garde de *Niglo* un certain nombre d'idées qu'il mélange au conte d'Andersen de 1876. Il est ainsi aisé de voir dans la jeune fille la Bergère et dans le jeune garçon le Ramoneur, dans le Barbu le Roi. Le poète garde pour le film cette idée du tableau qui prend vie et à l'intérieur duquel on peut entrer et sortir. L'oiseau qui est à peine mentionné dans cette version primitive ne prend pas encore toute la place qu'il aura dans le futur film. La foule des courtisans est également présente. Le contemporain vague est également remplacé par une entrée en matière plus théâtrale, idée reprise de la fin de ce scénario conférant au film une dimension plus féerique presque disneyenne.

Quant au conte d'Andersen de 1876 que raconte-t-il ? Nous sommes dans une chambre. Sur l'armoire est sculpté le Grand-général-commandant-en-chef-Jambe-de-Bouc qui ricane tout le temps. Il regarde la console sur laquelle sont disposés une gracieuse petite bergère de porcelaine qui est charmante et un petit ramoneur noir comme du charbon qui tient gracieusement son échelle sous son bras. Tous deux sont faits de la même porcelaine. Ils se sont fiancés. Non loin de là, un vieux Chinois en porcelaine lui aussi, sait hocher la tête et prétend être le grand-père de la bergère. Il est d'accord pour que le Grand-général-commandant-en-chef-Jambe-de-Bouc épouse la bergère.

Alors la nuit, la bergère et le ramoneur s'enfuient, ils descendent de la console et atteignent le plancher. Mais ils sont repérés et se cachent dans un tiroir dans lequel se joue une pièce de théâtre qui fait pleurer la bergère. Elle demande alors à quitter le tiroir. Le ramoneur propose qu'ils se cachent dans la cruche mais elle refuse. Elle veut voir le monde. Le ramoneur en est d'accord et propose de passer par la cheminée. Arrivés en haut, ils admirent le ciel et les étoiles. Mais soudain la bergère se met à pleurer : le monde est trop immense ! Elle veut retourner sur sa console. Le ramoneur s'exécute et la fait redescendre. En ouvrant la porte du poêle, ils voient le vieux Chinois gisant sur le plancher, brisé en trois morceaux alors qu'il essayait de les poursuivre. La bergère en est très attristée. Alors le ramoneur propose de le recoller. Tous remontent sur la console. Le Grand-général-commandant-en-chef-Jambe-de-Bouc demande à nouveau la main de la bergère mais le vieux Chinois a désormais une attache dans le cou qui lui interdit de hocher la tête pour approuver. Ainsi la bergère et le ramoneur restent ensemble jusqu'à ce qu'ils soient eux-mêmes brisés.

Du mélange du conte originel et de la première idée de *Niglo ou le voyage magique* se dessinent petit à petit les éléments structurant du scénario final. L'idée de choisir le conte d'Andersen date donc du début de l'été 1944. La version du 7 juillet 1944 d'un seul feuillet commence ainsi de manière totalement différente que précédemment (*Niglo* débutait par : « c'était au milieu d'une ville sombre et triste ») : « L'action se déroule dans un palais fantastique où règne un roi très méchant entouré de ses courtisans et policiers ». Les idées structurantes sont immédiatement présentes : la chambre royale, le portrait du Roi, de la bergère et du ramoneur ; le Roi peint amoureux de la bergère. Mais il n'est pas encore question du strabisme du Roi et encore moins d'un quelconque Oiseau. Dans une autre version, Prévert évoque ainsi une hirondelle.

Le début du scénario de *la Bergère et le Ramoneur* daté de juillet 1944 (et conservé aux Archives nationales) est assez proche de la version finale. Par contre, la deuxième partie est très différente. Elle est un peu différente aussi de celle conservée dans les collections de la Cinémathèque française. Toutes deux datent pourtant de juillet 1944, ce qui indiquent les différentes pistes envisagées durant cette période. Dans le scénario conservé aux Archives nationales, Prévert raconte : après le mariage avorté avec la Bergère, le Roi peint l'enferme dans un cachot où elle retrouve le Ramoneur, le vrai Roi, le peintre et tous les gens de la cour. Un jour, ils parviennent à s'enfuir. Le Roi peint les poursuit à travers des tableaux et il finit par se battre avec le vrai Roi. Le Chef de la police arrive avec ses hommes mais ils sont horrifiés car les Fauves s'avancent menaçants. « Et c'est protégés et accompagnés par eux et leurs amis les Oiseaux, que les deux amoureux sortiront triomphalement du Château, dans ce monde merveilleux qu'ils avaient toujours imaginé comme cadre idéal de leur amour. Fin. »[118] La version conservée à la Cinémathèque française ne fait pas encore mention des Oiseaux contrairement à celle conservée aux Archives nationales.

---

118 Archives nationales F42/129. Jacques Prévert et Paul Grimault, « *La Bergère et le Ramoneur* (titre provisoire) », juillet 1944.

Sur une autre copie à l'identique du scénario conservée à la Cinémathèque française datée également du 7 juillet 1944, la plupart des pages sont barrées. Il est indiqué ensuite : « Une poursuite implacable s'engage : après mille péripéties (présentées sous forme d'une série de gags), les deux fugitifs arrivent dans la chambre royale. ». L'auteur du scénario a rajouté cette parenthèse sans indiquer en quoi pouvait consister les gags en question. La fin est identique dans les trois versions.

Il existe une quatrième version de trois feuillets conservée à la Cinémathèque française et qui porte pour titre *la Bergère et le Ramoneur (titre provisoire)*. Le scénario de Jacques Prévert et de Paul Grimault commence ainsi : « Un roi très méchant, entouré d'une foule de courtisans et de policiers, règne dans un palais somptueux… ». Les idées s'affinent. Les deux amoureux qui s'enfuient sur les toits, les haut-parleurs de la police, la foule des employés de la cité qui travaillent à la fabrication de statues du roi, la bergère qui pleure sans cesse, le ramoneur précipité au milieu des lions et des tigres… La fin est la même que dans les autres versions.

Les archives du Crédit national conservées à la Cinémathèque française conservent une dernière version du scénario beaucoup plus complète qui contient 44 feuillets avec un avant-propos : « L'histoire que nous vous contons nous paraît réunir les qualités que doit posséder un dessin animé français de long métrage. Son esprit satirique est typiquement français. Les personnages qu'elle représente ont des réactions humainement valables. Ses possibilités de spectacle sont remarquables, aussi bien par le milieu dans lequel se déroule l'action que par l'action elle-même qui, du début à la fin, tiendra les spectateurs en haleine comme un bon roman populaire. Les multiples situations qu'elle comporte permettent sans cesse des rebondissements comiques ou dramatiques. »[119] Le scénario commence cette fois de manière totalement différente. C'est celle que nous verrons dans le film : « Entrouvrant un grand rideau rouge couvrant entièrement l'écran, un oiseau apparaît et s'incline. ». Le scénario est cette fois-ci quasiment finalisé (la scène dans laquelle le ramoneur et l'Oiseau sont jetés dans un bassin et se battent avec un gros reptile ne dépassera toutefois pas le stade de cette version alors même qu'elle est très détaillée ici). Les dialogues sont à peu près ceux du film et la description du palais de Takicardie indique : « Le palais en question aux proportions gigantesques et construit dans un style abominablement disparate et d'un luxe éclaboussant : le style qu'on pourrait appeler style néo-Sacré-Cœur, building, kiosque à musique, cathédrale de Chartres, Sainte-Sophie, Dufayel, Grand Palais, Galerie des Machines, Tour de Pise et Trocadéro réunis. ». Le Roi a pour la première fois un nom et il louche : Charles Cinq et Trois font Huit et Huit font Seize de Takicardie et un chien à qui il donne un coup de pied ou le corrige à coups de fouet ou le frappe quand il dort à côté de son lit ou lui donne un coup de sceptre ou lui met le nez dans la mare. Les paroles des chansons sont également reproduites dans des

[119] CN242-B157. Scénario de *la Bergère et le Ramoneur*.

versions inachevées. Toutefois, le scénario de 44 feuillets s'arrête subitement à la polka des fauves.

Il existe une sixième version du scénario, cette fois de 52 pages avec exactement le même texte que la version précédente mais on peut lire sur la dernière page : « Le résumé ci-dessous permet de se faire une idée de la fin du scénario sans qu'elle soit complètement terminée » : « L'oiseau qui parle toutes les langues, y compris le lion, raconte aux animaux la triste histoire du ramoneur et de la bergère et les éclaire sur les mauvais sentiments du roi. Il se montre si éloquent que les fauves décident d'intervenir pour arranger les choses. Ils réussissent à sortir de leur fosse et gravissent rapidement les interminables escaliers qui conduisent à la ville haute. Au moment où la Bergère en pleurs est amenée devant le Roi, le ramoneur, l'oiseau et l'aveugle suivis de la foule grondante des fauves vengeurs font irruption dans la grande salle des mariages du Palais. Les courtisans s'enfuient terrorisés, mais le roi qui ne perd pas son sang-froid appuie encore une fois sur le bouton « oubliettes et catacombes » et tous les fauves disparaissent silencieusement par une grande trappe cependant que les policiers procèdent à l'arrestation des trois amis. La bergère qui ne veut plus quitter le ramoneur est jetée avec lui dans un sombre cachot. Grâce à une dernière intervention de l'oiseau, les deux amoureux réussissent à s'échapper et c'est alors une immense poursuite qui commence au cours de laquelle le roi furieux grimpé sur son gigantesque automate sillonne le palais comme un fou, brisant tout sur son passage. L'automate complètement déréglé, démolit les murs du Palais et part dans la campagne, vers la mer dans laquelle il s'enfonce. Par la brèche ouverte, le ramoneur et la bergère, l'oiseau, l'aveugle, suivis de toute la foule de la ville basse et escortée par les fauves s'échappent enfin libres à travers la campagne. » Fin. Les Archives nationales et les collections de la Cinémathèque française ne contiennent pas d'autres versions.

Jean Painlevé est d'accord avec ce scénario, il doit envoyer sa réponse au Crédit national[120]. C'est chose faite en février 1945 puisqu'il accepte le pré-découpage du film. De plus, le projet de budget 1945 comporte bien la première tranche du crédit de 15 millions s'élevant à 5 millions. Une nouvelle fois, le ministère de l'Information force quelque peu la main au Crédit national : « Dans ces conditions, il apparaît que le Comité d'attribution des avances est en mesure de se prononcer sur la demande dont il a été saisi par la société les Gémeaux tendant à l'obtention d'une avance de 15 millions pour la production du film en cause. Je vous serais reconnaissant de bien vouloir y donner suite. »[121] Le jour même, le Comité des avances économiques donne son avis de principe favorable, le ministère des Finances et la Commission des finances de l'Assemblée consultative acceptent également dans le projet de budget 1945 la première tranche du crédit s'élevant à 5 millions.

Le Crédit national n'a plus vraiment le choix.

---

[120] CN242-B157. Lettre de Sarrut au Crédit national, 22 décembre 1944.

[121] CN242-B157. Direction générale du Cinéma, Painlevé au PDG du Crédit national, 2 février 1945.

Jean Painlevé estime que le Comité des avances économiques est en mesure de se prononcer sur la demande dont il a été saisi par les Gémeaux (tendant à l'obtention d'une avance de 15 millions pour la production de *la Bergère et le Ramoneur*) et demande au Crédit national « de bien vouloir y donner suite, étant bien entendu que les 2ème et 3ème tranches de 5 millions, dès maintenant inscrits au crédit budgétaire 1946 et 1947 seront effectivement versées au cours de ces deux années »[122].

Fin février 1945, André Sarrut écrit à nouveau au Crédit national : « Espérant qu'après les très longs délais imposés par les circonstances vous pourrez enfin satisfaire notre demande… »[123]. Il joint à son courrier plusieurs « Notes »[124].

Une d'entre elles datée du 23 février 1945 est intitulée « Les dépenses qu'a déjà entraînées et qu'entraînera la réalisation d'un film de dessins animés français de long métrage ». Ce document est très intéressant puisqu'il permet de saisir les enjeux auxquels est confrontée l'équipe au tout début du projet de *la Bergère et le Ramoneur.*

« 2°/ Ce qu'il faut pour réaliser un dessin animé de long métrage.

A. L'importance du travail à faire :

Connaissant l'effort à faire pour réaliser un film de 300 mètres, il paraît facile de déterminer celui à effectuer pour faire un film de 2 100 mètres. Il semble suffisant de multiplier celui demandé pour un film de 300 mètres, par 7. Ce n'est pas du tout le cas. La réalisation d'un dessin animé de 2 100 mètres demande un travail beaucoup plus de 7 fois supérieur à celui que demande un 300 mètres, pour les raisons suivantes : un film de 300 mètres peut n'être joué que par deux personnages en moyenne par image, car il ne dure que 10 minutes, alors qu'un de 2 100 mètres qui doit soutenir l'intérêt du public pendant deux heures, doit donner un spectacle beaucoup plus riche et varié. Cette richesse et cette variété ne peuvent s'obtenir qu'en faisant passer la moyenne des personnages jouant par image de 2 à 5. L'importance du travail de réalisation est, de ce fait, multiplié par 2 et demi. Le scénario, le dialogue et la musique d'un 2 100 mètres doivent être d'une richesse beaucoup plus de 7 fois plus grande que celle d'un 300 m. Le problème industriel posé passe sur un plan complètement différent.

B. Les éléments à réunir :

I. Le personnel. Nous disposons, dès maintenant, d'une équipe de 70 spécialistes de premier ordre. Pour réaliser le métrage de film utile, il faudra ajouter à cette équipe, qui jouera le rôle de cadres, des dessinateurs ayant des qualités diverses,

---

122 *Ibid.*

123 CN242-B157. Lettre de Sarrut au Crédit national, 26 février 1945.

124 CN242-B157. André Sarrut, « Quelques arguments en faveur de la réalisation d'un film de dessins animés français, en couleurs, de long métrage ». Paris, le 26 juin 1944.

plus ou moins rares, suivant qu'ils devront être : des créateurs : pour dessiner ou peindre ; des exécutants : pour reproduire les dessins sur cellulos.

II. L'équipement industriel.
a) le local : l'équipe de création composée de dessinateurs et de peintres des services d'animation et de décor restera dans nos locaux actuels pendant toute l'année 1945, première année de production. Ces locaux comprennent l'équipement nécessaire pour faire marcher la prise de vues, la projection et le montage, services sans lesquels aucune création n'est possible. Il est, en effet, à peu près impossible et très coûteux d'équiper un nouveau local actuellement. L'équipe d'exécution composée de peintres qui reproduisent les dessins sur cellulos, n'a besoin d'aucun équipement spécial. Elle s'installera dans les nouveaux locaux que nous recherchons actuellement. Cette équipe ne commencera à travailler qu'en septembre 1945. C'est à la fin de 1945 que devra commencer le transfert de l'équipement et de l'équipe de création dans nos nouveaux locaux, d'abord, pour grouper l'ensemble des services de la Maison ; ensuite, parce que nos locaux actuels ne pourraient pas contenir la totalité de l'équipe de création qui, en 1946, sera le double de celle de 1945.

b) le mobilier et le matériel : Le mobilier et le matériel, qui complèteront ceux que nous possédons déjà, seront achetés au fur et à mesure de nos besoins.

c) les matières premières : Nous sommes assurés d'avoir les matières premières nécessaires jusqu'à la fin de 1945. Seul le problème du chauffage pour l'hiver 1944-1945 n'est pas encore complètement résolu. »

En cas de réussite, André Sarrut promet trois résultats intéressants :

- « La création d'une entreprise exportatrice dont près de 60 % des recettes sont faites à l'étranger, pratiquement sans livraison de matières premières ;
- L'emploi d'une main-d'œuvre spécialisée dont les salaires représentent 70 % du devis de production, le surplus ne comportant que 10 % de matières premières ;
- La présentation sur les écrans mondiaux d'une œuvre cinématographique française de qualité susceptible d'appuyer utilement notre propagande à l'étranger. »

Tous ces arguments semblent avoir pesé en faveur d'André Sarrut car dans sa séance du 2 mars 1945, le Comité d'attribution des avances décide le principe d'une avance de 15 millions de francs[125].

En mars 1945, la première adaptation de *la Bergère et le Ramoneur* doit être remaniée pour lui donner un rythme plus rapide et y incorporer « une suite presque

[125] CN242-B157. Lettre du Crédit national aux Gémeaux, 15 mars 1945. Devis estimé à 40 millions de francs le 2 mars 1945. Financement prévu de juillet 1944 à juillet 1952.

ininterrompue de gags comiques et humoristiques » : « Nous tenons à vous bien préciser que le scénario joint subira, avant d'être considéré comme satisfaisant, d'importantes modifications. Dans l'état d'avancement actuel nous pouvons indiquer qu'un resserrement considérable de l'action aura lieu du début du scénario à l'évasion de la Bergère et du Ramoneur par la cheminée. Ce resserrement portera plus particulièrement sur la scène de la chasse et de la montée en ascenseur. À partir de l'évasion de la Bergère et du Ramoneur par la cheminée, nous sommes exactement dans le ton et le mouvement que nous cherchons à atteindre et que nous trouvons bon pour un film de ce genre. »[126]. Pour autant la volonté du réalisateur et du producteur est nette dès le départ : « Le style de l'animation différera sensiblement du style américain, tant pour le rythme, le graphisme et la couleur, que pour les dialogues et la musique »[127]. Une question cruciale se pose pourtant en mars 1945 : cet aspect nouveau de la présentation obtiendra-t-il trois ou quatre ans après un succès réel auprès des spectateurs peut-être lassés du style américain ? Même s'il est alors difficile de l'affirmer, il est probable que le premier long métrage français de dessins animés devrait au moins remporter un succès de curiosité suffisant pour permettre l'amortissement de l'avance demandée, « qui devrait manifestement avoir priorité de garantie et de remboursement sur l'avance de la Direction générale de la Cinématographie nationale puisque cette dernière prend l'initiative et la responsabilité technique du projet ».

En novembre 1945, Grimault est au travail[128]. Le lancement officiel du projet de long métrage d'animation est fait à la fin de l'année 1945. Grimault déclare : « Nous n'avons pas craint d'entamer une œuvre aussi importante, car nous estimons que, si la qualité de ce film nous ouvre les marchés extérieurs, l'amortissement de nos frais est parfaitement réalisable. Nous avons établi un plan triennal de production qui démarrera en 1946 et nous avons pleine confiance dans l'avenir du dessin animé français. »[129] En août 1946, Grimault indique : « Il faudra des mois de travail, d'application, de recherches. Nous voulons que ce film soit le *Blanche-Neige* du dessin animé français. » Quand sortira-t-il ? « Je crains bien que ce ne soit pas avant deux ans ! » »[130]

Pour cela, il va falloir passer d'une vingtaine de salariés à près d'une centaine. André Sarrut souhaiterait atteindre les 300 et pense bien entendu aux

---

[126] CN242-B157. Note sans date [1ère trimestre 1945] Concerne scénario du dessin animé de long métrage *la Bergère et le Ramoneur* (titre provisoire).

[127] CN242-B157. Lettre d'André Sarrut au Crédit national, 2 mars 1945.

[128] J.M., « Le dessin animé a conquis le monde ! Essor réel du dessin animé français ? », *Paris-Cinéma*, 21 novembre 1945 : « Je voudrais maintenant m'arrêter plus spécialement sur *la Bergère et le Ramoneur* dont le scénario est également de Prévert. D'ores et déjà, Paul Grimault y travaille. Ce film qui n'aura pas moins de 2 400 mètres et dont la réalisation va demander des millions de dessins, ne sera pas terminé avant… 1948. ».

[129] « Le dessin animé français est-il condamné à mort ? », *Caméra 1946. Tout le cinéma.*

[130] Raymond Massiet, « Le dessin animé français. Sous la baguette magique de Paul Grimault, c'est la poésie en images », *Front national*, 21 août 1946.

1 200 employés des studios Disney en Californie[131]. Sarrut ajoute : « Nous avons besoin d'excellents techniciens qui dessinent comme Ingres »[132]. Grimault prospecte dans les écoles de dessins notamment celle des métiers d'art, à l'hôtel Salé, rue de Thorigny ou bien encore à l'école Estienne où est recruté Pierre Watrin. La société n'a pu créer qu'un cours de dessin animé dont le programme a été établi par elle et est exécuté sous son contrôle au Centre des métiers d'art, 5 rue de Thorigny à Paris (dans les écoles officielles, il a été impossible de créer des cours de dessin animé). Sarrut souhaiterait que des centres de formation s'établissent dans les principales villes françaises et que se crée dans toutes les écoles d'art de France un cours de dessin animé dont le programme serait établi par les Gémeaux tandis qu'elle en contrôlerait l'exécution[133]. Les « anciens » comme Lacam, Allignet, Juillet, Dupont, Ruiz, Leroux, Vausseur, Genestre ou Granger deviennent cadres de la nouvelle équipe bien qu'eux-mêmes ne soient pas toujours très bien aguerris. Jacques Vausseur écrit : « Je suis venu à l'animation tout simplement par désir de faire ce métier, par attrait pour cet art vivant. C'était tout de suite après ma démobilisation en 1941. À cette époque, je me suis lancé, comme beaucoup de débutants, avec un camarade dans la réalisation d'un petit film, mais j'ai très vite compris que la meilleure solution était pour moi d'apprendre ce métier si complexe en entrant dans une équipe déjà constituée. Je suis donc entré dans la société les Gémeaux et j'ai fait mes classes sur les courts métrages de Paul Grimault : *l'Épouvantail*, *le Voleur de paratonnerres*, *la Flûte magique* et *le Petit Soldat*. Je suis devenu animateur un peu avant le début de *la Bergère et le Ramoneur*. Je suis resté animateur plusieurs années »[134] Philippe Landrot, alors intervalliste, se souvient : « Tous les lundis matin, l'équipe assistait à une projection à la Cinémathèque française de Langlois. Tous les grands classiques du cinéma français y passaient. C'était une excellente idée des patrons et une bonne école de cinéma pour nous pour apprendre par la pédagogie le langage cinématographique. Une trentaine de personnes y assistent. Hélas, cela n'a pas duré assez longtemps (environ un an). »[135]

En janvier 1946, soit près de dix mois après cet accord de principe, le Crédit national n'a pas versé l'avance consentie. André Sarrut se rend alors à l'établissement bancaire[136]. Rien n'a bougé depuis le 2 mars 1945 car Sarrut ne remet les premiers documents nécessaires pour rédiger le contrat d'avances que fin janvier 1946. Rien n'avance du côté des Gémeaux car l'apport de 7 millions de francs prévus qu'un distributeur français devait apporter n'a pas été trouvé. Le

[131] Si lors de la production de *Blanche-Neige et les sept nains* les studios Disney ont compté 1 200 employés, on n'en compte plus que 500 à la fin de l'année 1942.

[132] Phrase rapportée par Philippe Landrot, entretien avec l'auteur, Vaucresson, 19 mars 2008.

[133] CN242-B157. André Sarrut, « L'industrie française du dessin animé », juillet 1946. Note d'André Sarrut adressée à Xavier Flûry, Crédit national, 11 juillet 1946.

[134] Jacques Vausseur dans *Image et Son* n°207, juin-juillet 1967, p. 99.

[135] Entretien de Philippe Landrot avec l'auteur, Vaucresson, 19 mars 2008.

[136] CN242-B157. 10 janvier 1946. Sarrut est au Crédit national. Objet de la visite : « prise de contact en vue de réalisation du film *la Bergère et le Ramoneur* ».

Crédit national exige que cet apport soit ferme avant le début de la production et non pas en cours. L'organisme financier exige également l'augmentation de capital qui avait été évoquée par André Sarrut, mais la société les Gémeaux attend l'avance pour démarrer le film et faire l'augmentation de capital[137].

Le 1er février 1946, Pierre Chéret, à la demande des Gémeaux, remet au Crédit national le devis de production du dessin animé de long métrage qui s'intitule alors *Niglo ou le voyage magique* qui serait inspiré de *la Reine des neiges* d'Andersen. Le devis s'élève à 44,55 millions de francs, un montant étonnamment stable depuis août 1944. Le devis est basé sur une durée de tournage, tant de préparation que de réalisation, de vingt-neuf mois (deux ans et demi). Pierre Chéret pense que la réalisation peut être, sauf augmentations de salaires, effectuée pour la somme envisagée du devis[138].

Devis pour *Niglo ou le voyage magique* (ou *la Bergère et le Ramoneur*) - 15 décembre 1945

I. SERVICE ANIMATION	
A. Salaires ventilables directement	
1ère équipe (2 ans ½ ou 29 mois) 2 1er animateurs à 25 000 x 29 = 1 4500 000 2 2ème animateurs à 20 000 x 29 = 1 160 000 3 animateurs adjoints à 16 500 x 29 = 1 435 500 6 1er intervallistes à 9 000 x 29 = 1 566 000 11 2ème intervallistes à 5 500 x 29 = 1 745 500 3 chefs à 2 000 x 29 = 174 000	7 540 000[139]
2ème équipe (1 an ½ ou 17 mois ½) 1 1er animateur à 22 000 x 17,5 = 385 000 1 2ème animateur à 18 000 x 17,5 = 315 000 2 animateurs adjoints à 14 500 x 17,5 = 507 500 8 1er intervallistes à 8 000 x 17,5 = 1 120 000 12 2ème intervallistes à 5 000 x 17,5 = 1 050 000 3 chefs à 2 000 x 17,5 = 105 000	3 482 500
3ème équipe (6 mois) 2 1er animateurs à 20 000 x 6 – 240 000 4 2ème animateur à 16 000 x 6 = 384 000 10 animateurs adjoints à 14 000 x 6 = 840 000 14 1er intervallistes à 8 000 x 6 = 672 000 15 1er intervallistes à 5 500 x 6 = 495 000 24 2ème intervallistes à 5 000 x 6 = 720 000 27 2ème intervallistes à 4 500 x 6 = 729 000 10 chefs à 2 000 x 6 = 120 000	4 200 000

137 CN242-B157. Lettre de Sarrut au Crédit national, 31 janvier 1946.

138 CN242-B157. Lettre de Pierre Chéret, expert-comptable HEC, organisateur-conseil, 5, rue Dumont-d'Urville / Expertises cinématographiques : contrôle de la production, de la distribution des films, de l'exploitation des salles / Études financières : expertises comptables, comptabilité industrielle au Crédit national le 1er février 1946.

139 7 531 000 francs.

B. Matières premières traitées par la maison Calques, mines, gommes, etc.	 470 980
C. Frais généraux et non ventilables directement Pour le service seul : 1 732 122 Pour l'ensemble de la maison : 3 421 602	 5 153 724
II. SERVICES CELLULOS	
A. Salaires ventilables directement (Durée 2 ans ou 23 mois) 2 1er traceur à 8 500 x 23 = 391 000 2 1er traceur à 5 500 x 23 = 253 000 3 1er traceur à 5 000 x 23 = 345 000 5 2ème traceur à 5 000 x 23 = 575 000 5 2ème traceur à 4 500 x 23 = 517 000 6 1er coloriste à 5000 x 23 = 690 000 6 1er coloriste à 4 500 x 23 = 621 000 10 2ème coloriste à 4 500 x 23 = 1 035 000 10 2ème coloriste à 4 250 x 23 = 977 500 10 2ème coloriste à 3 000 x 23 = 690 000 4 chefs à 2 000 x 23 = 184 000	 6 279 000[140]
B. Matières premières traitées par la maison Rhodialine, pinceaux, gouache, etc.	 1 338 000
C. Frais généraux et non ventilables directement Pour le service seul : 1 207 495 Pour l'ensemble de la maison : 2 385 840	 3 593 335
III. SERVICE DÉCORS	
A) Salaires ventilables directement Mouvement d'appareil 1 décorateur à 18 000 x 31 mois = 558 000 1 aide à 8 000 x 18 mois = 144 000 Décorateur artistique 1 assistant à 14 500 x 23 mois = 333 500 B) Matières premières traitées par la maison Papier, pinceaux, gouache, etc.	 1 037 500 95 000
C) Frais généraux et non ventilables directement Pour le service seul : 312 297 Pour l'ensemble de la maison : 618 348	 930 645
IV. SERVICE TECHNIQUE	
A. Salaires ventilables directement 1) Prise de vues Essais 1ère équipe (33 mois) 1er opérateur à 9 000 x 33 = 297 000 2ème équipe (21 mois ½)	

[140] 6 278 500 francs.

1 opérateur à 7 000 x 21,5 = 150 500 1 aide à 6 000 x 21,5 = 129 000 2) Prise de vues définitive 1ère équipe (21 mois ½) 1 opérateur à 6 500 x 21,5 = 139 750 1 aide à 5 250 x 21,5 = 112 875 2ème équipe (17 mois ½) 1 opérateur à 5 000 x 17,5 = 87 500 1 aide à 3 000 x 17,5 = 52 500 3ème équipe (6 mois) 1 opérateur à 5 000 x 6 = 30 000 1 aide à 3 000 x 6 = 18 000	831 500
B. Matières premières traitées par la maison Pellicule, produits chimiques, lampes, etc.	424 235
C. Frais généraux et non ventilables directement Frais généraux pour le service : 1 007 298 Frais généraux pour l'ensemble de la maison : 1 990 521	2 997 819
V. FRAIS DIRECTS	
A) Collaborations extérieures Scénario et découpage (scénaristes, découpeurs, gagmen, etc.) 800 000 Sonorisation (droits d'auteurs, orchestre, etc.) 1 327 000 Décor (Décorateur) 200 000 Montage (Monteur et assistants) 292 500	2 619 500
B) Fournisseurs Laboratoires (développement, tirage, copie d'animation) 291 037 Sonorisation (auditorium et laboratoires) 162 660 Pellicule (support copies standard) 137 826 Laboratoires (développement et tirage copie standard) 101 431	692 954
Total des dépenses prévues	41 870 317
Imprévus, environ	2 679 683
Total du devis	44 550 000

Source : Collection des archives de la Cinémathèque française CN242-B157 (n°1)

Ce devis présente des anomalies. J'ai corrigé par deux notes le montant exact des sommes additionnées et j'ai rajouté deux sommes qui n'apparaissaient pas. L'addition des totaux de chaque service est également inexacte sur le document original. Le total des dépenses prévues s'élève en réalité à 41 686 692 francs. J'ignore d'où proviennent ces 183 625 francs supplémentaires.

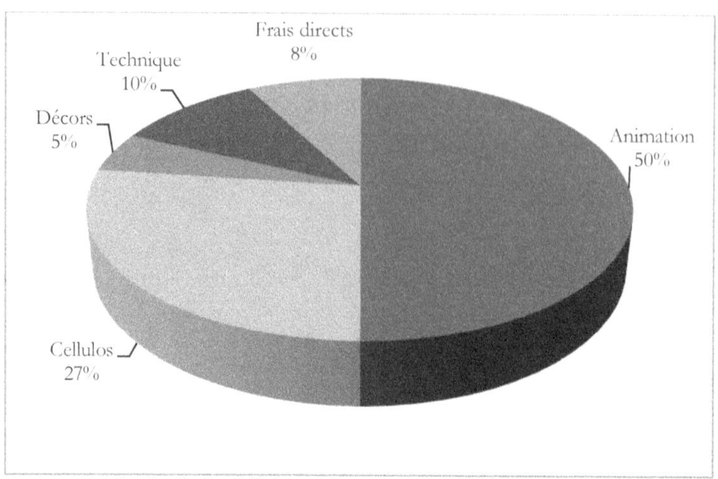

Ventilation par poste du devis de *Niglo ou le voyage magique* (ou *la Bergère et le Ramoneur*) au 15 décembre 1945

Source : Collection des archives de la Cinémathèque française CN242-B157 (n°1)

Ce devis de 44,55 millions de francs peut être ventilé en cinq postes distincts dont les plus coûteux sont les services animation (les salaires des 139 animateurs et intervallistes à eux seuls représentent 73 % de ce poste, le reste étant consacré à l'achat des calques, des crayons et des gommes) et cellulos (les salaires des traceurs et coloristes représentent 56 % du total, le reste consiste en l'achat de rhodialine, pinceaux et gouache). On l'aura compris, le coût de la main-d'œuvre représente une part importante de ce budget. Pour les trois autres postes, la part des salaires représente 50 % du service Décors (3 décorateurs), 19 % du service technique (9 opérateurs de prises de vue) et 79 % des frais directs (scénaristes, gagmen, décorateurs et orchestre, entre autres). Sur un budget de 44,55 millions de francs, 25,99 millions sont consacrés aux salaires, soit 58 % du total. Dans le dessin animé, il n'y a pas de stars mais les premiers animateurs gagnent quand même 25 000 francs par mois alors qu'un intervalliste gagne 5 000 francs et un coloriste 3 000.

En mars 1946, Sarrut formule une demande d'aide de trésorerie à la Caisse nationale des marchés de l'Etat d'un montant d'1,9 million de francs afin « d'éviter à tout prix la dispersion totale ou partielle de l'équipe de spécialistes que nous avons groupés. ». Il explique les raisons de cette demande : « 1) La suspension de prestation d'électricité et l'absence de chauffage (il est impossible de dessiner avec précision dans le froid) nous ont obligés à arrêter notre activité d'août 1944 à la fin février 1945. / 2) Pour garder notre équipe de techniciens nous avons été obligés de la payer pendant la période d'arrêt, et les remboursements des assurances Risques de guerre et des Indemnités électriques n'ont couvert qu'une partie des dépenses très importantes que représentent les salaires d'une entreprise de dessins animés (75% du prix de revient total). / 3) Les frais généraux divers, les frais financiers et d'entretien qui ont continué à courir pendant cette période sont presque entièrement à notre charge. / 4) La hausse générale des charges de notre entreprise depuis la reprise de notre activité. / 5) Baisse de rendement tenant aux circonstances actuelles et hausse des salaires et des charges sociales (la hausse des salaires atteint 300 % de janvier 1943 à février 1946). / 6) Hausse des frais généraux, etc. / 7) Le complément du financement que demandent ces hausses de prix de revient est versé avec retard. / 8) Une absence presque totale de recette d'exploitation de nos dessins animés / 9) Tirant nos copies en couleurs à l'étranger par le procédé Technicolor à Londres, ou par le procédé Agfacolor à Berlin nous n'avons pas pu, pendant l'Occupation obtenir de copies et l'exploitation de nos dessins animés n'a pas eu lieu. /10) Grâce à un accord signé avec les Laboratoires Technicolor à Londres, nous avons obtenu 30 copies en couleurs et l'exploitation commence maintenant en France. Mais les copies dont nous avons besoin pour l'exploitation de marchés étrangers manquent encore, ce qui nous prive de 80 % des recettes. »[141]

Parallèlement, André Sarrut est toujours à la recherche d'un distributeur et pense avoir trouvé la Société Nouvelle Pathé Cinéma[142]. Les deux sociétés se sont déjà échangé des lettres les 23 juillet et 16 septembre 1945. Le 12 février 1946, Pathé fait le point au sujet de l'offre proposée pour la réalisation du dessin animé de long métrage (d'un budget de 47,5 millions francs à réaliser en trois ans). Le conseil d'administration de Pathé avait déjà décidé au cours de la séance du 13 septembre 1945 de s'intéresser éventuellement à cette affaire, mais sous forme d'une garantie plutôt que d'une participation[143]. Pathé est ainsi d'accord pour offrir une garantie pour les crédits que Sarrut rassemblerait à l'extérieur au titre de l'année 1947 pour un montant maximum de 7 millions de francs. La Société Nouvelle Pathé Cinéma demande aussi que la France, les colonies françaises, les pays de protectorat et sous mandat, l'Afrique du Nord, la Belgique et la Suisse soient concédés en distribution à Pathé Consortium Cinéma suivant un contrat de distribution à intervenir entre les Gémeaux et la société Pathé Consortium Cinéma. Enfin, compte tenu du rôle que Pathé Consortium Cinéma serait appelée à jouer dans la distribution de ce dessin animé de long métrage et « désireux de notre côté

---

141 Archives nationales F42/129. André Sarrut, « Demande de lettre de garantie » à la Caisse nationale des marchés de l'État, 20 mars 1946. La Caisse a transmis cette demande au directeur du Service général du Cinéma/Ministère de l'Information le 5 avril 1946 pour « avis technique ».

142 La Société Nouvelle Pathé Cinéma est créée en novembre 1943 par l'apport fusion entre la Société d'exploitation des établissements Pathé Cinéma et les deux sociétés faillies (Pathé Cinéma et Société de gérance des Cinémas Pathé).

143 Fondation Jérôme Seydoux-Pathé, Paris. Tous mes remerciements à Stéphanie Salmon. Procès-verbal de la séance du conseil d'administration du 13 septembre 1945. Le conseil d'administration de la Société Nouvelle Pathé Cinéma s'est réuni le jeudi 13 septembre 1945 à 14 heures 45 au siège social de la société, 6 rue Francoeur à Paris (18ème). Pourparlers en cours : « la société Les Gémeaux a proposé une participation dans un dessin animé de long métrage d'un budget de 60 000 000 à réaliser en trois ans avec une participation de 30 000 000 de l'État. La part de la Société serait de 7 000 000 - à verser en 1946 et 1947 ; les territoires de distribution seraient : France, Belgique et Suisse. Le Conseil décide de s'intéresser éventuellement à cette affaire mais sous forme d'une garantie plutôt que d'une participation. »

de vous montrer tout l'intérêt que nous attachons à cette affaire »[144], la Société Nouvelle Pathé Cinéma veut bien louer aux Gémeaux, le pavillon Z de Joinville.

Sarrut n'est évidemment pas satisfait de ces propositions[145] et s'en désintéresse.

La situation paraît bloquée. André Sarrut ne parvient pas à réunir 7 millions de francs de la part d'un éventuel distributeur. Alors, en mai 1946, il fait une étonnante proposition au Crédit national.

Il indique par courrier que la société Les Gémeaux se fait crédit à elle-même. Comment ? La direction et les cadres de la société, « conscients des faibles moyens financiers dont dispose actuellement l'industrie française du dessin animé et confiants dans le succès d'exploitation du dessin animé de long métrage qu'ils produisent », acceptent de ne toucher qu'une partie des salaires indiqués dans le devis accepté à la signature du contrat. Les membres de la société qui acceptent de participer au financement du film recevront une part de bénéfice proportionnelle à l'importance de leur apport dans le financement[146]. Ces retenues de salaires sont effectuées depuis le début du travail. La société les Gémeaux parviendrait ainsi à obtenir 7,55 millions de francs de crédit qui se décompose en deux parties :

- une première de 6,5 millions représentée par des salaires non versés, mais crédités en compte ;
- une deuxième de 1,05 million représentée par les charges sociales, correspondant à ces salaires.

André Sarrut tient à préciser au Crédit national : « Vous comprendrez certainement l'effort exceptionnel fait par les cadres de notre maison qui luttent tous depuis des années pour assurer la réussite de l'industrie française du dessin animé en recevant des salaires longtemps ridicules et encore dérisoires, comparés à ceux payés dans d'autres branches industrielles qui utilisent des dessinateurs ou des cinéastes »[147]. Vingt-cinq personnes (dont Sarrut et Grimault) acceptent de différer leurs salaires en 1946 et 1947, ce qui permet de dégager 1,7 million de francs[148]. C'est dire si chacun est confiant dans la réussite du projet[149].

---

144 CN242-B157. Lettre de Pathé Cinéma à Sarrut, 12 février 1946.

145 CN242-B157. Lettre des Gémeaux au Crédit national, 18 février 1946.

146 En 1946-1947, par contrat collectif, l'ensemble de l'équipe a demandé et obtenu qu'une partie de ses salaires (15 % pour les dessinateurs et 25 % pour les cadres et spécialistes) soit investie à titre de participation dans le film, leur donnant droit à répartition dans les bénéfices après amortissement du prix de revient.

147 CN242-B157. Lettre de Sarrut au directeur général de la Crédit national, 11 mai 1946.

148 Pour certains, ces différés de salaires sont conséquents : Grimault et Sarrut : 233 307 et 188 442 francs pour les deux ans. Mais également pour les animateurs Allignet et Lacam, par exemple, ont respectivement 136 288 et 182 443 francs de retenues sur salaires.

149 CN242-B157. Lettre des Gémeaux au Crédit national, 12 mai 1946. La société Corona semble avoir apporté 7 millions de francs (15,71 %). La société Les Gémeaux n'investit que 7,55 millions de francs (16,95 %) : le reste des 44,55 millions provient pour 15 millions du ministère de l'Information (33,67 %), 15 millions de prêt du Comité d'attribution des avances (33,67 %).

***Montant des salaires différés au 30 juin 1947 pour la production de* la Bergère et le Ramoneur**

	1946	1947
Gabriel Allignet	56 016	80 272
Collet	4 486	4 699
De Enden	11 467	
Gilbert Dubrisay	23 925	32 644
Roger Duclent	15 267	26 822
Léon Dupont	43 600	59 760
Frérot		10 882
Jacques Gadoin	3 981	
Roland Genestre	11 278	13 870
Paul Granger	38 091	47 713
Paul Grimault	98 307	135 000
Henry		10 314
Georges Juillet	43 204	68 880
Henri Lacam	100 563	81 880
Philippe Landrot	4 405	11 391
Jacques Leroux		10 749
Marguerite Moreau	4 186	9 393
Ory		34 210
Rosé Robert	4 997	11 497
Alberto Ruiz	54 194	45 282
André Sarrut	72 153	116 289
Marcel Saufnai	10 385	29 456
Roger Ségui	18 842	26 958
Suchaud	36 845	42 252
Jacques Vausseur	41 443	54 524
TOTAL	697 625	964 737
		1 662 362

Au début de l'année 1946, l'équipe s'est étoffée mais demeure inoccupée puisque le scénario n'est pas encore achevé[150] contrairement à ce qu'en dit Grimault dans la presse[151]. Jacques Prévert partage son temps entre Saint-Paul-de-Vence et Paris. Lorsqu'on demande au poète s'il aime participer au scénario de *la Bergère et le Ramoneur*, il répond : « C'est un travail merveilleux »[152]. Quant à Paul Grimault, il déclare à propos de Prévert : « Cet homme est étonnant. C'est ma plus

[150] Prévert qu'on qualifierait de faux paresseux a déjà fait preuve de nonchalance dans l'écriture des scénarios et des dialogues de *le Jour se lève*, *les Portes de la nuit* ou du *Crime de monsieur Lange*. Il a alors dialogué une quarantaine de films mais seulement la moitié ont vu le jour.

[151] L. Delysan, « Une enquête d'*Opéra*. Où en est le dessin animé français ? Paul Grimault au travail », *Opéra*, 2 janvier 1946 : « Le scénario et le découpage en sont terminés. »

[152] Entretien de Cécile Agay, *Action*, n°25, 23 février 1945.

grande joie de collaborer avec lui »[153]. Grimault : « Pris par la sonorisation et les ultimes prises de vue couleur du *Petit Soldat*, je ne pouvais pas descendre à Saint-Paul aussi souvent que je l'aurais voulu pour travailler avec Jacques sur le scénario de *la Bergère et le Ramoneur*. Alors, c'est lui qui s'arrangeait pour monter à Paris. Il venait passer quelques semaines avec nous chaque fois que ça s'avérait nécessaire. »[154] Le 29 avril 1946, André Sarrut écrit à Jacques Prévert : « Cher Jacques, veux-tu revoir la rédaction littéraire de ce texte et particulièrement la fin que tu n'as pas rédigée ? Le plus important est une forme littéraire agréable, sa transcription cinématographique étant primordiale. Il s'agit seulement, pour le moment, de faire imprimer la plaquette, bien amicalement. PS. Veux-tu remettre au porteur l'ancien exemplaire de ce scénario ? »[155]

Au printemps 1946, Prévert achève une version de la fin du scénario différente de la précédente[156] : les fauves, l'Oiseau et le Ramoneur parviennent à s'extirper de la fosse aux lions et interrompent le mariage de la Bergère et du Roi peint. Le Roi peint envoie tout le monde aux oubliettes ; le vrai Roi se retrouve alors face à eux. Le Ramoneur lui explique ce que fait le Roi peint là-haut ; le vrai Roi est devenu plus humain dans cette cave. L'idée du ramoneur est de demander au peintre un tableau du contre-champ d'un autre tableau de la chambre secrète pour aller appuyer sur un bouton et ainsi dérégler l'automate. Il y a alors un tremblement de terre, le Roi peint perd le contrôle de l'automate paralysé par une décharge électrique. L'écroulement des murs libère les cachots. Tout le monde s'enfuit vers la mer. Le rideau de théâtre s'abaisse. L'Oiseau explique que c'est ainsi que finit le royaume de Takicardie. Le rideau s'ouvre à nouveau sur Takicardie reconstruit… mais non ! c'est en réalité la pièce montée du mariage de la Bergère et du Ramoneur. Le mariage a lieu au bord de la mer où l'automate s'est enfoncé, il sert ainsi de plongeoir aux baigneurs. C'est quelque chose d'intermédiaire entre le Paradis et le Luna Park, avec manèges et un stand de tir tenu par l'ancien Roi qui s'entraîne sur un oiseau en carton mais le rate. Éclat de rire de l'Oiseau qui lui ferme le rideau au nez et dit : « Ah ! Celui-là, il ne changera jamais ! ». FIN.[157] En mai 1946, Prévert connait un immense succès de librairie avec la publication de *Paroles* (5 000 exemplaires vendus la première semaine) qui dépassera dans les années quatre-vingt-dix les trois millions d'exemplaires. Dès sa publication, on en discute dans les cafés, dans les rues, dans les salons. Prévert devient alors très célèbre. Un document daté du 1er août 1946 indique : « Le traitement détaillé du

---

[153] Raymond Massiet, « Le dessin animé français. Sous la baguette magique de Paul Grimault, c'est la poésie en images », *Front national*, 21 août 1946.

[154] Paul Grimault, *Traits de mémoire*, p. 145.

[155] Archives Fatras, Succession Jacques Prévert, Paris. Tous mes remerciements à Solange Piatek.

[156] Une version, sans la fin, date de décembre 1945. Les archives de Jacques Prévert à Paris contiennent diverses versions du scénario de 2, 5, 44, 46 ou 54 feuillets ainsi qu'un découpage technique sous les cotes 2009.0.2 à 2009.0.8. Celle-ci date de mars 1946.

[157] Archives Fatras, succession Jacques Prévert, Paris 2009.0.3. Résumé d'une fin envisagée pour le film par Jacques Prévert en mars 1946. Tous mes remerciements à Lisa Pedel pour m'avoir signalé ce document.

scénario a été approuvé le 26 juillet 1946 »[158]. Pour un être franc, Jacques Prévert a jeté sur quelques feuilles de papier une fin possible signée « mars 1946 » et sur d'autres versions la fin est écrite mais barrée (une version de la fin de l'année 1946 contient 46 pages mais les cinq dernières sont aussi raturées).

Le 5 avril 1946, la petite SARL de 30 000 francs de capital en 1936 se transforme en société anonyme dotée de 5 millions de francs partagés en 10 000 actions[159]. André Sarrut devient président du conseil d'administration (4 035 actions), Paul Grimault (1 895) et Jean-Jacques Heilmann, administrateurs[160].

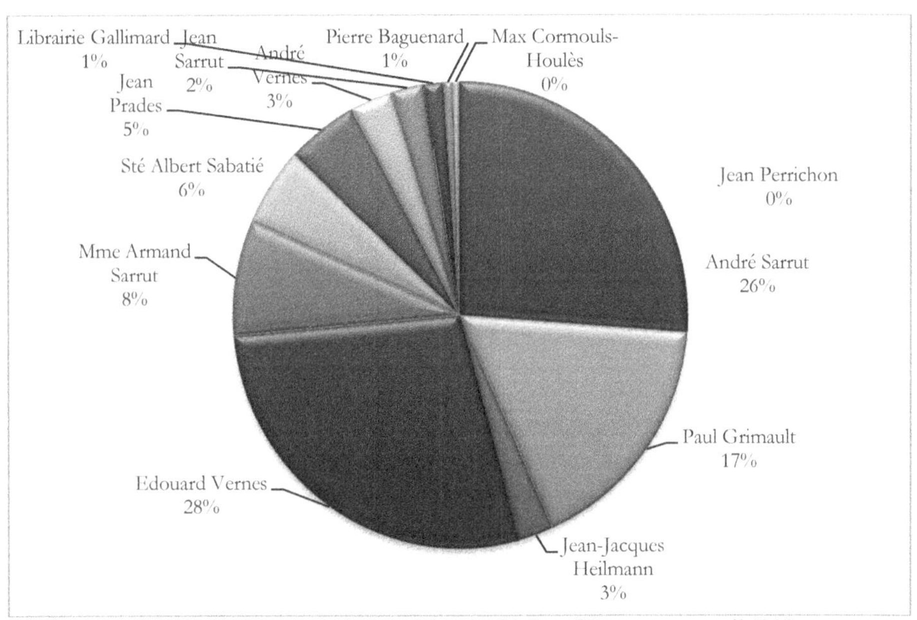

Constitution du capital social de la SA Les Gémeaux en avril 1946
Capital : 5 millions de francs
Source : Collection des archives de la Cinémathèque française CN1727-B158

Une nouvelle fois, l'ensemble des actionnaires de la société anonyme provient de l'entourage protestant d'André Sarrut et il n'y a aucun apport nouveau extérieur. La famille proche d'André Sarrut (sa mère Madeleine, son frère Jean, son beau-frère Jean Perrichon, sa famille des groupes lainiers de Mazamet : Max Cormouls-Houlès, Jean Prades, les Sabatié) représente près du quart du capital, les banquiers Edouard et André Vernes 31 %, André Sarrut, à lui seul un autre quart.

158 Archives nationales F42/35. La Direction générale de la Cinématographie à la Société les Gémeaux, 1er août 1946.
159 Archives de Paris D33U3 1252.
160 CN242-B157. Liste des administrateurs de la société les Gémeaux, société anonyme au capital de 5 millions de francs, 29 mai 1946.

En pratique 83 % du capital de la SA les Gémeaux est détenu par Sarrut contre seulement 17 % par Grimault[161].

En cette année 1946, Grimault se souvient : « Je m'étais engagé à fond dans la préparation, les études des personnages et les esquisses au fusain des principaux décors. J'avais même peint à la gouache le premier décor du film, sacré boulot, une vue d'ensemble du palais qui donne un aperçu de l'atmosphère générale et allait servir de base aux décors suivants. [...] Alors que j'en étais encore à rechercher le graphisme des principaux personnages du film et que j'en établissais ce qu'on pourrait appeler la fiche psychologique, la production poussait à ce qu'on mette déjà un minimum de plans en route pour occuper l'équipe. J'étais bien d'accord, mais il fallait d'abord laisser aux animateurs le temps de se familiariser avec les personnages en faisant suffisamment d'essais pour ne pas avoir à y revenir par la suite. J'avais dans ce sens préparer trois scènes courtes qui serviraient de tests pour le roi, l'oiseau, la bergère et le ramoneur, le chef de la police et même le chien du roi. »[162]

André Sarrut exige en effet le démarrage de la production afin d'occuper les quatre-vingts salariés recrutés[163] ; pourtant, c'est impossible. En effet, outre le scénario inachevé, Grimault n'a pas encore déterminé le graphisme définitif des personnages et encore moins les couleurs. Un autre problème majeur se pose quant à la formation des dessinateurs recrutés qui, pour la plupart, n'ont aucune expérience dans le domaine du dessin animé[164]. Grimault raconte : « Il est notamment très difficile de recruter des dessinateurs qui sachent dessiner. Sous l'influence des impressionnistes, les jeunes artistes d'aujourd'hui sont beaucoup plus orientés vers la couleur, la décoration que vers le dessin et il nous faut leur apprendre leur métier. Par ailleurs, à côté du problème qualité, il est un problème quantité, c'est-à-dire cadence de rendement. Et il est trop certain que les dessinateurs américains, entraînés depuis de longues années déjà, produisent plus rapidement que les nôtres. Le dessin animé français est un art jeune qui manque encore de spécialistes. »[165]

Gilbert Dubrisay se souvient d'une équipe très jeune, en tout il y aura ainsi une trentaine de mariages aux Gémeaux : « Les jeunes apprenaient le métier en le faisant. Il y avait une formidable ambiance de travail. On se revoyait même le

[161] Pour plus de détails sur la constitution des Gémeaux en 1936, voir Sébastien Roffat, *Histoire du dessin animé français entre 1936 et 1940 : une politique culturelle d'Etat ?*, Paris, L'Harmattan, 2014, pp. 308-309.

[162] Paul Grimault, *Traits de mémoire*, p. 145.

[163] Jany Aujame, « Les dessins animés... s'animent », *Essor*, 24 novembre 1945 : « Actuellement, nous dit Paul Grimault, nous avons une équipe de 80 dessinateurs mais nous recherchons de nouveaux dessinateurs. [...] Paul Grimault ne craint pas les difficultés puisqu'il commence un grand dessin animé qui demandera deux ans et demi à trois ans de travail, à 300 dessinateurs. »

[164] Sur la question des formations, voir Sébastien Roffat, « Former une nouvelle génération d'apprentis-dessinateurs », *in Esthétique et réception du dessin animé français sous l'Occupation (1940-1944)*, L'Harmattan, 2014, p. 37-54.

[165] « Le dessin animé français est-il condamné à mort ? », *Caméra 1946. Tout le cinéma.*

week-end. Je faisais ce qu'il y avait à faire mais tellement il y avait de travail qu'une partie de l'animation se faisait à domicile. »[166] Jacques Thévenet est entièrement d'accord : « Il y avait un vrai esprit potache. On s'amusait beaucoup. Il y a eu un certain nombre de mariages aussi entre employés. L'ambiance était formidable. On ne se prenait pas au sérieux. Finalement, on était comme une bande de collégiens autogérés ! Le midi, on jouait au volley-ball ou à la pétanque. »[167] Plus tard, Thévenet ajoute : « Tout ceux qui savaient dessiner dans ce style se retrouvaient aux Gémeaux, il y a eu un rassemblement de talents formidables ! »[168] Gabriel Allignet : « C'est une belle histoire que celle des Gémeaux. Un beau rêve que nous gardons chacun soigneusement dans nos mémoires. »[169]

Lucette Simaeys, après des études aux Beaux-arts de Paris entre aux Gémeaux le 1er février 1948[170]. Elle a alors 19 ans. En ce qui concerne Paul Grimault, elle note : « M. Grimault était formidable, très gai. Grand bonhomme que Grimault. Mais je ne l'ai jamais vu dessiné » ; quant à André Sarrut, elle fait cette réponse étonnante : « Ce nom ne me dit rien. Je ne connais pas ce monsieur ». Elle est engagée comme traceuse aux côtés d'une dizaine d'autres jeunes filles sous la direction de M. Duchossoy (elle fera également du gouachage de temps en temps). Elle se souvient d'une atmosphère merveilleuse à Neuilly-sur-Seine. Elle n'en garde que de bons souvenirs : « On s'amusait beaucoup. Tous étaient très relax, très gais »[171].

Nadège Brossolet est engagée aux Gémeaux en 1950. Elle a 18 ans. Elle n'a pas fait d'études mais veut faire du dessin aux Arts déco. Son père est contre : « Tu es de bonne famille, tu vas te retrouver à poil ! ». Protestant, il avait fondé « Ceux des jeunes protestants » afin que les protestants restent entre eux. Nadège Brossolet raconte en souriant : « Quelle terreur d'épouser un catholique ! ... Résultat : sur cinq enfants, quatre ont épousé des catholiques ! ». André Sarrut présente *le Petit Soldat*, *l'Epouvantail* et *le Voleur de paratonnerres* à ce club dans un local (d'abord un restaurant puis dans un hôtel particulier du 16ème grâce à un prêt d'un bienfaiteur). Nadège Brossolet se souvient : « André Sarrut était extraverti, passionnant quand il présentait ses films. Il riait tout le temps. Il avait un grand sens de l'humour. » En août 1950, son père rencontre André Sarrut à la Truffe noire, un restaurant de Neuilly-sur-Seine : « Ma fille veut faire les Arts déco, les Beaux-Arts. Elle a déjà assisté à des cours avec un très bon professeur à la Grande Chaumière ». Sarrut accepte alors de la prendre en stage. Le premier jour, elle arrive dans une petite pièce : « Tout le monde fumait comme des pompiers ». Elle rencontre Jacques Veinat (fils spirituel de Sarrut) et Aurance. « Toute l'équipe était sympathique et merveilleuse. Il y avait vraiment une très bonne ambiance. On

---

166 Entretien de Gilbert Dubrisay avec l'auteur, Paris, 10 janvier 2008.

167 Entretien de Jacques Thévenet avec l'auteur, Marly-le-Roi, 8 juillet 2014.

168 Entretien de Jacques Thévenet avec l'auteur, Marly-le-Roi, 27 novembre 2014.

169 Entretien de Gabriel Allignet avec Gildas le Reste, Chatellerault, septembre 1986.

170 Certificat délivré à Lucette Simaeys et daté du 12 octobre 1950, signé Roland Duchaussoy. Collection privée Lucette Simaeys.

171 Entretien de Lucette Simaeys avec l'auteur, Roquebrune-Cap-Martin, 18 septembre 2013.

jouait au volley dans le jardin de l'hôtel particulier. J'écoutais du jazz mais ça ne plaisait pas au directeur du personnel, M. Balland ». Nadège Brossolet est affectée comme toutes les filles (il y en a peu) au traçage et au gouachage. Étant la protégée de Sarrut (qu'on appelle aux Gémeaux « Dédé, les grandes quenottes »), elle est mal vue par certains qui la surnomment « la princesse » ; sinon elle a été très bien accueillie. Elle est ensuite affectée au service décors aux côtés de Bernard Fiévé et Marcel Saufnai.

Dans un entretien du 1er juillet 1946, Grimault explique : « Ce film, nous l'avons même commencé. Il s'appelle pour le moment *la Bergère et le Ramoneur*. J'en ai fait le scénario avec Prévert. Avec le personnel dont nous disposons, deux ans seront nécessaires pour le mener à bonne fin. »[172] Quant au prix de revient d'un tel film, Grimault indique : « Nous pensons qu'il sera de l'ordre de 40 à 60 millions. ». Le réalisateur poursuit : « De toutes ces expériences, nous comptons bien faire profiter notre grand film. Et je crois pouvoir avancer que nous avons des chances d'être plus à l'aise pour un 2 110 mètres que pour un court métrage. Ce qui n'est pas le cas des Américains. »

Le 9 juillet 1946, André Sarrut se rend au Crédit national pour signer le contrat concernant *Niglo ou le voyage magique* (ou *la Bergère et le Ramoneur*), d'un métrage de 1 800 mètres inscrit au RPC sous le n°1 917[173]. Le 24, il retourne chercher son contrat[174].

En plus de la demande de prêt au Crédit national, André Sarrut a également suscité une demande d'avance auprès de la Direction générale de la Cinématographie. Le contrat de participation financière de 15 millions de francs, imputable par tiers sur les exercices 1945, 1946 et 1947 de l'État intervient le 13 décembre 1945[175]. La première tranche de 5 millions de francs est versée en dix acomptes[176].

---

172 J.-P. Audouet, « Avec Paul Grimault, le dessin animé redevient français », *le Courrier de l'étudiant*, 1er juillet 1946.

173 CN242-B157. Visite de M. Sarrut, 9 juillet 1946.

174 CN242-B157. Visite de M. Sarrut, 24 juillet 1946. Retrait d'un contrat concernant le film *Niglo ou le voyage magique*.

175 Archives nationales F42/32. 23 janvier 1946. Note pour la Direction de l'Administration générale, Ministère de l'Information, 34-36 avenue de Friedland, Paris. A l'attention de M. Michel Sarrot : « Un contrat en date du 13 décembre 1945 a été conclu entre le ministère de l'Information et la société les Gémeaux par lequel l'État accorde à cette dernière pour la production d'un film de dessins animés intitulé *Niglo ou le voyage magique* [ou *la Bergère et le Ramoneur*] une participation financière de 15 millions de francs, imputable par tiers sur des exercices 1945, 1946, 1947. Conformément à la demande qu'avait formulée M. le Contrôleur des dépenses engagées en visant ces contrats, je vous prie de vouloir bien engager dès maintenant sur les crédits du chapitre 20 du Budget de l'Information, pour l'exercice 1946, une somme de 5 millions de francs représentant la deuxième tranche de la participation totale accordée par l'État pour cette production. »

176 Archives nationales F42/38. De la Présidence du Conseil. Secrétariat d'État à la présidence du Conseil chargé de la Direction générale de la Cinématographie à la Direction de l'Administration générale. Bureau des contrôles comptables. Certificat administratif constatant l'exigibilité d'une somme de ... à titre de ... ème acompte sur frais de réalisation du film *Niglo ou le Voyage magique* (ex *la Bergère et le Ramoneur*). La subvention du ministère de l'Information (15 millions de francs) sera

Le premier acompte de la Direction générale de la Cinématographie étant versé et le prêt du Crédit national enfin accordé, la production du premier long métrage français de dessins animés peut commencer le 1er août 1946.

Il aura fallu pas moins de 45 mois (décembre 1942 - août 1946) de discussions, de rendez-vous, de réunions, de conciliabules, d'atermoiements, de pressions diverses des uns et des autres, des uns sur les autres, pour enfin aboutir à un accord concernant le financement du premier long métrage de dessin animé français. Le budget prévisionnel est fixé à 44,55 millions de francs pris en charge à plus de 70 % par de l'argent public (prêt bancaire du Crédit national et avances du ministère de l'Information). La société les Gémeaux finance le reste grâce à une augmentation de capital rendue possible par l'intervention de la famille et des relations d'André Sarrut, à une participation des salariés (retenue sur salaires) et aux bénéfices retirés des courts métrages précédents. Le tournage de *la Bergère et le Ramoneur* doit durer 29 mois et donc s'achever vers décembre 1948-janvier 1949.

En 1985, Paul Grimault raconte : « Au début, on était plein d'optimisme, on disait c'est formidable, ça va nous assurer du boulot pour deux ans, deux ans et demi. On ne savait pas exactement. Qu'est-ce qu'on avait comme repères ? On avait *Blanche-Neige* qui avait été fait par Disney. On savait qu'il avait travaillé à peu près quatre ou cinq ans dessus, mais avec une équipe considérable. Nous, on avait beau être marioles… Tout le monde pensait qu'on pouvait se débrouiller, qu'on était inventifs, qu'on allait épater le monde entier avec notre petite équipe française. Mais enfin, commencer un film pareil avec dix ou douze gars même plein de bonne volonté ce n'était pas dans la poche. Il a fallu former une équipe en même temps qu'on commençait à travailler sur le film. Et puis les estimations financières ont été faites par les spécialistes de la production. Comme elles étaient optimistes, elles ont permis de trouver l'argent de démarrage. Mais en fait c'était pas très très sérieux, parce que quand on regarde avec le recul ce qui avait été envisagé, pas un pays du monde ne se serait embarqué avec ce qui avait été établi… On était optimistes, on pensait qu'on se débrouillerait. »[177]

---

totalement versée au courant du mois d'août 1947, le reliquat à verser à fin juillet 1947 atteignant un montant de 264 422 francs. CN242-B157. Lettre de Pierre Chéret au Crédit national, 25 juillet 1947.

[177] Jean-Pierre Pagliano, *Paul Grimault*, p. 48.

Chapitre 2. 1946-1950. « L'âne, le roi et moi. Nous serons morts demain. L'âne de faim, le roi d'ennui et moi d'amour, au mois de mai. La vie est une cerise. La mort est un noyau, l'amour un cerisier ».

Cette *Chanson du mois de mai n°12 : boîte à musique* est interprétée dans *la Bergère et le Ramoneur* par Eric Amado, chanteur qui a déjà collaboré avec Prévert[178]. Elle est entendue lorsque le Roi, réfugié dans sa chambre enclenche son étrange boîte à musique et observe avec délectation sur la toile du mur la Bergère et toise avec mépris le Ramoneur avant de corriger lui-même le tableau le représentant faisant ainsi disparaître son strabisme. Adaptée d'un poème éponyme de Prévert qu'il écrit pour le recueil *Histoires* paru en première édition en 1946, la chanson a été mise en musique par Joseph Kosma.

Prévert s'est inspiré de la fable XIX du livre sixième des *Fables* de la Fontaine sur un charlatan à qui un Prince donna « certaine somme » et qui devait rendre éloquent un baudet... au bout de dix ans sachant bien qu' « avant l'affaire, le roi, l'âne ou moi, nous mourrons ». Le fabuliste termine : « Il avait raison. C'est folie / De compter sur dix ans de vie. » Et dix ans, c'est exactement, le temps qu'il a fallu avant que le film de Grimault ne voie le jour...

La signature des contrats avec le Crédit national et la Direction générale de la Cinématographie lance officiellement le 1er août 1946 la production de *la Bergère et le Ramoneur*. Ces discussions chaotiques (et interminables - rappelons qu'elles datent pour les premières de décembre 1942) n'augurent sans doute rien de bon pour la suite. Chacun comprend que la production sera longue et le remboursement des avances et crédits hasardeux. Pour autant, la société les Gémeaux entreprend avec ferveur de donner vie à une jolie bergère et à un petit ramoneur de rien du tout. L'équipe est jeune, pleine de talents, couronnée de nombreux prix pour ses courts métrages précédents. Paul Grimault à la réalisation, Jacques Prévert au scénario, André Sarrut à la production, Joseph Kosma à la musique apportent chacun un gage de sérieux et de qualité au film tout en suscitant un intérêt certain de la part de la presse. Mais comment expliquer alors le dérapage incontrôlé des dépenses prévues pour la production du film ? Comment se fait-il qu'après cinq années de production, *la Bergère et le Ramoneur* ne soit toujours pas prêt en 1950 ?

---

178 Rémi Carémel du blog *Dans l'ombre des studios* répond par mail à une de mes interrogations : « Fabien Loris est crédité partout, mais à l'oreille la *Chanson du mois de mai* est chantée par un ténor qui timbre léger, donc ça correspond plus (sans être sûr à 100 %) à Éric Amado... (Fabien Loris a une voix plus timbrée, épaisse...) ».

Pierre Prévert prend contact avec les voix du film à savoir Pierre Brasseur (l'Oiseau), Fernand Ledoux (le Roi), Anouk Aimée (la Bergère), Serge Reggiani (le Ramoneur), Roger Blin (l'Aveugle), Félix Oudart (le Sentencieux) et Yves Deniaud (le Chef de Police). Brasseur, Aimée, Reggiani qu'on retrouve d'ailleurs dans un film scénarisé à la même époque par Prévert : *les Amants de Vérone* réalisé par André Cayatte (musique de … Joseph Kosma). Grimault se souvient des séances d'enregistrement avec Brasseur : « Brasseur arrivait dans l'auditorium et, avant de parler, il faisait le tour du studio en battant des bras, en voletant comme s'il avait des ailes, il s'essoufflait et il arrivait devant le micro dans la peau de l'Oiseau. Quand on se rappelle les capacités géniales de Brasseur, c'était quelque chose ! C'était l'Oiseau ! On s'attendait à le voir s'envoler ! »[179]. Grimault apprécie beaucoup Pierre Prévert : « Je voyais souvent Pierrot Prévert, c'est un gars tellement gentil, Pierrot !... Je me souviens des soirées qu'on passait ensemble. On se baladait par les rues, on s'asseyait sur un banc, on discutait le coup, puis on revenait dans le quartier. On parlait beaucoup. Je crois même d'ailleurs que c'est Pierrot qui m'a dit un jour : « Tu devrais faire de l'animation ». Oui, c'est Pierrot qui m'a dit ça. »[180] Gabriel Allignet se souvient : « Pierre était différent [de son frère], plus secret, plein d'humour. Je l'ai connu davantage que Jacques car, pendant longtemps, il s'est occupé de l'équipe. Il a été notre intermédiaire avec la direction, venant voir chacun, défendant nos intérêts, ou… en bon diplomate, nous faisant comprendre certains points de vue de la direction commerciale… d'en bas comme nous disions. »[181]

Un relevé détaillé des dépenses effectuées pour la production du dessin animé au cours du mois de mai 1947 ressort à 1,1 million de francs ; au mois de juin à 1,6 million et dans le même ordre de grandeur aux mois de juillet, août, septembre, octobre et novembre 1947. La Direction générale de la Cinématographie écrit en juin 1947 à Sarrut : « Je me suis fait confirmer toute l'importance de la production des dessins animés entreprises par votre société qui conditionne absolument l'avenir du dessin animé français »[182]

La convention collective du 4 juin 1947 dans le « groupe de création » définit la tâche des animateurs et des décorateurs, ce qui les rend distincts du « groupe d'exécution », les rendant ainsi « co-auteurs » du film : ils « interprètent le jeu des personnages principaux par une série de dessins extrêmes figurant les principaux mouvements ; dirigent l'animation suivant les indications du réalisateur et prennent la responsabilité de la qualité du mouvement ; donnent la vie aux personnages créés ou non par eux ».

---

179 Jean-Pierre Pagliano, *Paul Grimault*, p. 65.

180 Témoignage de Paul Grimault, in *Image et Son*, n°189, décembre 1965, pp. 61-62.

181 Entretien de Gabriel Allignet avec Gildas le Reste, Chatellerault, septembre 1986.

182 Archives nationales F42/40. La Direction générale de la Cinématographie à André Sarrut, 27 juin 1947.

André Sarrut souhaite diversifier la production et crée en plus des Gémeaux une nouvelle société qui a pour nom Safia-Production. En août 1947, il écrit : « Nous avons décidé en raison de la crise que subit actuellement le cinéma français de faire, dans le cadre de notre société, une politique à long terme de productions de films en prises de vues directes. Pour réaliser cette politique, nous créons un service spécial que nous appelons « Le Centre de production du Midi ». Il s'agit de produire trois films dont un au moins sera réalisé en versions française et anglaise. Les deux premiers films que nous envisageons de produire sont en préparation depuis plusieurs mois et s'intitulent *le Crime des justes* et *Quatre lettres de mon moulin*. Pour que la production de ces films soit parfaitement préparée, il faut que la totalité des contrats soit signée dans le 4ème trimestre 1947 et que par conséquent le mode de financement soit arrêté avant cette date. Le tournage de ces films s'effectuera entre le 1er avril 1948 et le 15 septembre 1948. »[183] L'autorisation de tournage est accordée le 23 octobre 1947. *Le Crime des justes* bénéficie d'un budget de 24 millions de francs et le tournage de neuf semaines a lieu à Valleraugue dans le Gard. Sarrut a acheté une ferme assez délabrée dont il a fait enlever le toit pour résoudre les problèmes de lumière et faciliter la liberté de mouvement de la caméra.

Pour *la Bergère et le Ramoneur*, André Sarrut recherche toujours des financements complémentaires y compris à l'étranger. En juin 1947, il rencontre ainsi Mr Leighter à l'hôtel Lancaster à Paris. Plusieurs conversations ont lieu, des projections aussi. Sarrut espère que Leighter a repéré la qualité du travail des Gémeaux et lui annonce une terminaison du film pour décembre 1949. Une commission de distribution de 30 % est proposée par Sarrut. Le distributeur garantirait une recette de 500 000 dollars sur sept ans aux États-Unis, 50 000 livres pour la Grande-Bretagne et son empire et 700 000 dollars pour les autres pays pour une durée de sept ans[184]. Mais les discussions n'aboutissent pas.

En juillet 1947, Sarrut rencontre Mr Sherover à l'hôtel George V à Paris. Ils s'entretiennent là aussi d'une éventuelle coproduction et de la distribution aux États Unis et au Royaume Uni et empire britannique de *la Bergère et le Ramoneur*. Il lui projette les dessins animés : *les Passagers de la Grande Ourse*, *l'Épouvantail*, *le Voleur de paratonnerres* et *la Flûte magique*. Les copies des dessins animés sont remises à Mr Sherover par Mr Carter (70, Fair Haven Road, Fair Haven, New Jersey) qui les a en dépôt. André Sarrut lui adresse également sous pli la copie d'animation image et son du *Petit Soldat* qui n'est alors pas complètement terminé. Mr Sherover est seul chargé du 2 août au 30 septembre 1947 de négocier l'affaire aux États-Unis.

---

183 CN261-B173. Lettre de Safia Production au Crédit national, 25 août 1947.

184 CN242-B157. 21 juin 1947, lettre de Sarrut en anglais à Mr Leighter à l'hôtel Lancaster à Paris concernant la distribution aux États-Unis, en Grande-Bretagne et dans son empire de *la Bergère et le Ramoneur*.

André Sarrut et Paul Grimault doivent bientôt se rendre à l'évidence : leur équipe n'a pas assez d'expérience pour mener à bien seule ce projet de long métrage. Si *la Bergère et le Ramoneur* sera bien produit par les Gémeaux, vingt spécialistes américains seraient recrutés et viendraient à Paris dans la première quinzaine de septembre 1947 après la visite à New York de Sarrut et Grimault. Certaines matières premières manquant en France (papier calque, gouache et mines) seraient fournies par les Américains. Le devis du long métrage fait un bond spectaculaire (+ 80 %), passant de 44,55 millions de francs à pas moins de 80 millions, non compris les sursalaires en francs à payer à ces spécialistes américains qui sont évalués à plus de 50 000 dollars[185] minimum (près de 10 millions de francs supplémentaires) à New York. Sherover qui était chargé par Sarrut de trouver un distributeur aux États-Unis, doit également payer les dépenses en dollars (maximum 100 000 dollars), faire venir vingt spécialistes dont un *storyman*, et alimenter en matières premières manquantes. Pour cela, il toucherait 10 % sur la commission distributeur. Le conseil juridique des Gémeaux à New York est Mr Roseborgugh[186]. Si l'équipe a besoin d'un *storyman*, c'est que Jacques Prévert et Paul Grimault semblent avoir quelques difficultés avec le développement de l'histoire.

Le 8 juillet 1947, André Sarrut vient demander au Crédit national des renseignements pour obtenir le versement de l'avance consentie pour *la Bergère et le Ramoneur*. Celui-ci ne peut se faire qu'avec l'accord de Pierre Chéret, lequel doit se mettre en rapport avec M. Flûry, du Crédit national[187]. André Sarrut fait remarquer que le contrat a été signé un an auparavant jour pour jour et que les Gémeaux a entamé l'avance de 15 millions de francs avancés par le ministère de l'Information et demande au Comité des Avances économiques de verser en une seule fois les 15 millions sur le compte bloqué « Niglo ou le voyage magique » à la banque Odier, Bungener & Cie. Les Gémeaux a investi à ce jour 1,662 million de francs de production et elle investira encore 6 millions. Les Gémeaux a porté son capital à 5 millions de francs pour pouvoir garantir la couverture des dépenses « hors production ». La société Corona s'engagerait à verser un à-valoir de 7 millions sur les recettes du marché quand le prêt de 15 millions du Crédit national aura été investi[188].

Le 30 juillet 1947, André Sarrut demande par téléphone au Crédit national la première avance de 5 millions de francs[189].

---

[185] En décembre 1945, 1 dollar vaut 49,63 francs ; en 1946 : 1 dollar vaut 119 francs ; en 1948 : 1 dollar vaut 214 francs ; en 1949 : 1 dollar vaut 350 francs... en 1958 : 1 dollar vaut 493,70 francs. La création au 1er janvier 1960 du « nouveau franc » valant 100 anciens francs retrouve une parité nominale qu'il avait avec le dollar en 1913 (5 francs pour un dollar).

[186] CN242-B157. Lettre de Sarrut à Mr Sherover, hôtel George V, Paris 8ème, 29 juillet 1947. « Concerne la coproduction et la distribution aux États-Unis et dans le Royaume-Uni et l'empire britannique du dessin animé de long métrage *la Bergère et le Ramoneur*. »

[187] CN242-B157. Visite de M. Sarrut, 8 juillet 1947.

[188] CN242-B157. Lettre de Sarrut au Crédit national, 9 juillet 1947.

[189] CN242-B157. Coup de téléphone de Sarrut au Crédit national, 30 juillet 1947.

Si l'équipe des Gémeaux a déjà dépensé les 15 millions de la subvention du ministère, Sarrut se montre rassurant et explique au Crédit national comment sa société assurera le financement du film même en cas de hausse importante des prix en France. La meilleure façon d'assurer ce financement est de faire verser des « à-valoir » par les distributeurs des pays à monnaies appréciées. Cette opération est intéressante pour les distributeurs qui, pour un montant de recettes qu'ils savent facilement réalisable, peuvent s'assurer la distribution exclusive d'un film « d'une importance exceptionnelle » écrit Sarrut. Il poursuit : « La qualité de notre production ne laisse aucun doute sur les possibilités d'obtenir des « à-valoir » en monnaie appréciée d'une importance très supérieure à celle des dépenses à engager en francs. »[190]

André Sarrut est sûr de ses appuis. Il joint une lettre échangée avec Mr. Leighter, négociateur américain pour le compte d'Universal International PRC. Leighter étant gérant des fonds remis par l'État américain à la société Walt Disney pendant la guerre, il connaît, par conséquent, parfaitement la question du dessin animé. Pour Sarrut, l'aboutissement des négociations est certain ; d'ailleurs, depuis le 29 juillet 1947 il est « pratiquement d'accord » avec Mr. Sherover, autre négociateur américain. Reste à convaincre le Crédit national puisque les éventuels distributeurs américains exigent un avenant au contrat du ministère de l'Information[191]. En effet, d'éventuels dépassements en raison du mouvement de hausse des prix en France seraient financés par des « à-valoir » distributeurs. En contrepartie, les distributeurs américains et anglais exigent le remboursement prioritaire sur leurs marchés, « léger désavantage » selon Sarrut compensé par « un minimum garanti de 700 000 dollars [qui] représente une affaire unique dans l'histoire du cinéma français. Quant à l'à-valoir de 350 000 dollars payable à l'échéance de deux ans, il est inutile de dire qu'il représente une très importante garantie en francs. » En ce qui concerne la participation des Avances économiques, le fait d'assurer sur les marchés étrangers la priorité de remboursement des à-valoir versés par les distributeurs ne changerait pas « la position très solide du Crédit national dont le remboursement sur la première tranche de 22 millions de recettes est assuré d'une façon certaine par l'exploitation des marchés autres que ceux des États-Unis, du Royaume-Uni et de l'empire britannique »[192].

Le 31 juillet 1947, André Sarrut demande (cette fois par courrier) au Crédit national le versement de la somme de 5 millions sur les 15 prévus[193].

Après deux ans de recherches et d'efforts, André Sarrut a enfin trouvé un nouveau local pour son équipe. Le 1er septembre 1947, la société les Gémeaux quitte le 112 bis rue Cardinet à Paris 17ème pour s'installer dans un très bel hôtel

---

190 CN242-B157. Lettre de Sarrut au Crédit national, 30 juillet 1947.

191 Le contrat signé avec le ministère de l'Information est daté du 13 décembre 1945.

192 CN242-B157. Lettre de Sarrut au Crédit national, 30 juillet 1947.

193 CN242-B157. Lettre de Sarrut au Crédit national, 31 juillet 1947.

particulier de Neuilly-sur-Seine. Un bail de 3, 6, 9 ans est signé le 1er juillet 1947[194]. La société loue pour neuf ans ce local de 1 200 m² couvert et 8 000 m² de terrain contre un loyer annuel de 100 000 francs. Les difficultés que la société a eues à trouver un local depuis plus de deux ans viennent de sa situation financière mais aussi de quatre nécessités absolues :

- une surface minimum de 1 200 m² ;
- un local dans Paris ou très proche de Paris car le personnel est parisien ;
- une très grande luminosité dans les pièces ;
- l'impossibilité, vu les moyens financiers de la société, d'acquérir un local de cette importance qui vaut 15 millions de francs à l'achat et 5 millions de pas-de-porte à la location.

« La situation était devenue très grave puisque :

- d'une part, les Gémeaux était expulsée du local du 112 bis rue Cardinet à la fin de l'année 1947 ;
- d'autre part, le local de la rue Cardinet ne permet de loger que 60 personnes, alors que le plan de travail exige d'ici six mois 100, et un an plus tard, 150 à 180 personnes[195]. »

Le propriétaire est M. Hirsch, inspecteur des eaux et forêt en retraite. Le contrat signé avec Sarrut décrit les lieux : une maison aux 16-18 rue Delabordère à Neuilly-sur-Seine, entouré d'un grand jardin, un pavillon pour le concierge ou le

---

194 CN242-B157. Lettre de Sarrut au Crédit national, 18 août 1947 : « La seule ombre à ce tableau, est que le bail est signé mixte « habitation et commercial » alors que le propriétaire n'a le droit de louer qu'à usage « habitation ». Nous demandons votre appui pour obtenir l'autorisation de transformer notre local en local « mixte » ou « commercial ». Il nous semble que les raisons que nous énumérons ci-dessous sont valables : a) notre maison devrait fermer si, après deux ans de recherches, elle ne pouvait pas occuper un local qui se démontre être le seul possible dans la région parisienne. Le résultat serait de mettre au chômage 60 personnes. b) Notre plan de production serait irréalisable. Il consiste en la réalisation du dessin animé de long métrage *la Bergère et le Ramoneur* financé par le ministère des Finances, le ministère de l'Information, des groupes privés. c) Vous savez que la poursuite de notre activité conditionne la vie du dessin animé français qui se classe dans les industries exportatrices prioritaires puisqu'il réalise 80 % de ses recettes à l'étranger. d) Nous tenons à vous dire, qu'à la suite des négociations engagées avec des groupes américains, nous devons obtenir dans les mois à venir, une garantie minimum de recettes de 700 000 dollars pour notre film *la Bergère et le Ramoneur* sur les marchés américains et anglais. Sur cette somme, 450 000 dollars seraient payables à notre demande sous forme d'à-valoir. Le CNC est d'ailleurs au courant de ces négociations. L'importance de cette affaire justifie encore davantage la demande d'appui que nous vous demandons aujourd'hui. ». En effet, d'après une lettre conservée aux Archives nationales (F42/41), André Sarrut sollicite le service juridique du Centre national de la Cinématographie en juin 1947 à ce sujet. Mais il faut que Sarrut adresse sa demande d'autorisation sur papier timbré à vingt francs au ministère de la Reconstruction et de l'Urbanisme, au service Contentieux du Logement. Le CNC appuie toutefois sa demande car « Je me suis fait confirmer toute l'importance de la production des dessins animés entreprise par votre Société, qui conditionne absolument l'avenir du dessin animé français ».

195 CN242-B157. Lettre de Sarrut au Crédit national, 18 août 1947.

jardinier. La maison comprend au rez-de-chaussée, deux salons, une salle à manger, un bureau, office et cuisine, petit vestiaire-toilette et water-closets. Au premier étage, cinq chambres dont quatre avec cabinet de toilette et deux avec installation de bains, une lingerie, placards dans le vestibule, water-closets. Au second étage : cinq chambres, deux cabinets de toilette, un atelier de peintre, un bureau à dessin, water-closets, grenier au-dessus, le tout sur cave eau froide et chaude, gaz et électricité. Calorifère à eau chaude. Le pavillon du concierge comprend deux pièces et une cuisine, eau et gaz. Un garage à deux voitures. Le jardin de 10 000 m^2 s'étend autour de la maison (le propriétaire se réserve toutefois le jardin potager et le tennis).

Au sous-sol, s'installent, selon Jacques Thévenet, le service prise de vues sur calque et sur cellulo, et le service *checking* ; au rez-de-chaussée, le service cellulo et le bureau de Sarrut ; au premier étage, les gouacheuses et les traceuses ; dans les combles, au deuxième étage, les animateurs, « le saint des saints » selon l'expression de Jacques Thévenet[196]. Philippe Landrot décrit un peu différemment les lieux : « Au sous-sol, la prise de vue (deux caméras et banc-titre), le montage et quelques pièces de service. Au rez-de-chaussée, la direction et la foule des traceuses gouacheuses dans les anciennes cuisines (belles pièces). Le service technique, les décors et l'atelier de Paul Grimault disposent de trois grandes pièces du même étage. Au 2ème, des assistants et des intervallistes, une autre partie du service technique qui s'agrandit et quelques secrétaires. C'était un beau bâtiment bien adapté à nos activités, dans un véritable parc à Neuilly. »[197]. Cet hôtel particulier a ensuite été rasé pour laisser place à une villa dans laquelle ont vécu de très nombreuses années André et Liliane Bettencourt[198].

Le 12 septembre 1947, Chéret confirme au Crédit national que le CNC versera bien le solde de sa participation de 15 millions soit 264 422, 89 francs[199]. Duchesne annote le courrier pour M. Flûry le jour même : « Aucun versement n'ayant encore été effectué sur ce projet de 15 millions, je serais d'avis de réaliser les 5 millions demandés bien qu'il reste 264 422 francs à verser par le CNC pour sa participation, ce qui représente peu par rapport au devis. Voulez-vous bien me faire connaître votre accord ? ». C'est chose faite le 18 septembre puisque la somme de 4 990 000 francs[200] est versée au crédit de son compte bloqué ouvert pour le film *la Bergère et le Ramoneur*[201].

---

196 Entretien de Jacques Thévenet avec l'auteur, Marly-le-Roi, 8 juillet 2014.

197 Entretien de Philippe Landrot avec l'auteur, Paris, 14 janvier 2008.

198 Pour les liens d'Eugène Schueller, le fondateur de l'Oréal, avec André Sarrut, voir Sébastien Roffat, *Histoire du dessin animé français entre 1936 et 1940 : une politique culturelle d'État ?*, Paris, L'Harmattan, 2014, p. 329.

199 CN242-B157. Pierre Chéret au Crédit national, 12 septembre 1947.

200 5 millions, déduction faite de 10 000 francs, montant des frais d'étude.

201 CN242-B157. Le Crédit national à Chéret et à la banque Odier, 18 septembre 1947. Pourtant, les Gémeaux ne semble pas avoir été mise au courant puisque C. Andry, directeur général des Gémeaux écrit au Crédit national le 14 octobre 1947 pour lui demander le versement des 5 millions. Le Crédit national lui téléphone le jour même pour lui dire que c'est fait depuis le 18 septembre. Chéret

Le 8 octobre 1947, Sarrut se rend à nouveau au Crédit national pour discuter du cofinancement américain à mettre au point pour *la Bergère et le Ramoneur*[202]. Le 24 octobre, il envoie une « Note sur la production du dessin animé de long métrage *la Bergère et le Ramoneur* » ainsi que des pièces annexes[203].

Mais les nouvelles ne sont pas bonnes.

Le devis primitif du film était de 44,55 millions de francs[204] et le plan de remboursement défini[205]. Des dépassements étant déjà prévus du fait de la situation économique, il avait été indiqué à l'article 16 bis du contrat signé avec le Budget (Direction générale du cinéma) que les éventuels nouveaux apporteurs seraient remboursés en 2ème, avant le Budget (Direction générale du cinéma) et la société les Gémeaux.

Les Gémeaux explique à nouveau l'intérêt que présente la production de *la Bergère et le Ramoneur* puis d'un dessin animé de long métrage tous les 18 mois. Sarrut explique que la crise du cinéma français tient au fait que le marché intérieur et extérieur de langue française est trop étroit pour assurer un bénéfice normal aux « films d'acteurs parlant français ». Le dessin animé, au contraire, s'exploite dans le monde entier. « Moyen d'expression avant tout plastique, sa réalisation en quinze langues coûte 2 % de plus que sa réalisation en une seule langue ». Chaque version est « parfaite », le mouvement des lèvres serait même dessiné pour chaque langue. Sarrut continue :

> « On peut dire que le marché d'un bon « film d'acteurs de langue française » ne permet pas de réaliser régulièrement une recette de plus de 25 millions. Cette recette n'est jamais réalisée dans les monnaies appréciées : dollars, livres, pesos, etc. Le « dessin animé » au contraire touche le marché mondial qui doit rapporter, au change actuel, 150 millions environ dont les deux tiers dans les monnaies appréciées les

---

confirme au Crédit national, le 17 octobre 1947 que le CNC a bien versé le solde. Le 24 octobre 1947, le Crédit national écrit à Chéret et à la banque Odier : la somme de 5 millions francs a été versée le 24 octobre 1947 au crédit de son compte bloqué ouvert pour le film *la Bergère et le Ramoneur*. Ce compte fonctionnera sous les signatures conjointes de la société Les Gémeaux et de l'Organisme officiel de contrôle représenté par M. Pierre Chéret (ou Jacques Bécué). 2ème versement.

202 CN242-B157. Visite de Sarrut, 8 octobre 1947.

203 CN242-B157. Lettre de Sarrut au Crédit national, 24 octobre 1947. Plan mensuel de travail indiquant les dépenses correspondantes ; nouveau devis au 30 septembre 1947 comparé à celui du 13 décembre 1945.

204 Financement : Budget (Direction générale du cinéma) 13.12.45 = 15 millions ; Distributeur Corona 10.5.46 = 7 millions ; Avances économiques (Crédit national) 9.7.46 = 15 millions ; Les Gémeaux SA = 7,55 millions ; Total = 44,55 millions.

205 Remboursement : 1er : Avances économiques = 60 % des premières recettes monde entier jusqu'à 15 millions / Distributeur Corona = 40 % des recettes monde entier jusqu'à 7 millions / 2ème : Budget (Direction générale du cinéma) jusqu'à 15 millions / Les Gémeaux SA jusqu'à 7,55 millions / Au prorata de leurs apports respectifs soit 7,5 / 22,5 pour les Gémeaux SA et 15 / 22,5 pour le Budget.

> plus rares : dollars, livres, pesos, etc. *La Bergère et le Ramoneur* doit réaliser une recette de cet ordre. Cette recette peut être considérablement augmentée par une dévaluation monétaire du franc par rapport au dollar. Les possibilités de distribution dont dispose *la Bergère et le Ramoneur* tiennent au fait que la qualité de la production de la SA les Gémeaux est reconnue par tous les professionnels français et étrangers. Cette qualité va se trouver encore améliorée car la SA les Gémeaux vient d'engager plusieurs des meilleurs techniciens américains du dessin animé qui ont accepté de venir travailler en France sachant que le prix de revient actuel du dessin animé américain rend son amortissement impossible. La SA les Gémeaux compte produire trois dessins animés de long métrage au cours des quatre prochaines années. »

La situation au 1er octobre 1947 est rendue difficile en raison de la dépréciation du franc qui complique le financement de *la Bergère et le Ramoneur*[206]. Sarrut assure que l'avance sur le plan de travail atteint trois mois, mais du fait de la hausse des salaires et des prix, le devis de réalisation passe de 44,55 millions à 95,5 millions de francs (+ 114 %). Le calcul est simple : les dépenses engagées au 30 septembre 1947 représentent 20 285 000 francs, les crédits encore disponibles atteignent 24 265 000 francs (total : 44,55 millions de francs). Le devis au 30 septembre 1947 atteignant 95,5 millions, il reste à engager pour terminer le film 50,95 millions de francs. Sarrut prévient : « Ce manque de financement doit être garanti dans les délais les plus rapides, faute de quoi la SA les Gémeaux sera obligée d'arrêter la production et de licencier son équipe ».

Sarrut pense que le financement complémentaire de 50,95 millions pourrait être couvert de la façon suivante :

[206] Le 26 décembre 1945 : dévaluation de 60 % par rapport au dernier cours de 1940 (franc Pleven). Cette dévaluation dope les exportations mais provoque une forte inflation. Après la Libération, les salaires, qui représentent 70 % des prix de revient, ont subi des hausses successives qui ont entraîné une hausse parallèle du prix de revient des dessins animés *la Flûte magique*, *le Petit Soldat*, *Niglo reporter*. L'amortissement du prix de revient de ces films est cependant assuré (au 31 décembre 1947, les Gémeaux doit encore rembourser 650 000 francs pour *le Petit Soldat* et 649 000 francs pour *Niglo reporter*). Ces résultats ont été obtenus, bien que : a) l'exécution des contrats d'exportation déjà signés ait été retardée par la lenteur des livraisons des copies Technicolor ; b) aucun contrat d'exportation n'ait été signé avec les principaux marchés, c'est-à-dire les États-Unis, l'Angleterre et l'Empire britannique, du fait que, pour obtenir les meilleures conditions possibles, Sarrut désirait ne traiter que la série complète des dessins animés. Contrairement à ce qui se passe quelquefois pour le cinéma en prise de vues réelles, l'inflation n'a pas aidé à atteindre ces résultats financiers. Elle a, au contraire, imposé le maximum de charges, en haussant au minimum les recettes. En effet, le devis de production d'un dessin animé, comportant 70 % de salaires, subit des hausses considérables, du fait de l'inflation qui entraîne une hausse inévitable des salaires. Par contre, l'inflation n'amenant pas de modifications du taux officiel des changes, et le dessin animé réalisant 80 % de ses recettes à l'étranger, la hausse des recettes n'est que très légère. Dans cette affaire, « plus que dans toutes celles que nous avons faites précédemment, - et si le taux des changes reste le même, les bénéfices de notre maison seront faibles alors que l'économie française bénéficiera de rentrées de devises étrangères très importantes » (CN242-B157. André Sarrut, les Gémeaux au Crédit national, 5 décembre 1947).

- Comité d'Attribution à l'Industrie du Cinéma : 20 millions ;
- Comité d'Attribution article 16 bis A de la loi des Finances : 15 millions ;
- Les Gémeaux SA : 10 millions (salaires différés : 5 millions / réinvestissement des recettes des dessins animés de court métrage au fur et à mesure des rentrées : environ 5 millions) ;
- En fin de production, relais éventuel sur la garantie de la commission du distributeur par un organisme spécialisé, la SOFIDI par exemple : 5,95 millions ;

Total : 50,95 millions.

En cas de nouvelles hausses des salaires et des prix, les à-valoir étrangers qui doivent atteindre 25 millions au minimum seraient appelés. Selon Sarrut, ils seraient faciles à mobiliser car les recettes des films étrangers sont bloquées en France et peuvent être investies dans un dessin animé comme *la Bergère et le Ramoneur* dont les recettes « certaines » (assure-t-il) dans les pays étrangers permettront aux apporteurs étrangers de récupérer leur argent dans leurs pays respectifs.

Le mode de remboursement serait alors modifié de la façon suivante :
1er : 100 % des recettes monde entier à concurrence de 42 millions au prorata entre le Comité d'attribution à l'industrie du cinéma (20 millions[207]), le distributeur Corona ou autre (7 millions), le Comité d'attribution, art. 16 bis de la loi des Finances (15 millions) ;
2ème : 100 % des recettes monde entier suivantes aux Avances économiques (Crédit national) 15 millions ;
3ème : 100 % des recettes suivantes au Budget (Direction générale du cinéma) et à la SA les Gémeaux au prorata de leurs investissements.

En cas d'appel d'à-valoir étrangers, ces à-valoir seraient récupérés en priorité sur les marchés de chacun des apporteurs étrangers. Dans ce cas, l'ordre de remboursement ci-dessus indiqué serait décalé d'autant sur les marchés étrangers.

Pour convaincre ses interlocuteurs, André Sarrut n'hésite pas à exagérer la rentabilité du film car tout en reconnaissant la « non-adaptation du financement de la SA les Gémeaux à la dépréciation du franc », il déclare que *la Bergère et le Ramoneur* est « la seule production cinématographique française qui, du fait de son

[207] La demande de participation de 20 millions de francs du Comité d'attribution serait garantie par une délégation en 1er rang des 56 % des recettes mondiales du film (États-Unis et empire britannique exceptés) et une délégation subsidiaire, le cas échéant, de la totalité en 2ème rang des recettes à provenir des États-Unis et de l'empire britannique après amortissement de l'avance de 15 millions qu'il solliciterait par ailleurs au titre de l'article 24 de la loi du 14 août 1947 concernant les crédits à l'exportation. Il est à noter toutefois que dans le plan proposé la garantie de l'avance de 15 millions précédemment consentie à *la Bergère et le Ramoneur* au titre des avances économiques et déjà partiellement réalisée (5 millions le 18 septembre 1947 – 5 millions le 24 octobre 1947) se trouverait ramenée de 60 à 44 % des recettes mondiales.

caractère (dessin animé) et de sa qualité, peut effectuer dans les quatre années à venir plus de recettes en monnaies appréciées : dollars, pesos et livres sterling, que tout le cinéma français réuni depuis sa création » ! Sarrut parle de recettes qui pourraient atteindre 259 millions de francs dans le monde entier[208] :

France et empire français	25 millions de francs
Grande-Bretagne et empire britannique	50 millions de francs
États-Unis	120 millions de francs
Allemagne et Europe centrale	20 millions de francs
Russie	/
Italie	10 millions de francs
Amérique latine	10 millions de francs
Pays divers : Belgique, Hollande, Scandinavie, Suisse, Proche-Orient, etc.	10 millions de francs
Total	259 millions de francs

Prévisions mondiales de recettes pour *la Bergère et le Ramoneur* établies en décembre 1947
(le total est inexact puisqu'il est en réalité de 245 millions de francs)

Le 20 septembre 1948 dans un autre courrier à la BFCE, Sarrut évoque cette fois-ci des recettes qu'il estime à plus de 300 millions de francs :

Pays	Devises	Francs
France / Afrique du Nord		30 000 000
Allemagne / Autriche		10 000 000

208 CN242-B157. « Le film *la Bergère et le Ramoneur* doit réaliser, en dollars, des recettes supérieures à toutes celles du cinéma français depuis sa création. Vous trouverez ci-joint un tableau indiquant les recettes que doit réaliser ce film dans le monde entier, recettes qui atteignent 259 millions de francs. Ce tableau explique pourquoi nous considérons : « risquée » la production d'un film de langue française de plus de 20 millions de francs ; « normale » la production d'un dessin animé comme *la Bergère et le Ramoneur* réalisé en 15 versions originales, même s'il devait coûter 200 millions de francs « actuels », ce qui n'est pas le cas puisque notre prix de revient atteint, à ce jour, 95 millions de francs ». André Sarrut, Les Gémeaux au Crédit national, 5 décembre 1947. Ces recettes sont à raison de 92 % d'origine étrangère ; le marché français ne représente, en effet, que 8 % du marché mondial. « Délégation de recettes : les prévisions mondiales de recettes établies par le producteur en se référant aux chiffres qu'il a pu obtenir de M. Walt Disney lui-même au cours d'un voyage aux États-Unis, s'établiraient pour une production américaine de qualité moyenne sur les bases suivantes (traduites en francs au cours officiel des changes) : France et empire français : 25 millions ; Grande-Bretagne et empire britannique (£ : 480 fr.) : 50 millions ; États-Unis ($: 120 fr.) : 120 millions ; Allemagne et Europe centrale : 20 millions ; Russie : / ; Italie : 10 millions ; Amérique latine : 10 millions ; Pays divers (au change actuel) : Belgique, Hollande, Scandinavie, Suisse, Proche-Orient, etc. : 10 millions. Total : 259 millions. L'extrême rareté des dessins animés en couleur de grand métrage doit entraîner automatiquement leur exploitation mondiale surtout lorsqu'il s'agit d'un premier grand métrage en couleur non américain. C'est en faisant état de ce principe admis d'ailleurs dès l'origine du crédit demandé, que le producteur s'est appuyé pour proposer un programme de répartition des recettes d'exploitation entre les seuls participants français du film sans avoir à demander dès maintenant une aide financière aux groupes anglo-saxons intéressés : ces derniers, notamment Walt Disney et Rank l'auraient volontiers donnée mais en imposant des conditions assez sévères, comportant une importante participation dans le capital social de la société les Gémeaux et un pourcentage élevé sur les bénéfices : cette participation pourrait être envisagée plus facilement en fin de tournage, s'il y avait nécessité de couvrir des dépassements terminaux. » Rapport du Crédit national, janvier 1948.

Mexique / Amérique centrale	40 000 $	10 389 000
Amérique du Sud	40 000 $	10 380 000
Belgique / Colonies belges / Luxembourg	1 000 000 Fr belges	4 884 000
Europe centrale (Bulgarie, Grèce, Hongrie, Roumanie, Tchécoslovaquie, Yougoslavie, Pologne)	Monnaies diverses	2 000 000
Danemark / Finlande / Norvège / Suède	80 000 couronnes	4 764 800
Espagne		2 000 000
Italie	20 000 000 lires	12 320 000
Hollande	20 000 florins	1 613 800
Portugal	30 000 escudos	255 900
Suisse	40 000 francs suisses	2 501 200
Middle East (Iran, Irak, Syrie, Liban, Palestine)		750 000
Grande-Bretagne et Empire	100 000 livres	86 300 000
USA	500 000 $	129 750 000
Russie, Chine, Japon	mémoire	
TOTAL		307 809 700

Prévisions mondiales de recettes pour *la Bergère et le Ramoneur* établies en septembre 1948

Sarrut en rajoute enfin, précisant :

> « Il est bon de dire que la SA les Gémeaux malgré les invraisemblables difficultés qu'elle a eues à surmonter pendant l'Occupation, en particulier l'impossibilité de tirer des copies de ses négatifs couleur avant le début 1946, a remboursé la presque totalité des prêts qui lui avaient été consentie par le ministère des Finances (Assurances de guerre), le Crédit national, le ministère de l'Information (Direction générale du cinéma) et des particuliers. Ces remboursements seront terminés d'ici un an car l'exploitation se poursuit avec succès. »

Compte tenu de ces changements les principaux postes du nouveau plan de financement se présenteraient ainsi[209] :

[209] Crédit national 20 millions + 15 millions (1er rang) ; Banque française du commerce extérieur : 15 millions (3ème rang) ; Direction générale du Cinéma : 15 millions (4ème rang) ; Corona : 14 millions (2ème rang) ; Les Gémeaux : 15,05 millions (4ème rang) ; Sofidi (crédits) : 1,45 million (4ème rang).

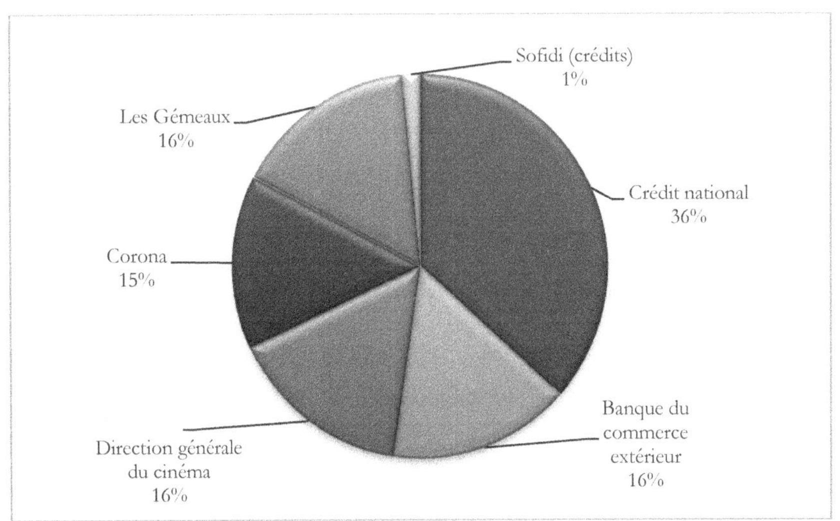

Plan de financement de *la Bergère et le Ramoneur* au 15 octobre 1947.
Devis : 95,5 millions de francs
Source : Collection des archives de la Cinémathèque française CN242-B157 n°1

Et les garanties correspondantes :
Les recettes à provenir de l'empire britannique et des États-Unis participeraient en outre dans l'ordre suivant à l'amortissement des participations envisagées :

1er rang : Banque française du Commerce extérieur[210] ;
2ème : Crédit national ;
3ème : Corona ;
3ème : Direction générale du cinéma ;
4ème : Les Gémeaux.

En cas de nouveaux dépassements du devis les à-valoir étrangers seraient appelés (25 millions environ). Dans cette éventualité, ces à-valoir seraient récupérés en priorité sur le marché de chacun des apporteurs étrangers. L'ordre ci-dessus serait décalé en conséquence pour la répartition des recettes étrangères (empire britannique et États-Unis)[211].

Le 4 novembre 1947, le Comité d'attribution des avances à l'industrie cinématographique constate que le devis primitif de 45 millions de francs est porté en octobre 1947 à 95,5 millions. Et il ne se fait guère d'illusions : « Ce chiffre sera vraisemblablement dépassé en raison des longs délais de réalisation, ce qui

[210] Le Comité d'attribution des avances du Crédit National est chargé d'apporter la « garantie de l'État aux capitaux avancés pour l'exportation de films français » (loi 47-1497 du 13 août 1947) par la Banque française du Commerce extérieur.
[211] CN242-B157. Note interne du Crédit national d'après une nouvelle note envoyée par Sarrut le 27 octobre 1947.

déséquilibrera de nouveau le plan de financement envisagé ». Dans ces conditions, et étant donné que les délais de réalisation et de remboursement excéderont sans doute la limite de trois ans fixée par la loi du 19 mai 1941, le Comité estime qu'il serait préférable que le producteur obtienne le bénéfice de la loi du 3 novembre 1940 sur les Avances économiques[212].

André Sarrut tente encore de trouver une solution et envisage d'utiliser les « crédits américains » correspondant aux recettes - provisoirement - bloquées des films américains en France qui pourraient prendre la forme de « replacement dans la production »[213]. Il milite ainsi pour la production d'un film en langue anglaise, aux marges bénéficiaires beaucoup plus importantes.

Le 1er décembre 1947, Claude Andry, directeur général des Gémeaux demande le versement de la 3ème tranche de 5 millions de francs (sur les 15 millions de francs) sur le compte bloqué « Niglo ou le voyage magique » (ex « La Bergère et le Ramoneur)[214].

Le 16 décembre 1947, le versement des 5 millions de francs a bien lieu mais le Crédit national rappelle aux Gémeaux le lendemain qu'elle lui doit 129 114,60 francs avant le 31 décembre midi (ce sera bien payé le 31 décembre, mais il manque quand même 60 centimes). Le 17 décembre, Sarrut interroge à nouveau le Crédit national : « Peut-on être assuré de l'apport complémentaire de 20 millions de francs ? » Il assure que les pourparlers avec les groupes anglo-américains avancent « très heureusement pour bientôt consacrer la réussite totale de notre entreprise commune ; nous disposons enfin de studios parfaitement équipés dans lesquels nous venons d'investir une dizaine de millions »[215]. Pierre Chéret envoie le relevé des dépenses pour le mois de décembre 1947 : les Gémeaux a dépensé 2 545 342,45 francs en un mois[216].

Relevés détaillés des dépenses effectuées par la société anonyme Les Gémeaux
112 bis rue Cardinet Paris 17ème
pour la production du dessin animé de long métrage La Bergère et le Ramoneur
au cours des mois de mai à décembre 1947
(pour plus de lisibilité les centimes ont été enlevés)

	mai	juin	juillet	août	septembre	octobre	novembre	décembre
I. Manuscrit								
Scénario : Jacques Prévert, solde du contrat	-		200 000	-	-	-	-	-
Essais de voix pour	-	-	-	9 000	-	-	-	-

[212] CN242-B157. CAAIC, 4 novembre 1947, PV n°68.

[213] CN242-B157. André Sarrut, « D'une politique cinématographique française. Au 30 novembre 1947 ».

[214] CN242-B157. Les Gémeaux au Crédit national, 1er décembre 1947.

[215] CN242-B157. Visite de Sarrut, 17 décembre 1947.

[216] CN242-B157. Pierre Chéret au Crédit national, 9 février 1948. « Relevé détaillé des dépenses effectuées par la société anonyme « Les Gémeaux », 16 rue Delabordère, Neuilly-sur-Seine pour la production du dessin animé de long métrage *la Bergère et le Ramoneur* (titre provisoire) pour le mois de décembre 1947. »

enregistrement du son								
Droit de reproduction de scénario aux USA	-	-	-	-	9 905	-	-	-
Droit de reproduction du scénario	-	46 035	-	-	-	-	-	-
Registre public	-	-	518	-	-	-	-	
Découpage (en langue anglaise)	-	-	-	-	-	1 650		-
Scénario : découpage et dactylographie version anglaise	-	-	-	-	-	-	6 755	-
Musique : Enregistrement des rythmes pour l'animation :	-						-	14 462
Boileau - Orchestre	-	-	-	-	-	-	52 693	-
Kosma – Chef d'orchestre	-	-	-	-	-	-	1 667	-
Frais divers (copiste, déplacements, etc.)	-	-	-	-	-	-	18 309	-
II. Personnel technique (services artistique, animation, cellulos, technique, décoration, etc.)								
Service artistique								
Grimault Paul *directeur*	50 000	50 000	50 000	50 000	50 000	75 000	75 000	76 850
Leffingwell Bob *conseiller technique*	-	-	-	-	-	165 196	78 848	118 544
Gehret *assistant*	-	-	40 000	40 000	40 000	40 000	40 000	41 850
Cohen *assistant*	-	25 000	10 000	5 000	20 000	20 000	5 000	5 000
Payen *assistant*	15 000	15 000	10 000	25 000	5 000	5 000	20 000	20 000
Service animation								
Lacam Henri *chef animateur*	37 700	36 500	36 500	36 500	37 000	47 862	43 370	44 720
Dupont Léon *premier animateur*	27 900	26 800	26 800	13 400	27 300	33 190	29 530	33 380
Granger Paul *premier animateur*	21 090	19 470	18 710	9 215	21 407	25 071	19 565	23 625
Juillet Georges *premier animateur*	31 950	30 750	30 750	15 375	31 250	38 527	34 867	43 717
Genestre Roland *second animateur*	16 670	19 480	15 350	8 365	17 246	23 153	35 435	20 480
Landrot Philippe *second animateur*	13 690	16 065	13 705	5 290	15 444	19 704	15 530	3 460
Moreau Marguerite *second animateur*	11 345	16 125	12 335	5 430	13 815	18 455	12 080	12 470
Rosé *second animateur*	17 140	17 640	13 380	7 315	16 100	19 900	15 295	18 600
Ruiz Alberto *second animateur*	22 590	20 110	16 940	7 375	21 890	25 354	21 210	23 830
Ségui Roger *second animateur*	19 380	16 790	29 276	-	16 405	24 448	20 185	37 910
Vausseur Jacques *second animateur*	26 090	24 520	22 830	11 435	26 023	22 959	20 120	22 276
Watrin Pierre	29 805	-	10 990	7 255	20 572	23 539	19 025	29 805

second animateur								
Leroux Jacques *premier intervalliste puis second animateur*	12 730	17 870	12 470	6 600	14 852	19 149	13 300	17 380
Henry *premier intervalliste puis second animateur*	12 070	16 385	16 830	7 055	12 964	21 967	17 560	17 300
Mutschler Jean *premier intervalliste puis second animateur*	9 790	12 670	11 920	5 220	11 995	12 190	16 035	19 400
Ovtcharoff Pierre *second intervalliste puis second animateur*	9 735	-	12 330	4 145	8 700	17 361	13 543	20 390
Artiglia *premier intervalliste*	8 960	15 925	10 215	3 960	10 048	11 200	10 445	11 158
Beaurain *premier intervalliste*	10 120	9 230	1 280	-	-	-	-	-
Gonzalès *premier intervalliste*	10 320	14 240	9 960	7 575	10 746	15 803	14 819	13 446
Rannaud *premier intervalliste*	11 260	15 160	13 055	6 260	12 584	13 706	14 060	14 938
Reboul *premier intervalliste*	10 425	13 770	11 530	3 260	10 539	13 329	11 460	12 998
Desbois	8 030	12 090	12 465	3 960	7 373	655	-	-
Aurance *second intervalliste puis premier intervalliste*	9 730	11 935	13 140	3 155	7 873	13 157	12 728	13 393
Dumotier-Cazes *second intervalliste puis premier intervalliste*	6 690	14 575	11 085	4 500	8 190	18 060	14 953	14 810
Galan *second intervalliste*	7 940	12 080	13 040	4 450	9 500	11 515	9 555	-
Laurent *second intervalliste*	3 300	3 980	5 960	-	-	-	-	-
Loir-Montgazon *second intervalliste puis premier intervalliste*	8 895	14 760	10 530	4 265	10 048	14 075	8 967	11 121
Roso Bernard *second intervalliste puis premier intervalliste*	8 025	12 280	12 100	3 925	9 048	15 366	9 217	10 750
Jodon *second intervalliste puis premier intervalliste*	7 930	11 370	15 070	4 230	9 504	12 261	9 370	9 791
Galleyran *premier intervalliste*	-	-	-	-	4 082	11 610	10 928	11 367
Siefert *Premier intervalliste*	-	-	-	-	-	7 686	16 378	12 455
Moreau Roger *premier intervalliste*	-	8 320	10 085	3 685	9 341	14 012	12 161	14 180
Bressy *second intervalliste puis premier intervalliste*	10 230	15 270	11 105	3 710	7 373	12 226	10 953	11 965
Carrale *premier intervalliste*	-	-	-	-	-	-	-	9 983
Galour *premier intervalliste*	-	-	-	-	-	-	-	12 162
Lafon	-		-	-	-	6 006	13 465	8 220

second intervalliste								
Richez Robert *second intervalliste*	7 910	12 160	8 560	3 830	8 722	11 102	9 959	9 983
Herbin	-	5 135	8 015	3 760	-	1 342		-
Barrier *second intervalliste*	-	-	-	-	5 160	8 335	6 875	9 320
Nicolas *second intervalliste*	-	-	-	-	4 800	7 463	7 220	8 220
Saunier *second intervalliste*	-	-	-	-	4 082	11 610	8 920	10 150
Jacquemot *second intervalliste*	-	-	-	-	-	7 326	7 015	8 572
Wiegand *second intervalliste*	-	-	-	-	-	7 686	6 970	9 710
Service cellulos								
Grobb *Chef traceur*	10 720	14 290	6 250	3 390	-	892	-	-
Joly *traceur*	4 160	2 180	3 020	2 050	2 430	825	-	-
Course Simone *traceur*	-	-	-	-	-	9 585	8 579	10 795
Demory *traceur*	-	-	-	-	-	8 014	-	-
Dimitroff Lucienne *traceur*	-	-	-	-	-	9 398	8 442	11 103
Durand *traceur*	-	-	-	-	-	6 222	12 512	7 010
Frey *traceur*	-	-	-	-	-	10 062	8 620	10 710
Koblikoff Tamara *traceur*	-	-	-	-	-	11 473	8 442	10 689
De Saint-Martin Monique *traceur*	-	-	-	-	-	9 326	9 856	8 771
Doyen *traceur*	-	-	-	-	-	-	12 243	10 795
Gary *traceur*	-	-	-	-	-	-	9 245	10 269
Villard *traceur*	-	-	-	-	-	-	7 985	10 458
Bollig *traceur*	-	-	-	-	-	-	-	11 958
Ducros *traceur*	-	-	-	-	-	-	-	18 147
Lambert *traceur*	-	-		-	-	-	-	13 008
Seston *traceur*	-	-	-	-	-	-	-	14 748
Service technique								
Allignet Gabriel *chef*	33 550	32 350	32 350	35 350	54 150	41 159	35 969	37 819
Dubrisay Gilbert *assistant*	19 040	17 445	16 060	17 055	23 835	21 039	17 919	23 000
Frérot *assistant*	14 640	17 530	13 815	7 415	14 957	21 680	-	-
Ory *assistant*	18 360	25 000	25 000	25 000	25 000	25 000	25 000	26 850
Mathieu *assistant*	5 000	5 000	5 000	-	3 500	8 150	5 550	6 475
Moreau Simone *assistant*	6 685	8 740	6 700	3 530	7 519	9 655	7 510	10 907
Emanuele *assistant*	-	-	-	-	15 500	20 000	23 540	24 330
Service décors								
Saufnai Marcel	16 480	26 770	16 700	8 215	19 290	26 424	20 525	22 250

Duclent Roger	14 415	26 850	16 240	8 670	17 534	24 453	19 008	15 480
Danet Louis	-	-	-	-	-	22 800	18 000	19 850
Canalé	8 615	15 610	6 290	4 210	9 037	13 708	9 520	-
Roche	-	-	-	-	7 976	10 398	8 442	10 200
Service essais prises de vue								
Dorbais	14 900	15 340	12 635	7 015	14 245	19 593	13 530	14 927
Madintzeff	-	-	-	-	-	15 488	6 946	12 025
Duchon	-	-	-	-	-	14 641	11 070	13 515
Pavie	-	-	-	-	-	6 846	10 390	11 260
Maillot	-	7 070	6 565	6 340	7 645	-	-	-
Wiard	-	4 850	4 535	1 660	2 832	-	-	-
Millet (montage)	-	-	-	-	2 000	-	-	-
Secrétaires de production								
Suchaud	22 000	22 000	22 000	22 000	22 000	26 000	26 000	27 850
Chaut Paulette	12 000	12 000	12 000	12 000	12 000	17 280	13 320	29 170
Nerrienet	-	-	9 000	9 000	9 000	16 470	10 800	12 650
Bigo	14 400	13 900	13 900	-	13 900	20 630	19 225	22 285
Tripard André	-	-	-	15 000	-	-	-	-
Andry Claude	10 000	26 000	26 000	30 000	22 000	26 000	60 000	61 850
Bru	8 000	8 000	8 000	8 000	8 000	11 520	8 880	10 730
Agostini	10 000	10 000	14 000	14 000	14 000	14 000	17 500	15 850
III. Matières premières								
Crayons, mines, gommes	2 393	5 132	14 987	3 685	2 302	1 141	2 507	25 562
Papier à dessin	-	-	-	-	492	3 649	-	4 204
Papier calques	29 023	36 404	25 602	27 820	30 421	24 351	21 284	38 834
Celluloïds-Rhodoïd	-		-	-	2 129	-	-	-
Gouaches et couleurs	15 306	25 611	11 505	1 746	-	17 157	9 247	242
Pinceaux	-	-	-	-	4 185	231	67	164
Fournitures diverses de coloriage	-	2 843	-	-	-	-	-	-
Fournitures pour décors	223		-	145	1 565	639	-	-
Force motrice	12 152	-	-	10 208	9 716	-	13 914	-
Pellicule	2 203	11 942	8 800	36 009	23 767	-	8 585	11 062
Produits chimiques	320	407	-	-	436	116	1 018	-
Plaques et papiers photographiques	316	1 028	-	556	796	106	-	345
IV. Travaux extérieurs								
Atelier Viett – Mlle Geneviève Helbig dessins, traçage	24 500	23 700	29 100	55 300	23 700	33 125	34 185	32 285
Mme Muse montage	-	-	-	-	-	-	-	5 000
Marten Toonders dessin Hollande	-	-	-	237606	8 500	-	-	-
Moreau moulages, maquettes	-	-	10 550	-	6 750	7 000	-	-
Eclair Laboratoire	848	1 286	676	2 102	435	1 007	519	260
Pathé tirage et développement	9 265	10 373						
SGTC tirage et développement	-	-	35 294	92 808	62 756	40 239	45 044	60 591
Son essais	-	-	-	1 050	27 282	-	-	-
Documentation	-	140	4 160	-	9 441	1 847	8 635	280
Maurice Henry Décoration	-	-	16 600	-	66 600	-	-	-
Fourastié Décors – FOG	-	-	12 805	-	-	20 448	-	12 780

Chevojon Photographies	1 003	8 294	4 632	8 964	25 285	10 573	8 635	-
Savitry épreuves photographiques	-	-	-	5 750	-	-	-	-
Dorel épreuves photographiques	-	-	-	-	809	-	1 480	-
Essais de dessins	1 700	2 400	4 517	1 300	2 000	12 200	5 800	18 450
Divers	-	-	875	-	400	-	-	-
V. Personnel administratif								
Sarrut André *directeur de production*	50 000	50 000	50 000	50 000	50 000	75 000	75 000	76 850
Sevel *comptable*	5 000	5 000	7 000	22 000	7000	7 000	7 000	7 000
Travers *coursier*	5 025	5 025	5 225	6 000	5 225	11 619	7 250	12 110
Tellier *coursier*	2 500	5 000	6 000	6 000	6 000	18 400	9 100	11 475
Rier *manutentionnaire*	-	-	8 500	9 000	9 000	14 700	11 250	16 990
Langevin *Dessinateur publiciste*	12 000	12 000	12 000	12 000	12 000	12 000	12 000	
Gauthier *dactylo*	-	-	-	-	-	-	-	12 650
Rossard *dactylo*	-	-	-	-	-	-	-	8 730
La Cotte *employé aux écritures*	-	-	-	-	-	-	-	3 360
VI. Charges administratives								
Charges sociales								
Congés payés	31 656	27 461	42 473	23 405	28 636	33 760	32 927	36 395
Assurances sociales patronales	52 295	62 360	63 169	38 565	65 129	96 694	86 846	98 471
Allocations familiales	-	194 560	-	1 243	193 285	5 684	238 602	127 999
Assurances accidents du travail	6 114	7 296	6 765	4 512	28 234	11 313	-	11 521
Indemnité temporaire	1 012	942	1 537	-	-	-	-	-
Taxe d'apprentissage	-	-	-	-	8 682	-	-	-
Frais généraux communs								
Patente	-	-	-	-	23 902	-	-	-
Intérêts et agios	13 506	6 606	14 566	72	-	-	142	-
Intérêts et agios du Crédit national	-	-	-	-	-	-	-	129 114
Intérêts et agios Odier Bungener, compte Niglo	-	-	-	-	-	-	-	2 147
Contrôle de la production (Chéret)	-	-	-	-	12 000	-	-	-
Dactylographie scénario	-	-	-	-	10 000	-	-	-
Traduction	-	-	-	-	5 000	-	-	-
Frais de poste	1 747	4 684	2 671	2 718	3 038	3 762	4 672	5 470
Chauffage et entretien installation	-	-	-	3 295	-	-	45 547	4 437
Téléphone et télégramme	1 650	5 023	-	14 157	-	26 435	8 417	15 130
Pourboires	550	20	1 004	375	-	810	320	400

Entretien général des bureaux	5 643	7 224	8 875	2 553	44 282	19 452	26 614	28 449
Frais d'invitation et de représentation	8 360	12 465	-	9 920	8 465	24 720	21 525	22 290
Entretien voitures	2 089	18 735	3 755	13 682	30 820	5 354	9 117	20 756
Fournitures de bureaux	35 845	28 259	11 499	8 325	23 469	6 7123	13 585	16 679
Timbres de quittances	12	-	513	-	1 200	10 873	29 496	19 396
Loyer	-	-	12 971	-	-	-	25 000	10 466
Petit matériel divers	60 458	26 277	22 816	9 036	-	8 043	17 579	20 175
Petit mobilier	-	2 786	-	-	-	-	-	-
Petit matériel de dessin	-	-	-	-	486	-	-	-
Petit matériel électrique	-	-	-	-	4 100	-	-	-
Frais de voyage (Bruxelles et New York en août)	-	-	-	149 378	60 634	8 600	34 591	-
Courses et déplacements	5 407	5 821	9 442	12 940	10 180	13 309	11 134	18 312
Eclairage et entretien de l'installation	27 094	6 983	1 658	633	527		5 039	19 207
Installation locaux à Neuilly	-	11 423	-	-	8 436	8430	-	40 348
Publicité	-			900	-	11 080	1 540	-
Location matériel divers	930	2 229	1 579	1 579	1 579	1 625	1 625	1 250
Jetons de présence	-	-	10 000	-	-	-	-	-
Assurance incendie des bureaux	-	13 762	13 355	-	32 101	-	33 553	7 696
Assurance tous risques civils	-	-	-	17 284	-	-	-	-
Assurance TRC	-	-	-	-	-	-	6 032	-
Assurance vol documents	-	1 705	-	-	-	-	-	-
Contentieux	4 000	-	10 000	-	6 000	-	-	-
Frais divers	-	373	2 160	-	6 000	225	-	2 581
Amortissement des frais d'installation à Neuilly	-	-	6 250	27 637	16 969	31 559	28 751	41 257
Cotisations professionnelles	-	-	-	-	1 563	-	-	-
Service social	2 218	743	-	-	-	1 250	-	1 600
Escompte effets Caisse nationale des marchés	19 787	14 878	21 108	22 116	3 676	-	-	-
Eaux	-	-	-	-	-	-	-	1 960
Projections	-	-	-	-	-	-	-	800
Taxes diverses	-	-	-	-	-	-	-	5 366
Locations professionnelles	-	-	-	-	-	-	-	10 000
TOTAL	1 143 995	1 583 715	1 562 020	1 463 881	1 940 103	2 070 587	2 309 036	2 545 342

On remarque un gros apport de personnel au service cellulos à partir d'octobre 1947. Ainsi, à la fin de l'année 1947, les Gémeaux emploie pas moins de 80 personnes : 5 au service artistique (le directeur, un conseiller technique et trois assistants), 38 au service animation (1 chef animateur, 3 premiers animateurs, 11 seconds animateurs, 16 premiers intervallistes, 7 seconds intervallistes), 9 au service cellulos (9 traceuses), 6 au service technique (1 chef, 5 assistants), 4 au service décors, 4 au service essais, prises de vue et 7 personnes au secrétariat de production. Chaque mois, la société a besoin de 1,5 à 2,5 millions de francs pour financer la production du film.

* * *
**

Quelle est la situation du film en janvier 1948 ?

1. Majoration par rapport au devis établi en 1945 :

	Coefficient	Remarques
Salaires	2	Inférieur à la hausse légale.
Charges sociales	6,2	Hausse légale aggravée de l'incorporation des cadres dans la Sécurité sociale.
Frais généraux	3,4	Hausse des prix – Malgré les perturbations causées par l'augmentation du potentiel de production, les frais généraux ne dépassent pas 12 % du devis.
Matières premières	2,3	Hausse des prix.
Frais directs, imprévus	1,1	Anormalement peu élevés. Comprennent les honoraires d'étude payés pour la plus grande partie en 1944 et 1945.

2. Part des salaires et des charges sociales dans le devis
Salaires : 62 %
Charges sociales : 14 %

3. Détail des crédits disponibles au 14 novembre 1947
Avances économiques : 11 865 000 francs
Corona films : 7 000 000 francs
Gémeaux : 5 400 000 francs

Total : 24 265 000 francs

4. Pourparlers avec les Anglo-Saxons :

- les pourparlers directs avec les grands distributeurs américains (RKO, Warner, Paramount) ont été ralentis, car Sarrut préfère attendre de disposer de deux ou trois bobines en couleur pour les mettre en concurrence ;

- les négociations avec Disney pour une production groupée Disney (représenté par Wally Feignoux[217]) - les Gémeaux se poursuivent. Elle utiliserait les nouveaux ateliers de Neuilly-sur-Seine ; cette information est largement répandue dans la presse[218]. Dans un mémo interne au studio Disney conservé aux archives de la Walt Disney Company aux Etats-Unis, Jack Cutting[219] écrit à Jack Reeder[220] le 26 juin 1947 qu'une centaine de courts métrages n'ont pas pu être projetés en Europe en raison de la guerre et que douze ne le seront jamais en raison du sujet (*Education for Death* ou *Der Fuehrer's Face* par exemple)[221]. Jack Cutting pense que ces courts métrages en attente de distribution en Europe devraient peut-être être regroupés en « package » afin de ne pas perdre de la valeur (un long métrage rapporte plus que des courts métrages distribués individuellement)[222]. Les transitions entre les

---

[217] Pour plus de détails sur Wally Feignoux voir Sébastien Roffat, *Histoire politique et économique du dessin animé français sous l'Occupation (1940-1944) : un âge d'or ?*, Paris, l'Harmattan, 2014, pp. 27 et suivantes.

[218] Voir : « Sous le signe des Gémeaux », *l'Écran français*, n°43, 24 avril 1946 et aussi « L'avenir du dessin animé français », *le Film français*, 24 mai 1946 : « La preuve nous est fournie de sa classe par la confiance que vient de lui manifester le maître du dessin animé américain Walt Disney en lui confiant l'exécution d'une de ses œuvres. » ou encore J. B. Jeener, « Où en est le dessin animé français ? », *le Figaro*, 31 juillet 1946 : « Les Gémeaux prétendent exporter dans un bref délai vers une quinzaine de pays. Walt Disney lui-même a conclu un accord avec cette maison en vue d'un échange de techniciens. ».

[219] Jack Cutting est animateur aux studios Disney depuis 1929. En 1944, il est nommé *Manager of Foreign Relations* [chef des relations extérieures] chargé de la distribution internationale des films Disney et plus particulièrement des doublages. Il a fait toute sa carrière chez Disney. Cutting est malheureusement peu connu malgré son rôle essentiel et pionnier et n'a accordé que de rares entretiens. À la retraite depuis octobre 1975, il déclare n'avoir donné que deux entretiens (dont au moins un avec Lawrence Watkin mais non publié) avant celui de 1979 paru dans Don Peri, *Working with Walt : Interviews with Disney artists*, Jackson, University Press of Mississippi, 2008, pp. 180-192. Christopher Finch et Linda Rosenkrantz se sont entretenu avec lui le 4 mai 1972 et Robin Allan, le 26 juin, le 2 juillet et le 13 juillet 1985. Ces entretiens ont été édités par Didier Ghez (dir.), *Walt's People.* Volume 9, 2010, pp. 136-154. Cutting est décédé en 1988. Un article de synthèse signé Jim Hollifield est paru dans la première livraison de *Hyperion Historical Alliance Annual 2019* sous le titre « One of Walt's and Roy's Boys. Jack Cutting, an Artist Aboard », pp. 21-30.

[220] En 1941, pour la première fois, Walt Disney, qui déteste la bureaucratie, engage Edward DeBord pour réorganiser le studio après la grève. DeBord recommande en outre de désigner un directeur général pour s'occuper de la gestion du studio. Walt accepte l'idée à contrecœur. Jack Reeder est recruté en août 1945. Agé de 42 ans, directeur de la publicité à New York, cet ancien étudiant de Dartmouth College a été recommandé par Vern Caldwell, l'agent publicitaire du studio. Avec un salaire de 30 000 dollars, il devient le nouveau vice-président et directeur général de Disney, le tout premier que la société désigne. Mais en mai 1948, Walt (incapable de déléguer) le pousse à la démission. Voir Neal Gabler, *Walt Disney : The Triumph of the American Imagination*, New York, Alfred A. Knopf, 2007, p. 419 et p. 458.

[221] Information transmise par Didier Ghez.

[222] Jack Cutting à Jack Reeder, 26 juin 1947. Inter-office communication, Walt Disney Productions. Objet : « Grouping of shorts for foreign release ». L'expérience est à l'époque relativement nouvelle puisque seul le film *la Grande Parade de Walt Disney* a été distribué en 1939. Il regroupait six courts métrages et avait rapporté en France 6 564 745 francs. Distribué également en Belgique, en Suisse et aux Pays-Bas, le film a rapporté environ 50 000 dollars à Disney (il faut en effet déduire les frais de distribution et de doublage). Information transmise par Didier Ghez. Pour plus de détails, voir Sébastien Roffat, « Le retour des cartoons américains » *in Esthétique et réception du dessin animé français sous l'Occupation (1940-1944) : l'émergence d'une école française ?*, Paris, L'Harmattan, 2014, pp. 251-265.

courts métrages seraient effectuées à Paris par Maurice Henry et la société les Gémeaux. Cela permettrait d'utiliser les fonds bloqués en France et de donner aux dessins une saveur et un humour européens. En mars 1946, Jack Cutting séjourne à Paris, préparant la sortie de *Pinocchio*. Il y rencontre André Sarrut qui évoque la possibilité d'un partenariat entre Disney et les Gémeaux. Sarrut souhaiterait l'aide et l'expertise du personnel du studio Disney pour la production de ses dessins animés. Jack Cutting pense que c'est une bonne idée. Dans une communication interne, Jack Cutting écrit à Walt Disney le 12 novembre 1947 pour le tenir informé des événements : « Je viens juste de recevoir une lettre d'André Sarrut, président des studios les Gémeaux Paris France. Parmi d'autres choses, elle fait allusion à une lettre que Bob Leffingwell t'a écrite le 25 octobre [1947]. Comme c'est la première fois que les studios les Gémeaux te contacte directement, les notes qui suivent pourront te servir de références en réponse à la lettre de Leffingwell. La possibilité pour les Walt Disney Productions d'entrer dans une espèce de partenariat avec les studios les Gémeaux vient des discussions que j'ai eues avec Sarrut à Paris en 1946. Sarrut était désireux d'avoir l'aide du personnel de Disney et les conseils de Disney dans la production des dessins animés les Gémeaux. Pour Feignoux et moi cela semblait être une bonne manière d'investir un peu des fonds Disney bloqués puisque Sarrut était certain d'une distribution internationale et qu'ainsi l'investissement de Disney en francs pourrait être remboursé en dollars américains obtenu par la distribution des films aux Etats-Unis[223]. Je n'ai mentionné le sujet que brièvement lorsque je suis retourné au Studio car, à ce moment-là, beaucoup pensaient que le gouvernement français allait tenir sa promesse de faire des remises en dollars aux sociétés cinématographiques américaines. Nous savons maintenant que cela ne devrait pas se produire avant longtemps et que les situations de blocage de devises sont fréquentes au Danemark, en Suède, en Italie, etc., il semble que la production de matériel Disney sur le continent serait une sage décision. N'ayant rien entendu de plus de ma part au sujet de l'idée de collaboration, Sarrut utilise maintenant Bob Leffingwell pour te contacter à ce sujet, Sarrut croyant qu'il a une longue collaboration avec le studio Disney. Leffingwell est un nouvel employé des Gémeaux. On se souvient de lui ici comme d'un camarade parlant beaucoup mais faisant peu, il n'est donc pas le contact le plus souhaitable pour ce type d'arrangement les Gémeaux-Disney, cependant je dois souligner que tous les points soulevés dans sa lettre sont définitivement les vues d'André Sarrut et même si Leffingwell est utilisé comme contact, je ne pense pas que le sujet de la collaboration avec les studios les Gémeaux, sous une forme ou une autre, devrait être complètement exclue pour le

[223] Le 14 novembre 1947 dans une note adressée au Crédit national, Sarrut indique : « Les seuls crédits disponibles sont « les crédits américains », correspondant aux recettes bloquées des films américains en France. Il faut garder ces crédits en France et les utiliser pour faire reprendre l'industrie cinématographique française ; pour que ces crédits se replacent en France, le gouvernement français doit faire connaître sa décision définitive de ne pas virer les recettes des films américains en France. » CN242-B157.

moment car, comme je le répète, la situation en Europe rend nécessaire la conclusion de nouvelles façons de faire des affaires. »

Ce courrier interne aux Walt Disney Productions est bien entendu totalement inconnu en France et Sarrut n'est pas au courant que Jack Cutting ne considère pas Leffingwell comme un interlocuteur fiable[224]. Malgré tout, dans son mémo du 12 novembre 1947 à Walt Disney, Jack Cutting relance l'idée d'un *Saludos en Europe* : « Pourquoi ne pas envisager sérieusement la possibilité de démarrer un projet de type *Saludos* en France cet été [1948][225] ? Le bureau de change français autoriserait l'utilisation des fonds Disney bloqués pour toutes les dépenses impliquées, à savoir les déplacements, l'achat des droits musicaux français, les livres, etc. Pendant ton séjour en France, tu aurais la possibilité de te renseigner sur

---

[224] Dans sa note à Walt Disney, Jack Cutting écrit : « Tu te souviens de Leffingwell comme l'un des camarades que George Drake a fait venir de New York. Il a travaillé au studio de l'été 1936 à l'automne 1938. Quand il est parti, il était assistant. Leffingwell est connu pour avoir la bougeotte dans le milieu. Après avoir quitté Disney, il a travaillé pour la plupart des studios, y compris le studio Fleischer en Floride. Bien que charmant, il est considéré par beaucoup dans l'entreprise comme un imposteur. Son dossier militaire n'est pas du tout ce qu'il aurait dû être. Il a été membre d'une unité de l'armée qui a été envoyée en Extrême-Orient et l'on y parle de sa négligence, etc. »

[225] Disney avait envisagé dès 1946 d'envoyer Mary Blair en France afin de travailler à un long métrage qui reprendrait les grands titres de la chanson française à la manière de *Saludos Amigos* et des *Trois Caballeros* pour les chansons sud-américaines. Cutting pense que la musette serait parfaite et cite le titre du moment en France, *On chante dans mon quartier*. L'équipe Disney est aidée par la Fondation française de Recherche, une association fondée par l'acteur Charles Boyer ayant pour but de mettre à la disposition des réalisateurs américains toute la documentation nécessaire sur la France. Walt Disney indique dans un entretien : « Je dois vous dire qu'avant d'aller en France je me préparerai soigneusement pour tirer le maximum de mon voyage. Le Centre de recherches françaises que Charles Boyer a fondé à Hollywood m'a été et m'est extrêmement utile pour ce travail de préparation. L'académie d'Hollywood a d'ailleurs décerné un prix à Charles Boyer pour les grands services qu'il a rendus avec ce Centre français. » J. Montvert, « De passage à Londres, Walt Disney, le père de *Mickey* dit au représentant de *Ce Soir* « J'aime la France, la musique et le folklore français » », *Ce Soir*, 23 novembre 1946. Au cours de l'année 1946, le projet avec Mary Blair est abandonné en raison des difficultés de l'après-guerre en France. Lettres de Jack Cutting à Walt Disney (3 pages) et à Charles Wolcott (6 pages), 26 mars 1946. Envoyé depuis la France sur papier à en-tête de Walt Disney Mickey Mouse SA, 52, Champs-Élysées, Paris. Information transmise par Didier Ghez. Dans un entretien de novembre 1946, Disney assure pourtant : « Je suis en train de négocier actuellement l'achat de deux ou trois sujets français ; je voudrais aussi trouver de la musique française. Mais il est encore trop tôt pour en parler plus sérieusement. [...] J'aime la France et le peuple français, [...] je me rends compte combien votre pays, avec sa musique, son folklore et son atmosphère, enrichirait le travail auquel je me suis consacré. », propos cités dans J. Montvert, « De passage à Londres, Walt Disney, le père de *Mickey* dit au représentant de *Ce Soir* « J'aime la France, la musique et le folklore français » », *Ce Soir*, 23 novembre 1946.

A nouveau, en 1948, Walt envoie Marc Davis en Europe pour recueillir du matériel de référence pour le projet de film sur Hans Christian Andersen. Cutting écrit ainsi à Davis : « Tu risques de t'amuser en subissant les casse-têtes de douane et d'immigration. Mais c'est très supportable pourvu de rester calme et philosophe. » (Lettre de Cutting à Marc Davis, 4 août 1948). Le même jour, Cutting écrit à Wally Feignoux : « Marc [Davis] n'est en aucun cas un *cartoonist* ordinaire. C'est un artiste dans le sens où l'est Paul Grimault, ils auront beaucoup de points communs. » (cité par Jim Hollifield, « One of Walt's and Roy's Boys. Jack Cutting, an Artist Aboard », p. 26 et p. 29). Le projet sur Andersen ne verra finalement jamais le jour. Sur ce dernier point voir Charles Solomon, *Les Inconnus de Disney. Cinquante ans de projets de films inachevés enfin dévoilés…*, Dreamland, 1996, pp. 76-87.

l'installation des Gémeaux. Si tu ne penses pas qu'il soit sage de s'impliquer dans un quelconque partenariat, tu pourrais envisager l'utilisation du studio et de ses facilités pour préparer des documents préliminaires pour un *Saludos* sur le continent. Toute dépense avec les Gémeaux pourrait être payée avec les francs bloqués. »[226] Paul Grimault se souvient de son côté : « [Walt Disney] était venu à Paris je ne sais plus si c'était pour présenter un film ou pour recevoir une décoration (les Américains aussi aiment bien les décorations…). Longtemps avant, dans *l'Intransigeant*, il avait déclaré à un journaliste qu'il connaissait mes films, et qu'il les aimait, notamment *le Voleur de paratonnerres* et *le Petit Soldat*. Il en parlait dans des termes gentils, chaleureux. Il s'est trouvé que je connaissais Wally Feignoux, qui faisait partie de l'organisation Disney en France. C'est lui qui a goupillé le rendez-vous, je lui avais téléphoné après avoir vu l'article. J'ai donc vu Disney deux ou trois fois lors de ses passages à Paris. »[227]

- enfin, Sarrut attend l'arrivée à Paris des groupes anglais Rank et Korda qui tous deux seraient disposés à traiter avec les Gémeaux. La taxe de 75 % imposée par le gouvernement anglais aux films étrangers serait évitée en donnant au groupe anglais qui reprendrait une part du financement de la production une part des recettes dans le monde entier.

5. Studios à Neuilly-sur-Seine

Les travaux d'équipement des nouveaux studios à Neuilly-sur-Seine sont terminés. La société dispose d'un terrain de 8 000 m² et d'un local de 1 200 m² sur trois étages pouvant contenir les 180 techniciens nécessaires pour produire un dessin animé de long métrage tous les 18 mois. 60 dessinateurs et peintres y sont déjà au travail et 25 artistes et animateurs encore installés dans les ateliers de la rue Cardinet les y rejoindront avant la fin du mois de janvier 1948.

En cette fin des années quarante, la production de dessins animés aux États-Unis est sur le point de s'arrêter pour des raisons de prix de revient (hausse importante du prix de la main d'œuvre). Les studios Disney n'ont plus produit de long métrage depuis *Bambi* en 1942[228] (ensuite sont sortis des films composites comme *Saludos Amigos*, *les Trois Caballeros*, *la Boîte à Musique*, *Coquin de Printemps*, *Mélodie Cocktail*, *le Crapaud et le maître d'école*) et les studios Fleischer ont fait faillite après seulement deux longs métrages : *les Voyages de Gulliver* (1939) et *Douce et Criquet s'aimaient d'amour tendre* (1941). Quant aux autres studios américains qui produisent des cartoons, il est hors de question qu'ils se lancent dans le pari risqué

---

226 De Jack Cutting à Walt Disney, le 12 novembre 1947. Walt Disney Productions. Inter-Office communication. Walt Disney Archives. Information transmise par Didier Ghez.

227 Jean-Pierre Pagliano, *Paul Grimault*, p. 118.

228 Le véritable long métrage suivant ne date que de 1950, il s'agit de *Cendrillon*. *Dumbo* (1941) ne sort en France qu'en 1947 et réunit 1 766 574 spectateurs (dont 581 906 pour Paris), ce qui classe le film à la 48ème place du box-office français. *Bambi* (1942) ne sort en France qu'en 1948 et réunit 2 244 006 spectateurs (dont 742 304 pour Paris), ce qui classe le film à la 26ème place du box-office français.

du long métrage d'animation. Le producteur pour la Warner Leon Schlesinger s'y refuse : l'animateur Chuck Jones se souvient qu'un visiteur avait demandé si le studio pensait faire un long métrage. Après avoir vu *Blanche-Neige et les sept nains*, Leon Schlesinger répondit avec son habituelle et toujours étonnante élégance : « J'ai autant besoin d'un long métrage que d'un deuxième trou du cul. »[229]

Si la crise du cinéma américain est sévère, elle l'est encore plus dans le domaine du dessin animé car 75 % du coût vient de la main-d'œuvre. André Sarrut assure au Crédit national que *la Bergère et le Ramoneur* sera exploité aux États-Unis et qu'à chaque dépense supplémentaire en francs correspond une plus-value des recettes sur les marchés à monnaies appréciées. C'est en raison même des possibilités d'exploitation du dessin animé dans tous les pays du monde que réside sa possibilité de survie et son intérêt pour la France selon son producteur[230]. Sarrut évoque deux courriers. Le premier est une lettre adressée par Jack Roberts (directeur administratif, section films chez Walt Disney) à Robert Leffingwell (ex-directeur de l'animation chez Walt Disney) :

> « 8 février 1948,
> Au retour de Roy Disney, j'ai pensé qu'un accord avait été mis sur pied entre Disney et les Gémeaux car on nous a projeté quatre films des Gémeaux : deux, je me rappelle, étaient tout à fait bons (*la Flûte magique* et *le Voleur de paratonnerres*). Une grande partie de l'animation était superbe et les couleurs et les décors excellents. Les conditions de travail ici chez Disney vont couci-couça. Nous avons un film dont on termine la prise de vues, *Melody Time [Mélodie Cocktail]*. Un, en cours d'animation et qui doit être fini en juillet, *So Close [Dear] to My Heart [Danny le petit mouton noir*[231]*]* et le troisième, dont on entreprend la musique actuellement, doit être présenté vers la fin de l'automne prochain ou le printemps de 1949 [il s'agit sûrement du *Crapaud et du maître d'école*, jamais sorti sous cette forme en France]. »[232]

Le second est une lettre adressée par John Harbough (ex-*storyman* chez Walt Disney) à Robert Leffingwell :

> « J'ai reçu votre lettre ce matin et suis heureux d'entendre que vous êtes arrivé maintenant à faire tourner rapidement la production. [...] Je suis prêt à venir travailler avec vous si

---

[229] Cité par Charles M. Jones, *Chuck Jones ou l'autobiographie débridée du créateur de Bip-bip, du Coyote et leurs amis*, Dreamland, 1995 [1989], p. 63. Propos rapportés par Tedd Pierce (traduits par Odile Houen).
[230] CN242-B157. Sarrut au Crédit national, 17 février 1948.
[231] *So Dear to My Heart* (1948) n'est jamais sorti au cinéma en France. Le film n'a été distribué en DVD qu'en 1998. Par contre, une sortie cinéma a bien eu lieu en Belgique : *Si Cher à mon Coeur* a été distribué par RKO.
[232] CN242-B157. Extraits traduits d'une lettre adressée par M. Jack Roberts (directeur administratif, section films chez Walt Disney) à M. Robert Leffingwell (ex-directeur de l'animation chez Walt Disney), 8 février 1948.

vous pouvez prendre les arrangements nécessaires. En attendant, je continue à faire mon travail d'écrivain. Je suis allé à New York la semaine dernière et ai parlé avec mon agent. Si je vais à Paris, il continuera d'exploiter mes histoires, et celles qu'il pourra vendre me permettront de gagner quelques dollars ici. Par hasard, mon agent est une relation de Lou Bunin, ce qui prouve que le monde est petit.

J'ai reçu une demi-douzaine de lettres de cinéastes californiens.

Depuis quelques semaines, la situation empire rapidement à Hollywood. Dans le domaine du dessin animé, Walter Lantz a arrêté la production ; Warner a débauché un groupe complet de production, ce qui réduira sa disponibilité en dessins animés pour cette année d'un tiers ; Disney ne dispose plus que d'un pouvoir de production dérisoire et il n'a plus qu'un objectif : finir dans les deux années à venir ses ruineuses productions *Peter Pan* et *Alice in Wonderland*. Il essaie de ressortir ses vieux dessins animés pour pouvoir continuer à financer ses productions.

Toute la production des studios de prises de vues directes se réduit à 25 films et la plupart de ces films sont des westerns ou des productions C. Avec les 17 000 cinémas qui existent dans ce pays, il va y avoir un marché extraordinaire pour les bons films étrangers dans les quelques années à venir.

Par exemple, il y a quelque chose comme 300 cinémas dans le secteur de Philadelphie et dans le *Journal du Dimanche* j'ai compté 214 reprises de vieux films, datant souvent de plus de 10 ans. Dans six mois, la demande de nouveaux films sera aiguë et Hollywood ne pourra pas répondre à la demande. Le double programme disparaît rapidement et le résultat naturel est une demande fantastique de courts métrages et de compléments de programme.

Les dessins animés étant encore la voie la plus appréciée, pourquoi est-ce que les Gémeaux n'adapteraient-ils pas leurs films pour le marché américain ? Les quatre que j'ai vus à New York pourraient sûrement être adaptés. Je suis entré en contact avec des directeurs de cinémas locaux qui m'ont dit que depuis qu'ils exerçaient cette activité, ils n'avaient jamais pu disposer de suffisamment de dessins animés. Avec l'actuelle crise cinématographique anglo-américaine (taxe de 75 %[233]), la France a une occasion exceptionnelle d'introduire ses films sur le marché américain.

[233] Le 6 août 1947, le Trésor britannique utilise l'Import Duties Act 1932 pour imposer une taxe de 75 % sur tous les films importés. La taxe, aussi connue sous le nom de Dalton Duty (du nom du chancelier de l'Échiquier Hugh Dalton), entre en vigueur le 8 août et s'applique à tous les films importés bien que les films américains soient plus particulièrement visés. Le 8 mars 1948, un accord est finalement conclu entre Washington et Londres selon lequel les sociétés américaines s'engagent à y réinvestir les 60 millions de dollars de bénéfices réalisés sur le territoire anglais. De leur côté, les Anglais abrogent la taxe de 75 %.

Tenez-moi au courant au jour le jour de ce qui se passe en France. Très cordialement. »[234]

Par ailleurs, il est difficilement concevable d'admettre une distribution à grande échelle de *la Bergère et le Ramoneur* aux États-Unis. La Société Nouvelle Pathé Cinéma note ainsi : « En ce qui concerne la combinaison financière, le chiffre de 250 000 dollars avancé me semble pouvoir être obtenu. Je ne pense pas toutefois qu'on pourrait prétendre à plus. » La société Pathé reste sceptique :

> « Je ne vois pas l'intérêt particulier pour RKO de distribuer les films de Sarrut[235]. En effet, quelle que soit la situation, RKO se trouve munie de dessins animés plus qu'aucune autre compagnie américaine. Par ailleurs, je ne sais pas s'il serait possible, tout au moins du point de vue moral, à RKO de s'engager dans une telle distribution. Quoiqu'il en soit, je pense que de meilleurs termes pourraient être obtenus d'une compagnie qui n'aurait point de dessins animés de long métrage à sa disposition. Je ne pense pas que MGM serait intéressée, car la politique de cette compagnie est de ne jamais distribuer des films produits indépendamment (une seule exception dans l'histoire de MGM : *Gone With the Wind [Autant en emporte le vent]*, les quelques étrangers distribués par cette compagnie ne pouvant être en rien comparable à un film de dessins animés parlant anglais). Par contre, en dehors de United Artists, toujours prête à se munir de films mais dans le travail de distributeur de laquelle je n'aurais aucune confiance pour un film de ce genre, je croirais assez que Warner Brothers, Paramount, Columbia et 20th Century seraient intéressées. »[236]

Le 13 septembre 1948, le Paris ouvre ses portes à Manhattan à New York. C'est le premier cinéma construit après-guerre à Midtown par Pathé. Aussi, en prévision de cette ouverture, la société envisage-t-elle en mars 1948 la possibilité d'y projeter un dessin animé des Gémeaux :

> « Je ne voudrais pas quitter le chapitre du dessin animé et de Sarrut sans vous demander de bien vouloir me faire savoir

---

234 CN242-B157. Extraits traduits d'une lettre adressée par M. John Harbough (ex-*storyman* chez Walt Disney) à M. Robert Leffingwell.

235 Columbia a distribué les dessins animés Disney de 1930 à 1932 ; United Artists de 1932 à 1937 et la RKO de 1937 à 1954.

236 CN242-B157. Copie. Pathé Cinema Corporation. 1564 Broadway New York 19, New York. 12 mars 1948. Monsieur Adrien Remaugé, DG, Société Nouvelle Pathé Cinéma, 33 Champs-Élysées, Paris à M. le DG : « Toutefois, le fait d'établir les avances distributeurs en francs permettrait peut-être de forcer un peu la note (en ce qui concerne United Artists, qui n'est pas une société productrice, la formule serait d'ailleurs inapplicable, puisque cette société n'a pas de fonds en France lui appartenant). En dehors de la solution d'une avance distributeur, il me semble qu'il y aurait probablement la possibilité de négocier un prêt bancaire pour le producteur. Voici mes premières idées sur l'ensemble de cette question, sur le développement de laquelle je vous serais obligé de bien vouloir me tenir au courant. » (signé Jacques Chabrier).

> par retour quels sont les dessins animés de court métrage, particulièrement en couleur, dont dispose Sarrut et qui pourraient être passés comme complément de programme au Paris, puis distribués aux États-Unis. Il serait idéal d'avoir un bon dessin animé français en couleur pour l'ouverture du Paris. »[237]

Sarrut est également en pourparlers avec la London Films (Alexander Korda) pour obtenir un contrat de distribution dans le Royaume-Uni comportant un minimum garanti de 50 000 livres. Cette somme représente le tiers des recettes que doit réaliser le film au Royaume-Uni.

Malgré ce vent d'optimisme, la production de *la Bergère et le Ramoneur* est pourtant mal engagée. Grimault et Prévert tergiversent toujours sur le scénario, les dialogues et le découpage. Le 31 mars 1948, Sarrut et Grimault envoient un télégramme à Prévert : « Risques imminents arrêt *Bergère et Ramoneur*. Présence huit jours à Paris indispensable ». Parallèlement, Grimault écrit à Prévert alors à Saint-Paul-de-Vence : « Pour deux raisons capitales, il nous faudrait maintenant de toute urgence la fin de *la Bergère*. D'abord parce que Sarrut en a besoin pour trouver du fric pour continuer, vu qu'on n'a presque plus un rond. Et puis aussi pour établir un plan de travail et savoir ce que peut coûter le boulot qui reste à faire. Je suis désolé de t'embêter avec ça en ce moment mais c'est devenu vachement urgent. Est-ce que tu vois une possibilité de rentrer pour huit jours à Paris ? »[238].

Plus grave encore, l'équipe semble complètement perdue face au travail colossal que nécessite un long métrage d'animation. Sarrut se saisit alors d'une occasion inespérée provoquée par les difficultés rencontrées outre-Atlantique : le syndicat des dessinateurs américains écrit aux Gémeaux pour demander du travail.

C'est ainsi que Robert G. Leffingwell précédemment évoqué, ancien animateur chez Disney (il a travaillé sur le court métrage *The Whalers* (1938) avec Mickey, Donald et Dingo), ancien directeur de l'animation du long métrage *les Aventures de Gulliver* (1939) des frères Fleischer et ancien animateur des courts métrages avec Popeye (dont *Me Feelins Is Hurt*, 1940) arrive à Neuilly-sur-Seine en novembre 1947 avec le plus gros salaire de l'entreprise : 165 196 francs à son arrivée alors que Grimault et Sarrut sont payés 75 000 francs chacun. Il est suivi quelques semaines plus tard par John Harbough.

Philippe Landrot se souvient : « Sarrut réussit à mettre la main sur un « expert » qui nous arrive d'outre-Atlantique : un beau grand diable de chef indien en costume de ville, escorté d'une petite anglaise blonde et insignifiante[239]... Leffingwell (c'est son nom) nous apprend que nos personnages doivent être ronds

---

[237] *Ibid.*

[238] Cité par Jean-Pierre Pagliano, *Le Roi et l'Oiseau. Voyage au cœur du chef-d'œuvre de Prévert et Grimault*, p. 64.

[239] Paul Grimault précise dans *Traits de mémoire*, p. 152 : « Leffingwell [était] accompagné de sa charmante petite femme : Jammy, prénom qui doit se traduire par quelque chose comme : Confiturette. »

(pas d'angles), une tête ronde avec un nez rond posée sur un corps rond, des jambes rondes et des chaussures à bout rond... Ça s'anime mieux et ça « tourne » mieux. Nous apprenons aussi que le storyboard du film doit être notre « Bible », nous devons tous nous y référer. Mais le storyboard du film est un peu vague et il n'est pas terminé ! Les auteurs hésitent encore entre deux fins ! Nous apprenons aussi que pour faire comprendre au public que le Roi est un personnage méchant, il n'est pas nécessaire de le voir frapper son petit chien à coups de pied dans le ventre. Le passage est supprimé. Avant de venir aux Gémeaux (1947 ou 1948) où il rejoint Robert Leffingwell, John E. Harbough dirigeait peut-être le service des effets spéciaux chez Disney[240]. En tout cas, il est bon et expéditif. Nous découvrons l'usage de l'*exposure sheet* ou feuille d'exposition pour la prise de vues et sur laquelle figureront à leur place tous les composants du plan à tourner : numéros de chaque cellulo en face des numéros du compteur/caméra, son niveau, son appellation du décor et sa place, les cadres, les panos et les mouvements de caméra, la durée et un relevé précis des dialogues, etc. Il y a beaucoup de vrai et d'utile dans tout cela, pas très agréable à entendre, mais le pire sera la recommandation d'animer en images doubles : au lieu de dessiner chacune des 24 images par seconde, on en dessine 12 et on tourne deux fois le même dessin, cela fait toujours 24 images par seconde ! C'est contraire à nos principes d'animation fluide mais il faut reconnaître, cela peut réduire presque de moitié le travail d'exécution, donc le coût et les délais. L'affaire est vite réglée. Choisissant quelques plans parmi les plus difficiles et les plus « joués », Harbough les fait retourner en retirant un intervalle sur deux. Invitant les deux grands patrons et les animateurs dans la salle de projection, il fait projeter plusieurs fois chacun des plans et demande si on peut distinguer des différences... Sans commentaire. »[241]

Gabriel Allignet rapporte la même chose : « Les techniciens américains, chargé par la société Disney de visiter notre studio vers 1948, pendant la réalisation de *la Bergère et le Ramoneur*, ont constaté que nous nous trouvions à peu près comme eux dix ans auparavant ; ils nous ont très sportivement proposé de nous faire gagner ce temps en nous apprenant des nouvelles techniques dont nous ressentions d'ailleurs le besoin. Par exemple, appliquer un numéro de code par calque, avoir des gouaches beaucoup plus adaptées à la matière plastique de cellulo et la création d'un nouveau service de *checking*, chargé du contrôle et de la rigoureuse qualité graphique de tout ce qui était animé dans le film. »[242]

Durant près d'un an, Robert Leffingwell dirige l'animation de *la Bergère et le Ramoneur*. Il intervient plus particulièrement pour donner au graphisme des dessins le style et le rythme qui devraient plaire aux spectateurs anglo-saxons. Jacques

---

240 Didier Ghez pense que John E. Harbough était plutôt intervalliste, un tout petit poste chez Disney.

241 Lettre manuscrite de Philippe Landrot à l'auteur, 8 avril 2008.

242 Gabriel Allignet *in* Jean-Pierre Pagliano, *Paul Grimault*, p. 173. Contrairement à ce que pense Gabriel Allignet, ce n'est pas les Walt Disney Productions qui les ont envoyés aux Gémeaux. Quant à l'adverbe « sportivement » disons qu'avec les énormes salaires perçus, ils peuvent en effet donner quelques conseils…

Thévenet, directeur technique sur *la Bergère et le Ramoneur* confirme : « en 1948, deux Américains, anciens de chez Disney, Leffingwell et Harbough sont recrutés afin de donner des conseils à l'équipe. On décide ainsi de changer graphiquement l'Oiseau, concession faite au style Disney ; le personnage est plus original mais affadi. Beaucoup de plans de l'Oiseau ont été animés en 1948 mais le résultat a été jugé peu concluant et tout a été jeté tout comme les plans du petit chien. » Grimault en explique la raison : « J'ai décidé, après six mois de travail, d'arrêter le personnage de l'Oiseau pour le remettre en question parce qu'il s'égarait dans une direction trop disneyenne : il commençait à ressembler à un nain de Blanche-Neige. »[243] Dans ses mémoires, Grimault poursuit : « Seul l'Oiseau me donnait des soucis. Il s'envolait dangereusement vers le piège que je redoutais. Plus proche d'une caricature que du style général imposé pour l'unité du film, son graphisme trop chargé au début, encore accentué par les animateurs, l'éloignait de plus en plus de ses partenaires. Il ne faisait plus partie du film et ça ne pouvait pas se rattraper. »[244] Grimault finit par trouver la solution : l'Oiseau final est un mélange du « baron » Mollet, véritable figure des cafés de Saint-Germain-des-Prés que Grimault a croqué et de Pierre Brasseur du temps de son rôle de Frédérick Lemaître dans *les Enfants du Paradis*. Thévenet : « Grimault accepte la transformation de son expression graphique dans un style Disney. L'évolution graphique de l'Oiseau est symbolique du changement ; la transformation du personnage principal illustre le saut organisationnel passant de l'artisanat à l'industrie. »[245]

Progressivement, Paul Grimault prend quelques distances avec Leffingwell qu'il prend plutôt pour un « cowboy » que pour un « chef indien » : « Bob avait de l'animation un sens professionnel intéressant, qu'il fallait tout de même juguler par instants si nous ne voulions pas que *la Bergère et le Ramoneur* renient leurs origines. Il était ravi quand je lui laissais de l'initiative sur quelques plans où la teinture légèrement californienne n'était pas gênante. Je pense au chien du roi dans son petit lit à baldaquin pendant la scène de nuit et au réveil des policiers dans leur dortoir. »[246]

Les Américains conseillent également de ne pas montrer de reptiles à l'écran ; aussi toute la séquence du serpent de mer envisagée dans le scénario original est-elle abandonnée. Grimault semble parfois jaloux de l'intérêt suscité par Leffingwell : « Les derniers arrivés aux Gémeaux, fiers de voir un vrai « Ricain » parmi eux essayaient de se l'approprier. Rien de grave mais, dans les très grandes équipes, le danger des clans est permanent. ». Philippe Landrot acquiesce : « Notre équipe était assez soudée par l'intérêt que nous portions au dessin et l'ambition de

---

243 Paul Grimault dans ses *Carnets*, cité par Jean-Pierre Pagliano, *Le Roi et l'Oiseau. Voyage au cœur du chef-d'œuvre de Prévert et Grimault*, Belin, 2012, p. 118.

244 Paul Grimault, *Traits de mémoire*, p. 154.

245 Entretien de Jacques Thévenet avec l'auteur, 8 juillet 2014.

246 Paul Grimault, *Traits de mémoire*, p. 153.

participer à la formation d'un grand studio, mais des petits groupes se formaient. »[247]

En outre, il est décidé que la version du film en langue anglaise constituerait la version originale qui, en dehors de la version française, serait également traduit en 12 autres versions étrangères[248]. Sarrut estime le budget publicitaire à 75 millions de francs pour le lancement du long métrage (50 millions rien que pour les États-Unis) et un minimum de 300 copies de 2 400 mètres soit 17 millions de francs[249].

En janvier 1948, les métrages déjà exécutés représentent environ 33 % de l'animation : l'achèvement définitif sur la cadence actuelle de travail est prévu dans les 18 mois, soit juillet 1949.

Le 8 janvier 1948, la « Conclusion » du Rapport effectué pour le compte du Comité des Avances économiques sur la situation de *la Bergère et le Ramoneur* est plutôt positive :

> « Le principe initial de ce financement était, dans l'intention du Comité, d'appuyer la création de la première entreprise française spécialisée dans la production des dessins animés de grand métrage. La réalisation de ce programme industriel, basée sur les prévisions économiques et monétaires de 1944 a rencontré les difficultés inhérentes à toute entreprise qui se crée et doit se développer en période de crise : manque de locaux et insuffisance de trésorerie. La société dont les capacités techniques se trouvent confirmées par la qualité et les résultats d'exploitation de ses premiers courts métrages en couleur, vient de louer et d'aménager des locaux tout à fait appropriés pour l'exécution des longs métrages, son standing industriel est maintenant assuré. Pour terminer son premier grand film en couleur avec la collaboration artistique d'un spécialiste de Walt Disney, il ne lui manque qu'un appoint supplémentaire de trésorerie rendu nécessaire par la hausse légale des salaires de ces artistes spécialisés, cet accroissement des investissements trouvant d'ailleurs sa contrepartie dans une augmentation parallèle du prix des places et, par conséquent, des recettes d'exploitation, tant en France qu'à l'étranger. Sur la base des conditions mises au point pour la répartition de ces recettes entre les participants du film, une avance complémentaire portant la participation du Crédit national de 15 à 35 millions de francs devrait

[247] Entretien de Philippe Landrot avec l'auteur, Vaucresson, 19 mars 2008.

[248] Le dessin animé étant un moyen d'expression essentiellement plastique, sa post-synchronisation en 14 langues coûte à peine 2 % de plus que sa réalisation en une seule langue, le mouvement des lèvres étant prévu pour une adaptation linguistique indifférente.

[249] CN242-B157. Sarrut au Crédit national, 8 janvier 1948.

pouvoir être amortie en trois ou quatre années d'exploitation. »[250]

Afin de s'assurer de leur soutien, le 8 janvier 1948, Sarrut invite les membres du Comité des Avances économiques à visiter les nouveaux studios à Neuilly-sur-Seine (dont l'aménagement aurait coûté entre 5 et 10 millions de francs). À la suite de cette visite, il est prévu de projeter *le Petit Soldat* ainsi qu'une copie d'animation de *la Bergère et le Ramoneur*.

Le 14 janvier 1948, le Comité d'attribution des avances à l'industrie cinématographique, sollicité de donner son avis sur l'opportunité d'un nouveau concours demandé au titre des Avances économiques, « estime qu'il y aurait intérêt à poursuivre la réalisation de cette œuvre qui constituera le premier film de la production française en dessins animés de long métrage, et qui semble de nature à obtenir sur les écrans mondiaux une certaine importance culturelle et commerciale. »[251]. Le 15 janvier, le Comité d'attribution des avances rappelle le contrat signé entre le ministère de l'Information et les Gémeaux[252]. S'il se montre, dans le principe, favorable à l'octroi de cette avance complémentaire, le Comité désire, avant de prendre une décision définitive, quelques mises au point en liaison avec le CNC[253]. Le 19 février 1948, le Comité d'attribution des avances donne son accord pour les 20 millions de francs supplémentaires. Le 13 mai, Sarrut signe l'avance complémentaire de 20 millions de francs virée le 28 mai sur un compte bloqué n°1750203 de la banque Vernes, 29 rue Taitbout (« Niglo ou le voyage magique »).

En avril 1948, Sarrut informe le Crédit national des conversations qu'il a eues avec divers groupes étrangers (aussi bien du point de vue financier que du

---

[250] CN242-B157. Le directeur adjoint du Crédit national, janvier 1948.

[251] CN242-B157. CAAIC, 14 janvier 1948.

[252] Dans sa séance du 2 mars 1945, le Comité a consenti à cette société une première avance de 15 millions en vue de la réalisation d'un film de dessins animés de long métrage *la Bergère et le Ramoneur*. Cette avance est actuellement réalisée à concurrence de 10 millions. Le devis initial étant largement dépassé, la Société présente, pour le même objet, une nouvelle demande de 20 millions qui serait remboursable par 7 semestrialités égales à partir de la fin de la 2ème année suivant le versement des fonds. Les garanties seraient ainsi constituées :
- nantissement de premier rang sur le film ;
- délégation des 5/7ème des recettes mondiales « producteur » (à l'exception des États-Unis et de la Grande-Bretagne) ;
- délégation sur les recettes « producteur » aux États-Unis et en Grande-Bretagne, venant immédiatement après celle consentie soit à la Banque nationale française du commerce extérieur, soit au distributeur du film dans ces deux pays.

[253] CN242-B157. CAA, 15 janvier 1948. « d'une part, les mesures de contrôle nécessaires pour prévoir les besoins futurs et prévenir de nouveaux dépassements, comme pour surveiller l'emploi des fonds ; et d'autre part, les avantages qu'il paraît opportun de réserver au Trésor, en contrepartie du caractère exceptionnel de l'appui qu'il apporterait à la société en cause. »

point de vue distribution)[254]. Avec les États-Unis, les pourparlers avec la société Walt Disney auraient, selon lui, beaucoup avancé. Après diverses conférences qu'il a eues avec Jack Cutting, directeur du Foreign Department en Europe, et Wally Feignoux, directeur de Walt Disney Productions en Europe, Sarrut a rédigé un protocole[255] consistant en une association Disney-Les Gémeaux : Disney utiliserait une partie de ses fonds bloqués en France pour financer la production de la société française, une partie de l'équipe Disney s'installerait en France pour produire avec les équipes parisiennes des dessins animés de longs métrages. Disney profiterait ainsi d'une main-d'œuvre qualifiée et moins coûteuse qu'aux États-Unis et les recettes mondiales de la distribution de ces dessins animés seraient ensuite partagées entre les Gémeaux et Disney. Le 21 avril 1948, les discussions entre Bill Levy[256] et Wally Feignoux de Disney (France) et André Sarrut auraient débouché sur un accord concret après deux ans de négociation : il s'agirait de la production d'une « grande parade » composée d'une partie des dessins animés des Gémeaux et des courts métrages de Walt Disney, la première copie couleur de ce travail comportant un générique commun « Les Gémeaux – Disney » devant être présentée très prochainement[257].

Sarrut peut enfin respirer : l'affaire semble être arrivée à un moment capital de son développement avec la réutilisation des fonds bloqués américains (du moins le croit-il) et le maximum de qualités techniques démontrées par le film *le Petit Soldat*. Sarrut est décidé à faire en France et à l'étranger, un très gros effort publicitaire, dont les caractéristiques seraient les suivantes :

- annonces dans la presse professionnelle française, américaine et anglaise ;
- présentation du *Petit Soldat* à « l'American Award 1948 » (cette expression est employée par Sarrut mais ne recouvre aucune réalité concrète, peut-être veut-il parler des Oscars, les « Academy Awards » ? mais dans ce cas-là la cérémonie est déjà passée et jamais le film ne sera sélectionné) ;
- « présentation de grand prestige » à Paris, au cours du mois de mai 1948, de l'ensemble de la production les Gémeaux depuis les premiers films publicitaires pour les Galeries Barbès jusqu'au *Petit Soldat* en couleur. Une bande spéciale devrait être étudiée pour donner un intérêt maximum à ce spectacle.

---

[254] CN242-B157. Lettre de Sarrut au Crédit national, 7 avril 1948.
[255] Walt Disney Productions. 2400 West Alameda Avenue, Burbank. A l'attention de MM. Cutting et Feignoux. Concerne : collaboration Walt Disney – les Gémeaux. 30 mars 1948. Voir annexes.
[256] William Banks Levy (1898-1984) est directeur européen des ventes pour les produits dérivés Walt Disney entre 1930 et 1933. Il est à l'origine responsable en 1936 du *Mickey Mouse Weekly* britannique. Levy siège au conseil d'administration de Walt Disney – Mickey Mouse SA. Levy est le point de contact entre Disney et les Artistes Associés qui distribue à l'époque les films de la société. Il quitte la France lors de la Seconde Guerre mondiale. À New York, il devient le superviseur des ventes et de la distribution internationales pour le compte de Disney jusqu'en 1951. Voir Didier Ghez, *Disney's Grand Tour. Walt and Roy's European Vacation Summer 1935*, Theme Park Press, 2013.
[257] CN242-B157. Les Gémeaux au Crédit national, 23 avril 1948.

Sarrut compte sur l'appui du Crédit national pour cette présentation officielle et désire connaître la liste des invités que l'organisme financier désire voir assister à cette présentation qui doit avoir lieu à la Maison de la Chimie avec une très courte conférence accompagnant les projections[258].

Dans un entretien radiophonique de juin 1948, André Sarrut explique : « Nous avons avec le ministère de l'Économie nationale un plan de trois ans qui suit très heureusement son cours qui consistait à organiser des usines, à monter le nombre de dessinateurs à 125, ce qui nous permettra de faire un dessin animé de long métrage tous les 18 mois environ ce qui est énorme si l'on sait qu'un dessin animé de long métrage, du fait de son caractère international fait au minimum 10 à 15 fois la recette d'un film parlant français de prises de vues directes. »[259]

Autre bonne nouvelle, un contrat intervient entre Safia, mandataire de la SA Les Gémeaux, et la société Euro-Mex Films à Mexico le 18 août 1948 pour l'exploitation de *la Bergère et le Ramoneur* dont la terminaison est à l'époque prévue pour le 1er novembre 1949 (6 bobines). Cet accord cède les droits pour dix ans d'exploiter le dessin animé au Mexique, Cuba, Porto-Rico, République dominicaine, Centre Amérique, Colombie, Équateur, Venezuela, Chili, Pérou, Bolivie en format 35 et 16 mm mais pas les droits pour la télévision. La société Euro-Mex garantit à la société Safia un minimum de recettes nettes producteur de 60 000 dollars américains. Euro-Mex reçoit 40 % des recettes brutes réalisées au titre du film. Un deuxième contrat concerne l'Argentine, l'Uruguay, le Paraguay et le Brésil. *La Bergère et le Ramoneur* est dorénavant prévu en sept langues : française, anglaise, espagnole, portugaise, allemande, italienne et suisse[260].

Mais en réalité, l'optimisme n'est que de façade.

De graves problèmes de financement se posent toujours du fait de la hausse des salaires et des prix français[261]. Le 20 août 1948, André Sarrut n'a d'autres choix que de demander au Crédit national :

> « d'abandonner les 5/7 des premières recettes de l'Amérique latine qui vous sont déléguées, étant entendu que la société Corona a déjà accepté d'abandonner les 2/7 des recettes de l'Amérique latine qui lui étaient déléguées. Nous pensons

---

258 CN242-B157. Les Gémeaux au Crédit national, 27 avril 1948.

259 *Tribune de Paris* une émission du journal parlé de la Radiodiffusion française, 11 juin 1948. « Jacques Bourgeois, Dubout, Peynet, Georges Sadoul, André Sarrut et Nicole Védrès ont exposé et discuté la situation du dessin animé français ». Collection privée Greg Philip.

260 Le 13 juillet 1949, sept versions originales sont toujours prévues mais avec des nuances : américaine, française, allemande, espagnole, italienne, arabe et russe. Dans le huitième numéro de *la Revue internationale du cinéma* parue en 1951, Charles Ford évoque « six traductions : anglaise, italienne, allemande, espagnole, arabe et russe. »

261 Le 20 janvier 1948, septième dévaluation du franc qui se monte cette fois à 80 %. Le cours du dollar américain passe de 119 à 214 francs.

que, vu les circonstances, la solution proposée serait la meilleure et ceci d'autant plus vu la qualité des dessins animés que nous produisons, on peut envisager avec certitude qu'un film comme *la Bergère et le Ramoneur* réalisera facilement sur 5/7 des recettes de tous les pays du monde, sauf l'Amérique latine et les pays anglo-saxons, les 35 millions de francs de recettes producteurs qui sont réalisés pour vous rembourser l'avance que vous nous avez consentie. Il est bien entendu que la conclusion de cette affaire ou d'une affaire du même genre est indispensable à la poursuite de la production du film *la Bergère et le Ramoneur*, les moyens financiers dont nous disposons encore limitant notre activité à de très courts délais. »[262]

Le même jour, Sarrut écrit la même lettre au Comité des avances économiques, au directeur général du CNC, Michel Fourré-Cormeray, et demande que la Banque française du commerce extérieur (BFCE) fasse une exception en finançant un film en cours de production : Sarrut veut encore emprunter 30 millions de francs supplémentaires[263].

Un mois plus tard, Sarrut contacte directement la BFCE[264] : il évoque en préambule l'effort poursuivi depuis 1936 dans le domaine du dessin animé qui aurait amené les Gémeaux à la première place avec la société Walt Disney. Sarrut indique également que *le Petit Soldat* vient d'obtenir le prix international du meilleur dessin animé au festival de Venise 1948 et que le gouvernement américain vient de commander un dessin animé de propagande pour le plan Marshall destiné à être projeté dans le monde entier en 17 langues. Il joint surtout un tableau intitulé

---

262 CN242-B157. Les Gémeaux au Crédit national, 20 août 1948.

263 CN242-B157. Les Gémeaux à M. Fourré-Cormeray, DG du CNC, 20 août 1948.

264 CN242-B157. Les Gémeaux à la BFCE, 20 septembre 1948.

19 août 1948 : Projet de lettre par M. Sarrut à la BFCE pour une demande de crédit de 25 millions sur la garantie de 120 000 $ USA, soit 33 millions environ, prévus par le versement à venir d'avances sur les recettes de l'Amérique latine contre réception de la lettre recommandée qui annoncera la mise à disposition d'une copie standard, version espagnole.

20 août 1948 : Lettre de M. Sarrut au Crédit national au sujet des solutions à envisager pour assurer le financement du film en cours ; - copie jointe du projet de contrat avec la BFCE, mesure réalisable dans la mesure où le Crédit national accepterait l'abandon des 5/7 qui lui sont délégués sur les premières recettes de l'Amérique latine, la société Corona ayant déjà accepté l'abandon des 2/7 restants ; assurance d'une réalisation de 35 millions de recettes producteur sur les 5/7 des recettes de tous les pays, sauf l'Amérique latine et les pays anglo-saxons.

20 août 1948 : Lettre de M. Sarrut à la BFCE remplaçant la proposition précédente par une demande de crédit de 30 millions, estimés suffisants pour couvrir les dépenses de production jusqu'en avril 1949 et assorti des garanties ci-après :

- délégation des premières recettes pays anglo-saxons
- couverture des risques commerciaux anormaux (loi du 2 décembre 1945)
- engagement de remboursement avant le 1er janvier 1952 en cas d'insuffisance de recettes anglo-saxonnes ;

crédits mobilisables dans le cadres des accords signés entre « Les Gémeaux-Safia » et « Les groupes lainiers mazamétains ». Résumé analytique des opérations de financement du film, 21 octobre 1948. Document interne au Crédit national.

« Prévisions de recettes du dessin animé de long métrage en couleurs *la Bergère et le Ramoneur* » qui estime le total des recettes à 307 millions de francs.

Il apparaît sur ce tableau que seuls les États-Unis paieront en dollars. C'est vrai si la version anglaise est vendue de Paris, mais, si comme il le faut, la version anglaise est vendue de New York, la plupart des pays autres que les États-Unis paieront en dollars : « Les possibilités de recettes en devises étrangères que nous pourrons réaliser dans une période où la France souffre d'une grave pénurie en devises étrangères, nous font espérer que nous ne serons pas obligés d'interrompre notre activité faute de financement en francs. »[265]

Sarrut considère que les difficultés de financement qu'il rencontre tiennent uniquement au fait, qu'ayant établi le devis d'un plan triennal en 1945, la hausse des prix en France a triplé le montant de ce devis. Ces difficultés de financement sont en réalité des difficultés de trésorerie, car le marché principal est le marché anglo-saxon et le prix de revient en dollars et en livres est trois fois moins élevé que celui qui avait été fixé en 1945. En effet, le prix de revient comportant 80 % de salaires, ceux-ci ont beaucoup moins haussé que le franc n'a baissé sur le marché des changes.

En conclusion,

Sachant que :
- le film *la Bergère et le Ramoneur* coûtera à produire 150 millions de francs ;
- que ce devis est déjà couvert à concurrence de 72 millions de francs[266].

Ces crédits sont garantis par les recettes de tous les pays du monde sauf les pays anglo-saxons.

Sarrut demande à la BFCE de lui consentir un prêt de 30 millions de francs. Il a également appelé au secours sa famille protestante de Mazamet. En effet, l'Office des changes a accepté qu'une compensation privée s'établisse entre les recettes cinématographiques en monnaies appréciées de films fabriqués en France et les dépenses en devises appréciées qu'entraîne l'achat de peaux lainées qui sont indispensables au maintien de l'activité des activités mazamétaines[267].

Sarrut demande à nouveau le 13 octobre 1948 à ce que la BFCE demande aux Assurances contre les Risques Commerciaux Anormaux la couverture pour le

[265] CN242-B157. Les Gémeaux à la BFCE, 20 septembre 1948.

[266] Le ministère de l'Information : 15 millions ; le Comité des Avances économiques (Crédit national) : 35 millions ; Corona Films : 7 millions ; Les Gémeaux : 15 millions.

[267] CN242-B157. Note manuscrite du 13 avril 1949. Les Gémeaux envisage toujours de financer les quelque 60 millions nécessaires à l'achèvement de *la Bergère et le Ramoneur* par des apports en espèces des groupes lainiers mazamétains et éventuellement par des participations anglaises. Pour plus de détails sur l'héritage familial industriel mazamétain de Sarrut voir Sébastien Roffat, *Histoire du dessin animé français entre 1936 et 1940 : une politique culturelle d'Etat ?*, Paris, L'Harmattan, 2014, p. 280 et suivantes.

crédit de 30 millions de francs qu'il demande. Sarrut dit qu'après avril 1949, il pourra assurer par ses propres moyens le financement de la fin du film (soit 50 millions de francs). Il assure qu'un dessin animé rapporte vingt fois plus de devises étrangères qu'un film en prises de vues réelles[268].

Le 16 octobre 1948, le prix de revient du film est approximativement évalué à 200 millions de francs et les recettes nettes producteur à 225 millions : le président du Crédit national, Wilfrid Baumgartner, donne son accord pour le crédit supplémentaire de 30 millions de francs, sous réserve de tous alignements éventuels[269]. Pendant ce temps-là, les intérêts semestriels continuent d'être exigés. Ainsi, 879 375 francs sont-ils demandés pour le 31 décembre 1948, et payés.

Le 26 novembre 1948, la BFCE ajourne sa décision pour complément d'information et la reporte au 17 décembre. La BFCE demande, en outre, à la banque Vernes si elle est d'accord pour garantir la moitié de la charge financière qu'elle prend[270]. Le 10 décembre 1948, André Sarrut, après un long historique du financement du film, demande au Crédit national que les droits aux bénéfices de chacun soient reconsidérés pour rétablir l'équilibre de départ : « Nous sommes convaincus qu'admettant la bonne foi absolue de notre position vous mettrez tout en œuvre pour éviter après tant d'efforts, l'arrêt d'une affaire française qui se place au premier rang de sa spécialité dans le monde »[271].

Dans les entretiens donnés à la presse en novembre 1948, aucune mention n'est faite alors des problèmes de financement du film. Max Favalelli écrit : « Depuis six mois, cent techniciens travaillent sur les douze mille dessins de ce film qui ne sera pas achevé avant une année de minutieuse mise au point »[272] tandis que Jean Queval note simplement : « Un long métrage qui sera le premier du genre réalisé en Europe, auquel auront travaillé près de deux cents dessinateurs, et qui bénéficiera, comme *le Petit Soldat*, d'une admirable partition de Kosma. Le scénario en est aussi de Jacques Prévert. Il est intitulé *la Bergère et le Ramoneur*. »[273]

Pourquoi les Gémeaux ne produirait-elle pas des courts métrages régulièrement afin de faire rentrer de l'argent frais ? Le problème soulevé ici est ce qu'on appelle en animation « le coût de portage ». On désigne par cette appellation le coût des salaires des employés lorsqu'ils ne sont pas en train de travailler sur un film. Ce problème n'existe pas dans la prise de vue réelle puisque tout le monde

---

[268] CN242-B157. Lettre à la BFCE, 20 septembre 1948.

[269] CN242-B157. Résumé analytique des opérations de financement du film, 21 octobre 1948.

[270] CN242-B157. Les Gémeaux au Crédit national, 26 novembre 1948.

[271] CN242-B157. Les Gémeaux au Crédit national, 10 décembre 1948.

[272] Max Favalelli, « Décorateur au « Bon Marché », menuisier Fbg Saint Antoine, Paul Grimault met bout à bout les 12 000 dessins de *la Bergère et le Ramoneur* le Walt Disney français », *Bataille*, 17 novembre 1948.

[273] Jean Queval, « Les belles images de la Biennale. Paul Grimault et ses dessins animés. *Le Petit Soldat* », *Tribune de Genève*, 5 novembre 1948.

n'est payé que pendant la durée du film. Une fois celui-ci terminé, chacun repart de son côté et il n'y a plus obligation de les payer. Les studios d'animation ne fonctionnent pas ainsi car les artistes et les réalisateurs sont les employés du studio. Le plus souvent, ils y restent pendant toute leur carrière. Ils sont payés qu'ils fassent un film ou pas. Le coût engendré par cela peut devenir énorme[274]. Le 10 décembre 1948, André Sarrut se justifie auprès du Crédit national : « Même si nous décidions de prendre toutes les commandes de publicité ou autres travaux de dessins animés qui nous étaient proposés ces derniers temps, nous ne pourrions pas alimenter immédiatement et sans à-coups une équipe conçue et équilibrée pour produire un dessin animé de long métrage. Les dépenses qu'entraîneraient le maintien d'une équipe complète pendant la période d'adaptation à un nouveau type de production seraient d'une importance telle que notre société ne pourrait pas y faire face »[275].

Pourtant en juillet 1949, André Sarrut dit exactement le contraire ! Ainsi écrit-il au Crédit national : « Nous avons d'ailleurs beaucoup plus de demandes que nous ne pouvons en satisfaire car 90 % de notre potentiel de production est occupé par la *Bergère et le Ramoneur*. Au fur et à mesure que ce film avance, nous disposons d'un potentiel de plus en plus grand »[276]. Réalisation pour l'Economic Corporation Administration [Administration de coopération économique] d'un dessin animé de propagande pour le plan Marshall intitulé *Histoire d'un sauvetage* dont 17 versions linguistiques auraient été réalisées ; pour des clients anglais, un film pour la teinturerie londonienne Achille Serre (*l'Arc-en-Ciel*), des films publicitaires pour la poudre alimentaire Bird's Custard, Three Birth, la bière Guinness (2 films), les rasoirs Gillette et Bovril, un extrait de bœuf épais et salé (2 films) ; enfin, pour un client belge, le film *Voyage* (ou *Histoire*) *céleste* pour les cigarettes Belga.

Ces activités annexes – illustration de livres d'enfants et de périodiques, mais aussi de bandes dessinées à l'instar de *Skippy the Kangaroo* illustrées par Louis Danet, Paul Genestre et Gilbert Dubrisay pour le magazine britannique *Eagle*, production de films sous l'étiquette de Sagitta-Film[277] et de l'ex-Safia-Production,

---

274 Le problème se pose depuis l'époque de Walt Disney et Pixar n'a pas échappé à ce problème. Voir Lawrence Levy, *La machine à rêver. Mon voyage chez Pixar : de Steve Jobs à Walt Disney*, Paris, Fantask, 2018, pp. 126-127. Steve Jobs remarque : « C'est un problème de tuyau. Nous devons simplement avoir assez de projets dans les tuyaux pour garder les gens continuellement occupés. » Ed Catmull : « Nous avons toujours des problèmes techniques à résoudre [...] Nous pouvons faire travailler des petites équipes sur ces problèmes spécifiques. Et nous voulons continuer à produire des courts métrages [...] Nous devons évidemment essayer de calibrer au mieux le temps de production de façon à garder nos employés en activité. »

275 CN242-B157. Les Gémeaux au Crédit national, 10 décembre 1948.

276 CN242-B157. Les Gémeaux au Crédit national, 11 juillet 1949.

277 Sagitta-Film (société anonyme au capital de 10 millions de francs) a pour président André Sarrut avec siège social 22, place de la Madeleine, Paris puis 16, rue Delabordère, Neuilly. La société a produit *le Mystère de la Chambre jaune* réalisé par Henri Aisner et sorti à Paris le 15 juin 1949 (1 399 538 entrées dont 307 071 sur Paris) et *le Parfum de la dame en noir* réalisé par Louis Daquin (1 199 363 entrées dont 241 182 sur Paris) sorti à Paris le 15 octobre 1949. CN860-B535. Le 22 novembre 1949,

réalisations publicitaires de la Comète – doivent sous-tendre l'effort principal des Gémeaux portant sur la réalisation de *la Bergère et le Ramoneur*.

Le plus simple serait de pouvoir distribuer à l'étranger les courts métrages déjà réalisés. C'est chose faite pour *le Petit Soldat* (vainqueur du Grand Prix à la Biennale de Venise 1948) qui est présenté avec *The Queen of Spades* (*la Reine des cartes*) réalisé par Thorold Dickinson et produit par Anatole de Grunwald. La première a lieu à Londres le 16 mars 1949 devant une salle de 2 000 personnes au Warner Theatre sur Leicester Square en présence du premier ministre du Royaume-Uni Clement Attlee, du vice-premier ministre Herbert Morrison, de l'Ambassadeur de France René Massigli, et de nombreuses personnalités franco-britanniques des milieux financiers, politiques et cinématographiques[278]. *The Daily Film Renter* est enthousiaste : « C'est l'un des plus charmants et fascinants courts métrages que j'ai vus depuis des années. Très différent de l'efficacité sophistiquée de Disney, c'est superbement animé et coloré et ça raconte un charmant conte de fées en musique et sans paroles. Quel dommage que de telles raretés ne puissent bénéficier d'une plus large distribution. La fraîcheur de bien des productions européennes apporterait de la nouveauté au cinéma si seulement nous étions convaincus qu'elles en valaient la peine »[279].

André Sarrut parvient également à trouver un distributeur américain pour les courts métrages des Gémeaux. Le 20 juillet 1949, la Motion Pictures Sales Corporation[280], en qualité de mandataire de la société Safia, signe un contrat d'exploitation pour les États-Unis de la version anglaise en Technicolor et Agfacolor des dessins animés *les Passagers de la Grande Ourse*, *l'Épouvantail*, *la Flûte magique*, *le Voleur de paratonnerres*, *le Petit Soldat* en format 35 et 16 mm. Cette exploitation doit avoir lieu pour une durée de quatre ans à dater du 15 août 1949. Les Gémeaux doit recevoir 50 % de la recette brute d'exploitation[281].

---

le Crédit national indique que « le producteur [Sarrut] se trouve actuellement très gêné, et poursuit les prises de vue du film *le Cercle enchanté* à travers de graves difficultés. » CN859-B535.

278 « *Le Petit Soldat* de Paul Grimault remporte un grand succès à Londres », *Combat*, 7 avril 1949.

279 "Wardour Street Gossip", *The Daily Film Renter*, 23 mars 1949.

280 La Motion Pictures Sales Corporation a participé à la sortie aux États-Unis de *Hans le marin* et a distribué *Prejudice*, *Pagliacci [Amours de clown]* (sous-titré), *Follie per l'opera [Une nuit de folie à l'opéra]* (sous-titré), *Sins of the Fathers*, *Ignace* (sous-titré, avec Fernandel, 1937) ou encore *Movie Crazy* (Harold Loyd, 1932).

281 CN242-B157. Société Safia, 1 place Boïeldieu, Paris à Motion Pictures Sales Corporation, 730 Cinquième Avenue, New York, 20 juillet 1949. Voir aussi Cusick International Films NY – Paris – London / 347 Madison Avenue / NY 17 / Cable : Cusikeast NY / 15 août 1949 : « My dear Sarrut : Re : Neil Agnew. Mr Agnew and I agree that there is apt to be a very good market for the shorts. We also feel that the way to achieve the utmost return is to handle them in a special way. On this he is waiting for one of his men to return to New York before any plans are made. I personally had affected a sale of the four shorts which Agnew can carry out if he wishes. I showed them to the firm of United World Films, who will take them for the 16 mm and 8 mm field after the 35 mm has been played out. They are offering to pay a flat price of 2 000 $ per title and $1.00 per print over a fixed number of prints – which can run to a very high figure in that field alone. Agnew claims that it should bring in about $50,000 alone, entirely aside from the 35 mm returns. » Cusick. Extrait d'un

Mais le mauvais sort s'acharne sur les Gémeaux. La Motion Pictures Sales Corporation cesse son activité à la fin de l'année 1949. Autre mauvaise nouvelle : le projet Disney/Les Gémeaux est annulé. Grimault se souvient : « Nous nous sommes vus [avec Walt Disney] à Paris après la Libération. Il avait effectivement dit des choses gentilles sur moi par le canal de la presse. Il avait même envisagé de délier les cordons de sa bourse, mais son entourage l'en a dissuadé. »[282]

BILAN PROVISOIRE DE LA SA LES GÉMEAUX AU 31 DÉCEMBRE 1948
(en milliers de francs)

ACTIF			PASSIF		
Immobilisations			**Capital**		5 000
Frais d'installation	5 573		**Passif conditionnel**		
Matériel et mobilier	3 586		Participations et à-valoir dans dessins animés en exportation	3 925	
Marque de fabrique	1		Participations et à-valoir dans dessins animés en cours de production	33 389	
		9 160			37 314
Valeurs engagés					
Titres de participation	335		**Passif à moyen terme**		
Dépôt de garantie	65		Crédit national (s/ dessins animés en exploitation	291	
Dessins animés en exploitation	8 721		(s/ dessins animés en cours de production)	35 325	
Dessins animés en cours de production	91 692		BFCE	30 000	
Participations dans films	2 453				65 616
		103 266			
Valeurs d'exploitation			**Acomptes sur commande** de dessins animés en cours d'exécution		6 095
Commande de dessins animés en cours d'exécution		6 732			
			Passif à court terme		
Valeurs réalisables à court terme			Banques	2 650	
Distributeurs	1 187		Avance à court terme	5 000	
SAFIA-Production	18 343		Effets à payer	5 865	
Débiteurs divers	1 532		Fournisseurs	3 183	
		21 062	Créditeurs divers	4 625	
					21 323
Valeurs disponibles					
Caisse et banques		1 204	**Comptes de régularisation**		85

télégramme de Cusick, 30 août 1949 : AGNEW APPEARS EXCITED WITH POSSIBLE SUCCESS WITH SHORTS HOPEFUL MUSIC HALL TAKES AS SPRINGBOARD stop. Peter.

[282] Entretien de Paul Grimault avec Serge Kornmann, « C'est Prévert qui m'a donné l'idée... », *l'Alsace*, 28 mai 1985.

			du passif		
Comptes de régularisation de l'actif		1 347	**Provisions pour impôt sur les BIC**		1 761
			Résultats		
			Bénéfices nets de l'exercice	5 993	
			A déduire : report des pertes antérieures	416	
					5 571
		142 771			142 771

NB : Les valeurs pour lesquelles apparaissant ci-dessus à l'actif, les « immobilisations » et « dessins animés en exploitation » tiennent compte des amortissements au 31 décembre 1948.

Source : Collection des archives de la Cinémathèque française CN242-B157 n°1.

En janvier 1949, après des entretiens téléphoniques, la BFCE envoie au Crédit national un projet de contrat entre la BFCE et les Gémeaux. La BFCE veut savoir si la renonciation partielle du nantissement général sur les droits d'exploitation de *la Bergère et le Ramoneur* dans les pays anglo-saxons demeure valable, « enfin, nous vous demandons, étant donné votre grande expérience en cette matière, de nous conseiller sur le texte que nous avons adopté relativement à la délégation des indemnités d'assurance »[283].

En février 1949, la presse s'interroge. Mais Grimault se montre confiant. *Combat* :

> « À vrai dire, je n'avais pas la moindre intention d'interviewer Grimault. Je sais trop bien que Grimault est la dernière personne au monde qu'il est possible d'interviewer. On lui demande où en est *la Bergère et le Ramoneur*. Il vous répond aussitôt dans un éclat de rire : « Attends, je vais d'abord te raconter l'histoire de la vieille dame qui, etc. » « En tout, me dit-il encore, les Gémeaux emploient maintenant près de 150 personnes... » Il y a un peu plus d'un an, alors qu'il commençait *la Bergère*, Grimault m'avait dit : « Calcule : 2 400 mètres de pellicule à raison de 53 images par mètre, ça fait en gros 127 000 images. Nous comptons trois personnages en moyenne par image, c'est 380 000 cellulos que nous devrons photographier l'un après l'autre. » Eh bien ! sur ces 380 000 dessins, plus de la moitié ont déjà été exécutés et Grimault espère aujourd'hui que si rien ne vient arrêter son travail, d'ici un an le premier dessin animé français de long métrage, verra le jour, ou plutôt l'obscurité des salles de cinéma.[284] »

---

[283] CN242-B157. Lettre de la BFCE au Crédit national, 7 janvier 1949.

[284] Claude Daire, propos recueillis par Jean-Pierre Vivet, « Partis d'une chambre de bonne (rue de Berri), la Bergère, le Ramoneur et Paul Grimault vivent maintenant à Neuilly (dans un château), *Combat*, 19-20 février 1949.

Le 2 juillet 1949, Sarrut promet au Crédit national une projection prochaine d'une copie de *la Bergère et le Ramoneur* et prête un découpage technique du film[285]. Quelques jours plus tard, dans une longue lettre de 6 pages, il expose les raisons pour lesquelles la terminaison de la production prévue pour la fin de 1949 n'aura lieu qu'à la fin de 1950 :

> « notre expérience cinématographique a prouvé que la production cinématographique était toujours une bonne affaire quand le film était de qualité. C'est pourquoi nous avons décidé, à la suite de visions de la continuité et de certains plans, de reprendre quelques personnages : oiseau, chien et même d'apporter certaines modifications au découpage. L'obtention du quota britannique[286] pour la version anglaise augmente les possibilités de recettes dans les proportions telles que, désirant l'obtenir, nous avons décidé de faire faire les travaux de gouachage et de prises de vues à Londres, ce qui, bien entendu, nous a obligé à certains remaniements du plan de travail. »[287]

Sarrut indique aussi le coût du nouveau devis au 1er juillet 1949 : 182 millions de francs[288]. En définitive, les prévisions de dépenses en France dépassent la somme de 30 millions de francs des estimations du 1er septembre 1948. Il rappelle tout de même que le prix de revient calculé en dollars ressort à « 182 millions : 328 = 554 000 dollars, prix de 3 à 4 fois inférieur à celui obtenu par les équipes américaines pour des marchandises de même importance »[289].

Selon lui, les possibilités de recettes ont augmenté d'ailleurs de façon plus importante que le prix de revient, en raison de la baisse du franc, de l'obtention d'avantages politiques tels que le classement du film « quota anglais » et probablement « italien » et surtout de « la position de premier plan acquise par notre groupe sur le marché cinématographique international »[290].

Sarrut a également obtenu de l'Office des changes un accord de compensation entre les apports en francs de certains groupes de matières premières et les recettes des films en devises. Un groupe lainier mazamétain a de ce fait participé pour 25 millions de francs au financement du film (contre le droit à 50 % des livres, dollars, pesos et monnaies convertibles provenant des recettes du

---

285 CN242-B157. Lettre de Sarrut à M. Flûry, 2 juillet 1949.

286 En 1948, le gouvernement britannique par le Cinematograph Films Act porte le quota de films britanniques qui doivent être projetés dans les cinémas britanniques à 45 % pour les longs métrages et 25 % pour les programmes de complément afin d'encourager la production cinématographique nationale. Ce chiffre ne sera jamais atteint, la part des films britanniques tournant autour de 25 %.

287 CN242-B157. Les Gémeaux au Crédit national, 11 juillet 1949.

288 Pour rappel : devis initial du 13 décembre 1945 : 45,5 millions de francs ; devis en septembre 1946 : 95,5 millions ; devis au 1er septembre 1948 : 152 millions ; devis au 1er juillet 1949 : 182 millions.

289 CN242-B157. Les Gémeaux au Crédit national, 11 juillet 1949.

290 *Ibid.*

film). Un accord formel avait été obtenu d'un groupe cotonnier pour une participation égale à celle du groupe lainier mais la crise textile a créé des difficultés de trésorerie ; le groupe cotonnier n'a pas pu tenir ses promesses et a avisé les Gémeaux de sa défaillance.

Aussi, André Sarrut demande-t-il à nouveau une participation du Crédit national : « Bien que nous rendant compte de l'effort exceptionnel que nous vous demandons, nous espérons que vous voudrez bien, en prenant votre décision [penser] au but que vous vous étiez fixé en nous finançant, c'est-à-dire davantage créer une Industrie Française du Dessin Animé que faire une opération de financement de film »[291]. Pour Sarrut, le but est presque atteint.

Le devis du 15 juillet 1949[292] ressort à 182 millions de francs. Le plan de financement au 13 juillet se présente de la manière suivante[293] :

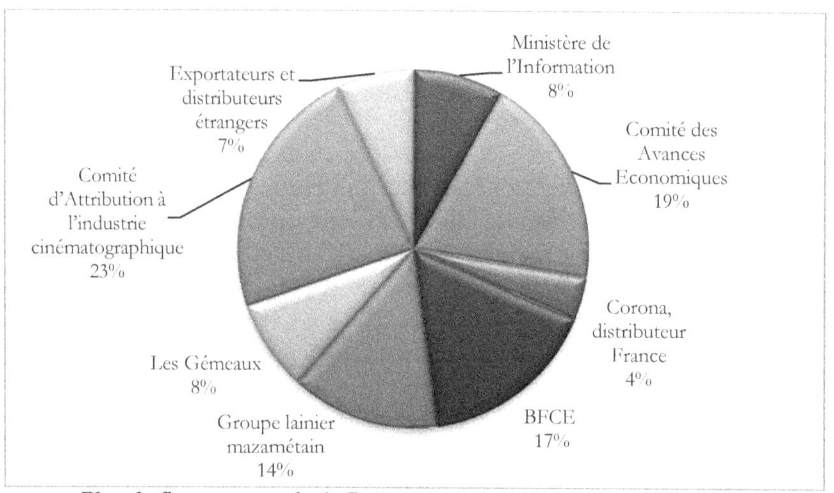

Plan de financement de *la Bergère et le Ramoneur* au 13 juillet 1949.
Devis : 182 millions de francs
Source : Collection des archives de la Cinémathèque française CN252-B157 (n°1)

291 CN242-B157. Les Gémeaux au Crédit national, 11 juillet 1949.

292 Devis du 15 juillet 1949 : Salaires : Animation : 50 507 000 ; Traçage : 14 013 000 ; Décors : 4 496 000 ; Prises de vues essai : 2 829 000 ; Service technique et artistique : 18 794 000 ; Administration : 19 128 000. Total des salaires : 109 767 000. Charges sociales : 24 642 000 ; Frais généraux : 25 220 000 ; Matières premières : 10 888 000 ; Frais directs : 11 506 000. Total : 182 023 000.

293 Plan de financement du 13 juillet 1949 : Ministère de l'Information : 15 millions ; Comité des Avances économiques : 35 millions ; Corona, distributeur France : 7 millions ; BFCE : 30 millions ; Groupe lainier mazamétain : 25 millions ; Société les Gémeaux : 15 millions ; Comité d'Attribution à l'industrie cinématographique : 42 millions ; Exportateurs et distributeurs étrangers : 13 millions. Total : 182 000 000. (Dépenses en Angleterre : 35 000 livres). Au 31 décembre 1948, 89 millions de francs sont investis pour un total de 152 millions de francs (30 millions par la BFCE, 35 millions par le Crédit national, 7 millions d'à-valoir des films Corona, 15 millions du ministère de l'Information, 25 millions d'un groupe lainier mazamétain, 25 millions d'un groupe cotonnier, 15 millions des Gémeaux).

L'animation est terminée aux deux tiers, elle doit être finie pour l'été 1950. Mais il restera alors à effectuer le gouachage, l'établissement du négatif et des copies en Technicolor, toutes opérations qui seront réalisées non plus en France mais en Grande-Bretagne. C'est à la fin de l'année 1950 qu'une copie standard pourrait être présentée. Sur la base de ces prévisions, les dépenses totales de production sont estimées à 182 millions de francs d'une part et 30 000 livres d'autre part. Les 30 000 livres doivent être fournies par le coproducteur britannique qui doit assumer les travaux de finition en Angleterre. Les pourparlers entre Sarrut et les Anglais avanceraient favorablement.

Quant aux 182 millions de francs à dépenser en France, ils représentent pour les Gémeaux un dépassement de 30 millions par rapport aux 152 millions de francs de ressources ; mais parmi celles-ci, 25 millions ne peuvent plus être réalisés par suite de la défaillance du groupe cotonnier qui devait les apporter.

C'est donc un financement supplémentaire de 30 + 25 = 55 millions de francs que recherche à nouveau les Gémeaux. Afin de pouvoir déléguer en garantie d'un nouveau concours les premières recettes du film *la Bergère et le Ramoneur*, elle demande aux bailleurs de fonds qui sont intervenus jusqu'à présent de reculer de 55 millions leur rang de remboursement.

La question posée s'adresse en premier lieu au Comité des Avances économiques : le prêt de 35 millions qu'il avait consenti devait, d'après les conventions, être intégralement remboursé lorsque les recettes des pays autres que les États-Unis et la Grande-Bretagne atteindraient 49 millions (puisqu'il était amortissable par 5/7 de ces recettes). Les Gémeaux propose en juillet 1949 que ces 35 millions soient remboursables sur la tranche comprise entre 62 et 97 millions des recettes à venir de tous les pays autres que le continent américain, le Commonwealth britannique et l'Italie.

Sur les 62 premiers millions de recettes de ces territoires, 1/7 demeurerait réservé à concurrence de 7 millions au remboursement de l'à-valoir du distributeur Corona. Les 55 autres millions pourraient être offerts à de nouveaux financiers.

Les Gémeaux suggère que ces 55 millions soient répartis en :

- 13 millions d'à-valoir d'importateurs étrangers remboursables par la moitié des recettes disponibles sur tous les pays étrangers (c'est-à-dire le monde entier sauf, d'une part, le continent américain, le Commonwealth britannique et l'Italie, d'autre part la France et les autres territoires de l'Union française et la Belgique) ;
- 42 millions d'avance à obtenir du Comité d'attribution des avances à l'industrie cinématographique au titre de la loi du 19 mai 1941 : à leur remboursement serait affectée l'autre moitié des recettes disponibles des pays étrangers visés à l'alinéa précédent, et toutes les recettes disponibles en France et dans les autres territoires de l'Union française et la Belgique.[294]

[294] CN242-B157. Rapport du 18 juillet 1949.

Mais pour le Comité d'attribution des avances à l'industrie cinématographique réuni le 19 juillet 1949, il ne peut en être question : « L'achèvement de ce dessin animé de long métrage exigerait un financement supplémentaire de 55 millions de francs à répartir sur 18 mois de travail : dans ces conditions, il ne paraît pas opportun, malgré le préjugé favorable qui s'attache à cette production, de les prélever même partiellement, sur les crédits de la loi du 19 mai 1941 : le concours de l'État ayant été donné par application de la loi du 3 novembre 1940, c'est dans le même cadre que doit s'insérer tout concours supplémentaire. »[295]

Le 5 août 1949, le Service du contentieux du Crédit national envoie aux Gémeaux une mise en demeure d'huissier : en effet, les Gémeaux doit 879 375 francs qui correspondent au montant des intérêts dus au 30 juin 1949 : « Faute par votre société de donner satisfaction au Crédit national, dès réception de la présente lettre recommandée, formant mise en demeure, je serai dans l'obligation d'engager des poursuites, sans autre avis. »[296]. Le 10 août, les Gémeaux paie les intérêts demandés.

Le 1er septembre 1949, André Sarrut lance un nouvel appel au secours : il demande à nouveau une modification du rang de remboursement[297] mais le Crédit national refuse de prêter de nouvelles sommes : il y a déjà deux crédits : auprès du Comité d'attribution des avances à l'industrie cinématographique et auprès du Comité d'Avances économiques.

Au 30 septembre 1949, la société les Gémeaux enregistre un passif de 41 millions de francs (dont 32,9 millions rien que pour les avances bancaires)[298] et déjà 142 millions de francs ont été dépensés pour le film (sur un total prévu de 182 millions). Selon Sarrut, 75 % des travaux d'animation ont été effectués au 30 septembre 1949 et qu'ils seront totalement achevés dix mois plus tard, soit fin juillet 1950.

Sarrut indique que pour les cinq dessins animés de court métrage il a signé le 20 juillet 1949 un contrat de distribution aux États-Unis garantissant 100 000 dollars de recettes brutes[299] : « Ceci prouve que nos dessins animés ont

---

[295] CN242-B157. CAAIC, 19 juillet 1949.

[296] CN242-B157. Service du Contentieux aux Gémeaux, 5 août 1949.

[297] CN242-B157. Sarrut au Crédit national, 1er septembre 1949.

[298] CN1727-B158. Au 30 septembre 1949, un passif de 41 millions de francs : 3,4 millions pour les fournisseurs, 2,8 pour les frais à payer, 1 million de salaire, 1,4 million de compte courant, 32,9 millions d'avances bancaires.

[299] CN242-B157. À partir du 4 novembre 1949, les cinq courts métrages des Gémeaux passent en exclusivité au Radio City Music Hall de New York. Premier cinéma d'exclusivité de New York et des États-Unis. « Le fait de faire partie de son programme est un succès exceptionnel ». La garantie pour chacun des cinq dessins animés est 1 000 dollars la première semaine, 500 pour la 2ème et 350 pour la troisième et les semaines suivantes. Cette exclusivité nous assure le passage dans les grands circuits américains, ce qui représente une recette bien supérieure aux 100 000 dollars qui nous étaient garantis

obtenu une classe suffisante pour bénéficier de la grande distribution américaine qui, dans une affaire comme *la Bergère et le Ramoneur* doit représenter la couverture du prix de revient sur les États-Unis seulement ».

Sarrut indique également, « à titre de mémoire » que son groupe Sagitta-Film a produit un film en deux versions, française et américaine, *Hans le marin* avec Maria Montez, Jean-Pierre Aumont et Lilli Palmer sur une musique de Joseph Kosma qui est assuré par contrat de distribution aux États-Unis d'un minimum de recettes brutes de 400 000 dollars (coproduction entre Sagitta-Film, Caravelle Films et Christina Inc., distribué aux Etats-Unis par Eagle Lion Classics). Au 14 octobre 1949, les recettes mondiales pour ce film s'élèvent à 202 490 000 francs[300]. D'après les chiffres du box-office français réunis par le CNC, *Hans le marin* a réuni 1 891 996 spectateurs en France dont 340 598 pour Paris ce qui est plutôt un bon résultat. Pourtant dans un rapport daté du 29 juin 1951, il est indiqué que *Hans le marin* est exploité aux États-Unis depuis quatre mois et que le film produit 10 000 dollars par mois depuis trois mois, ce qui est relativement peu élevé. « Il n'y a pas moyen d'obtenir les prévisions de recettes des distributeurs américains »[301] indique Sarrut. Le film a connu un succès intéressant en Italie mais pas du tout en Angleterre ni sur le continent américain. Malchance pour *Hans le marin* : trois sociétés allemandes qui exploitaient successivement le film ont fait faillite, ainsi qu'une société belge et deux sociétés américaines.

Sarrut a constitué un groupe franco-anglo-américain (Les Gémeaux-Sagitta-Film, Galleon Film et Cusick International Film) qui doit produire des films en double version française et américaine. Landrot et Dubrisay se souviennent :

---

par contrat. « Étant donné l'appui que vous nous avez toujours apporté, nous sommes heureux de vous annoncer cette nouvelle ». Sarrut au Crédit national, 23 septembre 1949. « Résultats obtenus par la SA les Gémeaux depuis le début du dessin animé de long métrage *la Bergère et le Ramoneur* et par le groupe Les Gémeaux – Sagitta-Film sur le marché international ». Note n°89 de M. Sarrut le 14 octobre 1949 : « Après avoir remporté les récompenses les plus élevées, sont maintenant exploités dans tous les pays du monde y compris les États-Unis. Aux États-Unis, un contrat de distribution pour les *shorts* garantit par *short* le passage dans un minimum de 1 000 salles importantes dont le prix de location ne pourra pas être inférieur à 20 $ par salle. Ce qui donne un minimum garanti de recettes brutes de 20 000 $ par *short*. Cette distribution est consentie à 50/50, la part producteur devant en outre supporter le tirage des copies. L'exclusivité aura lieu à partir du 4 novembre 1949 aux États-Unis au Radio City Music Hall de New York, le plus grand et le plus prestigieux cinéma des États-Unis. Aucun dessin animé étranger n'a été présenté dans cette salle. Cette exclusivité assure la sortie dans les plus grands circuits. Le tarif de location par semaine et par dessin animé qui est de 1 000 $ pour la première semaine, 500 $ pour la seconde, 350 $ pour la troisième et les suivantes, fait prévoir que le minimum de recettes de 100 000 $ garanti par contrat pour les cinq dessins animés sera largement dépassé. »

300 Portugal (70 000 escudos) : 840 000 f ; Allemagne (400 000 marks) : 32 000 000 f ; Belgique (600 000 f belges) : 3 600 000 f ; Suisse (35 000 f suisses) : 2 800 000 f ; Égypte (600 £) : 600 000 f ; Irak-Iran (500 £) : 500 000 f ; Palestine (1 000 $) : 350 000 f ; Turquie (2 000 $) : 700 000 f ; Grèce (2 000 $) : 700 000 f ; Commonwealth (30 000 £) : 30 000 000 f ; Continent américain (300 000 $) : 100 000 f ; France : 30 000 000 ; Syrie-Liban : 400 000. Total : 202 490 000 f. CN1727-B158.

301 CN261-B173. Rapport suite à la visite d'André Sarrut au Crédit national, 29 juin 1951.

« Sarrut faisait autre chose que du dessin animé et ça ne plaisait pas à Grimault »[302] qui ne s'en cache pas dans une note du 25 janvier 1951 : « Dans un désordre qui n'échappe à personne, André Sarrut entreprend de nombreuses activités dont il ne peut bientôt plus contrôler l'évolution. Il n'admet pour travailler autour de lui que des gens qui le suivent sans faire aucune critique dans ses nombreux écarts de gestion. »[303] Dans un autre entretien, Landrot indique : « L'ambiance devient de moins en moins agréable aux Gémeaux. Peut-être y a-t-il aussi des questions d'intérêt, d'autant plus qu'André Sarrut produit par ailleurs plusieurs longs métrages en vues réelles dont un avec Merle Oberon. Paul Grimault ne se sent-il plus vraiment chez lui et a-t-il l'impression que son film lui échappe ? »[304] Grimault écrit en effet :

> « Nous n'étions plus qu'à six mois de l'achèvement du film. Un accès de mégalomanie s'était développé dans les hautes sphères des Gémeaux entourées de maintenant plusieurs sociétés satellites. Tout le monde semblait avoir oublié un détail pourtant capital. La sous-estimation du devis d'origine établi par la production pour faciliter l'engagement des financiers de la première heure. Des ambitions exagérées de la part de son président, aggravées d'une prétention à la création refoulée depuis longtemps, avaient modifié profondément l'esprit même des Gémeaux. Financièrement, la société se trouvait en difficulté. Sarrut voulait s'occuper de trop de choses à la fois, empiétant dangereusement sur un territoire qui, fort heureusement, n'avait jamais été dans ses attributions. Par solidarité, j'essayais plutôt de le couvrir en expliquant la part difficile qu'il avait dans l'association.[305] »

Sarrut précise que les travaux à faire en Angleterre (gouachage, établissement des négatifs et des copies en Technicolor) qui représentent une dépense de 31 000 livres sont payés par les groupes anglais intéressés (Galleon Films Ltd)[306].

Le 26 octobre 1949, Sarrut obtient finalement une nouvelle avance (la troisième) de 15 millions de francs par le Comité d'attribution des avances économiques (soit un total de 50 millions de francs)[307]. En décembre, Michel

---

302 Entretien de Gilbert Dubrisay et Philippe Landrot avec l'auteur, Paris, 17 janvier 2008.

303 Cité dans Jean-Pierre Pagliano, *Le Roi et l'Oiseau. Voyage au cœur du chef-d'œuvre de Prévert et Grimault*, p. 68.

304 Entretien de Philippe Landrot avec l'auteur, Paris, 14 janvier 2008.

305 Paul Grimault, *Traits de mémoire*, p. 158.

306 CN1727-B158. Les Gémeaux au Crédit national, 22 décembre 1949.

307 CN1727-B158. Extrait du procès-verbal de la séance du 26 octobre 1949, CAA, loi du 3 octobre 1940. « Bien que la Société ait déjà obtenu de l'État, pour la réalisation du film *la Bergère et le Ramoneur* un concours financier de 50 millions (dont 35 millions au titre des Avances économiques et 15 millions de participations du ministère de l'Information) et une garantie (assurance crédit) couvrant à concurrence de 24 millions une avance de la BFCE, le Comité ne croit pas devoir refuser une [3ème et]

Fourré-Cormeray, directeur général du CNC, accepte ce que demandait Sarrut, c'est-à-dire de reculer le rang de remboursement prévu au contrat du 13 décembre 1945 entre les Gémeaux et le ministère de l'Information[308]. Le 22 décembre 1949, Sarrut se rend au Crédit national pour signer le contrat d'avance complémentaire qui est versée le 30 janvier 1950.

Le coût définitif de *la Bergère et le Ramoneur* devrait atteindre 213 millions, voire 221 millions de francs. Débutée le 1er août 1946, la production du film avait été pourtant budgétée à l'origine à 36 millions de francs en juillet 1944 (voire même 20 millions en novembre 1943). Trois ans et demi après ce démarrage, le film n'est toujours pas terminé et les dépenses explosent. Alors qui est responsable ?

---

dernière avance de 15 millions justifiée par l'augmentation du devis dont la part financée en France atteint actuellement 190 millions, et celle financée en Angleterre 31 000 £. »
Remboursement : ainsi porté à 50 millions, le prêt consenti au titre des Avances économiques en dernière analyse remboursable à raison de 15 millions de francs au moins avant la fin de la 3ème année et le solde avant la fin de la 4ème année, ces délais courant de la date de réalisation de la dernière tranche de 15 millions.
Garanties : Délégation des recettes nette producteur à venir de l'exploitation du film *la Bergère et le Ramoneur* dans les conditions suivantes : 1) les 15 premiers millions à venir de l'exploitation en France et dans les autres territoires de l'Union française ; 2) Toutes les recettes d'exploitation dans le monde entier à l'exclusion du territoire américain, du Commonwealth britannique et de l'Italie, mais après une franchise de 62 millions de francs ; 3) Toutes les recettes du continent américain, du Commonwealth britannique et de l'Italie, mais après une franchise égale à la somme des trois éléments suivants : 30 millions de francs avancés par la Banque française du commerce extérieur ; 31 000 £ fournies par le coproducteur britannique ; et les avances qui couvriraient, le cas échéant, les dépassements du devis actuel (190 millions de francs et 31 000 £) à la condition que la direction générale du Crédit national ait préalablement accepté une cession d'antériorité en leur faveur.
La commission de distribution du film en France métropolitaine ne devra pas excéder 20 %.
Participation aux bénéfices : sur 75 % des recettes d'exploitation du film dans le monde entier dépassant son prix de revient définitif, l'État représenté par le Crédit national aura droit à 25 % (au lieu de 20 %).

[308] CN242-B157. Lettre du Crédit national aux Gémeaux, 6 décembre 1949.

Chapitre 3. 1950-1952. « Dormez, dormez, petits oiseaux. Petits oiseaux chéris, petits oiseaux chéris ! Papa est là qui veille, Papa qui veille au grain. Dormez petites merveilles, il fera jour demain. Dormez, dormez, petits oiseaux. Petits oiseaux chéris, petits oiseaux chéris ! »

Interprétée par Pierre Brasseur (l'Oiseau), cette « Berceuse paternelle » est plutôt beuglée. Brasseur n'ayant pas du tout l'oreille musicale, Kosma joue au piano la berceuse, phrase après phrase pour l'aider à chanter. Composée par Jacques Prévert et Joseph Kosma, elle fait écho à une autre chanson écrite quelques années plus tôt par le poète mais sur une musique de Maurice Jaubert. Elle est entendue dans *Drôle de drame* (1937) réalisé par Marcel Carné. C'est Michel Simon incarnant Irwin Molyneux qui chante : « Dormez, dormez petits pigeons. Dormez, dormez petits pigeons. Demain les cloches de Londres, ding-dong, ding-dong, les cloches de Londres vous réveilleront. Dormez, dormez petits pigeons... ». Comme le note Danièle Gasiglia-Laster pour *Drôle de drame*, « le thème de l'identité et du double est ici poussé à ses limites »[309] et réapparaît dans le scénario de Prévert pour *la Bergère et le Ramoneur*.

Ce troisième chapitre s'intéresse à la dernière période de la production proprement dite du film soit les années 1950 à 1952. La question de la part de responsabilité de chacun dans le naufrage qui s'annonce devra être établie et ce thème du double sied à merveille à la période qui s'ouvre. « Les choses ne sont pas toujours ce qu'elles semblent. Le premier coup d'œil trompe bien des gens ; peu d'esprits comprennent ce que l'art a comme enveloppé d'un voile ingénieux »[310] écrit le fabuliste romain Phèdre.

* * *
* *

En janvier 1950, les possibilités financières de la société se trouvant épuisées, les Gémeaux fait de nouveau appel à l'Etat et à certaines banques. D'après un plan de travail établi le 1er janvier 1950, fixant définitivement la terminaison de l'animation au 20 juillet 1950, les dépenses totales restant à engager

---

309 Danièle Gasiglia-Laster, *Jacques Prévert, celui qui rouge de cœur*, Paris, Séguier, 1994, pp. 128-129.
310 Phèdre, Livre IV, Fable II *la Belette et les souris*. Traduit par J. B. Gail en 1796.

s'élèvent à 33 675 000 francs[311]. Les Gémeaux doit en plus rembourser à la société de distribution Corona une somme de 5 millions, soit un total général de 47 333 000 francs. Ces dépenses devraient être couvertes par le Comité des Avances économiques pour 15 millions et un crédit à moyen terme pour 32 millions[312]. Le total des rentrées prévues[313] est par contre aléatoire et André Sarrut indique à côté du total le 20 janvier 1950 : « indéterminé ». Les découverts de la société auprès des banques deviennent également extrêmement importants (plus de 40 millions de francs dans le cas de Vernes & Cie)[314]. La société a de plus en plus de difficultés à faire face aux remboursements des seuls intérêts : 879 625 francs en janvier 1950[315]. Et l'on ne parle pas du capital emprunté.

C'est dans cette ambiance très particulière que les travaux en Angleterre commencent le 15 septembre 1949 aux studios Stratford Abbey Ltd à Stroud dans le comté de Gloucestershire. Philippe Landrot, le seul employé parfaitement bilingue suite à des cours d'anglais très réguliers depuis l'enfance, y est envoyé. En leur donnant une partie importante du travail, créant ainsi une coproduction franco-anglaise, André Sarrut compte obtenir le « quota anglais ». Cette partie du travail consiste dans toute l'exécution, c'est-à-dire la préparation industrielle des couleurs (d'après les modèles de Grimault), le coloriage d'au moins 200 000 voire 300 000 cellulos avec une dizaine de couleurs par personnage (alors que les Anglais utilisent une peinture spéciale cellulos qui les rend souples et faciles à manipuler, les Français insistent pour qu'on utilise de la gouache avec du fiel. Grimault dit que les couleurs sont ainsi plus éclatantes. Cependant, les cellulos se cassent en morceaux car ils sont très fragiles), la vérification, la préparation et les prises de vue Technicolor (trois prises par image) ; le développement et le tirage aux laboratoires Technicolor (il n'y a plus d'autre laboratoire couleur en Europe puisque Agfacolor est aux mains des Russes, il faut donc patienter de longs mois ; alors pour faire accélérer les choses, Etienne Laroche, le directeur de la production des Gémeaux,

---

311 Animation : 10 800 000 ; Cellulos : 3 675 000 ; Prise de vues : 900 000 ; Décors : 1 470 000 ; Technique : 1 800 000 : Direction : 2 200 000 ; Charges sociales : 5 330 000 ; Matières premières : 1 700 000 ; Frais directs : 1 600 000 ; Frais généraux : 4 200 000.

312 « Pour ces crédits, les signatures seront : ou celle du groupe lainier mazamétain dans la mesure où l'opération *Hans le marin* en Amérique sera terminée heureusement. Il y a toutes les chances pour que cela arrive puisque le dernier obstacle, la censure, a été passé il y a trois jours ; ou celles des groupes qui nous aident habituellement : Odier Bungener & Cie., UFEFE, Vernes & Cie, les quatre membres du groupe lainier mazamétain, Union des banques Paris, etc. etc. Total : 47 millions. » La différence entre ces 47 millions et les 47,333 francs nécessaires à la couverture des dépenses de *la Bergère et le Ramoneur* soit 333 000 francs sera couverte par les Gémeaux.

313 « Ce peut être : à-valoir exportateur : 15 millions ; comptes courants divers : 9 197 000 ; Solde escompte recettes courts métrages : 4 000 000 ; Aide apportée par nos associés anglais et américains : mémoire ; Recettes *shorts* supérieures à escompte UFEFE, prévisions : 10 millions ; Recettes diverses, publicité, etc., etc. : mémoire. »

314 Découvert Vernes & Cie : 41 942 000 ; Découvert Bungener : 4 730 000 ; Découvert Union des banques : 1 025 000 ; Total : 47 697 000 fr.

315 CN242-B157. Le Crédit national aux Gémeaux, 10 janvier 1950. « La somme de 879 625 francs en règlement de votre échéance semestrielle d'intérêts ne nous est pas encore parvenue ».

quand il vient en Angleterre, donne un bakchich, se souvient Landrot). La préparation, la mise en route des studios et la production elle-même donne du travail convenablement payé pendant plus de trois ans (de 1949 à 1952) à une centaine d'artistes et de techniciens anglais. Se pose évidemment un problème d'harmonisation du travail entre les studios anglais et français. Gabriel Allignet dans une expertise technique datée du 15 septembre 1949 pointe le manque de rigueur technique et de raffinement esthétique du studio de Stratford Abbey tout en reconnaissant un bon équipement.

Landrot représente à la fois le directeur artistique et le producteur, ce qui n'est pas facile. Revenant très rarement à Paris, il ignore l'évolution exacte de la situation en France. L'animateur Jean Vimenet, parti de New York le 5 octobre 1948, revient en Europe. En décembre 1949, Vimenet reçoit de la Comète (autre société de Sarrut) une proposition d'engagement de 20 000 francs pour des recherches et la réalisation de décors pour le film *Miral* ; et 40 000 francs pour son travail sur l'échantillonnage couleurs aux Gémeaux (deux jours) et un film sur le ciment pour la Comète (trois ou quatre jours). Il participe également pour la Comète au film *Pento*. En 1950, il est chargé sous la responsabilité de Landrot de s'assurer de la conformité des couleurs fabriquées en Angleterre afin d'assurer une parfaite harmonisation : « Je recevais des échantillons de couleur à la gouache et il fallait retrouver ça avec des peintures à l'huile. C'était un drôle de boulot parce qu'il fallait que ce soit très juste ! Pour certains personnages, il y avait une vingtaine de couleurs ! »[316]. Gabriel Allignet : « Non seulement ça, mais la couleur change selon la couche de cellulos – et en plus le personnage passe dans l'ombre : il y a le jaune dans l'ombre, il y a le bleu dans l'ombre… »[317] Vimenet reste seulement quelques jours « assistant à la couleur » car son séjour anglais ne se passe pas comme prévu.

Jean Vimenet se souvient : « Au début du mois de juillet [1950], on me remet une lettre qui est censée être une proposition que je fais aux Gémeaux dont voici les termes : « projet Vimenet concernant couleur *la Bergère et le Ramoneur* ». « Messieurs comme suite au contrat que j'ai signé avec vous le 7 mars 1950 et étant avisé que ce contrat arrivait à terme le 31 juillet 1950, je m'engage par la présente à réaliser durant le mois de juillet 1950 le plan de travail suivant : J'accepte de subir une pénalité de … par jour au cas où je livrerais une ou plusieurs (couleurs) en retard etc. ». Je rends cette lettre en demandant au directeur de production si c'est une plaisanterie. Sourire gêné et lui me disant ne pas vouloir se mouiller dans une histoire pareille. Dégonflage total dudit. Puis, plus aucune nouvelle. À cette période, M. André Sarrut me fait un plan de travail prévoyant un certain nombre de couleurs à faire pour les trois premières semaines du mois de juillet et prévoyant la quatrième pour rectification de couleur en Angleterre ; les trois premières semaines d'août vacances et reprise du travail la quatrième semaine. Je prends ce

316 Entretien de Jean Vimenet avec Jean-Pierre Pagliano le 19 novembre 1991 repris dans Jean-Pierre Pagliano, *le Roi et l'Oiseau. Voyage au cœur du chef-d'œuvre de Prévert et Grimault*, p. 19.

317 Entretien de Gabriel Allignet avec Jean-Pierre Pagliano le 19 novembre 1991 repris dans Jean-Pierre Pagliano, *le Roi et l'Oiseau. Voyage au cœur du chef-d'œuvre de Prévert et Grimault*, p. 19.

plan de travail et j'en propose un à M. Sarrut en lui indiquant les choses que je peux faire dans les délais qu'il me donne. Je lui signale que dans la semaine qu'il prévoit pour ce déplacement en Angleterre le nombre de couleurs que je rectifierai sera entre 21 et 25. Le jeudi 20, je demande à Etienne Laroche des nouvelles de mon voyage en Angleterre. Je reçois mon billet le 21 juillet ; départ lundi 24 (sans argent et avec beaucoup de difficultés pour passer à la douane anglaise). »

Etienne Laroche des Gémeaux écrit à Jean Vimenet le 25 juillet 1950 alors que ce dernier est arrivé à Stroud : « Nous vous confirmons les indications que M. Duchaussoy a dû vous faire parvenir en ce qui concerne la durée de votre séjour à Stratford Abbey. Il est en effet indispensable que vous profitiez de votre séjour actuel pour corriger et permettre le travail de mise en couleurs de toutes les couleurs de la séquence peinture. Il se peut que vous n'ayez pas le temps matériel de faire ce travail d'ici la fin du mois, aussi nous vous prions de bien vouloir rester à Stroud le temps nécessaire pour mener à bien ce travail, ce qui correspond à notre avis à un séjour supplémentaire maximum d'une semaine. Nous avons demandé à M. Tilley de vous faire parvenir 15 livres pour vos *living expenses* dont le montant sera déterminé définitivement en fonction de la durée de votre séjour. »

« Le travail que Laroche me demande représente en deux semaines 95 couleurs ; malgré les indications que je lui avais fournies un mois auparavant à savoir trois couleurs par jour. Tenant compte de la rupture de mon contrat au mépris total pour les engagements ultérieurs pris par moi à partir du 1er août, ma réponse est non et je dis ma décision de rentrer le 30 juillet comme prévu, ce qui attire une réponse de M. Laroche : « Je me fous de tes vacances » (Ce qui ne l'empêche pas de partir de son côté aux Baléares.). Je reçois une lettre de licenciement non recommandée et m'enjoignant d'attendre les ordres de M. Laroche pour mon retour sans tenir compte même des arrangements que j'avais pu prendre pour la perte des vacances. Je décide de ne tenir aucun compte de la partie de la lettre me demandant de rester à Stratford Abbey et décide de rentrer à Paris à la fin de la semaine de séjour. J'estime avoir prévenu suffisamment tôt de la cadence du travail qu'il me serait possible de fournir pendant mon séjour en Angleterre. Voici la situation. J'ai l'intention de retourner aux Gémeaux en espérant les forcer à me faire parvenir une lettre légale de licenciement. Au bout du fil, M. Laroche me dit qu'il regrette et que nous ne pourrons plus collaborer à l'avenir. Je signale d'autre part que la paye pour l'ensemble du personnel devait avoir lieu le 21 ou 22 juillet, il me fut donc versé à cette date que 40 % de mon salaire, le reste devant être versé le 29 ou le 31 juillet. Je comptais là-dessus pour aller en vacances, ce qui me force à décommander les engagements pris pour les vacances faute d'argent pour le voyage ma femme et moi. Aujourd'hui [le 3 août 1950] l'argent n'est toujours pas versé. Je réfute absolument l'accusation de faute professionnelle. »[318]

---

[318] Divers documents manuscrits et lettres conservés aux archives de l'association Jean Vimenet, son œuvre. L'affaire est jugée au conseil des prud'hommes le 14 décembre 1950. Une lettre du 4 juillet 1951 du Syndicat des techniciens de la production cinématographique à Jean Vimenet

Trois studios anglais travaillent pour les Gémeaux :

- Stratford Abbey[319] Films donc à l'ouest des Cotswolds Hills où s'étaient réfugiés Anson Dyer, vénérable précurseur du dessin animé anglais et sa brillante équipe (Harold Whitaker, animateur et Sid Griffiths, opérateur) pour fuir les bombardements allemands sur Londres en 1940. Durant la guerre, l'équipe tourne des films d'information pour le gouvernement par le biais de la société Analysis Films. Le nom de l'assistant de Landrot est ironiquement Churchill. Dans un entretien avec la BBC en 2010, Whitaker se souvient de son travail sur un autre long métrage d'animation sorti en 1954 : « Nous avons passé quatre ans à travailler sur *la Ferme des animaux*. Le film a été tourné par Halas et Batchelor dans leur studio de Londres et à Stroud. J'ai d'abord travaillé comme animateur pour Anson Dyer à Stratford Abbey. Ensuite, j'ai été recruté avec les autres membres de l'équipe d'Anson Dyer par John Halas pour travailler sur le projet *la Ferme des animaux*. Nous avions une section animation à Stroud. La plupart de l'animation – les trois quarts – a été faite à Londres. Le traçage et la peinture étaient faits à Londres mais le gouachage, la peinture et la prise de vues étaient faits à Stroud. Le matériel était continuellement transporté par chemin de fer, service qui était très bon à l'époque. Vous pouviez envoyer des trucs en express à toute heure du jour et de la nuit et récupérer vos rushes le lendemain matin. Cela a très bien fonctionné pendant les 18 mois pendant lesquels le film a été tourné. »
- Diagram Films à Londres. Petit studio d'excellente réputation au travail impeccable.
- Enfin, un troisième studio est monté ultérieurement par Kavanagh (le patron) et Landrot entre Dean Street et Wardour Street à Soho (Londres), où règne parfois une ambiance *artiste* un peu délirante, mais « on y travaille dur dans la joie et la bonne humeur. Ainsi, en été, les jeunes filles travaillent-elles en maillot de bain » sourit Landrot…

Chez Kavanagh, le plus difficile est la prise de vues. C'est la chasse aux reflets. Les cellulos rayés par le transport et gondolés par l'humidité renvoient la moindre source de lumière parasite des projecteurs dans l'objectif de la caméra.

---

indique toutefois : « Cher Camarade, Ci-joint un projet de plainte au Procureur pour l'affaire Sarrut. Le plus simple est que vous l'adressiez directement au Procureur. ». Dans une autre lettre du 24 mai 1979, Jean Vimenet écrit à Maître Gambier de la Forterie (conseil de Pierre Prévert) : « N'étant jamais parvenu à faire juger l'affaire au fond… ». Dans ce courrier, on apprend également que la société les Gémeaux n'a pas cotisé à la Sécurité sociale et que Jean Vimenet risque de « perdre le bénéfice de dix années de cotisations « employé » ». Le 13 juin 1979, Paul Grimault et Gabriel Allignet signent alors une attestation sur l'honneur selon laquelle Jean Vimenet a bien travaillé aux Gémeaux entre 1938-1939, 1942-1947 et 1950-1951. Sur une autre attestation du 27 août 1979, Grimault et Allignet attestent que Jean Vimenet a été responsable de la couleur du 15 janvier 1949 au 15 novembre 1950.

[319] De 1870 à 1939, les bâtiments de l'abbaye de Stratford accueillent une école privée pour filles appelée Stratford Abbey College tenue par les sœurs Isacke. Après avoir été un studio d'animation pendant quelques années, la très belle abbaye de style Tudor est rasée en 1961 pour laisser la place à une station-service.

C'est en Angleterre que le jeune opérateur et Landrot (qui avait les premières lunettes de soleil anti-reflets) ont l'idée d'utiliser pour la première fois des écrans filtrant. « Enfin... on peut finir la prise de vues ! Plus tard, nous fûmes imités, sans toucher le moindre droit ! » se souvient Landrot.

Sarrut vient en Angleterre voir ce qui se passe, parfois accompagné de Laroche (directeur de production aux Gémeaux) et aussi du représentant des banques qui souhaite constater l'avancement des travaux. Un jour, il est arrivé à Landrot, entre deux rendez-vous, de proposer à Sarrut d'aller prendre une bière dans un pub sympa et tout à fait convenable. Sarrut s'arrête net et avec sa véhémence comique : « Ah, mon pauvre ami... en plus de l'eau que je bois ! Pas de bière, pas de bière... On n'arrête pas d'avoir la main à la braguette dans ce pays ! ». Un autre jour, Landrot lui propose la visite d'une galerie de peintures : « Non, non pas ça, je ne peux pas ». Landrot, étonné, se souvient que Sarrut avait une fois retouché un décor, sans maladresse, juste avant la prise de vue... Sarrut d'ajouter : « Vous comprenez, mon vieux, j'aime la peinture, j'ai toujours voulu en faire, alors quand je vois le talent de tous ces peintres, ça me rend malade. » Selon Marthe Sarrut, son épouse, il avait en effet un vrai talent de peintre. Pour le tennis, il en parle plus volontiers, c'est le meilleur et gaucher en plus. Il parle aussi de rugby mais Landrot sait que Sarrut ne fait pas le poids. Cela lui remonte le moral... En somme, ils sympathisent, surtout en dehors des heures de travail. Landrot se souvient que Kavanagh, le patron du troisième studio, était un sympathique Irlandais. Hélas, il était joueur et avait perdu aux courses, ce qui avait retardé d'un mois les salaires de l'équipe. À l'époque, les chèques sans provisions étaient sévèrement punis en Angleterre. Il avait fallu prévenir les frères Grunwald par qui passait l'argent. Kavanagh leur a demandé un délai. C'était grave. Sans dire la vérité, Landrot y est allé d'un petit discours rassurant pour l'équipe. Tout est rentré dans l'ordre assez rapidement. À Londres, Landrot rencontre souvent les frères Anatole et Dimitri de Grunwald. Leur bureau, dans Half Moon Street, qui donne sur Piccadilly, est leur lieu de rendez-vous. Ils l'emmènent parfois dans un restaurant fréquenté par la princesse Margaret, se souvient Landrot[320].

Mais pourquoi le travail sur le film est-il si lent ? Philippe Landrot avance une première explication : les nouveaux venus de l'équipe sont souvent des graphistes, des artistes peintres en difficulté financière, de « vrais artistes, quoi ! ». La plupart ne s'adapte pas. André Sarrut s'inquiète : la production n'avance pas, malgré le travail et l'énergie de tous. Il y a quelque chose qui ne marche pas dans les méthodes et l'organisation. Les dépenses deviennent incontrôlables. Sarrut fréquente de plus en plus le ministère pour obtenir de nouvelles subventions. Un des responsables de la commission des crédits à la création et à l'exportation des produits culturels est un ami de Landrot. Il connait bien André Sarrut qui est apprécié pour son esprit, sa ténacité, sa drôlerie même dans les circonstances difficiles que connaît son entreprise. Il paraît que son dernier argument est une

[320] Entretien de Philippe Landrot avec l'auteur, Paris, 14 janvier 2008.

sorte de menace assez drôle se souvient Landrot : « Nous avons encore besoin de beaucoup d'argent... Mais si vous arrêtez maintenant le financement, vous perdrez tout ce que vous avez investi ! Quel toupet !... Il s'agissait quand même de plusieurs dizaines de millions de francs ! » Mais l'argent n'est pas tout. Sarrut, sans pouvoir analyser les détails, se rend compte d'un grand gâchis par manque d'expérience. À tous les niveaux de la production, du scénario à la préparation, de la réalisation à l'animation... et à l'exécution, tous manquent d'expérience, concède Landrot. « À tous les niveaux, nous perdons de l'argent... et cela n'avance pas ! »[321]

Gabriel Allignet indique que des moulages ont été fabriqués pour servir de référence pour les animateurs (seul le robot n'a pas été moulé). Comme il y avait trop de changements de proportions entre les personnages, Leffingwell et Harbough proposent d'envoyer des Etats-Unis une équipe de *checking* qui sera finalement constituée sur place à Neuilly-sur-Seine. Tout passe alors au *checking* : tracé et correction des perspectives, décors, personnages (qu'il s'agit d'épurer). Jacques Thévenet est recruté en février 1949[322]. À son arrivée, le storyboard du film est terminé et le studio s'organise enfin de manière industrielle[323]. Thévenet s'occupe de ce tout nouveau service *checking* avec Mousseau et Bernard Videau puis devient directeur de la production. Il doit gérer 600 plans, une centaine de décors et près d'une cinquantaine de personnages. Le film nécessite 150 000 dessins et 150 000 photographies. Les auteurs Catherine Winder et Zahra Dowlatabadi expliquent en quoi consiste le *checking* : « Une fois qu'une scène a été terminée avec les effets visuels et que le décor a été peint, il est nécessaire de vérifier (*to check*) tous les éléments de la scène pour être sûr qu'ils sont prêts pour la dernière étape de la production : l'encrage et le gouachage. Le *vérificateur* [superviseur] de l'animation (*animation checker*) compare les informations répertoriées dans la *scene folder* [fiche de suivi] avec son contenu. Lorsque des éléments sont manquants, comme un décor superposé (*overlay*), le *vérificateur* de l'animation veille à ce qu'ils soient retrouvés et insérés dans la scène. Le *vérificateur* consulte la feuille d'exposition (*exposure sheet*) en s'assurant que tous les éléments y sont correctement notés. Avec tous les éléments d'une scène réunis à ce stade, le *vérificateur* de l'animation est chargé de s'assurer que les mouvements de caméra prévus sont techniquement réalisables. Si ce n'est pas le cas, le *vérificateur* de l'animation propose des solutions alternatives en discutant avec le réalisateur et modifie la scène en conséquence. Le *vérificateur* de l'animation feuillette rapidement les dessins de la scène afin d'en faire apparaître les mouvements, vérifiant ainsi que les intervalles sont correctement en place entre les dessins clés et il travaille avec le responsable du *layout* (*clean up layout*). Ensemble, ils vérifient les dessins mis au propre (*clean up drawings*) pour déterminer s'ils sont conformes au modèle. Le *vérificateur* a également en charge de vérifier la qualité des traits et de la démarcation de la couleur sur les

[321] Entretien de Philippe Landrot avec l'auteur, Paris, 14 janvier 2008.

[322] Pour être recruté aux Gémeaux, il faut faire des croquis de nus à l'Académie de la Grande Chaumière et des animaux au Jardin des plantes. Tous les recrutés ont un solide bagage technique.

[323] Un exemple parmi tant d'autres de l'aspect artisanal qui prévalait jusqu'alors selon les souvenirs de Jacques Thévenet : « Deux vieilles filles gommaient les anciens calques ! ».

dessins d'animation finaux et ceux des effets visuels car ceux-ci ne sont pas apparents sur les tests crayonnés (*pencil tests*). Corriger les éventuelles erreurs de continuité fait également partie de leur responsabilité. »[324]

Le plus difficile est de monter une bonne équipe avec des gens qui fonctionnent bien ensemble, une équipe capable d'aller dans un certain sens graphique pour plusieurs mois. La force des Gémeaux aurait été que cette équipe reste soudée et ne se disperse pas. Ce n'est évidemment pas une question de compétences mais de compatibilité entre les artistes, ce n'est qu'à cette condition que chacun donnera le maximum. Un animateur est affecté pour chacun des personnages principaux. Gabriel Allignet : « Chez Paul, sauf cas exceptionnels, l'animateur est, en fait, l'acteur. C'est lui qui interprète le rôle. On reconnait très bien tel ou tel animateur, en regardant un film de Paul… par le style… le comportement du personnage… ainsi le jeu du Roi appartient bien à Henri Lacam et celui de l'Oiseau à Georges Juillet par exemple… »[325]

Résumons :
- Georges Juillet, « bonne mentalité, animation vigoureuse très Disney, ne décompose pas trop » se souvient Thévenet. Grimault : « Il était doué à un point extraordinaire »[326]. Il s'occupe de l'Oiseau ; il est assisté de Jacques Vausseur.
- Alberto Ruiz anime la Bergère et certaines scènes avec le Ramoneur ainsi que le Peintre et l'Aveugle ;
- Jacques Leroux et Pierre Watrin, le Ramoneur ;
- Henri Lacam (assisté de Philippe Landrot, Jacques Rannaud et Jacques Leroux), le Roi ;
- Pierre Ovtcharoff et Jean Mutschler, les fauves ;
- Jacques Vausseur, le petit chien et les petits oiseaux ;
- Léon Dupont (assisté de Paul Granger), le Chef de la police, les policiers ;
- Gabriel Allignet et Gilbert Dubrisay, le Robot ;
- Roland Genestre, Roger Ségui et Robert Rosé, les courtisans et les gens de la ville basse ;
- Jean Aurance, diverses animations.

Pour le spectateur attentif, un hommage est rendu à l'équipe du film à la 30ème minute (cette scène est conservée à la 33ème minute du *Roi et l'Oiseau*). Dans la salle du trône, au mur, on peut lire quelques noms : Fiévé, Duclent, Saufnai, Hubert, Dubrisay, Sarrut, Boutoul, Zilahy, Neuilly, Aurance ; puis Vausseur, Danet, Ruiz, Genestre, Lacam, Allignet, Juillet et Dupont.

---

324 Catherine Winder, Zahra Dowlatabadi, *Producing Animation*, Focal Press Visual Effects & Animation Series, 2001, pp. 232-234.

325 Entretien de Gabriel Allignet avec Gildas le Reste, Chatellerault, septembre 1986.

326 Paul Grimault, *Traits de mémoire*, p. 108.

Il faut toujours avoir l'accord de Grimault avant le moindre traçage. L'organisation est exceptionnellement structurée. Michel Roudakoff insiste : « Aux Gémeaux, il y avait un très grand sens hiérarchique ! Les intervallistes n'avaient pas le droit d'assister à la projection des rushes. Tout était très cloisonné. »[327] Philippe Landrot renchérit : « Aux Gémeaux, il y avait beaucoup d'autoritarisme et de centralisation. »[328] Grimault est assisté de Gabriel Allignet et d'Henri Lacam ; Georges Juillet est chef animateur, avec lui-même un ou deux assistants puis des *cleaners* et enfin des intervallistes[329].

Un planning très détaillé devrait permettre de contrôler l'avancement de la production. Pourtant, Jacques Thévenet se souvient : « On n'avait pas de calendrier financier. On avait beaucoup d'argent, donc on était content. Mais on avait aucune date de sortie prévue ! On sentait que l'argent ne manquait pas ». Henri Lacam devient chef de tout le service animation. Selon lui, « un personnage ne bouge pas pour bouger. Tout mouvement doit avoir un sens, tout dessin doit exprimer une émotion ou un sentiment » se souvient ainsi Landrot. Ce dernier poursuit : « en animation, il faut aller au bout de ses intentions. Il y avait une vraie exigence de qualité de la part de Grimault, mais pour nous c'était de l'exécution et pas de la création. » Henri Lacam explique : « Cela me paraissait un métier extraordinaire, l'amour d'un métier dont l'art n'est pas exclu. [...] L'animation a toujours été pour moi essentielle. Les recherches qui ont été faites, l'ont toujours été dans ce sens. Je crois que c'est vrai. Toujours dans le sens de l'animation, de la beauté du mouvement. C'est-à-dire que le dessin, pour moi, se doit d'aider cette animation. C'est peut-être apparemment quelque chose qui se fait à l'envers, mais cela je ne le crois pas pour les raisons que vous connaissez qui sont celles du mouvement. Le mouvement est la seule chose essentielle que le dessin ne fait que soutenir. Le mouvement, c'est ce qui doit tout expliquer. Le reste est un support. Ce support doit grandir, doit devenir le moyen le plus perfectionné et la plus noble mécanique qui soit pour pouvoir servir l'irréel et l'irréel c'est ce qui bouge, c'est le mouvement. »[330]

Jacques Capo est engagé aux Gémeaux en 1951 au service *checking* situé au sous-sol de l'hôtel particulier : il est chargé de vérifier les plans (aucun élément ne doit être oublié) ; il devient ensuite opérateur pour les prises de vue essai mais il est licencié puis repris puis licencié à nouveau au gré des difficultés financières de la société. Il a rencontré Paul Grimault une seule fois : « C'était un rêveur, un artiste. Il n'avait pas les pieds sur terre ». Claudine Capo, son épouse, travaille également au service *checking*. Elle déclare : « Je n'ai jamais vu ni Sarrut ni Grimault. Je n'ai eu affaire qu'avec Jacques Thévenet, le directeur technique. Chacun avait son rôle.

---

327 Entretien de Michel Roudakoff avec l'auteur, Paris, 3 février 2009.

328 Entretien de Philippe Landrot avec l'auteur, Paris, 14 janvier 2008.

329 Aux Gémeaux, les intervallistes sont payés au dessin. Un coefficient est appliqué pour chaque personnage suivant la difficulté.

330 Hubert Arnault, « Des cinéastes comme les autres. Henri Lacam », *Image et son. Revue du cinéma* n°207, juin-juillet 1967, p. 58.

Grimault devait valider tous les essais. Il disait toujours non. Il trouvait ça jamais assez bien. C'était un gaspilleur. »[331]

La société les Gémeaux compte au plus fort de la production jusqu'à deux cents personnes[332] mais Thévenet avoue : « On a couru après un patron. Paul Grimault, je l'ai vu dix fois en quatre ans. Grimault voit Lacam et Allignet et personne d'autres ! C'était un bon décorateur mais un mauvais animateur. Les Gémeaux, c'était un magnifique bateau sans capitaine et vogue la galère ! Aventure marrante et irrationnelle… Tout était trop complexe, on a manqué d'intelligence. ». Il poursuit : « On avait un directeur artistique, Paul Grimault ; un directeur commercial : André Sarrut. Mais il manquait un vrai directeur de production. »[333]

Grimault lui-même le reconnaît : « Il y avait la machine à pointer, le comité d'entreprise, les gens du bureau, ceux du dessin, ceux de la technique. Les syndicalistes poussaient obstinément à ce que, comme cela se passait dans les administrations, l'avancement au titre de 1er animateur se fasse automatiquement d'après l'ancienneté. Quelle ânerie ! Nous ne voulions pas nous l'avouer, mais c'était déjà l'usine »[334]. Dans un entretien à la radio française en 1948, André Sarrut partage ce point de vue : « Mon « usine » à son échelle est un tout petit artisanat autour d'une personnalité qui dessine tout et qui est monsieur Paul Grimault. Et nous ne voulons en aucun cas faire une très grande usine parce que nous savons que l'imagination et la qualité et la personnalité ne peuvent pas s'adapter à une machine trop lourde qui diluant l'intérêt personnel en fait une chose anonyme. »[335].

Jacques Thévenet explique : « On avait enfin une production professionnelle mais avec un travail d'artisans, on reprenait tout sans arrêt. C'était une machine sans tête. Il y avait une séparation totale. Par exemple, André Sarrut, on le connaissait mal. Il n'est jamais intervenu artistiquement mais on lui doit ce film. D'ailleurs, il n'intervenait sur rien. Mais c'est un personnage important. C'était un vendeur bilingue anglais, charmeur, entreprenant, un génie de la vente à l'activité débordante, avec beaucoup d'humour, un être plutôt fantasque. Mais ce n'était pas un créatif, il était plutôt éloigné des gens. Sarrut avait du nez pour déceler les talents, manipulateur, il révèle les gens malgré eux. Sa gestion de l'affaire a été désastreuse. Quant à Paul Grimault, on le voyait peu. Il travaillait chez lui, il

---

331 Entretien de Jacques et Claudine Capo avec l'auteur, Palaiseau, 30 juin 2010.

332 Selon les souvenirs de Jacques Thévenet, en 1949, il y avait 20 filles aux cellulos, 50 garçons (et filles mais pas de chef animatrice) à l'animation, 20 à la technique, soit un total de 90 plus les administratifs soit environ 120 personnes. En 1950, 20 animateurs partent mais 50 filles arrivent, soit un total de 180 personnes environ. Les souvenirs de Thévenet recoupent les chiffres avancés dans la presse de l'époque.

333 Entretien de Jacques Thévenet avec l'auteur, Marly-le-Roi, 27 novembre 2014.

334 Paul Grimault, *Traits de mémoire*, p. 153. Paul Grimault dit la même chose un peu plus tôt en 1985 : « À la fin il y avait la machine à pointer parmi le matériel, et je sentais confusément que c'était un danger : ça devenait une usine, l'artisanat était loin derrière nous. C'est peut-être indispensable, mais à ce moment-là il vaut peut-être mieux changer de métier. » Jean-Pierre Pagliano, *Paul Grimault*, p. 142.

335 *Tribune de Paris* une émission du journal parlé de la Radiodiffusion française, 11 juin 1948. « Jacques Bourgeois, Dubout, Peynet, Georges Sadoul, André Sarrut et Nicole Védrès ont exposé et discuté la situation du dessin animé français ». Collection privée Greg Philip.

était peu au studio. Il a réalisé une centaine de décors et beaucoup d'études au fusain sur l'implantation des personnages, leur déplacement, les champs/contrechamps[336]. Il a fait de nombreux clichés photographiques à Notre-Dame ou Versailles ; et même des toits des Gémeaux pour la scène de la Bergère et du Roi sur le toit[337]. Aussi il ne connaissait personne de la nouvelle équipe. On le voyait à peine. Il venait grand maximum une matinée par semaine pour voir le travail des animateurs. Il montait à l'étage ou regardait des plans au sous-sol puis repartait. C'est une légende ce « bon Paul ». Il est méprisable et égocentrique. Quant à Jacques Prévert, je ne l'ai jamais vu[338]. Paul Grimault a manipulé André Sarrut, il l'a fait souffrir. Sarrut, c'était plutôt le genre du mec distrait. Grimault a certes du talent mais c'est un opportuniste. *La Bergère et le Ramoneur* a complètement échappé à Grimault, il n'en voyait pas le bout, il a complètement perdu le contrôle. En réalité, personne ne dirigeait rien. C'était un outil magnifique sans tête. Il y avait un divorce total entre la production et la création. On usait de méthodes artisanales d'autrefois. On décomposait à l'infini. On se compliquait le travail. Par exemple, une fois le plan tracé, on refilmait en prise de vue essai. Pour obtenir la meilleure qualité possible, on marchait à douze images par seconde. Une fois le tracé effectué sur le cellulo, on ne pouvait pas gouacher car Paul Grimault ne s'était toujours pas décidé pour les couleurs, or le triacétate de cellulose se raye facilement. Les cellulos étaient marbrés à cause des diverses manipulations. C'est un comportement aberrant ! Mais c'était délibéré de la part de Grimault. On refilmait les cellulos pour voir si tout allait bien ! Pour tout bloquer, il suffisait de ne pas donner son « accord d'auteur » sur les couleurs. Paul Grimault l'a fait. Pourquoi ? Paul avait l'éternité devant lui. Ça n'avançait pas : par exemple, le plan 410 du courtisan, nous avons mis un an à le faire car Paul Grimault exigeait des reprises[339]. Ce n'est pas normal de reprendre un plan sans cesse[340] ! De plus, il venait seulement tous les deux ou trois jours aux Gémeaux. Beaucoup de séquences étaient bancales au niveau d'un

---

[336] Grimault fait un décor-clé au fusain. Ce décor est ensuite épuré puis mis en perspective, enfin un dessin au trait est réalisé.

[337] Certains plans ont été tournés en prises de vues réelles afin de servir de référence aux animateurs et décorateurs. Ainsi, les escaliers au tout début sont directement issus de Versailles. D'autres plans ont été tournés avec des acteurs afin de comprendre la succession des mouvements et les diverses attitudes afin de gagner du temps.

[338] Gabriel Allignet dit autre chose : « Jacques [Prévert] comme Kosma venaient souvent aux Gémeaux, toujours pour travailler avec Paul. Jacques ne partait jamais sans venir nous voir un moment. Il était en admiration devant notre travail. Il avait toujours une histoire à nous conter. Souvent un canular. On se régalait vraiment. » Entretien de Gabriel Allignet avec Gildas le Reste, Chatellerault, septembre 1986.

[339] Dans un entretien avec l'auteur réalisé le 10 janvier 2008 à Paris, Gilbert Dubrisay se souvient avoir passé un an sur une séquence du petit chien du roi mais que tout avait été jeté. Il se souvient également qu'il fallait près d'une heure pour une animation du roi tellement le dessin du personnage était détaillé.

[340] Dans un entretien réalisé par Didier Ghez le 5 août 1991 à Neuilly-sur-Seine, Pierre Nicolas note : « Ça n'allait pas si bien que ça, puisque deux ou trois ans plus tard, Grimault jouait un peu les Pénélope. Je veux dire par là qu'après avoir fait travailler une équipe pendant plus d'un an sur un personnage animé, il arrivait et demandait à tout changer. C'était comme ça pour tout. »

scénario plutôt faible. Tout cela manquait de clarté à la réalisation. Le roi qui louche n'était pas compréhensible ; la séquence de l'usine n'était ni assez étoffée ni assez claire. On ressentait de nombreuses gênes, notamment dans le fait de devoir simplement illustrer un texte. Il y avait aussi de nombreuses carences dans le découpage qui était soit mal fait, soit pour certaines séquences, pas fait du tout. Le rythme général était mauvais, languissant, pas assez percutant. Tout cela manquait de muscles. La fin du film a été improvisée. »[341] Philippe Landrot partage ce point de vue : « Grimault c'était du copinage avec Prévert. C'est n'était pas la bonne personne pour le scénario : il y avait de graves faiblesses, c'était parfois plat, trop littéraire, les images manquaient de rythme. »[342] La séquence de l'opéra cosmique (« et pourtant, elle tourne, la terre ») qui devait durer deux ou trois minutes est abandonnée faute de temps et de savoir-faire. Thévenet : « Ce ballet cosmique avait pour ambition d'être un plan à la Walt Disney, à la *Fantasia* ! »[343]

Lucette Simaeys évoque la mentalité de l'équipe : « On était les plus forts. On ne ressentait aucune pression financière. Mais tout était trop minutieux, il fallait que tout soit trop parfait. Nous étions finalement trop artistes. Ça ne marchait pas. C'était si long à faire ! Nous faisions beaucoup de pauses car la lumière sous la table à dessin était fatigante. Et puis c'était beau d'aller voir les garçons dessiner à l'étage ! ». Lucette Simaeys quitte la société les Gémeaux en 1950 et s'installe en Suède comme décoratrice. Où en est alors le film ? Elle est bien incapable de répondre tant le travail est morcelé[344].

Nadège Brossolet se souvient : « J'ai de l'admiration pour Grimault et Prévert mais ils charrient quand même ! Un stagiaire a travaillé quinze jours pour trouver une couleur ! On foutait vraiment l'argent par les fenêtres ! Beaucoup de décors ont été faits et refaits. Je gagnais 300 francs par semaine mais un jour Balland nous annonce qu'on ne sera pas payés. On a alors dévalisé les armoires des films de publicité de la Comète où il y avait des boîtes de conserve qui avaient servi pour un tournage ! »[345].

Le 12 mai 1950 à 21 heures, une projection d'une copie d'animation de *la Bergère et le Ramoneur* a lieu à Neuilly-sur-Seine avec visite des ateliers. En juin 1950, le Crédit national exige le remboursement des intérêts de 1,2 million de francs[346]. Et l'on ne parle toujours pas du remboursement du capital emprunté. La situation de la société les Gémeaux est désormais catastrophique. Le personnel n'est plus payé.

---

341 Entretien de Jacques Thévenet avec l'auteur, Marly-le-Roi, 8 juillet 2014.

342 Entretien de Philippe Landrot avec l'auteur, Paris, 14 janvier 2008.

343 Entretien de Jacques Thévenet avec l'auteur, Le Port-Marly, 9 et 13 février 2015.

344 Entretien de Lucette Simaeys avec l'auteur, Roquebrune-Cap-Martin, 18 septembre 2013.

345 Entretien de Nadège Brossolet avec l'auteur, Paris, 20 juillet 2010.

346 CN242-B157. Le Crédit national aux Gémeaux, 30 juin 1950 : 1 201 812 francs d'intérêts semestriels.

Le 11 octobre 1950, Sarrut fait connaître à Grimault que tous les moyens de la société étant taris, celle-ci doit suspendre pour un long moment la production de dessins animés après l'achèvement de *la Bergère et le Ramoneur.*

Un audit financier doit être réalisé par Pierre Chéret expert auprès du CNC qui agit au nom du Crédit national. Jacques Thévenet, le directeur technique du film, se souvient : « Grand, d'une voix de stentor, Chéret demande à Sarrut où en est le film car il veut faire un point financier. Mais Sarrut n'en sait rien ! En quelques heures, Chéret fait le point. Pour la première fois, j'avais une autorité en face de moi. »

Le 1er novembre 1950, est proposé à Grimault un projet de contrat limitant ses fonctions de directeur artistique à l'exécution du film et fixant ses salaires et indemnités à 150 000 francs par mois. Grimault refuse et exige pour terminer son travail, un salaire mensuel de 200 000 francs et un pourcentage de 4 % sur les recettes du film (pourcentage qui ne peut pas lui être accordé, en raison des garanties déjà données par la société à divers préteurs).

Le 16 novembre 1950, la société les Gémeaux envoie une lettre à Grimault lui demandant de retourner signé le nouveau contrat garantissant le respect du plan de travail qui, agréé par le contrôleur Chéret, conditionne le financement final du film.

Le 1er décembre 1950, à la suite d'une étude de Pierre Chéret de nouveaux crédits sont accordés aux Gémeaux.

Thévenet se souvient : « Chéret dit à Grimault : « Vous avez six mois pour finir le film ». Grimault refuse. Tout se dégrade très vite. À la surprise générale, il part ! Lacam[347], Allignet, Ruiz partent aussi - pour les deux premiers, Grimault était un dieu. Ils mettent en danger l'entreprise. Ils sont juste partis comme ça ! Helbig (une vraie peau de vache, comment peut-on vivre avec l'obsession d'aller faire chier les gens ?...) qui dirige le service traçage/gouachage, maîtresse de Lacam, quitte également l'entreprise, c'était la plus idolâtre de Grimault et de Prévert, une vraie fanatique ! » Jacques Leroux, l'animateur du ramoneur, quitte lui aussi les Gémeaux en 1950 mais en bons termes avec Sarrut.

Le 4 décembre 1950, Paul Grimault arrête son travail sans motif légitime. Il déclare qu'il ne le reprendra que lorsqu'il aura obtenu satisfaction (un salaire mensuel de 200 000 francs et un pourcentage de 4 % sur les recettes du film).

Le 11 décembre 1950, Paul Grimault est invité à assister à une assemblée générale de la société les Gémeaux qui doit se réunir le 13.

Le 13 décembre 1950, l'assemblée générale est reportée car Paul Grimault ne s'est pas présenté.

---

347 Henri Lacam dans *Image et Son* n°207, juin-juillet 1967, p. 57 : « Je suis venu au cinéma d'animation en 1937 dans la société les Gémeaux. J'étais décidé à faire cela tout à fait épisodiquement mais quand j'ai vu les décors, les dessins et puis la forte personnalité de Paul Grimault, j'ai senti qu'il se passait quelque chose de très intéressant qui était probablement à l'origine d'une nouvelle formule d'art. [...] seul le dessin m'intéressait car il y avait quelque chose d'exaltant d'être avec Paul Grimault qui faisait de si jolis décors. »

Le 16 décembre 1950, les Gémeaux répond aux prétentions de Grimault et lui explique les raisons pour lesquelles, compte tenu de la situation financière existant, il est impossible d'y faire droit et le somme de reprendre son travail sans délai.

Le 18 décembre 1950, la société les Gémeaux fait savoir à Prévert que le travail de découpage littéraire et artistique, ainsi que les dialogues du film ne sont toujours pas terminés, en particulier l'épilogue. La société lui demande de faire parvenir cet épilogue.

21 décembre 1950 : protestation écrite de Paul Grimault. Il refuse toujours de reprendre le travail. Dans les semaines qui suivent, Grimault maintient sa position, et ce, malgré toutes les tentatives de conciliation tentées près de lui, il reste, selon une note de Chéret du 11 décembre 1952, « imperméable à tous les arguments qui lui furent présentés et ne crut pas devoir revenir sur sa décision ». En décembre 1950, Grimault saisit la Direction générale du cinéma du différend « qui me divisait alors avec M. Sarrut qui venait de me congédier de la société les Gémeaux alors que j'avais déjà réalisé les 9/10ème du film. J'avais prévenu M. Fourré-Cormeray alors directeur général de la Cinématographie française que je n'accepterais pas que le film soit terminé sans mon concours et ce conformément à mon droit. Le Centre du cinéma n'a pas cru devoir arbitrer ce différend comme je l'avais demandé. »[348]

Le 26 décembre 1950, la société les Gémeaux considère Paul Grimault comme licencié. Les relations avec Jacques Prévert sont rompues également.

Le 2 janvier 1951, Prévert répond que l'épilogue est bel et bien écrit et fait l'objet des pages 76 à 79 du scénario. Il fait également mention d'une note de André Sarrut à Vuillermoz en date du 6 juin 1950 (« Une seule partie peut être considérée comme terminée : le découpage technique du 15 janvier 1950 ») et de l'enregistrement de l'épilogue par Pierre Brasseur le 27 août 1948.

Le 30 janvier 1951 a lieu l'assemblée générale de la société. Les décisions prises par Sarrut sont approuvées : limiter la production de dessins animés à la terminaison de *la Bergère et le Ramoneur* ; qu'en abandonnant sans raison valable son travail pour lequel il avait touché plus de 5,4 millions de francs, Grimault a commis une faute qui risque d'entraver la terminaison du film.

Le 7 février 1951, sommation est faite à Prévert de terminer le travail qu'il s'est engagé à accomplir pour lequel il a déjà reçu des sommes très importantes : à la fin de l'année 1950, Prévert n'a pas encore terminé le découpage littéraire et technique du film, et principalement l'épilogue. Prévert ne répond pas à cette sommation.

Gabriel Allignet raconte : « Au tout début de 1950 [26 décembre 1950], Paul fut licencié de la société. Quelques jours plus tard, tous les anciens donnaient

---

[348] Cinémathèque suisse, Archives nationales du film, Lausanne. Fonds Autant-Lara. Paul Grimault à M. Flaud, lettre recommandée AR, 15 septembre 1952 (4 pages). Tous mes remerciements à Caroline Neeser, responsable de secteur, fonds privés et archives institutionnelles pour son grand dévouement ; ainsi qu'à Laurent Le Forestier, Professeur en études cinématographiques à l'Université de Lausanne, pour m'avoir signalé ces documents.

leur démission [ce n'est pas exact]. Deux mois avant, mon épouse mettait au monde… deux jumeaux. Un peu de joie pour atténuer la tristesse. Le rêve est terminé. »[349]

« Les animateurs Léon Dupont et Georges Juillet restent. Une cellule de crise est mise en place regroupant Gilbert Dubrisay et Jacques Thévenet. Gilbert Natot, chef monteur, est embauché ainsi que deux ou trois autres personnes. »[350]

Le dessinateur et caricaturiste Siné raconte : « Pressé et pressuré par ses commanditaires excédés, il [Sarrut] avait décidé, devant la carence manifeste des deux créateurs qui ne tenaient aucun compte de ses mises en demeure répétées, d'achever le film lui-même pour tenter de retarder la faillite inévitable de sa société. Il avait donc imaginé une fin et inventé les derniers dessins. »[351] Gilbert Dubrisay se souvient : « Paul Grimault reste chez lui. Il n'y a plus d'argent. Sarrut est pris à la gorge. Il nous dit : "On finit bien ou mal, mais on finit". »[352] Jacques Thévenet note : « Pendant six mois, on a été une entreprise avec un vrai patron ; Sarrut l'a été à ce moment-là. Avant on ronronnait ! »[353]

Le 31 décembre 1950, 2,5 millions de francs d'intérêts semestriels sont exigés par le Crédit national. Et le prix de revient du film est de 258 845 097 francs au 21 décembre 1950[354]. Grimault revient sur cet échec et commente, comme s'il était un observateur étranger à l'affaire, au courant de rien :

> « C'est à cause des problèmes nouveaux que ça posés. Parce que quand on a commencé le film il y avait eu des prévisions qui avaient été faites. Des spécialistes avaient établi un devis et pour que – enfin je me mets à leur place, j'essaie de comprendre ce qui s'est passé – c'était pour que l'affaire ait des chances de se faire il fallait que ça ait l'air raisonnable. Alors ils ont plutôt sous-estimé, à mon avis c'est ça qui a dû se passer – ils ont sous-estimé le prix du film pour commencer à… étant donné qu'une fois que le truc était engagé ce serait probablement plus facile de trouver la suite. Ce qui fait, mais ça n'est pas ça qui s'est passé en réalité – que le film a coûté de l'argent, c'était normal, c'était une expérience nouvelle mais où j'étais pas d'accord c'est quand on s'est aperçu vraiment de ce que ça a coûté qu'on me foute ça sur le dos en disant : « C'est parce que Paul est trop perfectionniste, il essaie de trop bien faire les choses ».

349 Entretien de Gabriel Allignet avec Gildas le Reste, Chatellerault, septembre 1986.

350 Entretien de Jacques Thévenet avec l'auteur, Marly-le-Roi, 8 juillet 2014. Thévenet a écrit à côté des notes que j'avais prises le jour de notre entretien et qu'il a relues : « Je jure sur l'honneur que cette scène rocambolesque de M. Chéret découvrant l'état d'avancement du film sur mon planning, dans mon bureau, a vraiment eu lieu ».

351 Siné, *Ma vie, mon œuvre, mon cul !*, tome 5, Charlie Hebdo trimestriel, 2001, p. 49.

352 Entretien de Gilbert Dubrisay avec l'auteur, Paris, 17 janvier 2008.

353 Entretien de Jacques Thévenet avec l'auteur, Marly-le-Roi, 8 juillet 2014.

354 CN1727-B158. Le 31 décembre 1950, 2 458 062 francs d'intérêts semestriels sont exigés par le Crédit national. Le prix de revient du film est de 258 845 097 francs dont 248 845 097 francs pour Paris et 10 000 000 francs pour Londres.

> C'était normal que j'essaie de les faire bien. Il faut quand même pas déconner non plus. Moi, je voulais faire un bon film. Pour la première fois que j'avais une chance de faire un film comme ça, si j'avais fait une espèce de saloperie quelconque j'aurais pas eu de plaisir à le faire. »

Évidemment, tous ne partagent pas le point de vue du réalisateur. La relation entre Grimault et Sarrut reste difficile à définir. Ce qui est certain, c'est qu'ils n'avaient qu'une relation professionnelle et des rapports cordiaux avec une certaine forme d'amitié malgré tout. Marthe Sarrut reconnait : « Sarrut appréciait Grimault, son talent »[355]. Jacques Thévenet raconte : « Puis vient le clash entre André Sarrut et Paul Grimault. Grimault et sa cour méprisent Sarrut. »[356] Gilbert Dubrisay ne dit pas autre chose : « Grimault était entouré d'une cour de flatteurs »[357]. L'animateur Manuel Otero emploie la même expression : « Si André Sarrut n'avait pas eu ce croque en jambe… Grimault avait sa cour, il refuse des projets mais ne les refile à personne, on attendait une miette. »[358] Marthe Sarrut a des mots durs à l'encontre de Grimault : « Je suis allé chez Grimault quatre ou cinq fois. Je le connais à peine. C'est un alcoolique, un ivrogne du matin au soir. C'était un grand roux au visage rond et rouge et aux doigts jaunes. Il n'a pu faire *la Bergère et le Ramoneur* que grâce à mon mari. Grimault me dégoûtait ! Je n'étais pas impressionnée par son art, mais par la magie du dessin animé. Est-ce que Grimault avait autant de talent que cela ? Il n'a rien fait de bien tout seul, André Sarrut avait un esprit critique sur son travail. »[359]. Le dessinateur et caricaturiste Siné, grand ami de Prévert et qui a travaillé pour Sarrut raconte dans ses mémoires : « [La] version [de Sarrut] concernant le long métrage qu'il avait entrepris avec Prévert et Grimault, des années plus tôt, différait de la leur, mais j'avais plutôt tendance à croire la sienne, beaucoup plus vraisemblable. D'après lui, les deux larrons en foire passaient beaucoup plus de temps dans les bistrots qu'à leurs tables de boulot et ne travaillaient qu'au gré de leur inspiration et de leur besoin de pognon. […] Les deux joyeux poivrots, ne manquant pas de culot, l'avaient trainé devant les tribunaux. »[360] Landrot se souvient également que Sarrut se plaignait souvent que Grimault et Prévert était tout le temps en train de boire et lui aurait dit : « Les Français, faut toujours que ça se termine par la rigolade et l'alcool ! ». Dubrisay confirme : « Grimault était tout le temps en retard. Avec Prévert, ils étaient souvent saouls. »[361] Patrice Garlot qui a travaillé avec Sarrut à la fin de sa carrière se souvient : « Sarrut me racontait que Paul Grimault et Jacques Prévert étaient ivres dès 11 heures du matin et qu'il ne pouvait rien en tirer »[362]. Grimault s'en

---

355 Entretien de Marthe Sarrut avec l'auteur, Paris, 13 mars 2008.
356 Entretien de Jacques Thévenet avec l'auteur, Marly-le-Roi, 8 juillet 2014.
357 Entretien de Gilbert Dubrisay avec l'auteur, Paris, 10 janvier 2008.
358 Entretien de Manuel Otero avec l'auteur, Paris, 2 mai 2008.
359 Entretien de Marthe Sarrut avec l'auteur, Paris, 24 janvier 2008.
360 Siné, *Ma vie, mon œuvre, mon cul !*, Tome 5, *Charlie Hebdo* trimestriel, 2001, p. 49.
361 Entretien de Gilbert Dubrisay avec l'auteur, Paris, 10 janvier 2008.
362 Entretien de Patrice Garlot avec l'auteur, Le Chesnay, 17 décembre 2014.

défend : « Des tas de gens m'ont tellement attaqué [...] en disant que j'étais plus souvent au bistrot qu'au boulot ! On en rajoute toujours un peu, vous savez, on aime bien construire des légendes. [...] Non, je n'ai pas passé ma vie dans les bistrots. »[363] Durant un autre entretien, Marthe Sarrut indique : « Grimault a agi comme un enfant gâté. Il est resté chez lui car le film ne se déroulait pas comme il l'aurait souhaité. Sarrut a été son mécène alors qu'on le prend pour un financier requin et Grimault passe pour un artiste exploité. »[364]. Gilbert Dubrisay de l'équipe des Gémeaux : « *La Bergère et le Ramoneur* sort peu de temps après la guerre et il est très influencé par la gauche, l'extrême-gauche. Grimault bénéficie de soutiens. C'est toujours le même discours : Sarrut, producteur, est présenté avec chapeau haut-de-forme, cigare..., un vrai buveur de sang ! »[365]

Un article du *Monde* daté du 17 septembre 1952 raconte que Grimault n'est pas très assidu au travail et qu'il prend souvent des vacances :

> « *La Bergère et le Ramoneur*, qui commençait comme un conte de fées, s'est poursuivi comme une histoire de comptes en banque. [...] Tout allait donc pour le mieux lorsque, dans un bruit de cascatelles, les gros sous se mirent à pleuvoir. L'État se montrait d'accord au point d'investir non loin de 200 millions jusqu'en décembre 1950 pour aider la féerie d'un long métrage. Or l'État montra les dents quelques années après l'entreprise d'un dessin animé dont il ne voyait jamais la fin, fin 1950 exactement. M. Chéret, expert cinématographique patenté dans l'examen des devis, constata que l'on ne travaillait pas avec autant d'assiduité qu'il l'eût fallu sous la direction de M. Grimault dont l'invention créatrice prenait, aux dépens de la société les Gémeaux, quelques congés payés trop onéreux pour le budget d'une SARL. M. Grimault fut pressé d'achever son travail dans les délais impartis. Il rétorqua que les conditions qu'on lui faisait l'empêchaient de le mener à bien. Le 26 décembre 1950 M. Sarrut, au nom des Gémeaux, révoquait donc Paul Grimault, décision que n'infirma pas l'assemblée générale des actionnaires réunie le 30 janvier 1951. Les couteaux étaient tirés. »[366]

Les courriers se font rares depuis le début de l'année 1951 et il est difficile de suivre l'avancement de l'affaire. Pourtant, les travaux continuent sans Grimault et quelques autres et le film n'est toujours pas achevé. Le 5 avril 1951, André Sarrut et la société les Gémeaux sont assignés par Prévert et Grimault « aux fins de voir ordonner la mise sous séquestre des pellicules, bandes, dessins et décors alors existants de *la Bergère et le Ramoneur* au motif que les demandeurs entendent ainsi, en

363 Jean-Pierre Pagliano, *Paul Grimault*, p. 109.

364 Entretien de Marthe Sarrut avec l'auteur, Paris, 10 janvier 2008.

365 Entretien de Gilbert Dubrisay avec l'auteur, Paris, 10 janvier 2008.

366 « Mis sous séquestre ici, primé là, *la Bergère et le Ramoneur* ou le dessin animé à éclipses », *le Monde*, 17 septembre 1952.

vertu de leur droit moral d'auteur, empêcher que fussent apportées au film, sans leur contrôle, des transformations et refontes de nature à dénaturer leur œuvre. » Le 27 avril 1951, Vuillermoz est commis par ordonnance expert avec mission « de rechercher notamment si l'œuvre des demandeurs avait été respectée ou, si, au contraire, certaines amputations ou additions seraient susceptibles de constituer une violation de leur droit moral ». *Le Monde* note : « Dès lors les assignations devant le tribunal des référés de la Seine vont se suivre à une cadence supérieure encore à celle qui verra se succéder les présidents de référés (MM. Aussel, Enoch, Le Foyer) appelés à statuer sur un litige engageant à la fois les droits moraux d'un créateur (Grimault), les droits pécuniaires d'un administrateur de société (Sarrut) et le droit de l'État à se faire rembourser de ses débours (200 millions, on le répète) sans léser les intérêts pécuniaires ou moraux de ses administrés. »[367] Emile Vuillermoz raconte : « MM. Prévert et Grimault s'étant adressé aux tribunaux pour faire respecter leurs droits, j'ai été désigné comme expert avec la mission d'étudier le film terminé par M. Sarrut et de le comparer avec le scénario original et les parties déjà réalisées, pour savoir si le texte, le découpage et les indications des auteurs avaient été ou non respectées dans cette production réalisée contre leur gré et soustraite à leur examen. M'étant rendu en mai 1951 aux ateliers des Gémeaux à Neuilly pour commencer mon expertise, j'ai été informé par M. Sarrut que le film était loin d'être achevé et que mon examen prématuré serait sans intérêt pour mon rapport, ce qui était parfaitement exact. Il avait ajouté qu'il ne permettrait pas à MM. Prévert et Grimault d'assister à mon examen, exigence que je n'ai pas acceptée car la confrontation des deux versions du film provoquerait certainement de la part des auteurs des observations que je n'avais pas le droit de négliger. Il fut donc entendu que l'expertise serait remise à une date ultérieure et que M. Sarrut me tiendrait au courant de l'état d'avancement du film, pour que je puisse commencer mon examen lorsque je le jugerais utile. À plusieurs reprises, je fus en effet informé par M. Sarrut que le montage des parties du film entièrement terminées se poursuivait normalement et que l'on pouvait, si je le désirais, me présenter ces fragments en attendant l'achèvement évidemment assez lointain des parties nouvelles du film. Ma mission étant par définition un travail de confrontation et de comparaison, l'examen isolé de ces premiers éléments du film réalisés par M. Grimault avant la rupture ne présentait pour moi aucun intérêt immédiat. Pour constater une violation éventuelle des lois sur la propriété littéraire et artistique, il était indispensable que je puisse examiner l'œuvre entièrement terminée ; d'abord pour me rendre compte si le style, l'atmosphère et le niveau artistique et technique du film avaient conservé leur équilibre, après l'entrée en action de l'équipe de dessinateurs, animateurs et monteurs substituée par M. Sarrut à celle des auteurs ; ensuite pour voir si le scénario avait subi des mutilations ou des adjonctions et enfin pour voir si le « rythme » général du film - qui est entièrement conditionné par le travail final de « montage » avait été respecté ou altéré par cette collaboration

[367] « Mis sous séquestre ici, primé là, *la Bergère et le Ramoneur* ou le dessin animé à éclipses », *le Monde*, 17 septembre 1952.

nouvelle. Dans ces conditions, j'ai jugé indispensable d'attendre l'achèvement complet du film pour commencer utilement mon examen. Quatorze mois se sont écoulés sans que M. Sarrut ait pu terminer son travail, rendu de son propre aveu extrêmement long et difficile, parce qu'il s'était décidé à faire exécuter en Angleterre la mise en couleurs de son film. »[368]

Le 8 mai 1951, les Gémeaux fait parvenir au Crédit national un chèque d'Odier Bungener et Cie pour le règlement des intérêts semestriels au 31 décembre de l'année précédente[369]. Au 30 juin 1951, le prix de revient s'établit à 304 957 368 francs[370]. L'échéance semestrielle d'intérêts tombe au 30 juin 1951 : 1 300 177 francs sont à payer. Le 16 juillet, le Crédit national indique que cette somme n'a toujours pas été réglée ; le 25 juillet, une lettre de relance est envoyée[371].

Le 29 juin 1951, André Sarrut rend visite au Crédit national et indique que *la Bergère et le Ramoneur* sera terminé pour octobre. Ce qui est très optimiste ! et surtout André Sarrut n'hésite pas à mentir à l'organisme financier : il déclare que le film a obtenu le quota anglais[372] et que de très gros contrats ont été passés avec l'Angleterre, les États-Unis, l'Italie, l'Allemagne et l'Amérique latine… Ce qui est faux. Pour ce qui concerne la situation du groupe Sarrut, André indique avec optimisme là encore que « la situation qui était mauvaise en juillet 1950 a été en partie redressée. » Le capital social a été totalement investi dans diverses productions. Des arrangements ont été pris avec la BFCE, les banques Vernes et Bungener et le Crédit national. *La Bergère et le Ramoneur* se termine. Enfin, la production des films publicitaires de la Comète rapporte entre 3 et 4 millions de francs par mois. Sarrut se félicite de ce dernier point : « L'aide au cinéma est accordée pour les films de publicité indirecte. Cette production est très intéressante car elle ne rapporte que des bénéfices (forfait par salle où le film est passé – 50 % du coût payé à la commande et 50 % à la livraison)[373]. Les produits des films publicitaires que le groupe Sarrut réalise servant à payer les intérêts des crédits, la Comète ne peut faire aucun investissement[374].

---

[368] Cinémathèque suisse, Archives nationales du film, Lausanne. Fonds Autant-Lara. Rapport de M. Vuillermoz, expert à M. le Président du Tribunal civil de la Seine, Montreux, le 3 septembre 1952.

[369] CN1727-B158. Les Gémeaux au Crédit national, 8 mai 1951. Chèque d'Odier Bungener et Cie de 2 458 062 francs.

[370] CN1727-B158. Dont 287 767 223 francs pour Paris et 17 476 887 francs pour Londres.

[371] CN1727-B158. Lettre du 16 juillet 1951. Lettre du 25 juillet 1951.

[372] Alexandre Goréa, conseil de la banque Odier-Bungener rend visite au Crédit national le 2 octobre 1951 et dit la même chose : « Le film sera très bon. Le quota anglais ayant été obtenu, le film bénéficiera de l'aide anglaise (30 %). Le film devrait faire entre 120 et 130 millions en Angleterre. Il devrait faire un million de dollars. » CN261-B173.

[373] CN261-B173. Rapport suite à la visite d'André Sarrut au Crédit national, 29 juin 1951.

[374] Dans un rapport du 23 février 1952, il est indiqué : « la Comète : cette société fait de 7 à 8 millions de chiffres d'affaires par mois dont les 2/3 avec l'étranger. Grâce à M. Fourré-Cormeray l'aide temporaire a été accordée pour les films publicitaires produits par cette société, ce qui est très intéressant. Les films produits sont de très bonne qualité, malheureusement le prix de revient est trop élevé (50 % d'augmentation depuis l'année dernière). De ce fait, les pourparlers avec l'Amérique concernant de gros contrats sont au point mort. Seule une dévaluation permettrait de signer ces contrats ce qui améliorerait la situation du groupe ». CN261-B173.

Depuis plusieurs mois déjà, André Sarrut est en pourparlers avec un groupe anglais indépendant qui serait disposé à assurer le financement terminal du film si les dessins revenant aux intervallistes étaient exécutés en Angleterre par des techniciens anglais. Le 19 octobre 1951, André Sarrut tente d'obtenir du Board of Trade le quota britannique pour *la Bergère et le Ramoneur*. Ce quota ne peut être délivré qu'à condition qu'une partie du travail restant à faire (plus importante que celle prévue), soit effectuée par des Britanniques au lieu de l'être par des Français. André Sarrut en est persuadé : « Comme le fait pour un film d'être classé « quota britannique » multiplie au moins par cinq les possibilités de recettes sur le marché du Royaume-Uni et du Commonwealth, il y a le plus gros intérêt à mobiliser en livres sterling le financement nécessaire »[375]. Le montant des salaires anglais représente une somme de 66 000 £.[376]

Dans un rapport du 2 octobre 1951, il est indiqué que le film a coûté jusque-là 310 millions de francs et que 60 % du travail a été fait mais qu'il reste l'intégralité du gouachage à effectuer[377]. Ce qui corrobore les souvenirs de Jacques Thévenet : « À la fin de l'année 1951, un quart des cellulos, un quart de l'animation et la totalité du gouachage sont encore à faire. Il est décidé de supprimer certaines couleurs (mais il en reste plus d'une vingtaine différente par personnage !) car le séchage prend des heures. Certains plans sont retournés, certaines animations réutilisées dans une autre scène. Les prises de vues cellulo au trait (sans gouachage) sont arrêtées car inutiles. Tout est simplifié. Pourtant encore, au début de l'année 1952, aucune couleur n'a été appliquée ni aucune prise de vue effectuée. En réalité, une grande partie du film (plus de quinze minutes) a été tournée en seulement six mois.

Le 23 août 1951, André Sarrut écrit au compositeur Joseph Kosma : « Monsieur, votre contrat en date du 21 décembre 1950 prévoyait dans son paragraphe 2, que les éléments partiels ou totaux de votre composition devaient être livrés au plus tard le 31 août 1951. Aujourd'hui, étant en mesure de vous faire parvenir la totalité des éléments qui vous sont nécessaires pour terminer votre composition ; nous vous informons que nous repoussons le délai de livraison au 31 octobre 1951. Toutes les autres clauses du contrat demeurent inchangées. »[378] Philippe Landrot se souvient que Joseph Kosma est venu à Londres une fois pour voir le monteur, « nous l'emmenions dans un restaurant italien de Frith Street où

---

[375] CN1727-B158. Les Gémeaux à l'Office des changes, 19 octobre 1951.

[376] CN1727-B158. Les Gémeaux à l'Office des changes, 19 octobre 1951. 5 663 £ ont déjà été couvertes par une participation anglaise. Cette participation qui atteint au total 10 000 £ est la seule participation étrangère au financement du film. La différence, soit 4 337 £, a servi à payer des frais divers ; 6 062 £ ont été couvertes par transfert de France en Angleterre ; 19 275 £ seraient couvertes par l'accord aux principaux techniciens anglais de participations différées ; 35 000 £ seraient financées par la Banque d'Amérique d'Angleterre sur caution de la BFCE, contre-garantie du groupe français.

[377] CN261-B173.

[378] Fonds Joseph Kosma, médiathèque musicale Mahler, Paris. Lettre d'André Sarrut à Joseph Kosma, le 23 août 1951.

on mangeait du lapin à la polenta, on sortait de là rassasiés ! ». Il existe également un projet de contrat musical entre Joseph Kosma et la société Mr. Wonderbird (45, Clarges Street, Londres). La société Mr. Wonderbird souhaiterait ensuite céder le copyright total de la musique à Chappell & Cie SA (50 New Bond Street) pour l'Empire britannique et le Commonwealth pour les enregistrements pour gramophone. Pour l'avocat à la cour de Paris, Marcel Laurens, qui conseille Kosma cet accord est inacceptable et semble être resté à l'état de projet[379].

Comme on l'a déjà indiqué, le gouachage est partagé pour moitié entre la France et la Grande-Bretagne. Or, à la sortie du film en 1953 et suite aux déclarations mensongères de Grimault, la presse véhicule de fausses informations. Ainsi Georges Sadoul dans les *Lettres françaises* : « Lorsque les deux Gémeaux se sont séparés, quand Paul Grimault cesse de travailler pour le producteur Sarrut, le film était presque terminé en noir et blanc, le coloris étant déjà fixé, mais non reporté sur pellicule. »[380]. Jean Dutourd dans *Carrefour* écrit : « Grimault et Prévert, après avoir travaillé cinq ans à *la Bergère* et le film étant aux trois quarts fait, se sont vus brusquement exclus de l'entreprise. »[381] Grimault et Prévert ne cessent de déclarer de manière totalement fausse que lors du départ du réalisateur, le film était presque terminé. Et la presse reprend telles quelles ces informations sans jamais demander la version du producteur.

Au départ de Paul Grimault, les couleurs n'étaient pas toutes définies. Il y a des couleurs pour la ville haute, des couleurs pour la ville basse... Thévenet le déplore : « On aurait dû jouer sur l'étalonnage ! On ne s'est pas servi de trucages ». La charte des couleurs n'a été adoptée de manière définitive que très tardivement. Pierre Nicolas, assistant animateur, s'en est occupé. Pierre Chatelier et Roger Dumotier sont les véritables préparateurs des couleurs du film.

La Comète est une autre société fondée par André Sarrut et Jacques Asséo. Elle se spécialise dans la publicité et l'équipe s'installe dans la maison du gardien de la rue Delabordère à Neuilly-sur-Seine. La société a ses propres cellulos et sa propre équipe de traceuses et de gouacheuses. À Londres, la Comète a une agence avec un correspondant, le studio Halas et Batchelor sur Kean Street à Covent Garden. Ce dernier effectue aussi une partie du gouachage de *la Bergère et le Ramoneur*. En France, 40 filles gouachent. Jacques Thévenet s'occupe des expéditions des cellulos dans des caisses spéciales fermées en présence de la douane. À Neuilly-sur-Seine, l'équipe fabrique elle-même les couleurs en les mélangeant car il n'y a pas de couleur de base. Tout est préparé à l'œil, sans rien peser. Les pots de peinture sont également envoyés à Londres. Toute la prise de vue est faite en Grande-Bretagne car le studio ne dispose pas de caméra Technicolor. Le tournage de la fin du film pose un problème à l'équipe restante.

---

379 Avis consultatif de Marcel Laurens, avocat à la cour de Paris à Joseph Kosma, le 19 mars 1953.

380 Georges Sadoul, « Le cinéma cette semaine. Au royaume du merveilleux. *La Bergère et le Ramoneur* dessin animé de Paul Grimault », *les Lettres françaises*, 4 juin 1953.

381 Jean Dutourd, « La bergère a de beaux restes. *La Bergère et le Ramoneur* au cinéma Normandie », *Carrefour*, 10 juin 1953.

Jacques Thévenet raconte : « La fin du film n'a jamais été découpée. Ce devait être une petite fleur qui pousse, symbole d'espoir. Mais je peux vous assurer que ce n'était ni écrit ni scénarisé ! »[382] avant de préciser plus tard : « Le scénario était écrit mais pas le découpage »[383]. Gilbert Dubrisay confirme : « Quand Grimault a quitté la production, la fin n'existait pas »[384]. C'est donc une réelle période d'improvisation qui s'ouvre pour finir *la Bergère et le Ramoneur*. Tout le mérite pour la terminaison du film revient à Gilbert Dubrisay (service technique), Philippe Landrot (pour l'Angleterre), Gilbert Natot (pour le montage) et Jacques Thévenet (pour le *checking*). Il reste surtout la séquence de la fin à animer avec le Robot ce dont se charge Dubrisay. Sarrut savourant sans doute le fait de pouvoir être « l'artiste » en l'absence de Grimault supervise cette séquence. En 1951, la partie animation est presque terminée mais il manque toute la couleur. Faute de moyens, le film se termine sur un plan fixe de près d'une minute : on montre d'abord le Robot échoué près de la ville qu'il a détruite. Une voix-off raconte : « Et le temps a passé. Beaucoup de mauvais souvenirs sont déjà oubliés. Aujourd'hui arrive la fin heureuse de notre histoire. Et le soleil est aussi éclatant, aussi joyeux que la lune était calme et sereine quand le Roi disparut définitivement au fin fond de l'espace et dans la nuit des temps ». La caméra fait alors un panoramique sur des tentes, des manèges, un champ, une statue du roi à terre. Enfin, deux plans animés de quatre et sept secondes seulement montrent l'Oiseau tentant de prendre le groupe en photo : « Mais il en manque un ! C'est toujours le même… » déclare-t-il, se plaignant que son fils ne soit pas à sa place. Le plan animé final dure huit secondes et montre la Bergère et le Ramoneur qui s'embrassent, le tout dans une animation maladroite et des personnages fort mal dessinés.

Le 11 décembre 1951, le Crédit national rappelle à André Sarrut que le montant des intérêts semestriels à payer pour le 31 décembre s'élèvera à 1 256 205 francs[385]. Le 12 décembre 1951, André Sarrut assure au Crédit national que la production sera finie dans les trois mois. Depuis le 10 novembre 1951, il est assuré du financement en francs et en livres sterling grâce à divers moyens de financement dont le principal est l'escompte par la banque d'Amérique de Londres de 35 000 £ cautionné par un groupe financier français dont MM. Odier Bungener & Cie prennent la tête. Mais les autorisations des divers intéressés en France sont très longues à obtenir et la banque d'Amérique fait savoir aux Gémeaux le 10 décembre 1951 que du fait de mesures déflationnistes qui se développent depuis le début du mois en Angleterre, elle ne peut plus tenir les engagements qu'elle a pris un mois plus tôt. André Sarrut n'a pas d'autre choix. Il déclare : « Le 15 décembre 1951 nos ressources financières seront totalement épuisées. »[386]

---

[382] Entretien de Jacques Thévenet avec l'auteur, Marly-le-Roi, 8 juillet 2014.
[383] Entretien de Jacques Thévenet avec l'auteur, Le Port-Marly, 2 janvier puis 9 et 13 février 2015.
[384] Entretien de Gilbert Dubrisay avec l'auteur, Paris, 10 janvier 2008.
[385] CN242-B157. Lettre du 11 décembre 1951. Pour le 31 décembre 1951, vous devrez verser 1 256 250 francs (3 prêts : 376 875 + 502 500 + 376 875), intérêts semestriels.
[386] CN1727-B158. Les Gémeaux au Crédit national, le 12 décembre 1951.

Le 20 décembre 1951, une note de synthèse est rédigée sur le prix de revient et le financement de *la Bergère et le Ramoneur*[387]. Le bilan au 31 décembre 1950, présenté par le commissaire aux comptes à l'assemblée générale de la société les Gémeaux fait apparaître pour *la Bergère et le Ramoneur* un prix de revient de 256 103 000 francs[388]. Au cours de l'année 1951 et jusqu'au 1er décembre, 79 535 000 francs ont été engagés sur le film[389].

Au 1er décembre 1951, il reste à engager 50 millions de francs (en France : 15 millions et en Angleterre : 35 millions)[390]. D'après les calculs du 20 décembre 1951, le prix de revient industriel définitif atteindra 370 497 000 francs duquel il faut déduire 2 250 000 francs[391], ce qui donne 368 247 000 francs. Mais à ce prix de revient industriel, il faut ajouter 35 millions de francs représentant, d'après les conditions connues en taux et en temps, les frais financiers depuis le début du financement jusqu'au 1er juillet 1952. Le prix de revient du film atteindra donc, en arrêtant au 1er juillet 1952 les intérêts, 403 555 000 francs[392]. La terminaison du film est prévue pour fin mars 1952. Le financement de ce prix de revient est assuré comme suit :

<u>Financement fait (313 838 000 francs) :</u>
Ministère de l'Information : 15,6 millions
Avances économiques : 50 millions
Moyen Terme (UGC) : 47 millions
Five Ocean Films : 10 millions
Groupe lainier mazamétain : 25 millions
Vernes et Odier Bungener : 38 millions
BFCE Sagitta-Film : 38 millions
BFCE : 30 millions
Réinvestissement Aide déléguée à Vernes Cie : 25 238 000
Participation différée des techniciens : 35 millions

---

387 CN242-B157. Note sur le prix de revient et le financement du film *la Bergère et le Ramoneur*, 20 décembre 1951.

388 Ce prix de revient comprend les frais financiers au 31 décembre 1950 pour un montant de 15 141 000 francs, c'est-à-dire que le prix de revient industriel atteint 240 962 000 francs.

389 Les engagements en cours du premier trimestre 1951, attestés par M. Chéret, atteignent, frais financiers non compris : 20 014 000 francs. Les engagements en cours du 2ème trimestre 1951 : 26 098 000 francs. Les engagements en cours du 3ème trimestre 1951 : 23 198 000 francs. En octobre et novembre 1951, les dépenses engagées, en cours de contrôle par M. Chéret atteignent 10 225 000 francs.

390 Les dépenses restant à engager sont contrôlées en France par le Cabinet Chéret et par le groupe du dernier financement, lequel contrôle également les dépenses restant à engager à Londres.

391 Cette somme de 2,25 millions de francs comprise dans les dépenses du 3ème trimestre 1951 engagées par M. Chéret et également comprise dans les 35 000 livres des travaux à faire à Londres, sous forme de remboursement à faire à la société La Comète.

392 Ce prix de revient comprend le coût de la version française et de la version anglaise, cette dernière n'ayant jamais été comprise dans les devis précédents.

Financement en cours de mobilisation :
Odier Bungener : 35 millions
Moyens divers en cours de mobilisation : 15 millions

Payable après la fin du film, sans nuire à la bonne fin :
Sécurité sociale : 20 millions
Intérêts dus et prévus jusqu'à juillet 1952 : 20 167 000

Total : 404 005 000 francs.

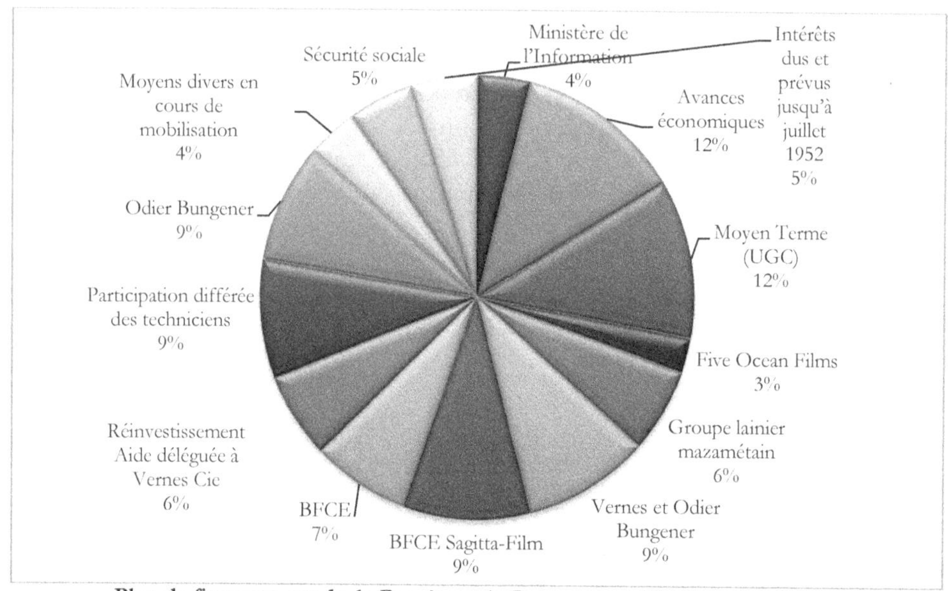

Plan de financement de *la Bergère et le Ramoneur* au 20 décembre 1951
Prix de revient : 404 005 000 francs
Source : Collection des archives de la Cinémathèque française CN242-B157

Le rapport de Pierre Chéret indique un « reste à régler » de 52 836 000 francs mais André Sarrut ne prévoit qu'un financement de 15 millions de francs pour le « reste à faire » en France (destinés à couvrir les dépenses avant la fin du film). Pour aboutir au même chiffre en partant du rapport de Pierre Chéret, André Sarrut déduit les salaires différés[393] et les charges sociales[394] pour

[393] « 8 558 000 francs. Ces salaires sont en participation, donc payables sur délégation de recettes et le chiffre de M. Chéret est d'ailleurs inexact, car il ne reprend que les salaires différés depuis le 31 août 1950, omettant tout l'arriéré. Notre chiffre total est de 35 millions de francs. » CN242-B157. Note sur le prix de revient et le financement du film *la Bergère et le Ramoneur*, 20 décembre 1951.
[394] « 19 909 000 francs (Nous prévoyons de les régler en fin de film, sur délégation de recettes. A noter qu'il ne s'agit pas des charges patronales) charges sociales, mise en couleurs Paris : 1 159 000 francs (même observation) ; mise en couleurs Londres : 2 250 000 francs (cette somme n'est pas à

31 876 000 francs ainsi que l'investissement le 1er octobre 1951 des 6 millions de francs d'Aide au Cinéma.

En conclusion, pour assurer la bonne fin du film, il est indispensable de réunir :

- 35 000 livres pour les travaux anglais ;
- 15 millions de francs pour les travaux français.

André Sarrut apporte certaines garanties au groupe apporteur[395]. C'est à nouveau la banque Odier, Bungener & Cie qui se propose de faire un crédit de 35 000 livres (soit 35 millions de francs) aux Gémeaux à la condition de se voir consentir cession d'antériorité sur les recettes déléguées à provenir de l'exploitation du film aux États-Unis, en Angleterre et dans le Commonwealth britannique. À la fin du mois de décembre 1951, le Comité d'attribution des avances se déclare « en principe » d'accord sur cette combinaison[396]. Le 28 décembre, André Sarrut demande le versement de l'Aide au cinéma basée sur 50 % des recettes[397].

Devis de production de *la Bergère et le Ramoneur*. 31 décembre 1951.

	PARIS	LONDRES	TOTAUX
Prix de revient au 31 décembre 1950	248 845 097	10 000 000	258 845 097
Dépenses contrôlées par M. Chéret, expert chargé par l'État du contrôle de l'avancement et des dépenses de production du 1er janvier 1951 au 31 mars 1951	17 868 161	2 146 092	20 014 253
Du 1er avril 1951 au 30 juin 1951	20 767 223	5 330 795	26 098 018
Prix de revient au 30 juin 1951	287 480 481	17 476 887	304 957 368
Estimation des dépenses restant à faire pour assurer la bonne fin du film	29 500 000	35 000 000	64 500 000
Coût probable définitif de la production	316 980 481	52 476 887	369 457 368

Financement de *la Bergère et le Ramoneur*. 31 décembre 1951.

régler en francs puisqu'elle est comprise dans le devis de 35 000 livres). » CN242-B157. Note sur le prix de revient et le financement du film *la Bergère et le Ramoneur*, 20 décembre 1951.

395 « Les cessions d'antériorité demandées pour la possibilité d'inscription des 35 000 livres en premier rang sur les États-Unis, le Royaume-Uni et le Commonwealth britannique seront accordées ; la double expertise menée à Paris et à Londres, en plus de l'expertise Chéret, lui donnera tous apaisements ; la mise en ordre de l'ensemble des délégations financières et en particulier, le placement des dépassements maintenant connus dans la marge prévue à cet effet, le couvre contre toute surprise ultérieure ; les conditions de distribution connues, qu'il considère comme bonnes, avec Music Corporation America, l'UGEP (filiale de l'UGC pour l'exportation) et Cofranex seront réunies ; le CNC aura confirmé son accord sur l'admission dans le calcul de l'Aide au Cinéma des recettes producteur, qu'elles aient été encaissées à l'étranger ou rapatriées ; les groupements intéressés à la situation financière du groupe Sagitta – Les Gémeaux, ne prendront aucune mesure autrement qu'en accord avec le groupe apporteur. »

396 CN242-B157. CAA, PV n°52, 27 décembre 1951.

397 CN242-B157. Sarrut, SARL La Comète, 28 décembre 1951.

Financement déjà assuré :

	PARIS	LONDRES (payés en £ par investissements anglais ou transfert de francs)	TOTAUX
PAR L'ÉTAT			
BFCE	30 000 000		30 000 000
Assurances crédits pour Sagitta-Film	35 853 908	2 146 092	38 000 000
Ministère de l'Information	15 600 000		15 600 000
Crédit national Avances économiques	50 000 000		50 000 000
Aide au Cinéma	25 238 727	2 000 000	27 238 727
PAR DES PARTICULIERS			
UGC (escompte Crédit national)	41 669 205	5 330 795	47 000 000
Groupe lainier mazamétain	25 000 000		25 000 000
Banques privées de la société	38 000 000		38 000 000
Five Ocean Films		10 000 000	10 000 000
Total du financement assuré	291 861 840	19 476 887	311 338 727

Financement à trouver :

	PARIS	LONDRES	TOTAUX
Coût probable de production :	316 980 481	52 476 887	369 457 368
Financement assuré	291 861 840	19 476 887	311 388 727
Financement à trouver	25 118 641	33 000 000	58 118 641
Se décomposant en :			
Avant la fin de la production	10 000 000	33 000 000	43 000 000
Après la fin de la production	15 118 641		15 118 641

Rapport du cabinet Chéret.

Source : Collection des archives de la Cinémathèque française CN242-B157

* * *

* *

Le 7 janvier 1952, la production du film s'arrête en France. Les travaux sont terminés pour le studio de Neuilly-sur-Seine mais il reste encore à régler 15 millions de francs puis 20 millions de francs de charges sociales sans compter les éventuels dépassements. Il reste 1 mois ½ de travail à effectuer en Angleterre pour 35 000 livres sterling. La sortie du film est prévue pour septembre 1952. Sarrut espère que MCA et l'UGEP (filiale de l'UGC pour l'exportation) assureront la distribution du film dans le monde et surtout aux États-Unis pour la première sauf

Royaume-Uni, Commonwealth, continent américain, Italie, France, Afrique du Nord et Union française. L'UGC s'occupera de ces territoires. Cofranex est chargée de la distribution en Amérique latine.

Le Crédit national signale aux Gémeaux par deux courriers les 11 et 31 janvier 1952 que l'échéance semestrielle d'un montant de 1 256 250 francs d'intérêts à régler au 31 décembre 1951 n'a pas été versée. Il faut dire que les autres projets cinématographiques d'André Sarrut ne rencontrent guère de succès. Sagitta-Film devait réaliser en coproduction franco-anglo-américaine une série de longs métrages mais seul *Pardon my French / Dans la vie tout s'arrange* de Bernard Vorhaus / Marcel Cravenne avec Merle Oberon est réalisé dans le cadre de ce programme[398]. Le film est financé :

- par des capitaux ou des crédits à concurrence de 147 540 000 francs[399] ;
- par des fonds anglais (groupe Makintosh) à concurrence de 40 000 £ ;
- par des fonds américains (Cusick International Films[400]) à concurrence de 75 600 £.

Pardon my French est distribué aux États-Unis en juillet 1951 par United Artists comme un film américain. En janvier 1952, les recettes (seulement 24 000 dollars) sont absorbées par les frais de distribution. Le film est distribué en septembre 1951 en Grande-Bretagne (sous le titre *The Lady of Boston*) et dans les dominions par Grand National Pictures. Les recettes sont faibles et couvrent juste le budget anglais. Le film devrait être exploité en France par Ciné-Sélection qui l'a pris en distribution moyennant 5 millions d'à-valoir et Sagitta-Film voudrait disposer pour organiser sa distribution de la copie anglaise qui est meilleure que la copie française mais le groupe anglais – en désaccord avec Sagitta sur le montant du budget anglais – se refuse à la délivrance de la copie. En février 1952, André Sarrut s'inquiète : « Si le film ne marche pas, la situation du groupe sera difficile. »[401] La version française de *Pardon my French* sort finalement le 22 août 1952 à Paris sous le titre *Dans la vie… tout s'arrange* (film connu aux États-Unis sous le titre *Entrez dans la danse…*). L'exploitation du film est très médiocre. Les chances de remboursement du prêt garanti paraissent minimes[402]. D'après les chiffres du

---

398 Gilbert Dubrisay se souvient que les raccords de *Pardon My French* ont été tournés à Neuilly-sur-Seine.

399 BFCE : 33 millions ; Crédit national : 25 millions ; Banquiers : 11 millions ; Compagnies d'assurances : 6 millions ; Industriels cotonniers : 12 millions ; Concours anglais et américains : 21,7 millions ; Aide au cinéma : 33 millions ; Producteur : 5,84 millions.

400 Cusick International Films semble n'avoir produit que le long métrage *The Long Dark Hall* réalisé par Reginald Beck et Anthony Bushell en 1951.

401 CN261-B173.

402 CN1727-B158. Commission des garanties et du crédit au commerce extérieur. Garantie de préfinancement. Lettre adressée le 30 janvier 1952 par la BFCE à la Cie française d'assurance pour le commerce extérieur : « Par lettre du 28 décembre 1951, nous vous avons déclaré un sinistre

box-office français réunis par le CNC le film attire seulement 370 346 spectateurs dont 53 402 pour Paris. En novembre 1951, André Sarrut explique la contre-performance des films produits en double version française et américaine : « La seule raison pour laquelle les recettes n'ont pas été ce qu'elles auraient dû être, est que la qualité des films produits était insuffisante et ceci parce que les dirigeants et les syndicats de l'industrie cinématographique nous ont obligés à réaliser des films en double version, ce qui ne permet de réaliser ni un bon film de langue française ni un bon film de langue anglaise. »[403]

Par lettre du 8 janvier 1952, la BFCE déclare à la Compagnie française d'assurance pour le commerce extérieur un sinistre concernant l'échéance au 31 décembre 1951 du prêt de 30 millions de francs consenti le 31 décembre 1948 à la société les Gémeaux pour la réalisation du film *la Bergère et le Ramoneur*. La BFCE indique que la recette producteur d'un film est en moyenne dans le monde de 12 à 20 % de la recette guichets (en France 12 % - aux États-Unis 20 %). Or, les dessins animés de Walt Disney réalisent de 4 à 8 millions de recettes nettes producteurs. Il est vrai, note la BFCE, « que les dessins animés même les moins réussis de Walt Disney – comme *Alice au pays des merveilles* – exercent sur la sentimentalité du public un certain attrait dont il n'est pas sûr que bénéficie *la Bergère et le Ramoneur* ». Cependant, la BFCE espère que les chiffres très élevés des recettes producteur des dessins animés de Walt Disney distribués dans les conditions mêmes où le sera *la Bergère et le Ramoneur* permettent de penser que le dessin animé du groupe les Gémeaux-Sagitta couvrira largement ses frais de production. La BFCE conclut : « *La Bergère et le Ramoneur* constitue le seul actif valable de la société [...] il n'est pas opportun de poursuivre Sagitta-Film ou les Gémeaux. »

Par contre, la BFCE a bien noté que la société les Gémeaux participe pour 50 % dans une société de publicité au capital de 150 000 francs appelée la Comète dont les autres actionnaires sont diverses personnes s'intéressant aux affaires du groupe Sarrut. Cette société réalise un chiffre d'affaires de 70 millions de francs par an. Sa rentabilité est très bonne et « il paraîtrait normal de lui demander de payer, jusqu'à extinction complète des dettes du groupe une somme mensuelle destinée à couvrir en toute hypothèse les intérêts et agios dus par les sociétés Sagitta-Film et les Gémeaux au titre des prêts garantis. Cette somme devrait être déterminée après examen des engagements déjà assumés par la Comète. »[404]

En février 1952, le devis du film *la Bergère et le Ramoneur* s'établissant à plus de 400 millions de francs, les Gémeaux demande au Comité d'attribution des avances que la cession d'antériorité prévue sur les recettes déléguées à provenir de

---

concernant l'échéance au 21 décembre 1951 du prêt de 33 millions consenti le 21 décembre 1949 à la société Sagitta-Film pour la réalisation du film *Pardon my French*. »

403 CN1727-B158. Les Gémeaux à l'Office des changes, 7 novembre 1951.

404 CN1727-B158. Commission des garanties et du crédit au commerce extérieur. Garantie de préfinancement. Lettre adressée le 30 janvier 1952 par la BFCE à la Cie française d'assurance pour le commerce extérieur.

l'exploitation du film sur le continent américain, dans le Commonwealth britannique et en Italie soit portée à 243 600 000 francs : « Malgré les réserves qu'appelle le développement de l'opération et quelque crainte que l'on puisse éprouver de voir compromis le remboursement de l'avance du Trésor, il semble difficile de refuser les facilités demandées sans compromettre la réalisation du film dont l'achèvement est prévu pour juin 1952 »[405].

Le 13 juin 1952, le Crédit national fait savoir aux Gémeaux que l'échéance des intérêts semestriels au 30 juin 1952 se monte à 2 512 500 francs car l'échéance précédente au 31 décembre 1951 n'a toujours pas été payée[406]. Deux semaines plus tard, André Sarrut écrit au Crédit national : « Vous savez trop bien les efforts financiers considérables qui ont été faits pour permettre la terminaison du film aujourd'hui pratiquement terminé. Le film *la Bergère et le Ramoneur* est d'ailleurs considéré par tous les distributeurs, aussi bien français qu'étrangers, comme une œuvre absolument exceptionnelle. L'exploitation du film va commencer dans la plupart des pays en octobre 1952. Vous ne devriez pas tarder à encaisser des sommes importantes. Ceci étant exposé, nous vous prions de bien vouloir accepter que les intérêts échus et à venir soient prélevés sur les délégations de recettes qui vous sont réservées au titre d'intérêts, frais et accessoires. »[407].

Un bras de fer s'engage alors. Le Crédit national répondant le 8 juillet : « Nous avons le regret de vous faire connaître qu'il ne nous est pas possible d'attendre la mise en exploitation du film pour le règlement par prélèvement sur les recettes déléguées des intérêts échus sur notre avance de 50 millions de francs. Nous vous rappelons que nous ne pouvons accorder aucun délai pour le paiement des intérêts et que le défaut de règlement de votre échéance du 30 juin 1952 s'élevant à 2 512 500 francs rend notre prêt entièrement et immédiatement exigible par le fait qu'il comprend deux semestres d'intérêts. »[408]. Une semaine plus tard, Sarrut ne peut que répondre : « Comme vous le savez nous ne disposons d'aucun moyen financier en dehors de ceux que nous apportent les banques et les groupes qui financent la fin du film *la Bergère et le Ramoneur*. Nous avons adressé copie de votre lettre à la société Cofranex qui gère les intérêts de ces groupes et banques. Cette société étudie actuellement les moyens de satisfaire à votre demande malgré les très lourdes obligations financières auxquelles elle est obligée de faire face pour terminer la production du film *la Bergère et le Ramoneur*. »[409]

En plus de *la Bergère et le Ramoneur*, André Sarrut a contracté des prêts auprès du Crédit national pour d'autres films comme ceux produits par les

---

[405] CN242-B157. Comité d'Attribution des Avances (loi du 3 novembre 1940), séance du 21 février 1952.

[406] CN242-B157. Le Crédit national aux Gémeaux, 13 juin 1952. Soit 1 256 250 fr + intérêts à 5,025 % (du 1/1 au 30/6 1952) sur 15 millions = 376 875 ; sur 20 millions = 502 500 ; sur 15 millions = 376 875.

[407] CN242-B157. Les Gémeaux au Crédit national, le 30 juin 1952.

[408] CN242-B157. Réponse du Crédit national, le 8 juillet 1952.

[409] CN242-B157. Réponse de Sarrut au Crédit national, le 17 juillet 1952.

Gémeaux directement : *Tabusse* (13 millions de francs empruntés, reste 4,8 millions à rembourser au 30 juin 1952) ou *le Crime des justes* (10 millions, reste 7,5 millions) ou par le biais de Sagitta-Film (ex Safia-Film) : *Hans le marin* (30 millions empruntés, reste 12,6 millions à rembourser) ou *Dans la vie tout s'arrange / Entrez dans la danse* (25 millions empruntés, reste 25 millions à rembourser). Le procès-verbal de la réunion du Crédit national au 30 juin 1952 indique : « Bien que la situation de ces dossiers ne soit guère rassurante, il n'apparaît pas que l'intervention de l'Agence judiciaire du Trésor soit, en l'état actuel des choses, susceptible d'accélérer le remboursement de ces avances qui, en tout état de cause, ne semblerait pouvoir intervenir qu'en cas de succès du film *la Bergère et le Ramoneur* lequel d'après M. Sarrut, serait enfin terminé. »[410]

André Sarrut demande au Crédit national d'être patient au moins jusqu'en octobre 1952, date de sortie prévue du film : « Messieurs, nous sommes confus de ne pas avoir encore pu vous donner les renseignements que vous nous demandiez sur l'exploitation des films pour lesquels nous vous devons rembourser des sommes importantes. Notre Groupe ne disposant actuellement que de très peu de personnel occupé avant tout à terminer la production du film *la Bergère et le Ramoneur*, nous n'avons pas le moyen de vous faire parvenir cette documentation. Comme la terminaison de *la Bergère et le Ramoneur* et la mise en exploitation de ce film va déterminer la situation finale du groupe, nous pensons que notre premier devoir est de le mettre en exploitation : ceci sera effectivement réalisé au mois d'octobre prochain et nous vous prions d'être assez indulgents pour nous permettre d'attendre ce moment pour rechercher avec vous les solutions qu'exige la situation de notre groupe. En nous excusant encore pour les difficultés que nous vous causons… »[411]

En effet, en cet été 1952, le tournage de *la Bergère et le Ramoneur* touche à sa fin, dix ans après avoir été évoqué pour la première fois et six ans après le début de la production le 1er août 1946. Le budget a totalement dérapé entre ces deux dates, passant de 36 millions à plus de 450 millions de francs (mais nous sommes dans un contexte général de très forte inflation des prix d'environ 300 % entre 1946 et 1952 !).

Cent quatre-vingts personnes ont œuvré à Paris et à Londres et ont totalisé 1 200 000 heures de travail. Il a été exécuté plus de 400 000 dessins sur calques, dont 260 000 environ ont été utilisés (ils représentent un rouleau de calque imaginaire d'une largeur de 32 cm et d'une longueur de 225 km) et reproduits sur 250 000 cellulos. La surface crayonnée a été de 40 000 m², soit un peu plus que la place de la Concorde. Il a fallu, pour dessiner les dessins sur ces calques, près de 8 km de mines et 120 kg de gomme. Plus de trois tonnes de peinture ont été

[410] CN261-B173. Comité d'attribution des avances à l'industrie cinématographique, procès-verbal du 30 juin 1952.
[411] CN261-B173. André Sarrut, Sagitta-Film au Crédit national, le 17 juillet 1952.

utilisées pour peindre ces dessins. Plus de 500 coloris différents ont été utilisés pour la mise en couleur des personnages, ce qui représente une palette de 10 mètres de long où chaque couleur serait représentée par une touche de 2 cm de large. Le volume total des calques, cellulos et du matériel technique destiné aux prises de vues représente le chargement complet de deux wagons de marchandises. Le nombre de décors du film est de 450, ce qui représente environ 20 000 heures de travail. Pour la fabrication de ces décors, 800 m^2 de papier spécial et près de 20 000 tubes de gouache ont été utilisés. La prise de vue a été exécutée sur près de 150 000 images et a nécessité l'utilisation de cinq caméras spécialement équipées[412]. *La Bergère et le Ramoneur* est ainsi le plus important film que l'on ait jamais entrepris dans le genre en Europe.

412 Données issues du dossier de presse du film repris avec des variantes dans Jacques Monnet, « À Venise on a projeté le premier long métrage français de dessins animés », *la Tribune de Genève*, 12 septembre 1952. Données reprises en partie dans Yves Florenne, « Féeries sur l'écran de Venise », *le Monde*, 13 septembre 1952.

Chapitre 4. 1952-1953. « Le monde est une merveille, il y a le jour et la nuit. Y'a la lune et le soleil. Les étoiles et les fruits. Et des moulins à vent, il y en a aussi. Le monde est une merveille. Il y a le jour et la nuit. Y'a la mer qui est profonde. Y'a la Terre qui est toute ronde ! »

Quatrième chanson écrite par Jacques Prévert et Joseph Kosma pour le film, elle est interprétée par un chœur d'enfants non crédité au générique. Cette chanson des oisillons intitulée tantôt « Le monde est une merveille » tantôt « Chanson du mois de mai n°38 : la leçon des oiseaux », avait dans le scénario original de 44 feuillets des paroles légèrement différentes : « Le monde et ses merveilles / Le jour et la nuit, / La lune, le soleil, / Les fruits sur les arbres, / Les moulins à vent, / La mer qui est bleue, / La terre qui est ronde ». Après la chanson, une discussion s'engage immédiatement entre le Ramoneur, l'Oiseau et la Bergère :

Le Ramoneur : Pourquoi est-elle ronde ?
L'Oiseau : Parce qu'elle tourne !
La Bergère : Pourquoi tourne-t-elle ?
L'Oiseau : Parce qu'elle est ronde !
La Bergère et le Ramoneur : Comment tourne-t-elle ?
L'Oiseau : Autour du soleil !

S'en suit une scène d'à peine douze secondes montrant la terre tournant autour du soleil. Cette scène devait à l'origine être d'une tout autre ambition. Le scénario indique : « À cet instant tout tourne. Et c'est le jour et la nuit exécutés de main de maître et en quelques secondes à peine, en un petit opéra-comique instantané et accéléré, avec chœurs explicatifs, grands mouvements de planètes et tout ce qui s'en suit. Puis tout rentre dans l'ordre et le calme revient. ». Cette scène escamotée pour raisons budgétaires est à l'image de la fin du tournage chaotique du film. Paul Grimault en propose une version quasiment identique dans *le Roi et l'Oiseau* (à 30'15). Pierre Brasseur dans le rôle de l'Oiseau enchaîne : « Tiens ! C'est curieux ! D'habitude, elle met au moins 24 heures pour tourner. C'est parce que vous êtes des nouveaux ! Elle a fait ça pour vous faire plaisir ! ». Anouk Aimée dans le rôle de la Bergère répond : « Elle est gentille la Terre. ».

Si la fin de la production de *la Bergère et le Ramoneur* a été éprouvante pour toute l'équipe des Gémeaux restante, exploiter le film s'avère encore plus compliqué. Car au problème de financement de ce dessin animé de long métrage vient s'ajouter un volet judiciaire. Paul Grimault n'entend pas laisser André Sarrut exploiter le film dans une version qu'il désapprouve. La fin de l'été 1952 marque le début d'une longue série de procès opposant Grimault/Prévert à Sarrut. La première bataille entre les deux anciens Gémeaux a lieu lors du festival de Venise (20 août-12 septembre 1952) au cours duquel Sarrut voudrait pouvoir projeter *la Bergère et le Ramoneur* en avant-première mondiale.

En cet été 1952, il est à nouveau question d'une collaboration Disney / Grimault. *Le Monde* du 2 août 1952 écrit : « Walt Disney a enfin dîné hier soir avec son rival français, Paul Grimault, qu'il admire beaucoup. Il lui a demandé des dessins pour servir de liaison d'inspiration française à une série de dessins animés qu'il veut réunir en un seul programme. »[413] *La Presse* reprend l'information du *Monde* : « on se rappelle qu'il [Walt Disney] déclarait, il y a trois ans, à l'un de nos confrères : « Grimault est très intéressant. Il apporte le résultat de recherches nouvelles. » Le père de Mickey est revenu à Paris, le mois dernier. Il a tenu à dîner, un soir, avec son « rival ». Il lui a parlé de certain projet, d'un grand film qui serait fait de l'assemblage de courts métrages de Disney... avec des enchaînements que réaliserait Grimault. »[414] Paul Grimault se souvient : « Disney avait songé un moment à me financer, à m'aider pour faire un film ici. Parce qu'il avait de l'argent bloqué en France. Ce devait être vers 1955 [1952]. Ça n'a pas eu de suite, l'idée a été freinée aux États-Unis, mais quand il m'en a parlé j'ai senti une vraie chaleur de son côté. [...] À ce moment-là, il ne réalisait déjà plus tellement de dessins animés. Il s'occupait davantage de Disneyland et des films en prise de vue directe avec des animaux. Je ne lui ai pas dit, bien sûr, que je n'aimais pas *Fantasia*, mais c'était quand même un grand bonhomme sympathique. On peut ne pas être d'accord sur l'esprit de quelques-uns de ses films, le côté puritain, moralisateur, un peu infantile qui nous agace dans certaines bandes dessinées, feuilletons télé et films américains. On peut regarder ça avec un œil gentiment dérisoire, disons, mais c'est à cause de ça qu'ils marchent bien et se vendent partout »[415]. Tout comme cela avait été le cas quelques années auparavant (1946 et 1948), le projet n'ira pas au-delà des intentions. Il faut dire que Grimault s'engage dans une âpre bataille judiciaire contre son producteur.

Le 23 juillet 1952, l'expert Vuillermoz raconte : « Je pris l'initiative de faire réunir à mon bureau les représentants des deux parties pour essayer de sortir de cette impasse. Au cours de cette entrevue, Me Casati, mandaté par M. Sarrut, nous déclara que le film ne pourrait pas être achevé et présenté <u>avant la fin du mois de septembre</u>. Cette échéance fut acceptée. Il fut entendu également que d'ici là, M.

---

[413] R. P., « Walt Disney a passé six jours à Paris », *le Monde*, 2 août 1952.
[414] « L'étonnante et pittoresque carrière de P. Grimault, Walt Disney français », *la Presse*, 23 septembre 1952.
[415] Jean-Pierre Pagliano, *Paul Grimault*, pp. 118-120.

Sarrut s'engageait naturellement à ne montrer à personne, avant l'expertise, le film remanié par ses soins. Par lettre du 31 juillet, Me Casati prit la peine de nous confirmer l'accord de M. Sarrut sur ces deux points. » Grimault rapporte la même chose : « … le bruit ayant couru que cependant cette société se disposait à présenter le film à la Commission de sélection du festival de Venise, Jacques Prévert et moi avons demandé à M. Vuillermoz de nous convoquer. Au cours d'un rendez-vous pris chez M. Vuillermoz le 23 juillet 1952, la société les Gémeaux a déclaré que le film n'était pas encore terminé, qu'il ne serait terminé que fin septembre, que de ce fait il n'était pas en état d'être présenté à l'expert et que les opérations d'expertise ne pourraient pas avoir lieu en conséquence avant le 20 septembre. »[416]

Vuillermoz poursuit : « Or, violant ces deux conventions et nous tenant dans l'ignorance d'une décision aussi grave, M. Sarrut, décidé à ne tenir aucun compte de la mission qui m'avait été confiée, présentait, dès le mois d'août son film, toujours inachevé, aux membres de la Commission française de sélection du festival de Venise et prenait rang pour affronter ce concours dans la première semaine de septembre. Et brusquement, M. Sarrut me demanda d'aller « visionner » son film le 25 août à Londres, où l'on achevait en toute hâte la mise en couleurs pour l'envoyer à Venise. Je refusais cette offre doublement impertinente parce que M. Sarrut n'ignorait pas que j'étais absent de Paris jusqu'au 15 septembre et parce que sa proposition indiquait clairement qu'il n'entendait pas subordonner à la solution judiciaire du conflit la libre disposition et l'exploitation commerciale immédiate de son film. Je le rappelai au respect de ses engagements, mais il me répondit avec une véritable effronterie – puisque son film n'était toujours pas terminé – que j'étais seul responsable du retard de l'expertise et qu'il entendait passer outre à la défense qui lui avait été faite par les auteurs et par moi-même de soumettre son travail avant l'expertise au jugement d'un jury et du public international du Festival vénitien. Soucieux de pousser à ses extrêmes limites l'esprit de conciliation et de respect des intérêts considérables engagés dans cette affaire, j'acceptai de me soustraire, dans des conditions extrêmement difficiles, et contraire à mes intérêts professionnels, aux obligations musicales qui me retenaient en Suisse et de venir à Paris entre deux trains le 2 septembre, à la Direction générale du Cinéma pour voir le film ramené de Londres, afin d'obtenir l'assentiment éventuel des auteurs à sa présentation au concours, si la collaboration de M. Sarrut leur paraissait acceptable. Prévenu successivement le 26 et 28 août par Me Rivière et par moi-même, M. Sarrut accepte la présentation à Paris le 2 septembre dans les conditions indiquées. Mais il s'excusa de ne pouvoir nous montrer qu'une « copie » de travail non étalonnée et comportant de nombreuses imperfections, parce que la copie définitive n'avait toujours été terminée, ce qui prouve bien la puérilité de ces accusations. D'accord avec les auteurs, je me suis résigné à cette nouvelle dérobade, mais lorsque j'arrivai à Paris, M. Sarrut se déroba

[416] Cinémathèque suisse, Archives nationales du film, Lausanne. Fonds Autant-Lara. Paul Grimault à Jacques Flaud, 15 septembre 1952.

de nouveau, ne prit pas la peine de me prévenir et, après m'avoir imposé une attente inutile dans la salle de projection, finit par avouer qu'il n'avait pas pu se procurer la copie de travail en temps utile [selon les dires de Sarrut, la bande n'a pu être dédouanée à temps[417]], ce qui étant donné les sept jours de délai dont il disposait pour faire venir par avion – ce qu'il fait chaque jour – un colis de Londres à Paris, constituait une explication inadmissible. J'ai donc repris le train pour la Suisse, emportant la conviction que la seule préoccupation de M. Sarrut était de dérober son travail à mon examen, de soustraire son film à une saisie éventuelle, de l'envoyer à Venise sans passer par la France et de placer les intéressés devant un fait accompli si le jury lui attribuait une récompense. Voilà, Monsieur le Président, la situation dans laquelle nous place les manœuvres dilatoires de M. Sarrut, ses affirmations inexactes et sa volonté de ne pas faire entrer en ligne de compte dans l'exploitation de son film les protestations de ses auteurs et l'Ordonnance du 26 avril 1951 qui en exigeant une expertise semblait bien subordonner la « sortie » de ce film à un examen approfondi de sa qualité et des violations des lois sur la propriété artistique qu'on pourrait éventuellement y constater. Il ne m'appartient pas de résoudre ce problème juridique, mais j'ai cru devoir vous résumer l'état actuel de la question, au moment où M. Sarrut s'efforce de rejeter sur d'autres les responsabilités qu'il a encourues. J'ajoute que, de toute façon, la présentation à laquelle j'avais consenti à assister dans les conditions que je viens d'exposer ne pouvait aboutir qu'en une sorte d'armistice, car l'expertise d'un dessin animé exige de longues semaines de travail, pour confronter et étudier des milliers de croquis et de dessins, afin de découvrir les fautes professionnelles éventuellement reprochées par leurs auteurs au nouveau réalisateur de *la Bergère et le Ramoneur*. De toute façon, je me trouve jusqu'ici, par le fait de M. Sarrut, mis hors d'état de commencer mon travail d'expertise, puisqu'il est incapable de me présenter le film entièrement terminé, condition essentielle d'un examen efficace. »[418]

Le film est en effet proposé à la commission chargée de sélectionner les films pour Venise. La bande étant en voie d'achèvement à Londres et la commission siégeant à Paris, Sarrut offre le voyage à une petite délégation : trois membres de la commission (sur 16) passent la Manche, voient *la Bergère et le Ramoneur* et reviennent enchantés[419].

Le 8 août 1952, la presse annonce les films français qui seront présentés au prochain festival de Venise : il s'agit de *la Putain respectueuse* de Marcel Pagliero ; *la Bergère et le Ramoneur* de Paul Grimault, *Jeux interdits* de René Clément et *les*

[417] « Mis sous séquestre ici, primé là, *la Bergère et le Ramoneur* ou le dessin animé à éclipses », *le Monde*, 17 septembre 1952.

[418] Cinémathèque suisse, Archives nationales du film, Lausanne. Fonds Autant-Lara. Rapport de M. Vuillermoz, expert à M. le Président du Tribunal civil de la Seine, Montreux, le 3 septembre 1952.

[419] Nino Frank, « La Bergère, le Ramoneur et M. le directeur du cinéma français », *Arts*, 19-25 septembre 1952.

Conquérants solitaires de Claude Vermorel[420]. L'annonce de la projection du dessin animé des Gémeaux à Venise en laisse plus d'un perplexe. *Combat* note : « *La Bergère et le Ramoneur*, le grand dessin animé de Paul Grimault, dont c'est l'heureuse réapparition, alors que les pessimistes le disaient perdu en biens. »[421] Paul Grimault à Jacques Flaud : « Le 14 août 1952, je vous ai écrit une lettre recommandée, dont j'attends toujours la réponse, vous avisant de l'instance judiciaire en cours et vous disant que « je faisais toutes réserves sur les suites judiciaires que pourrait entraîner la présentation de *la Bergère et le Ramoneur* en public avant que les différends qui nous opposent à M. Sarrut aient été tranché par voie de justice. » Le même jour, j'adressais une protestation, toujours par lettre recommandée, à M. Petrucci, président de la Biennale de Venise et à Monsieur le Président de la Commission française de sélection de la Biennale de Venise. »[422]

Le 18 août, à la veille de l'ouverture du Festival de Venise, *le Parisien libéré* se fait l'écho du problème : « Les auteurs de *la Bergère et le Ramoneur* (dessin animé de long métrage) ne sont pas, croit-on, absolument satisfaits de leur film, dans son état actuel, et demandent à le retirer. »[423] La presse relaie cette information. *L'Humanité* : « *la Bergère et le Ramoneur* de P. Grimault est incertain »[424] ; *Ce Soir* : « les auteurs de cette dernière œuvre [*la Bergère et le Ramoneur*] n'étant pas entièrement satisfaits de leur film dans son état actuel, demanderaient à le retirer »[425]. Puis les informations se font plus précises. *Paris-Presse-l'Intransigeant* raconte : « *la Bergère et le Ramoneur*, dessin animé de long métrage oppose les producteurs aux deux auteurs : Grimault et Prévert qui ne veulent pas que leur film, terminé sans leur accord, soit projeté à Venise [...] *la Bergère et le Ramoneur* [est] incertain jusqu'au dernier moment. »[426] ; *le Populaire de Paris* : « [*la Bergère et le Ramoneur*] risque d'être également retiré au dernier moment par ses auteurs qui sont en procès avec leur producteur. »[427].

Paul Grimault, dans une série de lettres adressées respectivement au président de la Biennale, au président de la commission de sélection et au directeur général de la Cinématographie française, déclare s'opposer à la projection du film en public. *Le Monde* : « En conséquence, conclut M. Paul Grimault, je crois

---

420 « Les films français pour la Biennale de Venise », *le Parisien libéré*, 8 août 1952 ; « La sélection française pour la Biennale de Venise », *le Figaro*, 8 août 1952.

421 « Les partants pour Venise », *Combat*, 8 août 1952.

422 Cinémathèque suisse, Archives nationales du film, Lausanne. Fonds Autant-Lara. Paul Grimault à Jacques Flaud, 15 septembre 1952.

423 « Un geste discourtois : moins d'une semaine avant l'ouverture... Les dirigeants du Festival de Venise refusent deux films français : *les Conquérants solitaires* et *Jeux interdits* », *le Parisien libéré*, 18 août 1952.

424 « *Jeux interdits* et *les Conquérants solidaires* refusés à la Biennale de Venise », *l'Humanité*, 19 août 1952.

425 « Deux films français : *Conquérants solitaires* et *Jeux interdits* refusés à la Biennale de Venise qui ouvre demain », *Ce Soir*, 19 août 1952.

426 « Venise. Les films français de la Biennale refusent leurs vacances forcées », *Paris-Presse-l'Intransigeant*, 19 août 1952.

427 H. M., « La Biennale de Venise débute par une querelle entre la France et l'Italie », *le Populaire de Paris*, 19 août 1952.

nécessaire de porter à votre connaissance que M. Jacques Prévert et moi avons l'intention de faire, dès à présent, toutes réserves sur les suites judiciaires que pourrait entraîner la présentation de *la Bergère et le Ramoneur* en public avant que les différends qui nous opposent à M. André Sarrut aient été tranchés par voie de justice. »[428] La SACEM n'intervient pas au nom de Joseph Kosma car ce dernier, compositeur de la musique du film et donc coauteur, a choisi de se désolidariser de Prévert et Grimault.

L'Aurore affirme alors un peu vite : « *la Bergère et le Ramoneur* se voit retiré de la compétition par son réalisateur Paul Grimault »[429] ; *Le Figaro* : « On sait enfin que le réalisateur du dessin animé *la Bergère et le Ramoneur*, de Paul Grimault, étant en désaccord avec son producteur, s'oppose à la présentation du film sur l'écran du Lido »[430] ; et enfin *Libération* : « Paul Grimault et Jacques Prévert, réalisateur et auteur du dessin animé *la Bergère et le Ramoneur*, retirent leur film de la compétition estimant qu'il a subi trop de coupures. »[431]. Le 21 août, Paul Grimault s'exprime dans *Combat* :

> « Il y a cinq ans, en collaboration avec Jacques Prévert, j'ai entrepris la réalisation d'un important dessin animé : *la Bergère et le Ramoneur*. Alors que ce film était pour les neuf dixièmes achevé, le producteur, M. André Sarrut, déclara renoncer à ma collaboration et à celle de Jacques Prévert, sous le prétexte erroné, que les crédits mis à notre disposition avaient été dépassés.
>
> Nous rompîmes donc. Deux ans passèrent. Entre-temps, j'appris, par la voie de la presse, que ce film non achevé avait été retenu par le comité de sélection et qu'il serait présenté au jury et au public de la Biennale.
>
> Je m'oppose formellement à cette décision, ne pouvant accepter qu'une production non achevée puisse concourir : un tel procédé constitue une véritable atteinte à notre œuvre. Enfin, je m'élève, non moins formellement contre M. Sarrut qui se prétend co-réalisateur. M. Sarrut n'a jamais réalisé le moindre film ! »[432]

---

[428] « M. Paul Grimault s'élève contre la présentation à Venise de son film *la Bergère et le Ramoneur* », *le Monde*, 19 août 1952. Voir aussi, « A la Biennale de Venise, Paul Grimault s'oppose à la présentation de *la Bergère et le Ramoneur* », *le Figaro*, 19 août 1952 : « Paul Grimault vient de protester par lettre recommandée auprès de la Direction de la Cinématographie, de la Commission de sélection et de la Biennale de Venise contre le fait que *la Bergère et le Ramoneur* soit présenté à la Biennale sous sa signature et avant même qu'il en ait vu la copie. En son nom personnel et au nom de Jacques Prévert, Paul Grimault fait, d'autre part, toutes réserves sur les traitements que l'œuvre a pu subir depuis que les auteurs du film ont été évincés de sa réalisation. »

[429] « Dernière heure : le film de J. Delannoy : *la Minute de vérité* partirait pour Venise », *l'Aurore*, 20 août 1952.

[430] « À la Biennale de Venise. Les incidents autour de la sélection française », *le Figaro*, 21 août 1952.

[431] J. F., « La Biennale de Venise est ouverte… mais le sort des *Conquérants solitaires* demeure incertain : deux nouveaux films français candidats », *Libération*, 21 août 1952.

[432] M. C., « Paul Grimault réalisateur du dessin animé *la Bergère et le Ramoneur* déclare à *Combat* : « Ce film étant inachevé, je m'élève contre sa présentation à Venise ! … » », *Combat*, 21 août 1952.

Pourtant, le 23 août, la presse déclare que *la Bergère et le Ramoneur* devrait malgré tout être projeté à Venise le 8 septembre. *Combat* : « Il paraît peu vraisemblable que les protestations de Grimault puissent maintenant empêcher la présentation de son dessin animé *la Bergère et le Ramoneur* mais les jurés n'éviteront pas d'être impressionnés par le fait qu'on leur montre une œuvre que ses auteurs déclarent inachevée. »[433]. *Ce Soir-Dimanche* regrette : « … viendra peut-être s'ajouter *la Bergère et le Ramoneur* (dessin animé de long métrage) de J. Prévert et Grimault, malgré les protestations des auteurs qui, pour leur part, refusent de présenter ce film le déclarant inachevé. Tous ces palabres et fâcheux incidents ont créé une atmosphère fort trouble qui laisse assez mal augurer du succès et du prestige même de la Biennale. »[434] Henry Magnan du *Monde* : « Prévert et Grimault se montrent indignés de ce qu'ils considèrent comme un détournement de création artistique – sinon d'autre chose – et l'ont fait savoir à Venise. Il y a décidément quelque chose de pourri dans le royaume d'Alice au pays des merveilles. »[435]

Paul Grimault à Jacques Flaud : « Au cours d'une audience que vous m'avez accordée le 26 août, je vous ai précisé les raisons de mon attitude et ai renouvelé mes interdictions. Vous n'en avez tenu aucun compte. M. Sarrut ayant ensuite offert à l'expert de projeter le film en copie standard en couleurs définitive à Paris entre le 25 août et le 4 septembre, avant son envoi au festival de Venise, M. Vuillermoz a fixé la projection au 2 septembre à 9 heures du matin. Le 29 août, M. Vuillermoz était informé qu'on ne pourrait lui présenter qu'une copie de travail en couleurs non étalonnée. Le 2 septembre M. Vuillermoz, spécialement revenu de Suisse, ne put que constater la carence de la société les Gémeaux, et aucune projection ne put avoir lieu par suite de l'absence de toute copie. Le 3 septembre, M. l'expert Vuillermoz écrivit à Monsieur le Président du Tribunal civil de la Seine. Nous nous vîmes donc, Jacques Prévert et moi, dans l'obligation d'intenter un référé d'heure à heure, aux fins de séquestre immédiat de toutes les copies. »

Le 5 septembre 1952, Paul Grimault et Jacques Prévert présentent ainsi une requête devant le juge des référés, par la voix de Me Pierre Rivière, pour obtenir la mise sous séquestre de leur œuvre et la nomination d'un expert[436]. Par ordonnance en date du 6 septembre 1952, Monsieur le Président Hénocque désigne, en remplacement de Vuillermoz empêché, Marcel L'Herbier, afin qu'une projection puisse lui être faite immédiatement.

---

[433] Jean Pelleautier, « A Venise, les jeux sont-ils déjà faits ? », *Combat*, 23-24 août 1952.

[434] « A la Biennale de Venise. Le sélectionneur (italien) a choisi 7 films américains et voulait refuser 2 films français sur 3 ! », *Ce Soir Dimanche*, 24-25 août 1952.

[435] Henry Magnan, « L'écran sur la lagune. Premières images du Festival du film de Venise », *le Monde*, 24-25 août 1952.

[436] Steve Passeur, « De Venise, notre envoyé spécial Steve Passeur téléphone : *le Châle de Soledad* a pris hier soir rang d'outsider », *l'Aurore*, 6 septembre 1952. Voir aussi : « À la demande de leurs « pères » (Paul Grimault et Jacques Prévert) *la Bergère et le Ramoneur* seront-ils « séquestrés » ? », *Combat*, 6 septembre 1952 ; « *La Bergère et le Ramoneur*, dessin animé de Grimault et Prévert, ira-t-il à Venise ? Le tribunal des référés en décide cet après-midi », *Ce Soir*, 7-8 septembre 1952.

Le 6 septembre, le metteur en scène Marcel L'Herbier commis pour expertise par le Tribunal donne raison à Grimault et Prévert à l'issue d'une projection du film, « au cours de laquelle Paul Grimault, qui lui consacra quatre années de sa vie, éclata en sanglots »[437]. Grimault : « Mon film a été ignoblement trafiqué. On a essayé de me déshonorer. Et de déshonorer le cinéma français »[438]. Marcel L'Herbier dépose ainsi un rapport dans lequel il indique que la pensée des auteurs a été largement déformée. Marcel L'Herbier remarque également que des textes ont été ajoutés à celui de Jacques Prévert donnant à l'œuvre « un caractère de trivialité »[439].

Le dimanche 7 septembre, le juge des référés du Tribunal civil de la Seine accède à la requête de Paul Grimault et Jacques Prévert : leur film *la Bergère et le Ramoneur* est placé sous séquestre et sa présentation qui devait avoir lieu se trouve, en conséquence, interdite[440]. Faisant droit à la requête des auteurs, qui estiment que leur droit moral n'a pas été respecté lors de l'achèvement du film par le producteur, M. Le Foyer, juge des référés, rend une ordonnance dans laquelle il est précisé que toutes les copies du film, y compris celle qui devait être présentée à la Biennale de Venise, doivent être mises sous séquestre[441]. Mis au courant par Me Pierre Rivière, avocat des auteurs, du jugement rendu par le Tribunal civil de la Seine, les organisateurs de la Biennale de Venise décident de renoncer à la projection du film qui devait avoir lieu lundi après-midi[442]. Grimault à Flaud : « Aussitôt avisés de cette ordonnance, nous vous avons télégraphié à Venise, Jacques Prévert de Saint-Paul-de-Vence et moi de Paris, pour vous informer de cette décision judiciaire. Même télégramme a été envoyé au président du festival. Monsieur Delannoy, président de l'Association des auteurs de film et Monsieur Autant-Lara, président du Syndicat des techniciens vous ont informé de leur côté de la mise sous séquestre. »[443] André Bazin s'en inquiète dans *le Parisien* : « Dans cette conjoncture, M. Jacques Flaud lui-même, notre directeur général du cinéma, me disait hier soir

---

437 Steve Passeur, « De Venise, notre envoyé spécial Steve Passeur téléphone : Hier soir : un western italien empli de bonne humeur », *l'Aurore*, 8 septembre 1952.

438 André Laffargue, « À *Jeux interdits* le Grand prix de la Biennale de Venise », *Ce Matin-le Pays*, 13-14 septembre 1952.

439 Le rapport d'expertise de 1952 atteste d'altérations et rappelle que *la Bergère et le Ramoneur* est d'une durée plus courte que celle prévue à l'origine, ayant été réduite de 2 300 à 1 950 mètres. « Des additions, des interventions, des transformations non moins nombreuses et aussi peu justifiées se remarquent à côté des amputations incriminées. Il en résulte que le montage semble parfois heurté et que la continuité dramatique en souffre tout autant que la compréhension de l'intrigue » (Rapport de Marcel L'Herbier, 10 septembre 1952).

440 Steve Passeur, « De Venise, notre envoyé spécial Steve Passeur téléphone : Hier soir : un western italien empli de bonne humeur », *l'Aurore*, 8 septembre 1952.

441 « Le dessin animé *la Bergère et le Ramoneur* ne sera pas présenté à Venise. Le juge des référés a fait placer le film sous séquestre », *le Monde*, 9 septembre 1952.

442 « Le dessin animé *la Bergère et le Ramoneur* ne sera pas présenté à Venise. Le juge des référés a fait placer le film sous séquestre », *le Monde*, 9 septembre 1952.

443 Cinémathèque suisse, Archives nationales du film, Lausanne. Fonds Autant-Lara. Paul Grimault à Jacques Flaud, 15 septembre 1952.

qu'il allait sans doute s'opposer à la projection du film. C'était la catastrophe ! car, quoi qu'on pense, quant au fond, du conflit Grimault-Sarrut, il eût fallu aviser plus tôt. Ce n'est pas nous, certes, qui contesterons le droit moral des auteurs contre les intérêts des producteurs et il est fort possible que Grimault ait raison dans l'affaire mais ce n'est pas à quelques heures de la projection du film dans une compétition internationale où le prestige de la France est engagé qu'il faut s'en aviser. Ceci d'autant plus que la disparition de *la Bergère et le Ramoneur* enlèverait à la France sa chance principale, celle du prix pour la meilleure sélection. Il y a des circonstances où le bon sens doit passer même avant le droit. »[444] *Le Monde* s'interroge également : « Le droit moral d'un créateur artistique est un fait, mais peut-il aller jusqu'à compromettre des capitaux d'État par des entreprises trop onéreuses ? »[445]

André Sarrut et les Gémeaux décident de faire immédiatement appel de la décision[446]. Paul Grimault envoie un télégramme à Jacques Flaud, directeur du CNC et à Antonio Petrucci, directeur de la Biennale portant la date de lundi 8 septembre, 8 h. 45 : « Ordonnance président tribunal civil rendue aujourd'hui dimanche midi vu l'urgence. Stop. Exécutoire sur minute. Stop. Ordonne séquestre immédiat de toutes les copies du film *la Bergère et le Ramoneur*. Après constatation faite par Marcel L'Herbier expert. Stop. Sur autre ordonnance de Monsieur le président Tribunal civil Seine que nos droits d'auteur ont été gravement trahis. Stop. Projection Venise est donc de ce fait interdite. Stop. Veuillez respecter ordonnance de justice sous peine responsabilité personnelle. »[447] Le 7 septembre, Marcel Delannoy, au nom des auteurs de films et Claude Autant-Lara, au nom des techniciens, télégraphient eux aussi à Venise à Jacques Flaud, directeur du CNC, pour lui faire savoir que le film de Paul Grimault, terminé par André Sarrut, ne peut être présenté à la Mostra. Les archives de la Cinémathèque suisse à Lausanne conservent les papiers de Claude Autant-Lara dans lesquels sont conservées quelques pièces relatives à l'affaire dont le télégramme de Prévert : « André Sarrut producteur les Gémeaux malgré opposition formelle auteurs action judiciaire en cours et sans l'avoir présenté expert décision tribunal prétend présenter Venise lundi matin contrefaçon générique abusive et mensongère dessin animé *Bergère et Ramoneur* modifié et achevé de sa main stop et c'est une façon de parler stop après avoir évincé Paul Grimault et principaux animateurs attire votre attention sur cette déplorable crise de mégalomanie financière compliquée festivaldingomanie vénitienne capable porter préjudice à corporation tout entière. »

Grimault à Flaud : « Le lundi 8 septembre, à 11 h du matin, Monsieur Decaux, administrateur séquestre, désigné par l'ordonnance, donc mandataire de

---

[444] André Bazin, « Émotion à Venise où le commissaire a failli procéder à l'arrestation de la Bergère et du Ramoneur », *le Parisien libéré*, 9 septembre 1952.

[445] « Mis sous séquestre ici, primé là, *la Bergère et le Ramoneur* ou le dessin animé à éclipses », *le Monde*, 17 septembre 1952.

[446] « *La Bergère et le Ramoneur* est retiré du Festival de Venise », *Libération*, 9 septembre 1952.

[447] Cité par Josette Daix, « Une interview exclusive de Paul Grimault. Scandale à Venise. Comment on a défiguré *la Bergère et le Ramoneur*. *[titre de la page intérieure :]* Voici comment M. Sarrut s'y est pris pour défigurer *la Bergère et le Ramoneur* », *les Lettres françaises*, 11 septembre 1952.

justice, télégraphiait au chef de la délégation française et au président du festival de Venise, pour leur faire part officiellement de l'ordonnance rendue sur minute et exécutoire avant signification et enregistrement en faisant défense de présenter le film au Festival. Ces deux télégrammes ont été envoyés en télégrammes urgents. Un communiqué officiel fut donné à la presse, annonçant la décision prise à Venise, de retirer *la Bergère et le Ramoneur* de la compétition par « respect de la décision de justice » est-il précisé. »[448]

Et puis coup de théâtre. Contre toute attente, Jacques Flaud, directeur général du CNC, indique à Antonio Petrucci du festival de Venise qu'il l'autorise à projeter *la Bergère et le Ramoneur* le lundi 8 septembre au soir[449]. Petrucci répond à Claude Autant-Lara : « Reçu votre télégramme après présentation film stop renvoyé aussitôt copie Paris stop en tout cas ainsi que télégraphie Prévert Grimault demande devait être adressée Centre national du Cinéma Paris étant film présenté Venise par gouvernement stop seulement délégation française pouvait le retirer stop Carlo Rim ici concorde avec moi toute responsabilité doit être délégation française et pas festival stop salutations * Petrucci directeur Mostraciné. »[450]

Paul Grimault interpelle Jacques Flaud : « Or, pour des raisons que nous vous demandons bien vouloir nous faire connaître, cette décision a été rapportée et le film a été présenté, en violation à la fois de notre interdiction, de nos droits, et de la décision de justice. Monsieur le président de la Biennale de Venise a télégraphié à Monsieur Autant-Lara, en réponse à son télégramme, que la délégation française avait l'entière responsabilité de cette projection. Je vous prie de bien vouloir me dire comment la Commission de sélection du festival a pu sélectionner le film *la Bergère et le Ramoneur* alors qu'il résulte des faits ci-dessus exposés : 1) Qu'aucune copie standard en couleurs définitive n'a pu être présentée, le film n'étant pas encore terminé le 2 septembre. 2) qu'aucune copie de travail n'a pu être envoyée de Londres à Paris avant le 3 septembre. Comment, dans ces conditions, la commission de sélection a-t-elle eu connaissance du film et à quelle date a-t-il été projeté à Paris ? Je vous prie de bien vouloir me dire, d'autre part, pour quelles raisons la Délégation française de Venise est revenue sur la décision prise par elle le dimanche 7 septembre de retirer le film de la compétition, par respect pour la décision de justice dont nous vous avions donné connaissance, et alors que le séquestre de Me Decaux avait confirmé par télégramme express adressé au Président de la Délégation, l'avisant qu'il était en possession de l'ordonnance sur minute ordonnant le séquestre immédiat et qu'il interdisait, par conséquent, la projection au Festival. Je fais par la présente lettre recommandée les réserves les plus expresses de se pourvoir devant le tribunal compétent contre de

---

448 Cinémathèque suisse, Archives nationales du film, Lausanne. Fonds Autant-Lara. Paul Grimault à Jacques Flaud, 15 septembre 1952.

449 Marthe Sarrut, l'épouse d'André, se souvient très bien avoir rencontré Jacques Flaud à Venise avec son mari afin de discuter de la projection du film : « La salle était comble. Les Anglais disaient que cette affaire aurait dû être résolue en 24 heures, elle va durer plus de 20 ans… » Entretien de Marthe Sarrut avec l'auteur, Paris, 24 janvier 2008.

450 Cinémathèque suisse, Archives nationales du film, Lausanne. Fonds Autant-Lara.

tels agissements qui constituent des abus de pouvoirs évidents, dont vous supporterez l'entière responsabilité. »[451]

La presse évoque pour la première fois le budget du film : 500 millions de francs sur lesquels l'Etat serait intéressé pour près de 200 millions. Suite à cette projection surprise, les premiers commentaires sur le film sont publiés. Il reçoit même la mention honorable de la critique internationale. *L'Aurore* écrit :

> « Je me sens un peu inquiet en tant que contribuable bien que les couleurs de cette œuvre soient ravissantes et qu'elle offre plusieurs scènes nettement progressistes au cours desquelles on voit les malheureux prolétaires parqués dans la ville basse de l'histoire se plaindre de n'avoir jamais vu d'oiseaux.
>
> Puis j'ai été vraiment agacé par la « pauvreté de la mise en scène » et le manque de mouvement absolu de cette féerie. J'ai compris que Maurice Maeterlinck aurait pu signer au moment où la bergère et le ramoneur, échappés de leurs tableaux respectifs, parce qu'ils s'aiment, appellent l'oiseau protecteur à leur secours.
>
> Je me hâte d'ajouter pour obéir à ma bonne foi que je ne me suis pas ennuyé une minute à cette féerie et qu'elle a été très applaudie.
>
> Et puis, n'est-il pas malhonnête de rendre compte de *la Bergère et le ramoneur* puisque les auteurs jugent que leur œuvre n'est pas encore terminée ? »[452]

André Bazin émet également un avis tout à fait positif sur le film :

> « Nous avons donc pu connaître Dieu merci, les amours de *la Bergère et le Ramoneur*. Nous ne pouvons juger, dans l'ignorance du scénario initial, de la relative trahison dont se plaint Grimault, mais quoi qu'il en soit, nous sommes en présence d'une œuvre capitale originale et qui honore grandement le cinéma français. Conçu dans un style très différent des dessins animés américains, et d'une qualité plastique incontestablement très supérieure, *la Bergère et le Ramoneur* est assurément le premier dessin animé de long métrage réalisé dans le monde en dehors de l'Amérique et qui soit de classe internationale. »[453]

Tout comme Jean Néry :

---

[451] Cinémathèque suisse, Archives nationales du film, Lausanne. Fonds Autant-Lara. Paul Grimault à Jacques Flaud, 15 septembre 1952.

[452] « De Venise, notre envoyé spécial, Steve Passeur téléphone : Danièle Delorme – hors festival – et *la Bergère et le Ramoneur* – sous séquestre – ont, hier soir, fait sensation », *l'Aurore*, 9 septembre 1952.

[453] André Bazin, « Émotion à Venise où le commissaire a failli procéder à l'arrestation de la Bergère et du Ramoneur », *le Parisien*, 9 septembre 1952.

« Heureusement pour la sélection française, sa présentation fut autorisée à la dernière minute. C'est une œuvre considérable. Inégale, sans doute, mais tranchant nettement des dessins animés. Non seulement le sujet sort de la banalité coutumière, mais le dessin, l'animation, la couleur, les dialogues sont d'une constante originalité. »[454]

Simone Dubreuilh dans *Libération* s'enthousiasme elle aussi :

« À la limite du papier bleu et de la saisie, sa présentation a été un grand succès. Un grand succès, mais pas le succès complet que ç'aurait été si le film avait été terminé par ses auteurs. À une première partie éblouissante s'accroche en effet un final maladroit et sans humour qui déçoit. À des personnages dignes du poète exquis pour petites et grandes personnes qui a nom Hans Christian Andersen et dont un conte inspira cette histoire, s'adjoignent par à-coups des personnages « vulgaires » ou qui soudain se « vulgarisent ». Tout en applaudissant à une délicieuse réussite - la poursuite des amants évadés des appartements secrets du roi atteint de strabisme - on ne peut s'empêcher de regretter que tout, de l'inspiration à la technique, subisse de ces défaillances passagères qui détruisent l'unité de l'œuvre, nuisent à son rayonnement, empêchent un film - qui portait en lui les promesses d'un chef-d'œuvre - de n'être qu'une œuvre, exquise, imparfaite, trop longue et semée de complaisances. Le final, pour en revenir à lui, le final dans le style H. G. Wells, Fritz Lang, est ainsi d'une lourdeur, j'ai presque envie d'écrire d'une pesanteur insupportable. De même la cérémonie du mariage manque de ce je ne sais quoi qui fait de la scène entre le roi, son portrait, la statue, le policier, la bergère et le ramoneur, dans les appartements secrets, une joie complète des yeux, du cœur et de l'esprit. Couleurs passables. Excellente musique de Kosma dont la chanson *l'Amour est un cerisier* est exquise. En tout cas une œuvre qui mérite une récompense. Une œuvre parfaitement digne de figurer dans un festival. Une œuvre supérieure aux derniers Walt Disney de long métrage, si laids, si lourds, si communs. Une œuvre qu'il est honteux de n'avoir pas laissé achever par ses auteurs Paul Grimault et Jacques Prévert. »[455]

Jacques Monnet de *la Tribune de Genève* ne manque pas de louer la qualité du film :

« Il ne s'agissait pas, pour les auteurs français, de faire pièce aux réalisateurs de Hollywood, qui disposent d'une technique raffinée et d'équipements dès longtemps

[454] Jean Néry, « Avant les derniers « favoris », le Festival de Venise se consacre aux films « hors course » et applaudit *la Bergère et le Ramoneur* », *Franc-Tireur*, 10 septembre 1952.
[455] Simone Dubreuilh, « La sélection française est la meilleure du festival », *Libération*, 11 septembre 1952.

éprouvés ; mais de créer un style nouveau, n'empruntant guère au mouvement précipité, voire affolant des bandes américaines. Aussi bien Grimault et Sarrut (si l'on peut accoler deux noms que le procès en cours tend, paraît-il, à dissocier) ont-ils cherché à recréer le comportement humain, allégé par une fantaisie poétique qui permet toutes les évasions. Les décors, d'autre part, sont l'objet de soins auxquels on n'est guère accoutumé, dans le fini du détail particulièrement. L'histoire enfin, très conforme à l'univers de Prévert, n'est pas de celles qui ressortissent, si l'on ose dire, à un infantilisme bon enfant, mais tend à exprimer, sous des dehors de conte bleu, la révolte de l'homme sensible contre l'État policier. Un roi aimait une bergère, qui aimait, de son côté, « un petit ramoneur de rien du tout ». Il faudra, pour que l'ordre des choses soit respecté, que l'ordre inhumain créé par le méchant roi soit renversé et culbuté : avec l'aide d'un oiseau bavard et malin, avec l'aide aussi, *nolens volens*, du robot dont le roi se servait pour l'accomplissement de ses funestes desseins.

Tout cela, d'ailleurs, est fort agréablement dit et l'humour ne manque pas d'alléger en cours de route ce qui pourrait être thèse et démonstration. Les ressources du dessin animé, les coq-à-l'âne qu'il autorise, la drôlerie qu'il fait naître sous les pas de ses personnages, l'extravagance qui est son climat, permettent aux auteurs de nous dire un conte le plus souvent comique, avec les arrière-plans sévères que l'on a dits plus haut. Le royaume de Takicardie, avec ses gratte-ciels affolants, ses réminiscences vénitiennes, ses souterrains du style *Couronne de fer*, sa fosse aux lions attendris, les cocasseries du texte et son invention renouvelée, font de *la Bergère et le Ramoneur*, soixante-cinq minutes durant, un divertissement de belle qualité. Mieux : le soin apporté à sa réalisation, l'utilisation impeccable d'un technicolor nuancé, lui confèrent une beauté rarement atteinte. Des trouvailles charmantes : le « langage lion », qu'entend et parle l'oiseau, est traduit par des sous-titres. Le roi, dont le royaume est fortement mécanisé, dispose d'un attirail de trappes, d'ascenseurs, d'hélicoptères et d'engins indéfinis qui font le bonheur du spectateur en qui sommeille toujours le vieux goût de la prestidigitation. Les acteurs enfin, qui ont prêté leurs voix aux personnages dessinés, se tirent excellemment d'affaire, à cette exception près que Pierre Brasseur (l'Oiseau), par excès de virtuosité, n'est pas toujours intelligible.

Une belle réussite technique, un film souvent ravissant ou drôle, qui ne ressemble à rien dans un genre pourtant rebattu. Quant à dire le sort que ses préoccupations profondes lui réserveront, on renonce à se prononcer, sinon pour signaler que la générosité même de ses intentions ne suscitera pas l'adhésion seulement. »[456]

---

[456] Jacques Monnet, « À Venise on a projeté le premier long métrage français de dessins animés », *la Tribune de Genève*, 12 septembre 1952.

Pour Yves Florenne du *Monde*, le film est une réussite :

« À mes yeux, Walt Disney est du premier coup égalé. Égalé, mais nullement imité : inspiration, rythme, style (le dessin comme l'animation), tout est neuf. D'abord Walt Disney a brodé sur de vieux contes et sur d'anciennes musiques ; il aura appartenu à des Français de mettre en jeu le fantastique moderne : celui des mécaniques et des robots, mais baigné, plongé dans l'éternelle féerie des constructions de nuages ; celles-ci sont traitées avec une invention cocasse et profonde qui fait alterner de plaisantes évocations vénitiennes et des vertiges piranésiens. Et c'est un rebondissement incessant de trouvailles, un jaillissement de poésie et d'humour. [...] On voit comment la poésie désenchantée de Prévert alliée à celle de Paul Grimault (je n'oublie pas – inséparable d'ailleurs – la musique de Kosma), a pu nourrir ce thème de résonances, d'intentions, d'une philosophie enfin que les enfants n'ont pas à saisir ; que pourtant ils peuvent sentir confusément. Et pour nous elle se lit en filigrane, elle projette sous les images, fulgurantes ou suaves, une émouvante ombre portée. Ainsi les amoureux dans leur fuite gagnent la « ville basse » ; là des misérables écoutent un musicien aveugle qui chante le ciel et les oiseaux que personne ici n'a jamais vus ; il continue de chanter alors même que le robot géant du roi répand la destruction et la mort ; jeté aux bêtes, il moud encore sa chanson, charme les tigres, sauve ainsi le ramoneur et permet à l'oiseau d'entraîner, par une éloquence de meeting, les fauves jusqu'au palais du roi, où ces invités imprévus interrompent net le mariage. Le robot aveugle écrase la ville et s'écroule enfin sur les ruines. Tandis que « les enfants qui s'aiment », les oiseaux, les pauvres diables et le porteur de boîte à musique survivent dans un monde d'eaux et de verdures, de maisons de soie et d'arbres en fleurs.

Au moment pathétique où il semblait que le piège était à jamais refermé sur la bergère et le ramoneur, un enfant dans la salle s'est mis à pleurer ; mais à pleurer avec la vigueur d'une protestation et d'une révolte. Après ce cri du spectateur pur, il n'y a plus rien à dire. »[457]

Jean-Jacques Gauthier du *Figaro* est plus nuancé :

« Le dessin animé de Paul Grimault, Jacques Prévert et André Sarrut a produit ici comme je vous le disais une excellente impression. Il est joli, poétique, ingénieux. Les images et le ton en sont variées. Je ne lui reprocherai que sa longueur et son humour noir ; son côté dramatique et la sévérité assez affreuse de certains de ses épisodes. Je ne crois pas que le dessin animé soit fait pour inspirer la peur ou l'horreur. Je ne suis pas encore persuadé qu'un dessin animé

---

[457] Yves Florenne, « Féeries sur l'écran de Venise », *le Monde*, 13 septembre 1952.

soit destiné à nous faire penser. J'ai l'esprit bas, le goût facile et suis indécrottablement superficiel mais Popeye, Mickey Mouse et Donald le canard me font plus de bien aux nerfs que la vision (toute ravissante de couleurs qu'elle soit) du robot inventé par Messieurs Grimault et Prévert pour détruire une cité de fond en comble. La misère des petites gens de la ville basse, si elle me semble susceptible de faire l'objet d'un autre genre de film, ne me paraît pas offrir matière à dessin animé. Le pot d'épinards absorbé par Popeye le marin et le coup de clairon qui accompagne aussitôt le prodigieux gonflement de ses biceps sont d'un effet plus vulgaire sans doute, mais ils me détendent comme ils délassent tous ceux qui les voient. Et même les pauvres gens de la ville basse du film de M. Grimault, rien ne dit qu'ils ne préféreraient pas les aventures de Mickey à ces visions d'Apocalypse. J'aurais aimé plus d'innocence et moins d'intentions. En deux mots comme en cent, les variations socialo-intellectuelles de *la Bergère et du Ramoneur* paraissent manquer de véritable fraîcheur d'âme. Et, pour moi, cette considération porte tort à l'ouvrage de MM. Grimault et Jacques Prévert, sans rien lui ôter de son esprit et de sa virtuosité technique. »[458]

L'hebdomadaire américain *Variety* se montre très impressionné par le prix de revient du film, équivalent à un million et demi de dollars (en comparaison, *Alice au pays des merveilles* (1951) de Disney est revenu à quatre millions de dollars soit 1,63 milliard de francs). *Variety* signale également le fait que le film comporte une version en langue anglaise réalisée avec la participation d'artistes comme Peter Ustinov et Claire Bloom, mais exprime un scepticisme non déguisé quant à ses chances d'exploitation commerciale sur le marché américain. Analysant *la Bergère et le Ramoneur* sur le plan artistique, le correspondant parisien de *Variety* qui a vu le film à Venise, ne tarit pas d'éloges, dans le même numéro du journal, quant à la qualité de l'animation, des arrière-plans et de la couleur. Il estime cependant que si la première partie est « pleine d'imagination et de solide fantaisie », la seconde est, selon lui, « alourdie par une poésie trop forcée qui aboutit à un effet contraire ». *Variety*, finalement, salue néanmoins le film dans son ensemble comme « un essai intéressant d'œuvre animée d'expression française »[459].

Combat est stupéfait que cette « œuvre tronquée et défigurée a été projetée à la Biennale » : « L'heure presse, les récompenses sont remises jeudi. Nous estimons que pour l'honneur du cinéma français, pour qu'un procès qui mettra en cause une question aussi grave que celle des droits de l'auteur sur son œuvre ne soit pas faussé au départ. M. Louvel, notre ministre-tuteur, doit disqualifier *la Bergère et*

---

[458] Jean-Jacques Gautier, « Après le festival de Venise. Remarques sur *la Bergère et le Ramoneur* », *le Figaro*, 15 septembre 1952.
[459] Léo Sauvage, « Le film de Grimault : *la Bergère et le Ramoneur* jugé par un critique américain », *le Figaro*, 11-12 octobre 1952.

le Ramoneur et en aviser la direction de la Biennale. Il ne suffit pas à M. Petrucci de trouver des complices pour témoigner son mépris vis-à-vis des décisions françaises, son attitude est intolérable ; n'a-t-il pas confié à Vermorel que l'an prochain il dirait son mot sur notre sélection ? Il n'est même pas envisageable que *la Bergère et le Ramoneur*, sous sa forme actuelle, puisse avoir une récompense ; ce film, doit, par respect pour la justice, être immédiatement disqualifié. Nous le demandons au nom des auteurs de tous les pays. »[460] *Le Canard enchaîné* écrit :

> « Mais un haut fonctionnaire français, M. Flaud, directeur de la cinématographie par la grâce de Dieu, villégiaturait également chez les Doges. On lui signifia le jugement en le priant d'en surveiller l'exécution. Ce Flaud d'harmonie en profita pour déclarer, avec une belle présence d'esprit, que la justice de son pays n'était pas article d'exportation en Italie où lui, Flaud, représentait le cinéma, la République et la volonté divine avec une compétence infuse. On lui prête même ce bon mot : « La justice, moi, je m'en balance ! » Il en riait encore quand le film de M. Sarrut fut projeté devant une assistance venue applaudir la *Jeanne d'Arc* de Dreyer ! [...] Décidément, en attendant que le Flaud qui l'apporta l'emporte, Monsieur le directeur ne perd pas son temps. Il n'en loupe pas une ! Dans le même temps, vivement encouragé par cet exploit, l'espiègle M. Sarrut refusait de livrer les copies du film au séquestre. Les lois ne sont pas faites pour gêner ces Messieurs. Ce sont des petits trucs dont ils se servent, mais qui ne doivent pas se retourner contre eux. Sans cela, où irions-nous ? Peut-être au cinéma en compagnie de Messieurs Jacques Prévert et Grimault... me direz-vous ? Mais là n'est pas la question : il faut espérer, maintenant, que, dès son retour, Monsieur le directeur en proie à la fureur des Flaud sera jeté en prison. Messieurs L'Herbier, Grimault, Prévert et tous les magistrats complices de ces tristes individus et de leurs sinistres machinations. Il faut réduire les auteurs à l'esclavage. Sarrut dans les brancards ! ... »[461]

Dans son sillage, la Fédération nationale du spectacle proteste violemment contre la décision prise par la direction de la Biennale de Venise d'avoir projeté *la Bergère et le Ramoneur* alors qu'aucun accord n'est intervenu entre les auteurs et le producteur. Charles Chézeau, son secrétaire général, adresse deux télégrammes. Le premier à Jacques Flaud, directeur général du CNC : « Festival de Venise. Italie. - Fédération nationale du spectacle proteste véhémentement contre autorisation présentation malgré décision justice *la Bergère et le Ramoneur*. Éventuelle récompense ne changera pas position contre trahison pensées auteur. - Charles Chézeau. » Le second à M. Petrucci, directeur général de la Cinématographie italienne : « Festival

---

[460] R.-M. Arlaud, « Un scandale et un défi : la projection à Venise de *la Bergère et le Ramoneur* », *Combat*, 10 septembre 1952.

[461] Pierre Laroche, « On a ramoné la bergère ! ... », *le Canard enchaîné*, 17 septembre 1952.

de Venise, Italie. - Fédération nationale du spectacle groupant tous auteurs, acteurs, réalisateurs, techniciens, ouvriers français, proteste véhémentement contre projection malgré décision justice française *la Bergère et le Ramoneur*. Éventuelle récompense ne changera rien. Charles Chézeau. ». Carlo Rim au nom de l'Association des auteurs de films rédige lui-aussi une protestation[462].

Le terme « scandale » commence à être repris dans la presse. Jean Delannoy, président des auteurs de films, donne un long entretien à *Combat* :
« - Je ne puis prendre parti sur l'attitude même de la Biennale, j'ai eu trop maille à partir avec ces gens-là et je semblerai de parti pris. Sur le plan de l'Association des auteurs, Carlo Rim, sur place a réagi immédiatement et, dès son retour, nous aurons une très importante réunion. Ce qui est certain c'est que tous les responsables qui se trouvaient sur la lagune ont été prévenus à temps.
- La projection était-elle illégale ?
- Je ne puis répondre sur le plan strictement juridique, notre avocat le fera, mais de toute façon, ce qui vient de se passer à Venise n'est pas seulement un véritable défi à la justice française, mais aussi une très basse action contre le droit moral des auteurs et contre la qualité du cinéma français. Tous les auteurs de films se sentiront solidaires de Paul Grimault et de Jacques Prévert dans cette aventure qui les concerne tous. Seuls, ceux qui n'ont jamais été les créateurs d'une œuvre peuvent rester insensibles à la longue injustice dont ces deux cinéastes sont depuis deux ans les victimes et qui vient de trouver son couronnement à Venise avec, malheureusement, l'assentiment de notre représentant officiel.
- Le producteur dit sur tous les tons que son attitude provient de « dépassements anormaux » et paraît avoir convaincu certains de nos confrères.
- Je sais, ce film aurait coûté 400 millions aux contribuables français. Alors, pour ce prix, les contribuables ont le droit d'avoir un film de MM. Prévert et Grimault et non pas de M. Sarrut qui, du reste, parlerait maintenant de 600 millions. Sur ce point, Grimault et Prévert s'expliqueront prochainement et publiquement, ils feront litière de toute cette surenchère en fournissant des preuves et des chiffres. Depuis deux ans, ces auteurs ont été arbitrairement évincés de l'œuvre qu'ils ont conçue et presqu'entièrement réalisée, par la simple décision d'un producteur qui s'est arrogé le droit de terminer le film à sa façon et de le tripatouiller dans des proportions telles que ni l'expert ni les vrais auteurs n'en reconnaissent la forme et l'esprit.
- Mais alors, pourquoi cette affaire n'éclate-t-elle que maintenant ?
- Depuis un an et demi, Grimault et Prévert attaquent le producteur en justice. Le film ne devait pas être projeté en public avant qu'un jugement sur le fond n'ait été rendu, mais que peuvent faire les décisions de justice à un producteur qui s'estime de droit divin et se sent protégé ? Impatient d'exploiter son tripatouillage, M. Sarrut n'a pas hésité à présenter *la Bergère et le Ramoneur* au comité de sélection pour Venise qui l'a choisi.

[462] « Le séquestre de *la Bergère et le Ramoneur* », *le Film français*, 12 septembre 1952.

- La responsabilité de ceux-là n'est-elle pas lourde ?
- Ceci est une autre histoire et, croyez-le, Grimault et Prévert ont protesté ne pouvant admettre que l'on projetât dans une compétition internationale et sous leur nom une œuvre complètement défigurée et non seulement on n'en tint aucun compte, mais la Direction générale du cinéma a ratifié ce choix. C'est alors qu'ils ont demandé et obtenu après un rapport écrasant de l'expert, la mise en séquestre du film. Cette décision interdisait toute projection publique et j'avoue ne pas pouvoir comprendre comment nos représentants à Venise ont pu passer outre. Ainsi a été offert aux représentants du monde entier, *la Bergère et le Ramoneur* de M. Sarrut et non pas de Grimault et Prévert qui ont eu la mince « consolation » et l'amertume d'apprendre que l'on avait pris la précaution d'enlever jusqu'à la plus petite trace de leur travail en rayant leurs noms du générique [les noms de Prévert et Grimault n'ont pas insérés au générique sur leur demande]. Que des pouvoirs publics trop complaisants aient donné satisfaction à un producteur abusif est un véritable défi à la justice.
- Est-il exact que la saisie des autres copies n'a pu être opérée ?
- Évidemment, l'ordonnance de mise sous séquestre n'a pu être exécutée. M Sarrut, se sentant fort, s'est refusé à remettre les copies du film à la justice. Pour M. Sarrut, il n'y a pas de justice qui tienne. »[463]

Le 11 septembre, Paul Grimault donne une longue entrevue aux *Lettres françaises* :

« ... notre film, ou plus exactement ce que le producteur, M. Sarrut a fait de notre film a été projeté hier. Nos démêlés avec M. Sarrut sont fort anciens. Ils datent du début 1951, alors que les neuf dixièmes du film étant tournés, le producteur décida de licencier progressivement toute l'équipe.

Nous avons alors demandé la nomination d'un expert afin de faire constater notre licenciement et le préjudice moral qui nous était fait, et de juger si notre droit moral était respecté. Cet expert, M. Vuillermoz n'a pas pu obtenir de visionner le film que M. Sarrut voulait terminer. Des jugements eurent lieu en avril et en juin 1951. Et vous voyez que certains journaux osent tout de même prétendre que j'ai attendu la veille de la projection de mon film à Venise pour protester...

Au mois de juillet 1952, ni l'expert, ni moi n'avions vu de copie du film. Le bruit courut alors que *la Bergère et le Ramoneur* serait présenté à Venise. M. Vuillermoz a convoqué M. Sarrut et moi-même. L'avocat de M. Sarrut nous a déclaré que ce bruit n'avait aucun fondement puisque le film ne pouvait être terminé avant la fin septembre. Inquiet au sujet de la présentation à Venise de mon film, j'ai décidé de ne pas partir en vacances et d'envoyer des lettres recommandées à tous ceux qui pouvaient agir pour que mon droit d'auteur soit respecté : à M. Flaud, directeur du Centre national du cinéma, au président de la Commission de

[463] Jean Pelleautier, « *La Bergère et le Ramoneur*. « Pour M. Sarrut, il n'y a pas de justice qui tienne » déclare à *Combat* Jean Delannoy », *Combat*, 11 septembre 1952.

sélection, à M. Petrucci, secrétaire général du Festival de Venise, à M. Vuillermoz, l'expert désigné pour suivre l'affaire.

M. Flaud me répondit qu'il ne pouvait rien faire, me recommandant de m'adresser à M. Petrucci. M Petrucci, de son côté, m'invitait à remettre l'affaire entre les mains de M. Flaud. Tout cela prit beaucoup de temps et M. Sarrut en bénéficia largement.

Un beau jour, j'appris par la voix de la presse que *la Bergère et le Ramoneur* faisait partie de la sélection française envoyée à Venise. À ce sujet, certains faits sont curieux : la plupart des membres de la commission de sélection n'avaient pas vu le film. Seuls trois de ses membres, invités à Londres par M. Sarrut - car le film était depuis notre départ tiré en Angleterre - avaient, paraît-il, visionné une copie du film.

M. Vuillermoz, notre expert, qui se trouvait alors en Suisse, fut avisé de ces faits nouveaux. M. Sarrut avait toujours refusé de projeter le film sous prétexte qu'il n'était pas achevé. S'il était présenté à Venise, il était donc terminé, donc projetable. M. Vuillermoz demanda, en conséquence, à voir le film. La date en fut fixée au 2 septembre, au Centre national du cinéma, rue de Lubeck. L'expert vint à Paris spécialement pour cette projection. M. Vuillermoz était donc là, j'étais là, seul le film n'était pas au rendez-vous. Aucun représentant de la maison Sarrut ne daigna venir présenter quelque excuse. Un coup de téléphone nous avertit que le film était bloqué en douane. Renseignement pris, *la Bergère et le Ramoneur* n'était pas en douane.

M. Vuillermoz repartit donc pour Besançon où d'autres affaires l'appelaient, tandis que je demandais un troisième jugement du tribunal des référés. M. Sarrut exigea la nomination d'un autre expert, je me suis élevé contre cette demande et notre producteur annonça alors triomphalement qu'il était prêt à envoyer le film à Besançon, mais en double bande - c'est-à-dire avec le son et l'image enregistrés sur deux bobines différentes. Or, tous les techniciens et les producteurs savent bien qu'il existe peu de salles en province capables de projeter un film de cette façon, puisqu'il faut une salle spécialisée dans la projection des films non terminés. Vous imaginez qu'il n'existe pas de salle de ce genre à Besançon. Le 3ème référé eut lieu le vendredi 5 septembre.

M. Sarrut demanda un quatrième jugement et la nomination d'un coexpert. M. Marcel L'Herbier fut désigné. Il demanda à voir le scénario original. M. Sarrut prétendit d'abord qu'il n'en avait pas. Sur les insistances de Marcel L'Herbier, le producteur exhiba alors un manuscrit de Jacques Prévert. J'étais là. Je connais l'écriture de Prévert et me souvenais fort bien du manuscrit en question. Je m'aperçus alors que le manuscrit avait été trituré. Certaines parties en étaient découpées, collées dans un ordre différent, et ce qui est plus fort encore, quelqu'un avait imité l'écriture de Jacques pour ajouter certains passages de façon que l'ensemble ressemble au film tel qu'il est actuellement. Jamais je n'aurais pensé qu'une telle chose puisse être faite.

La projection eut enfin lieu samedi [6 septembre]. C'était la première fois que je voyais le film qui nous avait demandé plusieurs années d'efforts. J'étais atterré : tout était déformé, amputé, tronqué. M. L'Herbier reconnut que l'œuvre avait été trahie et le dimanche matin, étant donné l'urgence de l'affaire, le juge décidait de mettre sous séquestre toutes les copies du film.

L'avocat de M. Sarrut posa alors la question de la Biennale de Venise, mettant en avant le prestige de la France dans une compétition internationale. Il lui fut répondu que le jugement s'appliquait encore avec plus de vigueur dans ce cas. Vous connaissez la suite : les télégrammes envoyés par moi, par Jacques Prévert, par la Société des auteurs, par le Syndicat, par l'Administrateur judiciaire, et le résultat : M. Petrucci est passé outre et M. Flaud a laissé projeter le film. Maintenant, mon avocat, Me Rivière, va déposer au Conseil d'État un recours pour abus de pouvoir.

- Comment les changements faits par votre producteur peuvent-ils dénaturer complètement votre œuvre, puisque 2 000 mètres étaient déjà montés et que le film ne fait actuellement que 1 950 mètres ?

- Lors du licenciement de mon équipe, M. Sarrut a repris complètement le film, en coupant une partie des plans tournés mais aussi en réalisant un certain nombre d'autres plans. Voyez-vous, en faisant ce film, Jacques Prévert et moi avions voulu démontrer, en quelque sorte, qu'un dessin animé - contrairement à ce que les bandes américaines ont pu nous faire croire - devait être construit avec beaucoup de rigueur. Du point de vue dramatique, j'entends. Or Sarrut a supprimé la plupart des ressorts dramatiques.

Je vais vous donner des exemples, mais pour cela, il faut que je vous raconte le scénario. Un oiseau, sur une scène, présente le film. Au royaume de Takicardie règne un tyran nommé Charles V et III font VIII et VIII font XVI de Takicardie. Enfermé avec ses sujets dans une immense tour de Babel, il est entouré de policiers. Sur le toit du palais vivent un gros oiseau et ses oisillons et ce gros oiseau déteste le roi qui a tué sa femme. Dans les appartements du Roi, plusieurs tableaux : le portrait du Roi, une Bergère et un Ramoneur s'animent la nuit. Le portrait du Roi aime la Bergère tandis que la Bergère et le Ramoneur sont fort amoureux l'un de l'autre. Au milieu de tout cela, le Sentencieux - vous savez, du genre « croyez-en ma vieille expérience » qui ressemble au Magot du conte d'Andersen. Le Sentencieux commente toutes choses. C'est par lui que la Bergère apprendra qu'elle doit épouser le portrait du Roi à minuit. La Bergère est fort effrayée. Vous comprenez ? Mais voilà, si vous coupez, comme l'a fait Sarrut, tout ce que dit le Sentencieux, la peur de la Bergère devient incompréhensible [le Sentencieux a pourtant un dialogue relativement long dans le film].

La Bergère décide de partir avec le Ramoneur. Comme il n'y a pas de porte, ils veulent emprunter la cheminée. Mais le feu y brûle. Un personnage envoie de l'eau dans la cheminée et les voilà montés sur le toit. Mais si vous coupez, comme l'a fait Sarrut, le personnage qui envoie de l'eau, tout devient une fois encore incompréhensible [ce sont deux poissons formant les montants de la cheminée qui éteignent le feu].

À minuit, le portrait du Roi sort du tableau et cherche la Bergère. Le Sentencieux essaie de le rassurer. Le portrait du Roi prend le cheval du Sentencieux pour poursuivre la Bergère et va tomber dans l'eau d'un autre tableau. Mais si vous coupez le réveil du Roi et le rôle du Sentencieux, c'est une fois de plus incompréhensible [cette scène n'est pas coupée dans le film].

Le vrai Roi en chair et en os se réveille, voit son portrait et est pris de panique. Il appuie sur un bouton pour appeler la police. Il se trompe de bouton et tombe dans une trappe. Mais si, comme l'a fait Sarrut, c'est le portrait du Roi qui appuie sur un bouton pour supprimer le vrai Roi, vous en faites un assassin et vous défigurez la pensée de l'auteur. La police arrive et prend le Roi-portrait pour le vrai Roi disparu.

Au matin, la Bergère et le Ramoneur, sur le toit, découvrent avec émerveillement, les oiseaux, délivrent un oisillon pris au piège et s'attirent la reconnaissance du père oiseau. Ce dernier leur explique toutes les merveilles qu'ils ont sous les yeux - ici se place un ballet cosmique que M. Sarrut a coupé [ce qui n'est pas vrai]. La voix du « haut-hurleur » annonce une prime à qui permettra de retrouver les fugitifs, et les deux amoureux poursuivis vont se réfugier au musée, puis descendent par l'escalier aux cent mille marches dans la ville basse où la lumière et la joie sont inconnues d'un petit peuple laborieux. Seul un aveugle croit à la lumière, à la possibilité d'un autre monde. Une complainte écrite par Jacques Prévert accompagnait tous les plans de ces pauvres gens. Mais M. Sarrut en a coupé les trois quarts [la scène de l'aveugle et son orgue de barbarie est bien présente dans le film].

Le Roi retrouve les jeunes gens et menace la Bergère de jeter le Ramoneur dans le lieu où vivent les fauves si elle n'accepte pas d'être sa femme. Sur les conseils de l'oiseau, elle feint d'accepter. Le Ramoneur travaille alors à la chaîne dans une usine où on fabrique des statues du Roi. Mais M. Sarrut, qui n'aime sans doute pas le travail, en a coupé les trois quarts [la scène du travail à la chaîne en usine est bien présente dans le film].

Le Ramoneur sabote son travail et est envoyé avec l'oiseau dans le repaire des fauves. Il y retrouve le vieil aveugle qui croit à la lumière et joue de l'orgue de Barbarie pour charmer les lions et les tigres. L'aveugle découvre l'oiseau, un vrai oiseau avec des ailes, un oiseau qui parle toutes les langues ; le français, l'anglais, le lapin, le perroquet et le lion. Il s'adresse en « lion » aux lions. Les lions répondent. Il traduit à ses deux compagnons : « Je leur ai dit : « Bonjour les amis, comment vous portez-vous ? » » Puis il parle « lion » une deuxième fois et les lions s'approchent, menaçants, du petit Ramoneur. L'oiseau avait imprudemment dit « Bon appétit » aux lions. M. Sarrut en a encore une fois coupé la moitié, et encore une fois c'est incompréhensible [cette scène est tout à fait compréhensible dans le film et elle est présente comme décrite par Grimault]. L'aveugle joue alors une polka puis, apprenant la triste histoire de la petite Bergère, il est très triste et joue de la musique triste. Et les lions pleurent. Enfin cela était ainsi avant que M. Sarrut passe par là. L'oiseau harangue les fauves en langue lion. Il leur dit en substance : « Le Roi a enlevé la Bergère ; s'il n'y a plus de Bergère, il n'y aura plus de moutons. Il faut supprimer ce tyran, on peut supprimer un tyran. » Tout cela était dit d'un ton décidé - en lion - et sous-titré en français. Mais M. Sarrut est passé par là. D'abord le « lion » est mélangé au français, et on n'y comprend plus rien [cette assertion de Grimault est à nouveau fausse, puisque l'Oiseau parle en « lion » sous-titré en français : « En bonnes bêtes fauves que vous êtes, vous compatissez à la douleur de ce pauvre ramoneur. C'est beau. C'est noble. *Mais, disais-je, quand vous connaitrez* les sordides dessous de cette monstrueuse machination… »] ; ensuite M. Sarrut a supprimé dans la harangue tout ce qui pouvait faire penser qu'on pouvait remuer l'opinion et changer quelque chose. Se prendrait-il pour un lion ? [là encore, la harangue de l'Oiseau n'a pas été supprimée et se termine par « Vive la Bergère, mort au Tyran ! Mort au Tyran ! Vivent nos bons gros moutons… Mort au Tyran ! Vivent nos bons gros moutons… » dit en lion].

Du même élan, M. Sarrut a arrangé à sa façon la séquence suivante où tous les habitants de la ville basse suivaient les fauves en criant : « Nos moutons ! nos moutons ! À bas le Roi ! » M. Sarrut a supprimé le ton revendicatif et l'ensemble perd son sens [les habitants de la ville basse hurlent pourtant : « Enfin, les oiseaux ! Nous sommes sauvés ! Vive les oiseaux ! Vive les oiseaux !].

Au même moment, le mariage du Roi et de la Bergère a lieu. À la question : « Modeste bergère, acceptez-vous le grand honneur de prendre sa Majesté le Roi pour époux », la modeste Bergère, par deux fois, ne répond pas. C'est le chef de la police qui imite sa voix et dit : « Oui. Bien entendu. En voilà une question ». Arrivée des fauves et des habitants de la ville basse. Bagarre - embryon de bagarre dans la version Sarrut [les fauves débarquent dans la salle du mariage et il y a bien une bagarre].

Le Roi part sur son robot (trente mètres de haut environ) en emmenant la Bergère. Les oiseaux transportent le Ramoneur au-dessus du robot. Bagarre entre le Ramoneur et le Roi. L'oiseau, pour arrêter le robot, se trompe et le robot démolit le palais. Dans notre version, cette partie était pleine de mouvements. Lorsque nous avons cessé de travailler au film, l'animation en était faite. M. Sarrut a remplacé tous les plans prévus par une série d'images fixes montées court pour donner, pensait-il, une impression de mouvement. Le résultat, on s'en doute, est catastrophique [cette assertion de Grimault est fausse puisqu'il n'y a aucune série d'images fixes dans cette scène d'ailleurs très bien animée].

J'en arrive à la fin qui est le chef-d'œuvre de M. Sarrut. Dans notre version, la nuit venue, animaux et gens de la ville basse sont sur une colline, le robot s'assied sur les ruines et les deux jeunes gens restent seuls. Le Roi les voit et s'approche lentement d'eux avec un poignard, comme le traître des comédies italiennes. À cet instant, l'oiseau, en accrochant sa casquette, actionne un levier du robot et cette masse énorme lève la main, saisit le Roi et souffle dessus. Le Roi disparaît dans le ciel devant toute la foule [tout est cela est bien présent dans le film].

Épilogue : Et le temps a passé. À côté des ruines du palais, un petit village est né. Atmosphère de liesse. L'aveugle joue de l'orgue. Les fauves dansent. Le père oiseau photographie la Bergère et le Ramoneur en costumes de mariés et les petits oiseaux en garçons d'honneur. Mais on s'aperçoit de la disparition d'un des enfants oiseaux. Il est pris dans un piège. Le vieux robot couvert de rouille, tout seul, se met en action, ouvre le piège et libère l'oiseau. De tout cela, il ne reste rien, ou presque rien. Vous savez ce que l'oiseau photographie ? Les gens sur la colline, figurez-vous. Pourquoi ? Et l'histoire du piège auquel nous tenions beaucoup

n'existe plus. L'oisillon a voulu faire une farce à son père. Personnellement, je trouve la fin Sarrut hollywoodienne. Et ce n'est pas du tout, mais pas du tout, ce que nous voulions faire.
- Une dernière question : M. Sarrut prétend que le film a coûté près de 500 millions et que ces dépenses vous sont imputables. Est-ce vrai ?
- Je vous ai déjà dit, je crois, que l'animation des neuf dixièmes du film [était] terminée fin 1950, lors du licenciement de l'équipe technique. Or, à la date du 5 juin 1950, les dépenses engagées sur le film s'élevaient à environ 189 millions 718 000 francs.

Les dépenses à engager pour achever le film s'élevaient à environ 53 845 000 francs. Il n'apparaît pas que le chiffre des dépenses engagées ait pu augmenter sensiblement entre le 5 juin et le début du mois de décembre. En effet, de mai à octobre 1950, la totalité de l'équipe d'animation (sauf deux techniciens) était licenciée. En décembre 1950, j'étais licencié ainsi que les principaux cadres et techniciens de mon équipe, puis dans les semaines qui suivirent, toute l'équipe qui avait assuré la réalisation des neuf dixièmes du film eut le même sort que nous. À cette époque, le coût probable du film était de 243 563 000 francs. S'il coûte aujourd'hui 500 millions, peut-être devrai-je à mon tour poser une question. Qu'a-t-on fait avec les 260 millions de dépassement de devis ? »[464]

Paul Grimault semble « oublier » que le film était très loin d'être terminé contrairement à ce qu'il assure (il restait une partie de l'animation, du traçage, tout le gouachage, toute la prise de vues Technicolor), qu'il ne connaît pas les dépenses effectuées en Angleterre et qu'il n'a pas pris en compte les frais financiers, les divers impôts, taxes et charges et le coût du doublage en anglais. Sans compter les frais de promotion du film. Qu'importe. Grimault est parvenu à semer le trouble et la presse refuse d'entendre la version de Sarrut. Et comme on vient de le voir dans cet entretien, Grimault ment à plusieurs reprises sur les supposés « tripatouillages » que l'équipe restante aurait opérés (j'ai mis entre crochets les éléments de rectification lorsqu'il m'apparaît que Grimault ne dit pas la vérité).

Le 8 septembre 1952, le jury de la Biennale de Venise décerne le « prix spécial du jury » au film de Paul Grimault « pour la grâce et la saveur avec laquelle sont, pour la première fois, introduits dans un dessin animé de long métrage les éléments propres à la tradition de culture et d'expression européennes. »[465]. Le film reçoit également une mention pour le prix de la critique (Fipresci). Grimault indique : « Je refuse ce prix. J'ignore d'ailleurs s'il fut attribué à la société productrice ou bien à ses auteurs de la première heure, Jacques Prévert et moi.

---

[464] Josette Daix, « Une interview exclusive de Paul Grimault. Scandale à Venise. Comment on a défiguré *la Bergère et le Ramoneur. [titre de la page intérieure :]* Voici comment M. Sarrut s'y est pris pour défigurer *la Bergère et le Ramoneur* », *les Lettres françaises*, 11 septembre 1952. De larges extraits sont repris dans « Scandale autour du film de Paul Grimault et Jacques Prévert *la Bergère et le Ramoneur* », *Ce Soir*, 12 septembre 1952.

[465] « Lauriers vénitiens », *Cahiers du cinéma*, n°16, octobre 1952.

Monsieur Sarrut a visiblement souhaité obtenir à Venise une récompense : il s'agissait pour lui de prouver que l'œuvre, remaniée par ses soins, n'était pas indigne même d'un festival. Pour ma part, je n'accepte de prix que pour un travail dont je puisse prendre l'entière responsabilité. Une action a été portée devant les tribunaux : malgré cette couronne de lauriers, elle suivra son cours. »[466]

Le retour en France de Jacques Flaud, directeur général du CNC, risque de s'avérer délicate. D'autant plus qu'il a remplacé Michel Fourré-Cormeray à ce poste seulement depuis fin juin[467] d'où cette mention de *Combat* qui indique : « M. Jacques Flaud a regagné son bureau de la rue de Lübeck où il a pu constater le vif émoi créé par la projection de *la Bergère et le Ramoneur* sur la lagune, ce qui lui provoque et lui provoquera dans les jours à venir des conversations graves et peut-être orageuses avec l'Association des auteurs de films et le Syndicat des techniciens. [...] On peut supposer aussi que son « baptême festivalesque » ne lui aura pas été inutile pour apporter diverses modifications à l'organisation de la prochaine réunion cannoise. »[468] Nino Frank dans *Arts* ironise : « Loin de moi l'idée de désapprouver M. Flaud : il défend la marchandise, au nom de l'industrie et du commerce. Je ne connais pas M. Flaud et j'ignore si son outrage à la magistrature est répréhensible. On me dit que c'est un excellent homme, capitaine d'artillerie ou je ne sais quoi avec un solide passé dans les cabinets ministériels. Nommé directeur du centre du cinéma, il ignore, paraît-il, tout du cinématographe, mais il faut un commencement à tout. Je lui suggère, très timidement, de se renseigner : qu'il interroge les gens autour de lui, qu'il aille voir quelques films à la cinémathèque, qu'il se documente. Il apprendra que le cinéma français a ses auteurs ; que ces auteurs - ils s'appellent René Clair, Henri Jeanson, Marcel Carné, Jean Delannoy, Jacques Becker, Jean Aurenche, Pierre Bost, René Clément, etc. et aussi Paul Grimault et Jacques Prévert - ont fait et font la grandeur de ce cinéma français ; et que c'est en France que s'est d'abord imposée avec Beaumarchais, avec Balzac, avec Henri Jeanson et l'Association des auteurs de films, la défense du droit moral et matériel de l'auteur. Peut-être M. Flaud pourrait-il noter dans le *Pro Memoria* de son calepin qu'il est Français ? »[469] Un courrier de Claude Autant-Lara, président du Syndicat des techniciens daté du 11 septembre 1952 est adressé à Me Pierre Rivière, l'avocat de Jacques Prévert ; il ne laisse aucun doute sur les tentatives de déstabilisation qui sont tentées dans cette affaire qui prend une tournure politique (évidemment le lecteur contemporain aura sans doute un peu de difficultés à replacer ces partis sur l'échiquier politique) : « Mon Cher maître, je préfère vous écrire que vous téléphoner le renseignement que vous m'avez demandé sur les

466 « « Je refuse le prix décerné à notre film » nous dit Paul Grimault », *le Figaro*, 18 septembre 1952.

467 Suspecté de complaisance à l'égard du PCF, le démocrate-chrétien Michel Fourré-Cormeray, grand médaillé de la Résistance, est limogé de la direction du CNC en juin 1952. Il est remplacé par Jacques Flaud le 18 juin (secrétaire du MRP, démocrate-chrétien et centriste) jusqu'en 1959, date à laquelle il retrouve son poste jusqu'en avril 1965.

468 « Le cinéma a retrouvé son directeur », *Combat*, 18 septembre 1952.

469 Nino Frank, « La Bergère, le Ramoneur et M. le directeur du cinéma français », *Arts*, 19-25 septembre 1952.

ennemis de M. Flaud [secrétaire du MRP, démocrate-chrétien et centriste] : ennemis certains : tout ce qui est UDSR [Union démocratique et socialiste de la Résistance], RPF [Rassemblement du peuple français], Radical (les plus acharnés) et Indépendants. Indifférents : Socialistes. Le Ministre que vous pouvez toucher chez des amis à vous est tout à fait contre Monsieur Flaud. Bien amicalement. »[470]

Le 19 septembre 1952, à la demande de l'Union générale cinématographique (UGC) et de la société Cofranex désireuses de procéder à l'exploitation du film *la Bergère et le Ramoneur*[471] dès le 15 décembre 1952, dans la mesure où la décision de justice concernant la levée du séquestre serait prise au début de décembre, une première réunion des créanciers du film se tient à la BFCE à 15 heures en l'absence d'André Sarrut (en Italie au festival de Venise)[472]. Le but : mettre au point les dernières dépenses nécessaires pour que le film puisse être projeté soit : taxe de sortie, générique, bande-annonce et publicité. L'UGC doit établir son budget de publicité et soumettre, en vue de simplification, un projet tendant à remplacer les commissions de distribution à l'étranger précédemment prévues, par une seule commission pour l'UGC de 15 % sur les recettes producteur avec certaines réserves pour qu'il y soit seulement ajouté pour la distribution en Amérique 10 % en faveur de la MCA[473]. Au cours de ces réunions sont également abordées diverses questions relatives :

- aux modifications à apporter aux conditions des contrats de cession et de distribution du film dans les pays autres que la France, l'Afrique du Nord et l'Amérique latine ;
- à la répartition des recettes entre *la Bergère et le Ramoneur* et le complément de programme *Crin Blanc* d'Albert Lamorisse ;
- à l'établissement d'un plan de financement et d'amortissement des frais d'achèvement du film dans le cadre des frais d'édition (6 millions, 1er rang) ;
- à l'élaboration, avec le concours de M. Chéret, d'un plan d'aménagement du passif des Gémeaux en ménageant un couloir dans les délégations actuelles, en faveur de certains créanciers privilégiés et chirographaires[474].[475]

---

470 Cinémathèque suisse, Archives nationales du film, Lausanne. Fonds Autant-Lara.

471 CN242-B157. Le Crédit national (Péronne, chef du service Contentieux) à Me Boissarie, avocat à la Cour, 22 octobre 1952. Le négatif du film et son contretype sont à Londres aux mains des Laboratoires Technicolor.

472 CN242-B157. Les Gémeaux, le secrétaire général, Gontran Bourez, à Crédit national, 14 novembre 1952.

473 CN242-B157. CAAIC, 1er décembre 1952. Extrait du rapport présenté par M. Péronne, chef du contentieux

474 Les créanciers chirographaires sont privés de tout privilège et sont payés proportionnellement au montant de leurs créances sur ce qui reste à distribuer après paiement des créanciers privilégiés, c'est-à-dire ceux qui bénéficient d'une sûreté.

475 CAAIC, 27 janvier 1953. Extrait du rapport présenté par M. Péronne, chef du contentieux

Le même jour, le 19 septembre 1952, Paul Grimault et Jacques Prévert donnent une conférence de presse au théâtre de Babylone[476] (une salle gérée par une coopérative ouvrière qui a ouvert en mai). Autour d'eux, sur la scène : Claude Autant-Lara et Jean Delannoy, plus quelques autres ; dans la salle : Jean Becker, Simone Signoret, Louis Daquin, Henri Jeanson plus une bonne partie de la presse, l'observateur du ministère et celui du CNC. *Combat* sous-titre : « Que sont devenus les 400 millions ? » : Grimault explique « avec une maladresse et un trouble émouvants » : « Un rapport du cabinet Chéret, de l'été 50, constate une dépense inférieure à 200 millions et prévoit un besoin de 43 millions pour l'achèvement. Tout le monde est d'accord à ce moment et signe. En décembre, [je suis] congédié. Et maintenant, le film achevé et défiguré, M. Sarrut parle de 5 à 600 millions de dépenses. Ou ces chiffres sont faux ou M. Sarrut seul a dépensé 400 millions pour une œuvre achevée aux neuf-dixièmes. »[477]

Claude Autant-Lara laisse même entendre que Sarrut a « ventilé » et mis au compte du film des frais engagés pour des bandes publicitaires largement amorties. Prévert intervient après quelques gags et Daquin signale que l'équipe du film a laissé 21 millions de salaires en participation. L'historique est fait, date après date, jusqu'à la projection vénitienne. « On parle, avec pièces à l'appui, des manquements du producteur, de l'évidente mauvaise volonté qu'il a manifestée. Jean Delannoy essaie alors de conclure et de souligner l'importance du procès qui fera jurisprudence, comme le procès qui opposa Rouault à Vollard. Delannoy termine : « Si un tribunal acceptait la thèse de M. Sarrut, ce serait la mort du cinéma français. » »[478] Quelques années plus tard, Jacques Prévert dit à Siné qui déclare à propos de ce dernier : « Comme je l'aimais ce mec ! Presque autant que mon père ! Ça le défrisait de me savoir travailler avec André Sarrut qui animait, depuis plus d'un an, mes dessins animés à des fins publicitaires. Il me mettait souvent en garde : « Gaffe ! C'est une canaille… une fripouille ! Il nous a saignés Grimault et moi avec *la Bergère et le Ramoneur*. Un vrai détrousseur ! » Cela ne m'empêchait pas de continuer à bosser pour lui, car non seulement je le trouvais charmant, mais il me payait royalement. »[479] Les enfants de Gabriel Allignet témoignent : « Pour nous, André Sarrut, c'était le salaud ![480] ». L'épouse d'André Sarrut se souvient : « Grimault et Prévert faisaient courir des rumeurs de malversations : Où sont passés les 500 millions qu'a coûté le film ? etc. »[481] Gilbert et Simonne Dubrisay

[476] « Prévert et Grimault : « Nous voulons terminer *la Bergère et le Ramoneur* » », *Libération*, 18 septembre 1952 ou encore « Les auteurs de films manifestent leur sympathie à Grimault et Prévert », *Libération*, 20-21 septembre 1952.

[477] Rodolphe-Maurice Arlaud, « *La Bergère et le Ramoneur*. Au théâtre de Babylone Grimault sonne le gong pour la deuxième reprise », *Combat*, 20-21 septembre 1952.

[478] Rodolphe-Maurice Arlaud, « *La Bergère et le Ramoneur*. Au théâtre de Babylone Grimault sonne le gong pour la deuxième reprise », *Combat*, 20-21 septembre 1952.

[479] Siné, *Ma vie, mon œuvre, mon cul !*, tome 5, Charlie Hebdo Trimestriel, 2001, p. 48.

[480] Entretien de Dominique et François Allignet avec Pascal Vimenet et l'auteur, Danger-Saint-Romain, 1er février 2020.

[481] Entretien de Marthe Sarrut avec l'auteur, Paris, 24 janvier 2008.

expliquent : « Les gens se sont sentis lésés, certes. Mais l'équipe restante des Gémeaux n'en voulait pas à Sarrut mais à Grimault ! »[482].

Toute la presse n'a pas été convaincue par cette conférence. André Bazin notamment :

> « Dans les principes comme dans les faits principaux, le bon droit de Grimault et Prévert n'est guère discutable. Toutefois, il reste encore dans cette affaire quelques points de détails obscurs qui, sans risquer de modifier les conclusions, rendent l'interprétation de certains événements moins claire qu'il ne semble d'abord. La pureté de l'indignation de Grimault et Prévert n'est pas douteuse. La passion qu'ils y mettent, voire l'émotion, est bien compréhensible. Mais tous ceux qui les défendent ne me semblent pas exclusivement soucieux de la sauvegarde des droits d'auteurs. La conférence de presse tenue l'autre jour au théâtre de Babylone fut, certes, bien amusante, et M. André Sarrut pouvait y passer pour le modèle du roi Charles V et III font VIII et VIII font XVI de Takicardie. Mais enfin, elle tenait moins de la conférence de presse que du meeting. MM. Sarrut, Jacques Flaud et la commission de sélection en ont fait essentiellement les frais et à trop bon compte. À entendre les orateurs, les mobiles d'André Sarrut se réduiraient à la mégalomanie et au désir de signer le film. Quant à la direction du cinéma et à la commission de sélection, elles n'auraient eu d'autres préoccupations que de servir bassement les intérêts du producteur. M. Autant-Lara, exposant les événements de Venise, accumula les erreurs de faits, ces erreurs n'étaient certes que de détail, mais étant donné le nombre des témoins (dont plusieurs étaient dans la salle) et les facilités de vérification, ces mêmes contre-vérités donnaient l'impression pénible de procéder du délire de la persécution. »

André Bazin se livre ensuite à une brillante analyse de la situation évoquant l'affaire Rouault-Vollard pour mieux s'en écarter. Puis : « Ce jugement serait d'une extrême importance dans la jurisprudence du droit d'auteur cinématographique, lequel est encore, jusqu'à aujourd'hui, pratiquement inexistant. En Amérique, il n'est pas exceptionnel qu'un film totalement ou partiellement tourné par un metteur en scène soit remanié ou terminé par un autre. Ce fut le cas, par exemple, de *la Femme sur la plage* de Renoir et de *Magnificent Ambersons* d'Orson Welles. J'ai entendu l'un et l'autre en parler comme d'un fait, certes, regrettable, mais allant absolument de soi : une opposition quelconque à ces tripatouillages étant absolument impensable. [...] Avec l'affaire de *la Bergère et le Ramoneur*, et après le procès que fit Marcel Carné à Pathé à propos de l'exploitation en « digest » des *Enfants du paradis*, la France se trouve donc à l'avant-garde d'une reconnaissance juridique du droit d'auteur dans le domaine du cinéma. Cette reconnaissance sur le

[482] Entretien de Gilbert et Simonne Dubrisay avec l'auteur, Paris, 12 mars 2008.

plan national pourra certainement étayer de manière efficace les initiatives dans le domaine international ; son importance ne saurait donc être minimisée. »[483]

André Lang, qui, non seulement, préside l'Association de la critique cinématographique, mais qui s'est trouvé présider également, en l'absence de Georges Huisman, la séance au cours de laquelle fut obtenu le vote favorable à l'envoi à Venise de *la Bergère et le Ramoneur*, envoie à *Combat* la mise au point suivante :

« Dans votre article sur la conférence de presse tenue la veille au Théâtre de Babylone, vous écrivez : « ... Les membres présents de la Commission de sélection n'essayèrent pas de justifier leur vote favorable ». Permettez-moi de vous adresser, pour ce qui concerne les critiques dans cette assertion, la mise au point suivante :

Ayant accepté, comme président de l'AFCC, de remplacer M. Georges Huisman pendant la durée de ses vacances à la présidence de la Commission de sélection dont je suis membre, j'ai eu l'occasion de présider la séance du 24 juillet [1952] où la Commission décidai à la majorité, après une discussion serrée, d'envoyer exceptionnellement à Londres une délégation, avec mission pour chacun de ses membres de faire un rapport sur *la Bergère et le Ramoneur*, film qui avait fait l'objet d'une candidature régulière de la part de son producteur et dont la copie n'était pas alors en état de voyager.

Si je n'ai pas pris la parole à ce sujet vendredi, c'est que j'étais surpris, et même choqué, de la légèreté avec laquelle la Commission de sélection était arbitrairement mise en cause dans une affaire où elle n'a absolument rien à voir et pour une décision qui lui fait honneur.

Il me parait en effet inconcevable que le légitime souci de soutenir Prévert et Grimault dans le grave différend qui les oppose à Sarrut aveugle ses amis au point de leur faire imaginer, et même insinuer, que la Commission de sélection, en retenant *la Bergère et le Ramoneur* pour Venise, ait cherché à jouer un sale tour à Prévert et Grimault !

On feint, dans la passion, d'oublier que la Commission de sélection n'est pas une Commission d'enquête, mais une Commission d'examen dont les dix membres ont pour unique mission de voir les films qui ont fait l'objet d'une lettre de candidature des producteurs et de désigner, au moyen d'un vote obtenu à la majorité des deux tiers, ceux qui leur paraissent les plus dignes de représenter le cinéma français dans les festivals. Le soin de prendre en considération les candidatures, de vérifier leur bien-fondé et leur régularité, appartient à Unifrance Film, association nationale pour la diffusion du film français à l'étranger, et à elle seule. Tout film présenté par Unifrance à la Commission de sélection est donc obligatoirement considéré par les membres de la Commission comme un film « en règle ».

[483] André Bazin, « Trois affaires. La Bergère et le producteur... l'affaire Chaplin et l'affaire des J3 », *l'Observateur*, 2 octobre 1952.

Quand M. Cravenne, délégué général d'Unifrance Film nous fit part de la candidature *la Bergère et le Ramoneur*, deux ou trois d'entre nous demandèrent où en était le différend producteur-auteurs. M. Cravenne répondit que les choses étaient en voie d'arrangement, ce qui parut vraisemblable, et le paraît encore. En tout cas, personne d'entre nous ne pensa qu'une candidature de *la Bergère et le Ramoneur* pour Venise pût être adressée officiellement à Unifrance sans que les auteurs n'en eussent, au moins indirectement, connaissance et n'aient, par conséquent, le moyen de faire connaître éventuellement leur opposition ou leur point de vue.

Il est regrettable qu'Unifrance Film n'exige pas - comme l'a vainement demandé, à plusieurs reprises, l'AFCC - qu'à la lettre de candidature du producteur soit jointe, pour chaque film, une lettre d'accord des auteurs, mais les choses étant ce qu'elles sont, nous n'avions à nous inquiéter que de savoir si *la Bergère et le Ramoneur* était un film qui honorerait ou non la sélection française.

Nous avions décidé de ne retenir pour le vote final le film de Prévert-Grimault que si notre délégation était unanime, au retour de Londres, à nous le recommander. Et nous avions également stipulé que, même dans ce cas, nous ne donnerions sa chance à *la Bergère* que s'il restait une place pour lui, une fois acquis le vote sur les films qui avaient été vus à Paris par la Commission tout entière.

En retenant dans ces conditions le 31 juillet pour Venise *la Bergère et le Ramoneur*, la Commission de sélection, que présidait alors M. Georges Huisman, rentré de vacances, a eu le sentiment de servir l'art cinématographique français en général et le film de Grimault et Prévert en particulier. Rien n'était venu infirmer l'impression que les choses entre les auteurs et le producteur étaient en voie d'arrangement, puisqu'à aucun moment, et même après la publication des films choisis, dont la liste parut dans plusieurs journaux dès le 1er août, Prévert et Grimault ne protestèrent publiquement contre la présence de leur film dans la sélection.

Pourquoi ne se sont-ils manifesté que le 14 août auprès de la Direction du Centre ? Et pourquoi Unifrance Film a-t-il accepté la candidature de *la Bergère* sans s'assurer au préalable que les auteurs seraient d'accord avec Sarrut si le film était retenu pour Venise ? Voilà deux questions auxquelles on aimerait voir les intéressés répondre d'une manière précise, mais ce n'est pas l'objet de ma lettre.

J'ai tenu seulement à préciser quel fut le rôle des membres de la Commission de sélection dans la désignation d'un film aux mérites exceptionnels, qu'on leur reprocherait violemment aujourd'hui d'avoir écarté si un accord s'était réalisé à temps entre les auteurs et le producteur. »[484]

À la suite de cette conférence de presse, André Sarrut adresse un droit de réponse à plusieurs journaux :

---

484 « *La Bergère et le Ramoneur* (suite). « La commission de sélection n'a pas voulu jouer un sale tour à Prévert et Grimault » nous écrit André Lang, président de l'Association française de la critique cinématographique », *Combat*, 23 septembre 1952.

« Votre journal a reproduit des déclarations attentatoires à mon honneur et à ma réputation professionnelle, ou a pris à son compte et a accepté comme vraies des déclarations de MM. Grimault et Prévert ou de leurs alliés au sujet du film *la Bergère et le Ramoneur*, sans que vous ayez jugé utile de me demander mon point de vue sur une affaire qui me touche au premier chef. Il eût été pourtant utile à tout commentateur de bonne foi de connaître les deux thèses avant de prendre parti et je n'ai jamais refusé à aucun représentant de la presse de l'éclairer sur les véritables circonstances de l'affaire.

Néanmoins, je me dois d'éviter toute polémique : la justice est actuellement saisie des difficultés entre MM. Grimault et Prévert, d'une part, et la société les Gémeaux, de l'autre, et la Chambre de la Cour d'Appel de Paris, doit en connaître le 15 octobre. La société les Gémeaux et moi-même devons à la Cour de lui réserver nos explications approfondies. La presse et le public ne pourront d'ailleurs être valablement informés que par les débats publics au cours desquelles deux parties développeront leurs arguments.

Nous tenons cependant à protester dès à présent de la façon la plus formelle contre tout ce qui a pu être dit ou écrit au sujet du film *la Bergère et le Ramoneur*, d'une manière tendancieuse défigurant complètement la réalité des faits. »[485]

Ce Soir la reproduit mais ajoute : « Précisons qu'en effet, nous n'avons pas jugé bon de demander à M. Sarrut son opinion. Nous connaissons Paul Grimault et ses dessins animés, Jacques Prévert et ses poèmes. Nous connaissons le grand cinéaste Marcel L'Herbier, qui fit l'expertise au terme de laquelle *la Bergère et le Ramoneur* (version Sarrut) fut mise sous séquestre. Nous avons donc été tous valablement informés, y compris par un jugement de la Chambre des référés. »[486]

Le 27 septembre 1952, *la Cinématographie française* publie « La réponse de M. André Sarrut » : « Votre journal est, dans toute la presse française, un des rares qui, ayant parlé de cette affaire, n'ait pas pris à son compte et accepté comme vraies les déclarations de MM. Grimault et Prévert, ou de leurs alliés, qui portent atteinte à mon honneur et à ma réputation professionnelle. En effet, votre journal m'a adressé un de ses représentants pour connaître ma thèse, ce dont je le remercie très sincèrement. À titre d'information complémentaire, je vous précise que je considère de mon devoir d'éviter toute polémique dans cette affaire puisque la Justice est saisie des difficultés entre MM. Grimault et Prévert d'une part, et la Société les Gémeaux de l'autre, et que la Première Chambre de la Cour d'Appel de

485 « *La Bergère et le Ramoneur* (suite). « La commission de sélection n'a pas voulu jouer un sale tour à Prévert et Grimault » nous écrit André Lang, président de l'Association française de la critique cinématographique », *Combat*, 23 septembre 1952 mais aussi « À propos de *la Bergère et le Ramoneur* », *le Figaro*, 24 septembre 1952 ou encore « Réponse du berger à *la Bergère* », *l'Aurore*, 24 septembre 1952.
486 « Monsieur Sarrut se fâche », *Ce Soir*, 28-29 septembre 1952.

Paris doit en connaître le 15 octobre 1952. »[487] (le reste de la réponse est la même que partout ailleurs).

Fin septembre 1952, des représentants de la profession cinématographique (du Syndicat des auteurs de films et du Syndicat des techniciens) rencontrent Jacques Flaud, directeur général du CNC. Selon *Ce Soir*, « L'entrevue n'a abouti à rien. M. Flaud a éludé toutes les questions (gênantes) qui lui ont été posées ! »[488] Flaud adresse une mise au point à Delannoy :

> « Vous avez bien voulu me faire part de l'émotion qu'a soulevée la présentation, dans le cadre du 13ème Festival international de Venise, du film *la Bergère et le Ramoneur*. La projection de cette œuvre est intervenue dans des conditions troubles qui m'apparaissent regrettables. Ajournée à ma demande, à la suite de la réception de votre télégramme, le dimanche 7 septembre, cette projection fut maintenue au programme le lendemain 8, aucune confirmation de votre communication de la veille n'ayant pu être obtenue, aucune signification ne m'ayant touché en temps opportun. Il va sans dire qu'en cas contraire la projection du film litigieux n'eût pas eu lieu. Le nécessaire respect des décisions de justice aurait d'autant plus justifié, me semble-t-il, l'intervention du directeur général de la Cinématographie que le problème de fond soulevé en l'espèce - celui de la défense du droit des auteurs - est des plus importants. »[489]

Jean Delannoy lui répond alors :

« Le 27 septembre 1952.
Monsieur Jean Delannoy, Président de l'Association des auteurs de films à Monsieur Jacques Flaud, Directeur général du Centre national de la Cinématographie, 12, rue de Lübeck, Paris.

Monsieur le Directeur général,
Il est réconfortant de penser que les conditions troubles dans lesquelles s'est déroulée la projection, à Venise, du film *la Bergère et le Ramoneur* ne vous aient pas échappé et qu'elles vous apparaissent regrettables.

Réconfortant, et un peu amer, parce que cette réaction officielle est bien tardive dans un conflit dont vous êtes personnellement saisi depuis un mois et demi.

Je ne m'étendrai pas sur les circonstances bizarres qui ont marqué le choix de ce film, notoirement inachevé et dénaturé, pour représenter la France à la

---

487 « *La Bergère et le Ramoneur*. Réponse de M. André Sarrut », *la Cinématographie française*, 27 septembre 1952.

488 « L'affaire de *la Bergère et le Ramoneur* », *Ce Soir*, 27 septembre 1952.

489 « Au courrier de l'affaire de *la Bergère et le Ramoneur*. Trois lettres », *Combat*, 30 septembre 1952.

Biennale de Venise. Mais, puisque vous nous avez fait part de l'ignorance où vous aviez été tenu de telles circonstances, je me contenterai de vous préciser quelques faits :

Le 23 juillet, M. Sarrut, producteur de *la Bergère et le Ramoneur*, déclarait à M. Vuillermoz, expert nommé par le tribunal, que le film ne sera terminé que fin septembre et que, de ce fait, il ne pourrait être soumis aux opérations d'expertise avant le 20 septembre.

Le lendemain, 24 juillet, sur la demande même de M. Sarrut, le comité de sélection, contrairement à ses habitudes, déléguait trois de ses membres à Londres pour visionner le film aux fins de sélection pour Venise.

M. Sarrut commençait à se moquer ouvertement de la justice.

J'en arrive maintenant aux événements qui ont abouti à la projection du film à Venise, le lundi 8 septembre, à 17 heures.

La veille, 7 septembre, vous recevez de moi un télégramme dans lequel :

1° Je vous avise qu'une ordonnance de mise sous séquestre vient d'être rendue par le Tribunal civil de la Seine ;

2° Je réclame de votre autorité le soin de faire respecter cette ordonnance qui interdit désormais toute projection du film.

Au reçu de ce télégramme, vous prenez aussitôt la mesure qui s'impose : vous retirez *la Bergère et le Ramoneur* de la compétition pour déférer à la décision de justice. (Il ne s'agit pas d'un « ajournement de projection » comme vous l'écrivez, mais d'un retrait pur et simple.)

Ainsi, vous n'avez pas douté un seul instant du contenu de mon télégramme, ni de l'authenticité de sa signature, pour prendre et rendre officielle une décision conforme à la justice.

Le lendemain, 8 septembre, sous prétexte que vous n'avez pu obtenir, en 24 heures, confirmation du séquestre, vous réintégrez *la Bergère et le Ramoneur* dans la compétition et vous autorisez à nouveau la projection.

Puis-je me permettre de vous faire remarquer :

1° Qu'il était très facile à vos services d'obtenir cette confirmation, n'était-ce qu'en s'adressant à moi qui vous avais alerté ;

2° Qu'il était beaucoup moins grave, dans le doute, de vous abstenir que de prendre une nouvelle décision qui comportait, à coup sûr, le risque de contrevenir à une décision de justice.

Mais il y a des faits plus délicats et qui justifient pleinement ces « conditions troubles » qui vous ont frappé.

Je n'ai pas été le seul à vous informer de ce séquestre exécutoire sur minute. P. Grimault lui-même vous a envoyé un télégramme et aussi Jacques Prévert et Claude Autant-Lara.

Le télégramme de Grimault était express, recommandé et nominatif. L'accusé de réception est daté du 8 septembre, à 3 h 45 du matin.

Enfin, M. Decaux, administrateur-séquestre, prévenait à son tour la délégation française, par télégramme expédié le 8 septembre, à 12 h 15, qu'il était en possession de la minute interdisant la projection.

L'avis de remise en possession de ce télégramme officiel est daté du 8 septembre, à 13 heures.

À 17 heures, ce même jour, sur la scène du Festival, un porte-parole italien venait spécifier que la projection allait avoir lieu « sur l'insistance de la délégation française et sous sa seule responsabilité ».

Car M. Petrucci, directeur de la Mostra, avait lui aussi reçu les mêmes télégrammes et peu soucieux sans doute d'endosser les responsabilités d'autrui, tenait à se mettre à couvert.

Vous nous avez dit, lors de la visite que la délégation des auteurs vous a rendue le 23 septembre dernier, que seul mon télégramme vous était parvenu à temps, tous les autres vous ayant été remis « après » la projection, vers 19 heures.

Loin de moi l'idée de douter un seul instant de votre parole, mais alors, qui dans votre entourage, a reçu et retenu toutes ces preuves d'une décision de justice ?

Qui a signé à 8 h 45 du matin, le reçu du télégramme que Grimault avait envoyé, recommandé, à M. Jacques Flaud, personnellement ?

Qui vous a caché ce télégramme jusqu'à 7 heures du soir ?

Qui a reçu, à 15 heures, le télégramme de l'administrateur-séquestre, et qui ne vous la remis qu'après la projection ?

Toutes ces questions, Monsieur le Directeur général, je vous les pose avec la réelle déférence et la sympathie que vous m'avez spontanément inspirées. La bonne foi de votre lettre renforce encore ces sentiments et je ne suis pas le seul, croyez-le, à les éprouver.

Mais, alors, il nous faut la lumière totale et nous devons compter sur vous pour la faire éclater.

Puisque, dans votre esprit, le respect de la justice rejoint le respect du droit des auteurs, il faut que l'on sache, avec précision, comment les faits ont pu démentir à ce point vos intentions.

Vous avez fait part à notre délégation des pressions considérables et des assauts répétés dont vous avez été l'objet à Venise après la décision prise par vous de retirer le film de la compétition. Avec une émouvante simplicité, vous nous avez dit quelle avait été votre solitude à ce moment-là. Croyez, Monsieur le Directeur général, que cette solitude n'est qu'apparente et que vous aurez avec vous tous les créateurs du cinéma français, auteurs et techniciens, s'ils savent qu'ils peuvent compter sur votre volonté de dissiper toute équivoque dans une affaire qui les concerne tous.

Je vous prie de croire, Monsieur le Directeur général, à ma très sincère et très haute considération. »[490]

Comme la société les Gémeaux a interjeté appel de la décision du Président du Tribunal civil de la Seine ordonnant la saisie des copies du film et

490 « Au courrier de l'affaire de *la Bergère et le Ramoneur*. Trois lettres », *Combat*, 30 septembre 1952 puis en texte intégral dans « Avant le procès Grimault-Prévert contre Sarrut. Texte intégral de la lettre de Jean Delannoy à Jacques Flaud », *Combat*, 4-5 octobre 1952.

nommant un séquestre du négatif le 6 septembre 1952 cette décision n'a pas été suivie d'exécution immédiate. L'audience de la Cour d'appel est fixée au 22 octobre 1952. Par deux exploits, Prévert et Grimault assignent André Sarrut, pris tant en son nom personnel que comme directeur de la société anonyme les Gémeaux.

Prévert conclut :

1° à ce que, dans les six mois du dépôt du rapport des experts précédemment commis en référé, la société les Gémeaux soit tenue de « faire rétablir le film dont il s'agit dans son esprit, dans la lettre des dialogues, et en stricte conformité au découpage technique dont il est le coauteur, et ce par les soins de Paul Grimault » ; 2° à ce qu'il lui soit donné acte de ce qu'il entend se réserver la possibilité de saisir le film, et 3° à la résiliation, aux torts et aux griefs de la société défenderesse des conventions intervenues ;

Grimault demande au Tribunal :

1° de désigner un administrateur « qui aura pour mission de rétablir le film dans sa forme originale, et de terminer la partie inachevée au moment où il avait été mis dans l'impossibilité de poursuivre ses travaux ; 2° de dire qu'il n'a pas cédé ses droits d'édition et de représentation ; 3° de lui donner acte de ce qu'il se réserve de saisir le film ; 4° de déclarer résiliés aux torts et griefs de la société les Gémeaux les conventions intervenues, et de condamner celle-ci à lui verser, à titre de provision, une somme de 500 000 francs à valoir sur le montant de dommages-intérêts à fixer par état.

Dans une lettre du directeur général du Crédit national adressée le 3 octobre 1952 à l'Agent judiciaire du Trésor public, on peut lire :

> « Il ne fait aucun doute que l'État français, créancier de plus de 100 millions de francs en principal et accessoires[491], a le plus grand intérêt à ce qu'il ne soit pas mis obstacle à l'exploitation du film, résultat qui serait atteint si la décision précitée était confirmée par la Cour. Aussi semblerait-il opportun, en raison de l'importance des sommes en cause, que l'État intervienne à l'instance, aux côtés des autres créanciers du film (MM. Vernes et Cie, Odier Bungener et Cie, BFCE) qui ont également investi dans cette production des sommes considérables. Nous vous laissons le soin d'apprécier s'il convient ou non d'engager une pareille procédure et vous précisons, à toutes fins utiles, que l'avocat

---

[491] Le Crédit national a consenti, en exécution des lois : 1) du 3 novembre 1940, une avance globale de 50 millions de francs remboursable à concurrence de 15 millions francs au plus tard le 21 décembre 1952 et du solde avant le 21 décembre 1953 ; 2) du 19 mai 1941, une avance de 47 millions de francs dont les deux tiers devraient être amortis avant le 9 avril 1953, le solde devant être réglé le 9 avril 1954 au plus tard.

de la société productrice, avec lequel votre avocat pourrait éventuellement se mettre en rapport est Me Paul Weill demeurant à Paris 53, rue de Varenne. »[492]

Une réunion a lieu le 30 septembre 1952 au siège des Gémeaux à Neuilly-sur-Seine. André Sarrut informe le Crédit national et les divers créanciers présents (M. Chaine de la BFCE et M. Odier de la banque Odier Bungener et Cie) de son très mauvais état de santé (évanouissements fréquents) qui le contraint à concentrer son activité sur la société la Comète (dont la situation financière est, selon Sarrut, critique : il lui manquerait 15 à 20 millions de francs) et à se reposer des questions relatives à *la Bergère et le Ramoneur* sur :

- MM. Paul Weill et Jean Sarrut (son frère) pour les questions juridiques ;
- M. d'Houdain (Cofranex) et une personne à désigner ayant la confiance des principaux créanciers pour les questions d'exploitation.

Le principe de la représentation des créanciers au procès est adopté : deux avocats (l'un représentant le Trésor, l'autre l'ensemble des autres créanciers) pourraient plaider, à moins que le Trésor ne consente à faire le choix d'un avocat unique pour la masse[493]. André Sarrut annonce qu'il reste encore quelques dépenses à régler sur *la Bergère et le Ramoneur* dont il dit simplement qu'il est en train d'en établir le montant qui devrait se révéler modique (« quelques millions ? » s'interroge le rapporteur du compte rendu de la réunion…). La question de l'exploitation du film est, aux dires d'André Sarrut, au moins aussi délicate à mener que l'a été celle de la production : il semble nécessaire de rechercher rapidement un spécialiste qui pourrait y consacrer tout son temps pendant au moins six mois sous la direction et le contrôle de M. d'Houdain[494]. Les intérêts échus et demeurés impayés au Crédit national s'élèvent désormais à 4 895 416 francs….

Le 19 octobre 1952, René Berthelé, éditeur, écrit à Jacques Prévert : « J'ai finalement obtenu, sur ton compte, les <u>200.000 fr</u> demandés (avec tant d'insistance !) par Me Rivière, après avoir expliqué aux Gallimard l'intérêt considérable pour toi de ce procès. Rivière a donc eu son chèque et en paraissait

---

492 CN242-B157. Lettre du Crédit national, DG J. Brunet à M. l'Agent judiciaire du Trésor public, Ministère des Finances, rue de Rivoli, 3 octobre 1952.

493 *Combat* s'étonne ainsi du nombre des avocats présents : « De cette ordonnance, M. Sarrut a fait appel par la voix de Me Paul Weill, tandis que Me Bouthoul s'opposait à la main levée au nom de Paul Grimault. Pour Jacques Prévert, Me Pierre Rivière plaidera à quinzaine. Et la Cour se donnera du temps pour réfléchir. On comprend un peu mal que soient intervenus dans ce débat devant la Cour, M. le bâtonnier Toulouse, et Mes Boissarie, Betolaud et Albert Gardey, au nom des techniciens, du Crédit national, du Trésor public, de la Banque du commerce extérieur. » « MM. Grimault et Prévert font valoir devant la Cour leurs droits sur *la Bergère et le Ramoneur* », *Combat*, 20 novembre 1952.

494 CN1727-B158. Compte-rendu succinct de la réunion du 30 septembre 1952 tenue par M. Sarrut à la société Les Gémeaux. Par M. Palais, le 1er octobre 1952.

satisfait. D'autre part je lui ai donné toutes les informations qu'il me demandait - avec la chaleur que tu peux penser... - pour brosser le « portrait de toi qu'il veut faire dans sa plaidoirie », qui sera, sans doute, importante et brillante. (Je crois qu'il prend cette affaire très à cœur). La date n'en est pas encore fixée mais mercredi [22 octobre] commencent les débats – où j'irai pour l'exposé de la partie Sarrut. Cela ne manquera pas d'intérêt, sans doute... Encore une fois, d'après les avocats et d'après tout ce qu'on peut savoir de cette affaire, elle se présente admirablement pour Jacques Prévert et Paul Grimault. On va voir. Attendons avec confiance. »[495]

Le 22 octobre 1952, à 13 heures 30, Marie-Thérèse Poncet auteur de *Dessin animé. Art mondial* est présente : « des hommes, des femmes, plus ou moins soucieux, gravissent les degrés imposants du Palais de Justice. Grosse affaire devant la première Chambre de la Cour d'appel, Salle Z. Et l'on s'assied et l'on s'entasse pour écouter avec un certain malaise des audiences déjà célèbres, les Gémeaux, les deux amis inséparables d'hier sont là, ennemis, adversaires jurés. La séance est ouverte. Nous voyons, côté André Sarrut production : Maître Paul Weill, le Bâtonnier Toulouse, Maître Abel Gardey, Maître Boissarie, Maître Betolaud. Côté Paul Grimault et Jacques Prévert réalisation : Maîtres Bouthoul, Rivière, Gambier. Avocat général : M. Ithier, président de la Première Chambre de la Cour d'appel de Paris ; Maître Marcel Rousselet. [...] Maître Bouthoul montre, à la Cour, les dessins et travaux de Grimault et explique le processus des dessins et leur animation : « C'est la première fois qu'un dessin animé est soumis à une haute magistrature, et ce qui crée ici un élément spécial, est la « propriété artistique ». Elle est analogue à celle que la loi reconnaît aux peintres et aux illustrateurs de livres. [...] « Le film est un long tableau de dessins animés », a dit aussi Me Bouthoul. [...] Complexité du film parlant, plus celui des dessins animés puisque, obtenus par travail à la main. Création de maquettes. L'avocat compare ce travail à l'effort prodigieux des travaux d'art de l'Antiquité. [...] L'avocat général pense qu'il parait excessif de maintenir la mesure de séquestre nuisible d'une part ; d'autre part, il ne s'agit pas de négliger les modifications qui ont été reconnues. La saisie des recettes serait donc moins radicale que le séquestre et M. Ithier termine ainsi ses conclusions : si Andersen voyait le film, il dirait : « C'est un jouet extraordinaire, mais il ne faut pas le casser tout de suite ». »[496]

La plaidoirie continue à l'audience du 5 novembre 1952. Étant donné le nombre des avocats des deux côtés de la barre, il est improbable qu'une solution intervienne avant le courant de décembre, ce qui rend impossible la sortie en exclusivité pour les fêtes de Noël et risque de repousser la sortie générale de *la Bergère et le Ramoneur* de plusieurs mois.

Le procès coûte cher aussi en frais d'avocat et surtout à Jacques Prévert apparemment... René Berthelet à Jacques Prévert le 17 décembre 1952 : « J'ai été obligé, pour répondre aux instances très pressantes de Rivière (et d'accord avec

[495] Courrier de René Berthelé à Jacques Prévert, 19 octobre 1952. Fatras, succession Jacques Prévert, Paris.

[496] Marie-Thérèse Poncet, *Dessin animé, art mondial*, Paris, le Cercle du livre, 1956, pp. 124-125.

Pierrot ?) et à ses coups de téléphone répétés, d'envoyer, ces jours-ci, 50.000 fr au « Cabinet Bluet » - sténographie des audiences du procès « La Bergère » - la note de cette sténo. indispensable d'après les avocats, pour la suite des débats, se monte à 100.000 fr. J'ai obtenu de n'envoyer qu'un acompte de 50.000 fr. On verra plus tard pour le reste et aussi pour l'avocat italien (une cinquantaine de mille francs) qui me relance par l'intermédiaire de Rivière... Mais j'ai préféré pouvoir t'envoyer ce petit chèque. Cela fait donc 150.000 fr, à ton compte, ce 15 décembre. J'espère que tu ne m'en voudras pas d'avoir donné cet acompte de 50.000 fr, pour un travail qui, parait-il, se paie d'habitude comptant. Nous ne pouvions prendre la responsabilité de compromettre la suite d'un procès qui a déjà entraîné pas mal d'efforts divers et aussi déjà coûté q.q argent – à toi, en particulier – par défaut d'un dossier de sténographe jugé indispensable. Je regrette seulement pour toi que l'on s'adresse toujours à toi (ou à moi, ce qui est la même chose) pour les frais de ce procès qui n'intéresse pas que toi. »[497] Paul Grimault serait-il visé ? …

Par ailleurs, la société les Gémeaux projette de réunir les créanciers dans le but de leur indiquer le détail des sommes de l'ordre de 25 millions de francs qui seraient encore nécessaires pour parvenir à l'exploitation du film. La société a l'intention, pour lui permettre de trouver les nouveaux crédits indispensables de demander à ses créanciers de renoncer à une marge de leur garantie en faveur des nouveaux bailleurs de fonds[498]. Cette réunion devait avoir lieu le 23 octobre à 15 heures mais elle est annulée et le report est fixé « quand le travail de préparation sera terminé »[499] car la société les Gémeaux ne dispose plus du personnel administratif suffisant et celui de la filiale la Comète ne peut pas consacrer la totalité de son temps à la mise au point des documents qui devaient être présentés.

Le prix de revient de *la Bergère et le Ramoneur* frôle désormais les 430 millions de francs.

Dès le 20 novembre 1952, *Combat* écrit à juste titre : « Il y a tout lieu de penser que *la Bergère et le Ramoneur*, ce dessin animé français de long métrage qui est l'objet d'un débat judiciaire, ne sortira pas à Paris pour les fêtes de Noël. Il paraît en effet à peu près impossible que la 1ère Chambre de la Cour ait rendu son arrêt avant la fin décembre. »[500]

Le 1er décembre 1952, le rapport présenté par M. Péronne, chef du contentieux au Comité d'attribution des avances à l'industrie cinématographique, ne se fait plus d'illusion non plus : l'arrêt n'est pas encore rendu et il n'y a donc

---

497 Courrier de René Berthelé à Jacques Prévert, 17 décembre 1952. Fatras, succession Jacques Prévert, Paris. Tous mes remerciements à Lisa Pedel pour m'avoir signalé ces courriers.

498 CN1727-B158. CAAIC, Extrait du rapport présenté par M. Péronne, chef du contentieux à la séance du 28 octobre 1952.

499 CN242-B157. Les Gémeaux au Crédit national, le 20 octobre 1952.

500 « MM. Grimault et Prévert font valoir devant la Cour leurs droits sur *la Bergère et le Ramoneur* », *Combat*, 20 novembre 1952.

plus d'espoir de voir sortir le film pour les fêtes de Noël 1952[501]. Le jugement doit finalement être rendu le 31 janvier 1953.

Le 18 décembre 1952, Paul Grimault annonce la création d'une nouvelle société : les Films Paul Grimault[502], ce dernier « a installé ses studios rue Bobillot et mettra incessamment en chantier ses dessins animés, d'un coût moyen de douze millions. »[503].

Une fois l'animation terminée, l'équipe d'animateurs est totalement licenciée. C'est à son retour en France que Landrot l'apprend. Son départ est fixé au 31 décembre 1952. Ce n'est pas le dernier licencié des Gémeaux mais presque. « On dit que c'est Gilbert Dubrisay le dernier ! ». Comme prévu, Landrot s'en va le 31 décembre 1952... mais avec un chèque sans provision ! Bien sûr, c'est une erreur, une distraction, mais Laroche est bien ennuyé, tout est arrangé dans la journée... « mais c'était amusant »[504] sourit Philippe Landrot.

---

[501] CN242-B157. CAAIC, 1er décembre 1952. Extrait du rapport présenté par M. Péronne, chef du contentieux.

[502] « Paul Grimault se met à son compte », *Libération*, 18 décembre 1952.

[503] « La bataille de *la Bergère et du Ramoneur* continue : Paul Grimault devient son propre producteur », *Paris-Presse-l'Intransigeant*, 18 décembre 1952.

[504] Entretien de Philippe Landrot avec l'auteur, Paris, 14 janvier 2008.

Chapitre 5. 1953-1959. « Toujours toujours l'amour toujours toujours toujours l'amour toujours toujours amour amour amour toujours toujours toujours amour amour amour pour vous pour vous pour vous toujours l'amour… »

Ce chant a capella Prévert-Kosma qu'interprète le gondolier doublé par le baryton martin Jacques Jansen est entendu quand la bergère et le ramoneur passent un « pont des soupirs » et arrivent sur une esplanade alors que la police débarque. Nous sommes exactement à la moitié du film. Jansen a déjà chanté des paroles de Prévert sur une musique de Maurice Thiriet et Joseph Kosma pour le film de Marcel Carné, *les Visiteurs du soir* (1942) ; il double à cette occasion Alain Cuny pour *Démons et merveilles*, *Le tendre et dangereux visage de l'amour* et *Complainte de Gilles*[505].

Kosma et Prévert sont des amis de longue date ; aussi c'est avec stupeur que le poète apprend que le compositeur se désolidarise de lui lors du procès qui l'oppose à Sarrut et surtout que Kosma a rendu en temps et en heure sa musique pour le film. Ce n'est plus « Toujours l'amour ».

L'année 1953 marque la date de sortie de *la Bergère et le Ramoneur* au cinéma. Mais toute la décennie est aussi marquée par une série de procès qu'intentent Prévert-Grimault contre Sarrut qui retardent la sortie du film (le 7 janvier 1953, le Crédit national informe la société les Gémeaux qu'elle doit 19 millions de francs d'intérêts semestriels non réglés depuis le 2ème semestre 1952…[506]).

Le 10 janvier 1953, l'avocat général Ithier développe ses conclusions devant la première chambre de la Cour d'appel de Paris, au sujet de l'instance en référé. Le représentant du ministère public conclut à la mainlevée du séquestre, demandant seulement à la Cour d'exiger « un cautionnement pour que les droits de

505 Marcel Carné : « À entendre Kosma, lui seul était l'auteur de la musique des *Visiteurs*. Sans nier qu'il fut celui des deux ballades, on ne pouvait oublier que Thiriet avait composé et surtout orchestré - ce que n'avait pas fait Kosma - toute la musique du film, et qu'en outre on lui devait la troisième complainte : *Tristes enfants perdus*. S'obstinant, Kosma demanda l'arbitrage de la SACEM [...] Finalement le jury [donna] raison à Thiriet. ».

506 CN242-B157. Crédit national, le 7 janvier 1953. 18 831 877 francs d'intérêts semestriels non réglés depuis le 2ème semestre 1952. Au titre des sommes échues au 31 décembre 1952 sur les Avances économiques de 50 millions francs :
- échéance de principal du 21 décembre 1952 : 15 millions francs ;
- intérêts au 30 juin 1952 (2 semestres) : 2 512 500 francs ;
- intérêts du 2ème semestre 1952 : 1 256 250 francs ;
- intérêts de retard, sur les deux semestres d'intérêts impayés le 30 juin 1952 : 63 127 francs.
Ensemble : 18 831 877 francs.

MM. Prévert et Grimault puissent être préservés »[507] (dépôt futur du tiers des recettes)[508]. L'arrêt doit être rendu le 31 janvier.

Le 27 janvier 1953, le Comité d'attribution des avances à l'industrie cinématographique se réunit à nouveau. Les conclusions de l'avocat général étant favorables au Crédit national, le Comité pense que l'arrêt qui doit être rendu à l'audience du 31 donnera gain de cause à Sarrut et permettra, en conséquence, la mise en exploitation du film. Le chef du contentieux du Crédit national demande que le plan d'aménagement du passif ne comporte pas seulement l'aménagement du passif de la société les Gémeaux mais englobe le passif de toutes les sociétés du groupe Sarrut et notamment Sagitta-Film, productrice de *Hans le marin* et d'*Entrez dans la danse*[509]. Les deux autres films en prises de vues réelles produits par André Sarrut via les Gémeaux (le tournage des deux films s'est fait de manière jumelée dans les Cévennes) et réalisés par Jean Gehret (sur un scénario d'André Chamson) ont obtenu un succès relatif : *Tabusse* (1949) a réuni 940 474 spectateurs dont 156 128 pour Paris et *le Crime des justes* (1950) seulement 465 800 spectateurs et 53 564 pour Paris[510]. Le 3 octobre 1950, André Sarrut en tant que président de Sagitta-Film écrit au Crédit national : concernant *Tabusse*, « nous ne sommes malheureusement pas en mesure actuellement de satisfaire votre demande, mais espérons, les recettes du film étant lentes mais satisfaisantes, que vous pourrez reporter cette échéance comme les suivantes si cela était nécessaire. Pour ce qui concerne le film *le Crime des justes*, la situation est beaucoup plus grave. Ce film, quoique de bonne qualité, se démontre peu public et ses recettes sont très faibles. »[511]

Le 31 janvier 1953, la Cour d'appel de Paris, saisie de la validité des ordonnances du 6 septembre 1952 du président du Tribunal civil de la Seine, rend son arrêt. Prévert et Grimault perdent en partie leur procès, la Cour les déboute sur leur première demande (la mise sous séquestre) et leur donne satisfaction sur la seconde (la saisie-recette) : « Considérant que la mesure de séquestre ordonnée par les premiers juges risquerait d'anéantir cette œuvre collective qu'est un film de dessins animés ; que la protection du droit moral des auteurs, justifiée dans son principe, aboutirait, telle qu'elle est réclamée par ceux-ci, à l'anéantissement du

---

507 « L'affaire de *la Bergère et du Ramoneur* », *Ce Soir*, 10 janvier 1953.

508 « L'affaire de *la Bergère et du Ramoneur* », *Parisien libéré*, 2 février 1953.

509 CN242-B157. Comité d'attribution des avances à l'industrie cinématographique, 27 janvier 1953. Extrait du rapport présenté par M. Péronne, chef du contentieux.

510 CN261-B173. *Le Crime des justes* d'André Chamson est sorti en exclusivité à Paris (Les Reflets) le 1er février 1950. En juillet 1950 : 13 cinémas lillois annulent leur commande du *Crime des justes*. Un seul cinéma à Bordeaux le passe, 3 à Lille, 1 à Lyon, aucun à Marseille ni Nancy. Pour le mois d'août : 12 à Paris, 1 à Nancy mais il annule ; 3 à Bordeaux mais 2 annulent ; aucun à Marseille, Lyon ou Lille. En septembre : 2 à Nancy ; 0 à Bordeaux ; 4 à Lyon ; 3 à Lille ; 2 à Marseille. En octobre : 10 à Paris. En novembre : 1 à Nancy ; 2 à Bordeaux ; 10 à Lille ; 9 à Lyon ; 7 à Marseille. En décembre 1950 : 2 à Paris.

511 CN261-B173.

droit même qu'ils veulent protéger » ; le séquestre du négatif de *la Bergère et le Ramoneur* est levé :

> « Par ces motifs : — Joint les causes et statuant par un seul arrêt ; — Reçoit Sarrut en son appel ; — Infirme les ordonnances de M. le Président du Tribunal de la Seine ; — Ordonne la mainlevée du séquestre touchant les copies du film *la Bergère et le Ramoneur* ; — Ordonne la saisie des recettes dudit film, jusqu'à concurrence du tiers, au profit de qui il appartiendra et jusqu'à la décision des juges du fond ; — Nomme Decaux, administrateur judiciaire, pour contrôler cette saisie et bloquer les fonds ainsi recueillis. — Déclare les parties mal fondées en le surplus de leurs demandes, fins et conclusions et les en déboute. »

On a tendance à l'oublier mais un certain nombre d'animateurs et de décorateurs se sont rangés du côté de Sarrut et ont exigé que eux aussi soient considérés comme coauteurs (ce type d'œuvre fait l'objet de nombreux auteurs, qu'ils soient animateurs ou décorateurs, statut reconnu par un contrat collectif spécial rédigé le 4 juin 1947 qui distingue le « groupe de création » dont ils font partie du « groupe d'exécution ».). Il s'agit de Jacques Vausseur, Roland Genestre, Georges Juillet, Jean Mutschler, Jean Aurance, Bernard Fiévé, Gilbert Dubrisay, Robert Richez et Roger Duclent. Le compositeur de la musique du film Joseph Kosma, coauteur, se range également du côté de Sarrut. La cour déclare dans son arrêt du 31 janvier 1953, que « dans un film de dessin animé se rencontrent nécessairement les autres créateurs que l'on ne retrouve pas dans les autres films ». Dans les actes du procès on trouve également les noms de Rosé, Moreau, Saufnai, Watrin, Ségui, Granger, Allignet, Lacam, Helbig, Reboul, Jacquemot, Ovtcharoff, Logé, Rannaud, Dupont, Ruiz, Leroux et Lecotte.

Paul Grimault raconte en 1985, amer : « Devant la cour, vous n'avez que le droit de la boucler. Le « cher confrère » d'en face peut raconter un tas de saloperies sur vous si ça l'arrange, on vous prévient avant qu'il vaut mieux éviter de protester, c'est mal vu. Alors le cirque commence, les envolées de manches, les tirades. On retrouve les personnages de Daumier qu'on croyait disparus. Si l'avocat est un ténor du barreau, la Cour sort de sa somnolence. La vérité, il n'en est plus question. Il n'y a plus que la joute oratoire qui passe au-dessus de votre tête avec toute cette connerie salissante, délectable pour les spécialistes et déprimante pour celui qui espère une justice et qui en paye les frais. »[512]

Martine Monod du périodique *Ce soir* s'inquiète de cette décision : « Un jugement lourd de conséquences dangereuses vient d'intervenir [...]. ... cette décision aboutit à la négation pure et simple du droit d'auteur. Parce qu'il tient les cordons de la bourse, un personnage comme M. Sarrut peut se substituer au créateur et « tripatouiller » l'œuvre à son gré. [...] ... l'affaire de *la Bergère et le*

---

[512] Jean-Pierre Pagliano, *Paul Grimault*, p. 58.

Ramoneur s'inscrit dans une vaste campagne dirigée contre le droit d'auteur. Dirigée, en fait, contre la pensée et la liberté même des créateurs. »[513]

Une semaine après cette décision, Sarrut annonce que le film sortira sur les écrans avant Pâques[514] (soit avant le 5 avril 1953). Sarrut cherche deux grandes salles parisiennes où il pourrait présenter son film en exclusivité. Le moyen métrage *Crin Blanc* réalisé par Albert Lamorisse complète le programme. Mais Paul Grimault et Jacques Prévert refusent toujours de reconnaître une œuvre qu'ils estiment dénaturée. Ils exigent la suppression de leur nom au générique du film. Ils n'accorderont pas non plus à Sarrut la reconduction des droits qui expirent selon eux en 1954 (puisqu'ils considèrent que les droits ont débuté en 1944 lors de la signature des contrats). Enfin, Paul Grimault est toujours décidé à demander à André Sarrut le détail des dépenses « exagérées » qui lui sont reprochées pour la réalisation de *la Bergère et le Ramoneur*.

Sarrut adresse à Grimault une sommation par huissier pour savoir définitivement si celui-ci souhaite ou non voir son nom mentionné au générique ; Grimault lui apporte une fin de non-recevoir, et demande, le 12 mars 1953, qu'un directeur de production indépendant soit nommé pour finir le film. Il demande également au Crédit national un nouveau prêt pour pouvoir reprendre le travail où il l'avait laissé : la production serait dès lors assurée par sa propre société, les Films Paul Grimault. Le Crédit national rejette cette solution, trop longue, trop complexe juridiquement et trop coûteuse (le budget supplémentaire nécessaire serait de plusieurs centaines de millions de francs).

Avant de mettre le film en exploitation en France, la société les Gémeaux veut obtenir la certitude qu'aucune difficulté ne puisse faire obstacle à l'exploitation normale du film. Aussi est-il décidé qu'une sommation interpellative soit délivrée à Grimault et Prévert afin d'obtenir une déclaration formelle par laquelle ils précisent s'ils veulent ou non que leurs noms figurent dans le générique, les affiches et les autres moyens de publicité du film. Prévert et Grimault répondent qu'ils désirent que leurs noms figurent sur le générique et la publicité, mais ils exigent qu'une mention dont ils donneront le texte suive l'indication de leurs noms. Pour éviter tout incident, il est décidé que satisfaction leur soit donnée, la mention exigée ne semblant pas de nature à gêner l'exploitation[515].

Pour autant, le film ne peut toujours pas être mis en exploitation car il manque 8 millions de francs mais la société les Gémeaux n'a pas cet argent, et personne ne veut avancer les fonds nécessaires.

Le prix de revient du film s'élève désormais à 450 millions de francs.

---

[513] Martine Monod, « La levée du séquestre de *la Bergère et du Ramoneur* est une atteinte dangereuse au droit d'auteur », *Ce Soir*, 4 février 1953. Voir aussi E. E., « Chronique juridique. La Bergère, le Ramoneur et le droit moral d'auteur », *Paris-Comoedia*, 10 février 1953.

[514] « *La Bergère et le Ramoneur* : sortie avant Pâques », *Paris-Presse-l'Intransigeant*, 7 février 1953.

[515] CN1727-B158. Note. 17 mars 1954.

Les pourparlers sont longs et difficiles… Finalement le Comité d'attribution des avances donne son agrément au projet de convention générale à intervenir entre les créanciers et la société les Gémeaux en vue de permettre, d'une part le financement des 8 millions de francs restant à couvrir, et d'autre part l'aménagement du passif de la société en vue d'éviter le dépôt de bilan ou la faillite de la société[516]. Aux termes de la convention, les créanciers ont :

1) autorisé le règlement prioritaire sur les premières recettes du film des 8 millions, avancée par l'Union générale cinématographique avec le concours de la banque Odier Bungener & Cie (cela conditionne la mise en exploitation du film) ;

2) accordé, par amputation de leurs propres délégations les pourcentages suivants au profit des créanciers sur les recettes à provenir de l'exploitation du film en France et dans le reste du monde, à l'exception des États-Unis, du Commonwealth et du Royaume-Uni :

> a) Remboursement du Trésor public, créancier de 5 489 000 fr. pour taxes et impôts divers 5 % ;
> b) Joseph Kosma, auteur de la musique du film 1 %. Cela représente la rémunération dont la société les Gémeaux a convenu avec lui. Kosma pouvant saisir le film et en interdire l'exploitation si les engagements pris à cet égard ne sont pas tenus ;
> c) Créanciers divers jusqu'à 100 millions de recettes producteur 3 % ;
> d) Union française de banques jusqu'à 200 millions de recettes producteur 3 % ;
> e) Provision pour faire face aux suites judiciaires ou transactionnelles du procès en cours 3 % (l'exploitation du film - ou tout au moins la répartition des recettes - risquant de s'arrêter si une solution amiable ou judiciaire n'intervient pas).

Tous espèrent que le sacrifice consenti trouvera sa compensation dans une mise en exploitation rapide du film. Grimault semble ne pas comprendre les difficultés innombrables qu'a eues Sarrut à boucler le financement du film. Il raconte : « Après avoir licencié la majeure partie de l'équipe, [Sarrut] restait seul dans la place. Débarrassé à la fois des anciens animateurs et de son « gémeau », le président respirait. Il avait enfin son affaire à lui et allait apparaître auprès des financiers comme le sauveur du film. Il retrouvait miraculeusement, tout d'un coup, l'argent qui avait manqué et acceptait de se dévouer pour terminer *la Bergère et le Ramoneur.* » *Miraculeusement* et *tout d'un coup* ne sont certainement pas les termes appropriés ! Grimault fera ainsi preuve d'une mauvaise foi incroyable lorsqu'il livrera sa version des faits.

---

516 CN242-B157 et CN1727-B158. Comité d'Attribution des avances, séance du 21 avril 1953.

Une sortie avant Pâques 1953 s'avère malgré tout impossible. Encore à la fin avril, Prévert et Grimault n'acceptent de signer leur œuvre que si un texte prévient le public des transformations (coupes, additions, remaniements) qu'elle a subies sans leur consentement. *La Bergère et le Ramoneur* pourrait bien être présentée comme une œuvre anonyme si le producteur ne veut pas se plier à leurs exigences craint *Libération*[517].

Quoi qu'il en soit, le film est présenté à des critiques italiens qui n'ont pas cherché à cacher leur enthousiasme. Le critique de la *Cine Gazetta Sera* déclare : « Nous devons souligner que *la Bergère et le Ramoneur* est réellement un film impeccable. C'est une œuvre parfaite dessinée avec une délicatesse et une élégance extrêmes, développée avec une intelligence éblouissante. Elle contient une suite de gags qui sont tous nouveaux, frais et amusants. » De son côté, le *Momento-sera* déclare : « Hier l'Amérique a été battue sur le terrain le plus difficile, celui du dessin animé de long métrage. ». Le 30 avril, *Libération* note : « Ce conte sarcastique […] est racontée avec une verve qui sans doute ravira les enfants comme les grandes personnes. »[518]

La Bergère et le Ramoneur sort enfin en salles à Paris le 29 mai 1953 au Normandie (2000 places au 116 avenue des Champs-Élysées) et au Rex (2800 places au 1 boulevard Poissonnière), sept ans après le démarrage de la production le 1er août 1946... et plus de dix ans après les premières discussions relatives au projet (décembre 1942) ... Sarrut a convaincu Robert Vernay propriétaire du duo de salles Normandie-Rex de laisser une chance à son film[519].

Grimault et Prévert ont obtenu que la mention suivante apparaisse au générique :

> « Les personnages et les décors ont été conçus et exécutés par Paul Grimault, mais il leur a été apporté des modifications qu'il désapprouve.
>
> La réalisation du film est de Paul Grimault mais a subi en dernier lieu des coupures, modifications et additions sans son accord.
>
> Ce film a été fait d'après un scénario et des dialogues de Jacques Prévert et Paul Grimault, mais a reçu des modifications qu'ils désapprouvent. »

La première du film est houleuse. Gilberte Chamfort se souvient que Grimault et Prévert montent sur la scène du Normandie et disent leur opposition à

[517] « Présenté à Paris dans quelques jours, le dessin animé en couleurs *la Bergère et le Ramoneur* sera peut-être une œuvre anonyme », *Libération*, 30 avril 1953.

[518] « Présenté à Paris dans quelques jours, le dessin animé en couleurs *la Bergère et le Ramoneur* sera peut-être une œuvre anonyme », *Libération*, 30 avril 1953.

[519] Dans un document daté du 20 avril 1953 conservé dans les archives du Crédit national, il est évoqué une date de sortie au 29 avril aux cinémas Marignan et Marivaux.

la version du film et s'accrochent au rideau anti-incendie qui se lève en gesticulant et en clamant leur opposition à cette projection[520].

Mais comme cela avait été le cas pour sa présentation à Venise quelques mois plus tôt, les critiques de la presse sont plutôt bonnes quoique nuancées. Michel de Saint-Pierre dans *Témoignage chrétien* : « … le film est bon. Grimault - s'il en avait les moyens - serait parfaitement capable de dépasser Disney, ou tout au moins de renouveler un « genre » dont le maître sans rival est en train de piétiner, faute d'émulation... »[521] *Climats* note : « il reste *la Bergère et le Ramoneur*, c'est-à-dire le premier essai de concurrence au maître incontesté du dessin animé, Walt Disney. Et il faut avouer que l'œuvre de Paul Grimault soutient très convenablement la comparaison. »[522] Georges Charensol des *Nouvelles littéraires* : « *la Bergère et le Ramoneur* constitue une réussite totale : si on y peut faire quelques réserves sur l'esprit même de l'œuvre, on doit souligner que les ateliers français sont maintenant dotés d'un équipement qui n'a rien à envier à celui de Hollywood et certaines séquences sont supérieures à ce que les Américains nous ont offert dans leurs plus remarquables réussites. »[523]

Jean Néry de *Franc-Tireur* se montre insatisfait par endroits : « S'écartant hardiment de la technique trop léchée de Walt Disney, il possède une évidente personnalité et perfectionne encore cette facture originale déjà applaudie […]. Certaines perspectives, certains grands ensembles sont véritablement admirables, de même que de petits morceaux de pure poésie où interviennent soit les deux charmants héros soit leurs amis les oiseaux […]. La couleur est merveilleusement employée et l'animation fort convenable. […] Œuvre de grande - de très grande - envergure, ce film, qui éblouit et charme souvent, déconcerte aussi et laisse un peu insatisfait. Quelle qu'en soit la raison, on ne peut que le regretter. Et si l'on se montre sévère à son égard, c'est parce qu'on y sent en puissance un renouvellement, aussi bien du fond que de la forme, de l'art du dessin animé et qu'on eût souhaité une réussite absolument complète et à la mesure de l'ambition du départ. Cette réserve faite, on range sans hésiter *la Bergère et le Ramoneur* dans la liste des films à ne pas manquer. Car il est des défauts attachants... »[524]

Rodolphe-Maurice Arlaud dans *Combat* pense que le film a atteint « une réelle perfection technique, d'un goût la plupart du temps sans défaut et plus proche de nous que celui de Disney et de la mise au service d'une œuvre pensée, alliée au destin. […] *La Bergère et le Ramoneur* pouvait représenter un grand moment

---

520 Témoignage de Gilberte Chamfort, devenue Gilberte Maigret. Tourangelle d'origine, amie d'enfance de Jean Vimenet et de Gabriel Allignet - prise sous la protection de Jacques Prévert à son arrivée à Paris dans les années trente. Témoignage filmé recueilli par Pascal Vimenet au début des années 2000.

521 Michel de Saint-Pierre, « *La Bergère et le Ramoneur* », *Témoignage chrétien*, 5 juin 1953.

522 A. de P., « *La Bergère et le Ramoneur* », *Climats*, 11 juin 1953.

523 Georges Charensol, « Le cinéma. *La Bergère et le Ramoneur*, *Crin Blanc* », *les Nouvelles littéraires*, 4 juin 1953.

524 Jean Néry, « *La Bergère et le Ramoneur*. Dessin animé de Prévert et Grimault », *Franc-Tireur*, 1er juin 1953.

du cinéma, cela reste une date et une preuve certaine aux lendemains douteux. »[525] Georges Sadoul dans *les Lettres françaises* considère que les dix années passées n'auront pas été vaines : « Oui, au milieu de mille difficultés, Paul Grimault est arrivé à créer un style original au dessin animé français, et l'a sorti de l'impasse où (après une intéressante période créatrice en 1930-1935) l'avait précipité Walt Disney, ce lamentable épicier des rêves, qui se prit pour le Michel-Ange de la carte postale. »[526] puis de conclure son article : « Par ses mutilations, par la réussite imparfaite de certaines tentatives, par l'intellectualité un peu trop allusive de certains « gags », *la Bergère et le Ramoneur* laissera peut-être insatisfait une partie du public. Il n'empêche que l'apport de Paul Grimault au dessin animé mondial est, par ce film, véritablement incommensurable. Nous donnerions volontiers *Blanche-Neige*, *Fantasia*, *Cendrillon*, *Peter Pan*, *Bambi* et 300 000 autres mètres de Disney pour une bobine du merveilleux poème plastique, plein d'art et de générosité, que vient de nous donner Paul Grimault. »

Simone Dubreuilh dans *Libération* refuse de juger le film : « Dans l'état où il nous est offert aujourd'hui, *la Bergère et le Ramoneur*, dessin animé en couleurs, fait s'écrier : Quel chef-d'œuvre ç'aurait pu être si... mais... alors... »[527]. Etienne Lalou dans *Arts* est du même avis : « Comment parler d'un film que ses auteurs désavouent officiellement ? À qui s'adresseraient compliments et réserves, alors que Jacques Prévert se plaint que l'on ait dénaturé son scénario et ses dialogues et que Jean [Paul] Grimault proteste solennellement contre les amputations que sa création artistique a eu à subir ? Avant d'être du ressort de la critique cinématographique, *la Bergère et le Ramoneur* est du ressort des sociétés d'auteur et de la justice. Esthétiquement - puisque c'est sur le plan esthétique que nous avons à juger - l'abus de pouvoir n'est pas moins grave : comment nous prononcer sur la qualité du film alors qu'il est évident que la censure abusive des producteurs s'est exercée au détriment de ce qui faisait la valeur et l'originalité de ce dessin animé-manifeste ? »[528] *L'Humanité* est dans la même ligne : « Parler de *la Bergère et le Ramoneur* est très difficile. Parce que louer le film, et il le mérite, c'est risquer de faire oublier que cette œuvre telle qu'on nous la présente est le résultat des triturages commerciaux et politiques réalisés par le producteur André Sarrut contre la volonté des auteurs véritables, Paul Grimault et Jacques Prévert. Parce que critiquer le film, et il le mérite aussi, c'est risquer de faire injustement endosser à Grimault et Prévert une responsabilité qui ne leur appartient pas. »[529] Martine Monod d'*Humanité-Dimanche* partage cette position : « *La Bergère et le Ramoneur*, dessin animé de long métrage pourrait être une grande réussite. Cela reste une

---

525 Rodolphe-Maurice Arlaud, « Les films du jour. *La Bergère et le Ramoneur. Crin Blanc.* Visages du merveilleux », *Combat*, 1er juin 1953.

526 Georges Sadoul, « Le cinéma cette semaine. Au royaume du merveilleux. *La Bergère et le Ramoneur* dessin animé de Paul Grimault », *les Lettres françaises*, 4 juin 1953.

527 Simone Dubreuilh, « D'un dessin animé qui aurait pu être de Jacques Prévert et Paul Grimault à l'humour d'O'Henry », *Libération*, 2 juin 1953.

528 Etienne Lalou, « *La Bergère et le Ramoneur* opium et bromure », *Arts*, 12 juin 1953.

529 Georges Marescaux, « *La Bergère et le Ramoneur* », *l'Humanité*, 2 juin 1953.

œuvre pleine d'excellentes choses, de drôlerie, d'invention, de poésie réelle. Mais les « tripatouillages » - il n'y a pas d'autres mots - auxquels s'est livré le producteur, M. Sarrut, en diminuent la portée, en faussent souvent le sens et rendent même certaines scènes assez inintelligibles. [...] Si, à partir de ce scénario, on examine quelques-unes des modifications de M. Sarrut, on est édifié. M. Sarrut a ôté, dans le discours de l'oiseau, tout ce qui affirmait qu'on peut renverser un tyran si on le veut tous ensemble. M. Sarrut a supprimé la plupart des scènes de la montée du peuple vers la lumière. Il a rendu la fin plus anodine et lénifiante que les auteurs ne l'avaient conçue. Il a fait à peu près disparaître les passages de l'usine souterraine où le roi enferme, à un moment donné, le ramoneur et qui montrait l'horreur du travail à la chaîne. Et parce qu'il a fait sauter les choses qui gênaient, lui et ses amis, il est des images rigoureusement dénuées de sens. »[530]

Jean Dutourd dans *Carrefour* est très sévère à l'égard du film : « *La Bergère et le Ramoneur* est un des spectacles les plus affligeants auxquels on puisse assister en ce moment. On voit ce que c'est ; on imagine ce que cela aurait pu être. [...] Mais Grimault, mais Prévert ont été mis à la porte et l'on a confié le montage de *la Bergère* à un M. Sarrut qui s'en est donné à cœur-joie. D'abord, le film ne dure qu'une heure au lieu d'une heure et demie, comme il était prévu. Paradoxalement, cette amputation d'une demi-heure le fait paraître trop long. Dieu sait les tripatouillages que l'on a fait subir à la malheureuse Bergère ! L'histoire a été modifiée partout, des séquences interverties, des personnages redessinés, en sorte qu'on ne les reconnaît pas d'un plan sur l'autre, etc. Certaines scènes arrivent comme des cheveux sur la soupe. Par exemple, on quitte un personnage libre, on le retrouve enchaîné sans que l'on sache comment ce changement s'est produit. Un autre personnage répète deux fois la même chose à une minute d'intervalle. Ailleurs, on a mis un plan à l'endroit et un plan à l'envers. Quant à la fin, elle a été barbouillée hâtivement. Je ne parle pas d'une foule de charmants gags qui ont disparu. Dieu seul sait pourquoi. En un mot, c'est un désastre. Dans son état actuel, *la Bergère et le Ramoneur* fait songer à ces grandes ruines antiques restaurées par des architectes ignorants. À côté de parties splendides, s'accumulent la camelote, le mauvais goût et la bêtise. J'avoue que le résultat me consterne. Les chefs-d'œuvre, cela ne court pas les rues. Quand on en tient un, que diable ! il faut laisser faire l'artiste. Avec *la Bergère*, on tenait le chef-d'œuvre non seulement du dessin animé français, mais encore du dessin animé tout court, il suffisait de laisser Grimault et Prévert tranquilles. Qu'on les ait chassés comme on les a chassés, cela est absolument impardonnable. »[531]

André Martin dans les *Cahiers du Cinéma* prend le contre-pied de ces positions : « D'autres prolongeront la querelle en discutant sur la propriété artistique et le libre arbitre. Les plus risibles iront même jusqu'à « imaginer ce que le film aurait pu être si... ». Pour ma part, je me contenterai de considérer *la Bergère*

---

530 Martine Monod, « *La Bergère et le Ramoneur* », *l'Humanité-Dimanche*, 7 juin 1953.

531 Jean Dutourd, « La bergère a de beaux restes. *La Bergère et le Ramoneur* au cinéma Normandie », *Carrefour*, 10 juin 1953.

et le Ramoneur comme un film que j'ai vu, et qui me semble considérable. [...] *La Bergère et le Ramoneur* ne correspond pas seulement à Grimault, mais aussi à son œuvre, ainsi qu'à toutes les expériences, travaux et acquisitions de l'équipe des Gémeaux depuis 1936. [...] Avec *la Bergère et le Ramoneur*, Paul Grimault et son équipe ont réussi le PREMIER LONG MÉTRAGE DE DESSIN ANIMÉ qui ne soit pas conditionné comme un produit de manufacture, ou même d'atelier, et laissé pressentir ce que serait l'impossible épanouissement d'un art, dont l'approche malheureusement ne peut qu'être accidentelle et catastrophique. »[532]

Jean Fayard dans *Comoedia* est circonspect : « La première impression est que nos compatriotes se lancent dans un genre difficile où un Walt Disney est passé avant eux. [...] L'important est de savoir si le dessin animé est le support rêvé du discours politique. Je ne le crois pas. [...] Je serais injuste si je donnais l'impression que ce film manque de toutes les qualités. Il comporte quelques éléments ou quelques passages assez remarquables. [...] Tous les moments sans gags paraissent laborieux, longs, voire inutiles. »[533] *La Croix* n'est pas convaincu : « ... rien n'est moins enfantin que l'amertume et le sarcasme de *la Bergère et le Ramoneur*. [...] Le film, cependant est tout autre chose qu'une féerie aimable et sans malice. Prévert est passé par là ! Autant qu'on en puisse juger, c'est à l'auteur de *Paroles* qu'il faut attribuer, en effet, le meilleur et le pire de *la Bergère et le Ramoneur*. [...] Tout au long du film, s'établit ainsi une atmosphère chargée d'amertume et de raillerie. [...] Le film baigne dans la brume, une brume si épaisse qu'on la dirait faite de suie, de cette suie qui salit le visage des petits ramoneurs et noircit les bergères cheminant à leurs côtés ! ... »[534]

Jean de Baroncelli du *Monde* est lui aussi insatisfait : « *La Bergère et le Ramoneur* est une œuvre importante en ce qu'elle représente un effort français pour libérer le dessin animé mondial de l'influence de Walt Disney. [...] D'où vient alors ce sentiment d'insatisfaction que nous éprouvons. Ne tenons évidemment pas compte d'un certain dépaysement, qui est le résultat de leurs recherches et qui d'ailleurs disparaît à la seconde vision du film. Est-ce du scénario ? Poésie n'est pas féerie. La poésie grinçante, douce-amère de Prévert ne convient peut-être pas dans un dessin animé. [...] Grimault lui-même n'a-t-il pas sa part dans notre déception ? [...] Ces réserves ne doivent pas nous faire oublier le reste, c'est-à-dire presque tout le film. Pour ses qualités indiscutables, souvent éblouissantes, pour ses défauts même, *la Bergère et le Ramoneur* est un film qu'il faut voir. »[535]

Saint-Blanquat dans *Réforme* n'est guère enthousiaste : « Ce n'est pas si mal, mais cela ne suffit pas. Bien sûr il ne faut pas demander à un premier pas de battre tous les records. Par ailleurs, ce film présente suffisamment de qualités, sa tenue et

---

532 André Martin, « *La Bergère et le Ramoneur* : film incomplet mais Grimault intégral », *Cahiers du cinéma*, juillet 1953.

533 Jean Fayard, « *La Bergère et le Ramoneur* », *Comoedia*, 2 juin 1953.

534 « Sur les écrans. Vraie et fausse poésie. *La Bergère et le Ramoneur* de la suie partout », *la Croix*, 5 juin 1953.

535 Jean de Baroncelli, « Le cinéma. *La Bergère et le Ramoneur. Crin Blanc*... Qualité française », *le Monde*, 5 juin 1953.

sa technique sont assez évidentes, son aspect assez nouveau pour que l'on ne soit pas tenté de se montrer trop difficile. [...] ... une première gêne vient des dialogues [...] De là sans doute cette impression de bavardage inutile. [...] Le mal vient sans doute de ce qu'on a voulu faire mieux que Walt Disney, dans son propre domaine. [...] Tout ceci ne fait pas de *la Bergère et le Ramoneur* un échec, loin de là. C'est une réussite, mais limitée, c'est davantage un espoir. »[536]

L'Express se montre mitigé également : « Du point de vue technique, les idées et la mise en place sont meilleures que le trait qui est parfois pauvre. [...] Les sons, la musique de Kosma, et particulièrement les voix de Reggiani, Anouk Aimée et Pierre Brasseur sont excellentes. Il est regrettable que certaines obscurités (peut-être dues aux coupures) empêchent ce film de porter complètement. »[537]

Le Figaro critique le scénario de Prévert : « Pourquoi faut-il que la fable prenne parfois un caractère d'absurde sévérité, fasse intervenir tout à coup les poncifs de la prétention philosophique ? [...] ... cette « ville basse » où règne un climat de faux théâtre symboliste et monologue des aphorismes qui transpirent le plus ennuyeux artifice littéraire. [...] Motif de leur échec ? Un climat impropre, voilà tout. Enfin revenons aux louanges. Il y a dans *la Bergère et le Ramoneur* assez de qualités, assez de « jolies choses » pour situer le film au-dessus de tous les dessins animés précédemment édités en France. »[538]

Jacques Doniol-Valcroze déclare : « Aujourd'hui je déclare forfait et me laisse glisser dans cette critique que Bazin nomme « impressionniste ». C'est tout ce que je peux livrer au lecteur ; des impressions sans cohérence. À première vision, cette bergère et ce ramoneur m'échappent, je ne peux fixer leurs traits dans ma mémoire, ils me paraissent sans consistance, fragmentaires, à peine dessinés et le film tout entier un brouillon de génie, une sorte de cafouillage de très grand talent où il manque l'unité de ton et de style, sinon d'inspiration, qui est la marque des grandes œuvres. [...] *La Bergère et le Ramoneur*, tel qu'on nous le présente, est un admirable film manqué. [...] ... je pense que si *la Bergère et le Ramoneur*, tel qu'il est, avec ses merveilles d'inspiration, sa profonde poésie, mais aussi ses défauts de structure et ses mollesses de contraction, avait été traité dans le style du *Cirque* de Trnka, ce serait un film génial, ce premier chef-d'œuvre du dessin animé de long métrage que nous attendons et qui pourrait fort bien porter les signatures de Grimault et de Prévert. »[539]

Thomas Quinn Curtiss du *New York Herald Tribune* se demande si le film est meilleur ou moins bon qu'un Walt Disney avant de répondre : « C'est quelque chose d'entièrement différent »[540]. Quinn Curtiss annonce qu'une version anglaise du film est prête (avec les voix de Peter Ustinov, Denholm Elliot et Claire Bloom) et qu'elle devrait sortir prochainement sous le titre *Mr Wonder-Bird*, « un choix de

---

[536] Saint-Blanquat, « Deux contes : *la Bergère et le Ramoneur* de P. Grimault et J. Prévert. *Crin Blanc* d'Albert Lamorisse », *Réforme*, 6 juin 1953.
[537] « *La Bergère et le Ramoneur* », *l'Express*, 6 juin 1953.
[538] Louis Chauvet, « *La Bergère et le Ramoneur* », *le Figaro*, 6-7 juin 1953.
[539] Jacques Doniol-Valcroze, « *La Bergère et le Ramoneur* », *l'Observateur*, 11 juin 1953.
[540] Thomas Quinn Curtiss, « *La Bergère et le Ramoneur* », *New York Herald Tribune*, 4 juin 1953.

titre plutôt malheureux » auquel il aurait préféré une traduction plus littérale comme *The Shepherdess and the Chimney Sweep* par exemple.

Sur Paris, *la Bergère et le Ramoneur* réalise 39 302 entrées la première semaine au Rex et au Normandie[541]. Ce qui est plutôt modeste comparé aux 88 552 entrées pour *Cendrillon* en 1950[542] voire même aux 58 134 de *Blanche-Neige et les sept nains* qui est pourtant une (troisième !) reprise en 1951[543] et les 86 657 entrées d'*Alice au pays des merveilles*[544]. Les résultats dans certaines villes de province, notamment à Lyon et à Grenoble seraient pourtant très satisfaisants. Mais des signes alarmants peuvent se lire dans la presse. *La Cinématographie française* indique ainsi pour la semaine du 3 au 9 juin à Lille : « Une fois de plus nous constatons combien le public est décevant vu le peu d'intérêt qu'il a manifesté pour le dessin animé *la Bergère et le Ramoneur* et *Crin Blanc.* »

Le film comptabilise 1 363 935 entrées durant toute son exploitation française (dont 359 627 pour Paris) ce qui n'est pas si mal quand on regarde les chiffres d'exploitation des *Aventures de Peter Pan* des studios Disney sorti la même année (1 978 977 entrées) ou encore *les Trois Caballeros* en 1949 avec 1 861 437 entrées (dont 601 289 pour Paris) ; mais loin derrière les presque 4 millions d'entrées de *Cendrillon* en 1950. Clairement, *la Bergère et le Ramoneur* sort à un moment durant lequel le public français (mais aussi américain) semble se désintéresser des longs métrages d'animation. Le film pointe à la 70ème place du box-office français de l'année.

Ainsi, le grand succès de l'année 1954 pour Disney, ce n'est pas un film d'animation mais un documentaire animalier, *le Désert vivant* de James Algar qui réunit 3 089 550 spectateurs (dont 857 662 sur Paris) et pour 1955 c'est le film en prises de vues réelles *20 000 lieues sous les mers* de Richard Fleischer avec 4 417 976 spectateurs (quatrième plus gros succès de l'année en France) ; *la Belle et le Clochard* faisant moitié moins cette année-là (2 245 476 entrées) ; enfin, en 1956 c'est *Davy Crockett, roi des trappeurs* qui réunit 2 205 995 spectateurs (aucun film d'animation dans le classement du box-office des cinquante premiers films en 1956, 1957, 1958

[541] *La Cinématographie française* indique qu'entre le 29 mai et le 5 juin 1953 le film a réalisé 15 341 entrées au Normandie (recettes de 4 512 850 francs) et 23 961 entrées au Rex (recettes 5 929 360 entrées).

[542] *Cendrillon* devait sortir au Gaumont-Palace, au Colisée et au Berlitz, sauf que la commission de sécurité n'est pas passée au Berlitz donc le film s'est ouvert une semaine en retard dans cette salle. Ainsi, du 22 au 28 décembre 1950, Gaumont-Palace : 71 349 entrées (13 038 590 francs) et Colisée : 17 203 entrées (5 160 117 francs). *Cendrillon* est le deuxième plus gros succès de l'année 1950 avec 3 962 751 entrées dont 968 026 rien que sur Paris.

[543] Pour la troisième exploitation française de *Blanche-Neige et les sept nains* (après 1938 et 1944) pourtant peu relayée dans la presse en plein été 1951, le film de Walt Disney réalise 43 302 entrées au Gaumont-Palace (8 306 418 francs) et 14 832 entrées au Berlitz (3 434 540 francs) lors de la première semaine (31 août 1951). Merci à Greg Philip du blog filmperdu.fr pour toutes ces données. Au total, la reprise de *Blanche-Neige* aura attiré 1 964 022 spectateurs.

[544] *Alice au pays des merveilles* est exploité dans les mêmes trois salles que *Cendrillon.* Du 21 au 27 décembre 1951, Berlitz : 21 039 entrées (5 139 369 francs), Colisée : 12 574 entrées (3 595 264 francs) et Gaumont-Palace : 53 044 entrées (12 132 734 francs). Au total, *Alice au pays des merveilles* a réuni 383 501 spectateurs sur Paris.

ou 1960[545]) suivi de *Davy Crockett et les Pirates de la rivière* quelques mois plus tard. On le constate, même les films d'animation de Disney à l'exception de *Cendrillon* ne caracolent pas au sommet du box-office français en ces années cinquante, ainsi, *la Belle au bois dormant* sorti en 1959 ne réunit que 1 567 898 spectateurs (dont 360 453 pour Paris), le film pointant à la 46ème place du box-office français.

Titre du film (date de sortie française)	**Nombre d'entrées sur Paris première semaine**	**Nombre d'entrées sur Paris**	**Nombre d'entrées en France**
Blanche-Neige et les sept nains (1938)			*5 099 026*
La Grande Parade de Walt Disney (1944)			
Les Voyages de Gulliver (1944)			
Blanche-Neige et les sept nains (1944)		*Uniquement au Normandie à Paris*	*Pas de sortie France*
Douce et Criquet s'aimaient d'amour tendre (1946)			
Pinocchio (1946)			*4 985 702*
Fantasia (1946)			
Saludos Amigos (1947)			
Les Secrets de Walt Disney (1947)			
Dumbo (1947)		581 906	1 766 574
Bambi (1948)		742 304	2 244 006
Mélodie du Sud (1949)		204 994	983 183
La Boîte à musique (1949)		252 476	831 389
Les Trois Caballeros (1949)		601 289	1 861 437
Coquin de printemps (1950)		308 593	806 538
Cendrillon (1950)	88 852	968 026	3 962 751
Blanche-Neige et les sept nains (1951)	58 134	335 168	1 964 022
Alice au pays des merveilles (1951)	86 657	383 501	
Melody Cocktail (1951)		348 242	
La Bergère et le Ramoneur (1953)	39 302	359 627	1 363 935
Peter Pan (1953)		558 612	1 978 977
La Belle et le Clochard (1955)		606 402	2 245 276
La Belle au bois dormant (1959)		360 453	1 567 898
Les 101 Dalmatiens (1961)		586 607	2 397 890
Blanche-Neige et les sept nains (1962)		595 601	2 813 625

545 En 1961, *les 101 Dalmatiens* réunit 2 397 890 spectateurs (dont 586 607 pour Paris), ce qui classe le film au 18e rang du box-office français. En 1962, la quatrième reprise de *Blanche-Neige et les sept nains* réunit 2 813 625 spectateurs (dont 595 601 pour Paris), ce qui classe le film au 6ème rang du box-office français.

D'après les données chiffrées du box-office français compilées par le CNC
Direction du cinéma, service des entrées en salles
Direction des études, des statistiques et de la prospective
pour les années 1947-1962 [données incertaines pour 1938-1946]

La Bergère et le Ramoneur n'est donc pas un « échec » au box-office lorsqu'on compare les données avec les films de Disney sortis à la même époque. La moyenne des entrées pour ces films se situe aux alentours de 1,9 million, *la Bergère et le Ramoneur* réalise 1,4 million ; pourtant c'est loin d'être suffisant pour éviter la catastrophe en ce qui concerne les Gémeaux. Gilbert Dubrisay note avec amertume : « *Crin Blanc*, le moyen métrage d'Albert Lamorisse est sorti en avant-programme de *la Bergère et le Ramoneur*. Les gens allaient plus voir ça que le film ! »[546] Il faut dire que *Crin Blanc* a reçu d'excellentes critiques après son prix Jean-Vigo et sa distinction à Cannes, beaucoup plus positives que celles concernant *la Bergère et le Ramoneur*. Jacques Thévenet rappelle aussi le contexte politique particulier : « Il y avait une vraie influence communiste tiersmondiste, la position du film peut en rebuter certains. Et puis c'est trop littéraire, ce n'est pas du vrai cinéma ! »[547]. Il est évident que *la Bergère et le Ramoneur* ne peut rivaliser avec les quelque 5 millions d'entrées de *Blanche-Neige et les sept nain*s en 1938 ou de *Pinocchio* en 1946. D'autant plus que les Walt Disney Productions alternent les reprises (pas moins de quatre sorties pour *Blanche-Neige et les sept nains* entre 1938 et 1962) et les exclusivités et diversifient son offre entre documentaires[548], prises de vues réelles[549] et reformatage de séries télévisées en films de cinéma à l'instar de *Davy Crockett*, sans oublier la présence accrue de Disney à la télévision, les films éducatifs ou publicitaires et le début du projet Disneyland. Pour les Gémeaux, un seul film de long métrage n'est pas viable.

Dix jours après la sortie du film au cinéma, le 9 juin 1953, la société les Gémeaux se déclare en cessation de paiement (elle est dans l'impossibilité de régler ses dettes avec son actif disponible) et effectue son dépôt de bilan. Le 23 juin 1953, les Gémeaux doit 20 182 619 francs d'intérêts au Crédit national sans compter tous les autres crédits auprès des autres organismes bancaires.

---

546 Entretien de Gilbert Dubrisay avec l'auteur, Paris, 17 janvier 2008.

547 Entretien de Jacques Thévenet avec l'auteur, Marly-le-Roi, 8 juillet 2014.

548 Outre *les Secrets de Walt Disney* (ou *le Dragon récalcitrant)* (1941), on peut citer *le Désert vivant* (3 089 550 entrées en 1954), *la Grande Prairie* (2 276 596 entrées en 1955) et *Lions d'Afrique* (1 189 599 entrées en 1956) les trois premiers longs métrages documentaires de la série *C'est la vie* qui rencontrent un grand succès public en France.

549 *Danny, le petit mouton noir* (1948, jamais distribué en France), *l'Ile au trésor* (1 732 223 entrées en 1951), *Robin des bois et ses joyeux compagnons* (2 145 583 entrées en 1952), *la Rose et l'épée* (1 490 488 entrées en 1954) ou *Échec au roi* (1 232 567 entrées en 1955).

En raison de la non-fixation du point de départ de la durée des droits d'auteur, aucun contrat ne peut être conclu avec l'étranger. L'exploitation ne peut pas entrer dans une phase active en raison du différend existant entre les Gémeaux et Jacques Prévert sur la durée de jouissance des droits d'auteur cédée en juin 1944 pour dix ans. Jacques Prévert prétend que le délai de 10 ans a commencé à courir en juin 1944 et les Gémeaux soutenant que ce délai a pour point de départ le jour où le film a pu être exploité (29 mai 1953). Me Boissarie qui avait été chargé de prendre contact avec ses confrères pour tenter de parvenir à une transaction, a vu ses pourparlers interrompus par les vacances mais les reprend en octobre 1953. Il dit avoir très bon espoir de trouver un terrain d'entente sur la base de 6 à 6,5 millions de francs. Le Comité d'attribution des avances à l'industrie cinématographique estime que ce nouveau sacrifice devrait être consenti, s'il met fin à toutes les difficultés entre les Gémeaux et Prévert et Grimault, car il n'apparaît pas possible d'attendre une solution judiciaire, forcément trop lointaine, du litige[550].

Pourtant, les pourparlers engagés par Me Boissarie pour parvenir à une transaction échouent en raison de l'intransigeance de Prévert et Grimault. L'incertitude concerne la durée de jouissance des droits d'auteur, ce qui cause un préjudice considérable puisqu'elle empêche de traiter les contrats pour l'exploitation à l'étranger où l'UGC espère atteindre 350 millions de recettes salles. Me Boissarie et Me Paul Weill tentent une démarche auprès du président du Tribunal pour que l'affaire puisse être plaidée à une prochaine audience. Il semble indispensable que Me Boissarie, pour le Crédit national, et Me Betolaud pour l'État interviennent devant le tribunal comme ils l'ont fait devant la Cour[551].

Le 31 décembre 1953, certains prêts sont immédiatement exigibles pour plus de 56 millions de francs. Au total, les Gémeaux a emprunté auprès des organismes d'État 316 709 000 francs (dont 97 millions de francs au Crédit national)[552].

Les séances du Comité d'attribution des avances le 25 janvier 1954 et du Comité d'attribution des avances à l'industrie cinématographique le 1er février permettent de faire le point. Le film, exploité en France depuis le 29 mai 1953,

550 CN242-B157 CAAIC, Extrait du rapport présenté par M. Péronne, chef du contentieux, à la séance du 1er octobre 1953.

551 CN1727-B158CAAIC, Extrait du rapport présenté par M. Péronne, chef du contentieux à la séance du 17 décembre 1953.

552 CN242-B157 CAA. PV n°56. Séance du 25 janvier 1954 : « Sur un total de prêts réalisés de 316 709 000 francs, les remboursements s'élèvent actuellement à 195 979 055 francs. L'arriéré s'établit à 7 325 722 francs en intérêts et à 59 384 583 francs en principal. Cette dernière somme marque, par rapport aux sommes échues au même titre mais non réglées, telles qu'elles ressortaient à la précédente situation, un accroissement de plus de 33 millions résultant principalement du non-règlement de l'échéance de 35 millions due, à la date du 21 décembre 1953, par la société les Gémeaux au titre de l'avance économique consentie pour le film *la Bergère et le Ramoneur*. La totalité de cette avance, soit 50 millions de francs en principal plus 6 533 757 francs d'intérêts est actuellement exigible ».

donne des résultats moyens et les prévisions optimistes de l'UGC (de 300 à 350 millions de recettes salles) ne se confirment pas. Les statistiques prévoient une recette globale d'exploitation en France, Afrique du Nord et Union française dans les salles de 200 à 250 millions francs, ce qui ne laissera que 20 à 25 millions environ à affecter au remboursement des créances du Crédit national.

Toutes les tentatives de transaction entre les Gémeaux et Prévert demeurent vaines et le litige doit être soumis à la décision du Tribunal civil de la Seine à l'audience du 6 mars 1954. En attendant, le distributeur Cofranex a traité à ses risques et périls l'exploitation en Belgique, au Japon (pour 15 000 dollars), en Italie (avec un minimum garanti de 10 millions de lires) et en Amérique du Sud (sans minimum garanti) pour une durée de cinq ans, mais laisse les recettes à provenir de ces contrats à un compte bloqué pour lui permettre de faire face éventuellement aux réclamations des exploitants étrangers. Le distributeur ne veut aller plus avant dans d'autres pays avant d'être fixé sur la durée pour laquelle il peut traiter.

Il est à craindre que l'exploitation du film aux États-Unis ne donne pas les résultats brillants escomptés, la société MCA, le plus important organisme de distribution américain qui devait distribuer le film, ayant fait savoir qu'elle s'en désintéressait du fait de l'évolution de la technique cinématographique sur le marché américain (télévision, projections larges et Cinémascope). En Angleterre, l'exploitation ne donnera des résultats importants que si le film obtient « le quota ». Bien que les démarches à cette fin soient en bonne voie, le résultat attendu n'est pas encore atteint contrairement à ce que Sarrut avait pourtant assuré. Toutes ces perspectives ne sont pas très rassurantes pour le Crédit national et il apparaît dès à présent certain que sa créance ne pourra pas être intégralement remboursée par les recettes du film.

Le Crédit national ne pense pas toutefois qu'il y ait intérêt à confier le recouvrement de la créance à l'Agence judiciaire du Trésor car le film *la Bergère et le Ramoneur* est le seul actif valable de la société les Gémeaux et toutes poursuites contre cette société ne pourraient qu'entraîner sa faillite qui nuirait considérablement à une exploitation normale du film. Au surplus, l'Agent judiciaire est déjà saisie de cette affaire puisque l'avocat du Trésor, Me Betolaud est intervenu en janvier 1953 auprès de Me Boissarie, avocat du Crédit national, devant la Cour statuant sur l'appel de référé pour obtenir mainlevée de la saisie du film pratiquée par Prévert et Grimault et se présentera à nouveau au nom du Trésor le 6 mars 1954 devant le Tribunal civil pour fixation de la durée de jouissance des droits d'auteur et mainlevée du séquestre d'une partie des recettes ordonné provisoirement par la Cour[553].

Le 8 février 1954, le Crédit national intervient dans l'instance agissant comme mandataire de l'État français, parce qu'il a consenti à la société les

---

553 CN1727-B158. CAA, séance du 25 janvier 1954 et CAAIC. Extrait du rapport présenté par M. Péronne, chef du contentieux à la séance du 1er février 1954.

Gémeaux des avances d'un montant approximatif de 100 millions francs, « que l'État français, en garantie de ces avances, est titulaire d'un nantissement ainsi que bénéficiaire d'une délégation sur les recettes et produits nets du film ; qu'il est donc fondé à intervenir dans un litige qui peut, directement ou indirectement compromettre son exploitation » ; le 2 mars 1954, l'Agent judiciaire du Trésor intervient également.

Malgré les interventions de Me Bouthoul, avocat de Paul Grimault, auprès du Président du Tribunal pour tenter de retarder la date des plaidoiries, l'audience du 6 mars 1954 est maintenue et l'affaire est plaidée à cette date[554].

Le 15 mars 1954, Jacques Vausseur, Roland Genestre, Georges Juillet, Jean Mutschler, Jean Aurance, Bernard Fiévé, Gilbert Dubrisay, Robert Richez et Roger Duclent interviennent à l'audience comme coauteurs du film en tant que dessinateurs, animateurs et décorateurs.

Le 20 mars 1954, Prévert conclut, à titre subsidiaire que :
- l'expertise déjà prescrite par le juge des référés doit être menée à bien ;
- les mesures provisoires ordonnées sur appel de référé par arrêt de la Cour d'appel de Paris du 31 janvier 1953 doivent être maintenues ;
- une provision de 5 millions de francs doit lui être allouée à valoir sur le montant des dommages-intérêts qu'il estime lui être dus ;
- le point de départ du délai de 10 ans pour la cession des droits, telle que prévue aux conventions intervenues, doit être fixé au 20 juillet 1944.

Le 24 mars 1954, par acte du Palais, Grimault conclut que :
- avant de dire droit et par provision, le Tribunal ordonne la continuation des opérations d'expertise, pour que soit fixé le montant des dommages-intérêts à lui dus en cas d'impossibilité de remise en état du film ;
- désigne un expert-comptable avec mission d'établir les comptes relatifs à une prétendue association qui aurait existé entre André Sarrut et lui.

Le 24 mars 1954, André Sarrut demande :
- sa mise hors de cause en tant qu'assigné à titre personnel ;
- que la société les Gémeaux soutient que la cession des droits patrimoniaux à elle consentie par Jacques Prévert n'a pu prendre effet qu'à compter de la première mise en exploitation du film *la Bergère et le Ramoneur* (29 mai 1953) ;
- qu'elle conclut, en outre, à la condamnation de Grimault et Prévert conjointement et solidairement, au paiement de 100 millions de francs à titre de dommages-intérêts ;
- qu'elle demande encore au Tribunal de dire que ces derniers ont perdu, par leur propre faute, les droits contractuels, matériels ou moraux, auxquels ils pouvaient prétendre sur l'œuvre *la Bergère et le Ramoneur* ;

---

554 CN1727-B158. CAAIC, Extrait du rapport présenté par M. Péronne, chef du contentieux à la séance du 1er mars 1954.

- qu'enfin, elle sollicite la mainlevée de la saisie-recette ordonnée par la Cour d'appel de Paris statuant en référé le 31 janvier 1953, ainsi que l'exécution provisoire de la décision à intervenir.

Le Crédit national défend ses intérêts, en tant que représentant de l'État pour l'ensemble des avances consenties, ainsi que ceux des autres créanciers et du producteur. Son avocat, dans sa plaidoirie, interprète l'intransigeance de Grimault, non comme une clause morale, mais comme un caprice et une incapacité à mener à bien le projet : « au désaveu de paternité, Messieurs Grimault et Prévert, dès lors, préfèrent l'infanticide... ». L'avocat souligne que le rôle de Prévert se limitait aux dialogues, et celui de Grimault aux dessins préparatoires et à la direction artistique de l'animation.

Les avocats finissent de plaider à l'audience du 24 mars et le jugement doit être rendu le 5 mai 1954. Maîtres Boissarie, Toulouse et Betholaud escomptent un résultat favorable notamment sur la question de la durée de jouissance des droits d'auteur[555].

Le 14 avril 1954, le Crédit national appuie auprès de l'Office des changes une demande d'autorisation d'importation qui doit être déposée par la société Alliance générale de distribution cinématographique (AGDC), distributrice du film, par l'intermédiaire de la banque Odier, Bungener & Cie. qui sollicitera l'achat de 1 215 livres sterling[556]. Ces devises sont destinées au paiement de copies du film que seule la société anglaise Technicolor peut fournir et qui sont absolument indispensables pour que le film puisse être exploité normalement.

Jugement est rendu le 5 mai 1954. Le Tribunal civil de la Seine adjoint à MM. Vuillermoz, L'Herbier, M. Wiel, en qualité d'experts, avec mission, « en s'entourant de tous les renseignements, de fournir tous les éléments de nature à permettre au Tribunal de dire si les parties du scénario, du découpage littéraire et technique, des dialogues et des différents travaux exécutés par Prévert et Grimault avant leur rupture avec la société les Gémeaux en décembre 1950, janvier 1951 ont été respectées, ou si, au contraire, par des amputations ou additions, leur caractère a été trahi, de décrire le cas échéant toutes violations du droit moral de Prévert et Grimault ; de préciser si la cessation du travail par ces derniers a eu ou non une influence sur les modifications prétendument apportées au film par la société les Gémeaux ; d'évaluer tout préjudice subi [...] ». Le Tribunal civil de la Seine statue cette fois non plus en référé, c'est-à-dire selon une procédure d'urgence destinée à éviter un dommage irrémédiable, mais sur le fond de l'affaire.

En substance, le Tribunal considère que l'attitude de Prévert et Grimault a mis la société les Gémeaux devant l'alternative suivante : ou bien terminer le film sans leur accord et leur participation ; ou bien abandonner la réalisation. Partant de

555 CN1727-B158. CAAIC, Extrait du rapport présenté par M. Péronne, chef du contentieux à la séance du 1er avril 1954.

556 CN1727-B158. Brunet à M. de Lavergne, directeur général de l'Office des changes, 14 avril 1954.

l'idée que l'abandon de la réalisation aurait lésé « à la fois les droits des autres coauteurs du film ainsi que tous ceux qui avaient permis le financement de cette entreprise », le Tribunal considère que Grimault et Prévert ont commis « des fautes certaines » et ne peuvent valablement se plaindre et « exiger que le film soit, suivant leur expression, rétabli sous leur direction ». Les demandeurs, en effet, au moment où la société traversait une période difficile, avaient manifesté des exigences, qui témoignaient de leur oubli des devoirs qui s'imposent aux membres d'une entreprise collective : loin de consentir aux sacrifices pécuniaires que la situation des affaires sociales rendait nécessaires, ils avaient subordonné la continuation de leur concours au versement, ou à la promesse de rémunérations, incompatibles avec les circonstances. « Le préjudice invoqué par Prévert et Grimault en raison d'une prétendue violation de leur droit moral, n'est pas établi en l'état : qu'il n'y a donc pas lieu de maintenir des mesures conservatoires en garantie de dommages-intérêts purement éventuels. ». Le Tribunal indique également « n'y avoir lieu d'ordonner que le film *la Bergère et le Ramoneur* sera rétabli dans une autre forme ; — Dit que Grimault et Prévert ont valablement cédé à la société les Gémeaux leurs droits d'édition et de représentation du film dont s'agit, et que les parties de l'œuvre terminée par eux sont ainsi devenues sa propriété pour le temps fixé par la loi ou les conventions intervenues. — Donne mainlevée pure et simple de la saisie des recettes ordonnée par arrêt de la Cour de Paris statuant sur appel de référé, le 31 janvier 1953, ainsi que de la mission confiée à Decaux, administrateur judiciaire, par cette même décision : — Dit que le délai de 10 ans prévu au contrat, passé entre Prévert et la Société les Gémeaux le 20 juillet 1944, n'a commencé à courir que du jour où l'exploitation du film aurait pu être effectuée [29 mai 1953] ; — Met Sarrut, pris en son nom personnel, hors de cause [...] » Le producteur peut dans l'intérêt de l'ensemble des créateurs intellectuels et le sien confier à des tiers l'achèvement des contributions tenues en suspens, et d'autre part, le Tribunal de la Seine a implicitement admis que, si les compléments dénaturent l'esprit des apports inachevés, la sanction consistera, non en un retrait pur et simple du film, mais en une simple indemnité.

Le Tribunal confirme toutefois la demande d'une expertise afin de déterminer s'ils sont victimes d'une « atteinte certaine à l'esprit et à la lettre de l'œuvre qu'ils avaient créée » mais « Rejette comme inutiles ou mal fondées toutes autres conclusions des parties ; — Ordonne vu l'urgence l'exécution provisoire du présent jugement nonobstant appel et sans caution. »

Inversement, le Tribunal rejette la demande de dommages-intérêts formulée par la société les Gémeaux du fait de la rupture par Grimault et Prévert de leur engagement sans motifs légitimes. Il en résulte, précisent les juges, « que le film *la Bergère et le Ramoneur* a pu être achevé sans leur concours ; qu'aucune justification n'est produite, de nature à établir que le départ volontaire de ces deux coauteurs originaires du film ait rendu plus difficile ou plus onéreuse sa réalisation ; que sa qualité ne semble d'ailleurs pas avoir souffert des engagements reprochés, *la Bergère et le Ramoneur* ayant obtenu les deux prix du Jury et de la Critique, à Venise, en septembre 1952 ».

Le jugement du Tribunal de la Seine du 5 mai 1954 tente de concilier le droit moral de tout créateur intellectuel avec les exigences du travail en équipe. Il affirme que le droit moral de chacun trouve sa limitation dans le droit des autres. Le refus d'achever leur contribution de la part de Prévert et Grimault ne peut pas empêcher le producteur de terminer le film sans leur participation. D'autant que dans toutes les présentations publiques du film, le générique spécifie que Prévert et Grimault en répudient la paternité. Le producteur n'a donc commis aucune faute à leur égard. Cependant le Tribunal réserve la possibilité d'une atteinte à l'intégrité de leur œuvre par voie de modification unilatérale, après la cessation volontaire de leur collaboration ; et il confie à un expert la mission de rechercher si leur droit moral souffre un préjudice de ce chef. Le jugement est ambigu : Prévert et Grimault ne peuvent pas se plaindre qu'un tiers leur ait été substitué pour terminer leurs apports inachevés mais ils sont fondés éventuellement à critiquer la dénaturation de leurs apports initiaux au cours de ce travail d'achèvement.

À la suite de ce jugement, l'exploitation à l'international du film peut enfin commencer. Sauf que… six mois après, en janvier 1955, Jacques Prévert et Paul Grimault interjettent l'appel du jugement rendu par le Tribunal civil de la Seine le 5 mai 1954. L'affaire ne sera pas rejugée avant avril 1956 (apparemment Grimault et Prévert espéraient que l'affaire soit évoquée par la Cour de Paris le 16 février 1955[557]). D'ici là, *la Bergère et le Ramoneur* est tout de même mis en exploitation.

Pourtant, en ce qui concerne le marché mondial (excepté Royaume-Uni et États-Unis) les espoirs de recettes importantes sont abandonnés. Les droits d'exploitation en Pologne, en Italie et au Japon sont cédés et réglés, il ne reste à espérer que quelques recettes de la distribution en Belgique (où le film sort en langue française sous-titrée en néerlandais[558]) et peut-être en Suisse[559] (ce qui n'est finalement pas le cas) et éventuellement la tractation d'un contrat de cession des droits d'exploitation en URSS ou pays satellites (exploitation qui ne se fera finalement jamais non plus).

Sorti en Pologne sous le titre *Pasterka i Kominiarczyk*, le film reçoit de la presse des critiques positives et semble avoir rencontré un certain succès comme bon nombre de films français sortis en Pologne durant les années cinquante, même si malheureusement il n'existe pas de statistiques pour ce qui concerne la fréquentation des films étrangers de cette période[560].

---

557 CN1727-B158. CAAIC, extrait du rapport présenté par M. Péronne, chef du contentieux à la séance du 3 février 1955.

558 Entretien avec Jean-Paul Dorchain, responsable collection non-film, Cinémathèque royale de Belgique, 16 avril 2020.

559 *La Bergère et le Ramoneur* n'a jamais été diffusé en Suisse. D'après l'*Annuaire de la cinématographie suisse* (où les loueurs listent leur offre de longs métrages) dans aucune des trois villes de forte exploitation cinématographique (Genève, Lausanne et Neuchâtel), il n'est annoncé au programme des cinémas entre 1950 et 1960. Entretien avec Roland Cosandey, 17 avril 2020.

560 Entretien avec Katarzyna Nowak, spécialiste en marketing et commerce, Archives national du film de Pologne, Institut audiovisuel, Varsovie, 15 avril 2020.

La Bergère et le Ramoneur avait été présenté au festival de Venise en septembre 1952 mais la version italienne ne sort qu'en novembre 1954 sous le titre *La pastorella e lo spazzacamino.* La revue italienne *Cinema* note : « Le revoyant aujourd'hui après deux ans [...] le jugement favorable ne change pas, car l'œuvre a conservé intacte ses qualités singulières de poésie, d'inspiration et d'une nouvelle inventivité. » Le critique regrette toutefois un « doublage italien douteux - qui insiste lourdement sur des tonalités comiques en grande partie arbitraires. »[561]

Le film est également présenté à Lima au Pérou le 2 mars 1955 au cinéma Le Paris sous le titre *La pastora y el deshollinador* [562].

Sorti au Japon le 8 mars 1955 sous le titre *Yabunirami no bôkun*, littéralement *le Tyran bigleux*, le film reçoit un accueil favorable. La revue *Kinema Junpo* le classe sixième des meilleurs films étrangers de l'année. Il a une importance considérable pour Hayao Miyazaki et Isao Takahata. Ce dernier se souvient : « Quoi qu'il en soit, l'influence de ce film fut pour moi décisive. Je peux affirmer que, sans sa découverte, je ne me serais jamais engagé sur la voie du film d'animation. C'est dire l'intensité du choc que j'ai reçu. [...] En 1958, je postulai au studio Tôei Animation et y entrai l'année suivante. Plus que tout, je voulais miser sur les grandes potentialités de l'animation qu'avait révélées *la Bergère et le Ramoneur* ». Puis : « Le dessin animé français de long métrage *la Bergère et le Ramoneur* est sorti en salles au Japon en 1955. J'étais étudiant à l'époque et je fus ébloui par l'infinité des moyens d'expression du cinéma d'animation, et conquis par sa sensibilité poétique. Le charme d'un espace déroutant né de couleurs épurées et de perspectives incroyables, l'enchaînement d'idées imprévisibles et géniales, des machines stupéfiantes, d'admirables descriptions des traits de caractère des personnages, un rythme et une sensation de vitesse impressionnants et cet humour à froid si particulier... ».

Takahata : « Par la suite, *la Bergère et le Ramoneur* fut projeté à plusieurs reprises. [...] La génération de Miyazaki Hayao a dû être la dernière à en profiter. Exemplaire d'un niveau idéal effectivement atteint, ce film eut, à mon avis, une influence considérable, à l'époque, sur les membres du studio d'animation de Tôei. Si j'ai moi-même voulu réaliser un film comme *Hols*, c'est encouragé par l'existence même de *la Bergère et le Ramoneur* ; c'est également sous l'influence de ce film que nous avons tenté d'intégrer dans le nôtre une structure de la société, que nous avons relevé le défi d'affiner la psychologie des personnages, d'oser métaphores et symboles, aussi gros soient-ils. Et sans aucun doute, il aura également stimulé d'une façon ou d'une autre les films de la même génération à Tôei, comme *les Voyages spatiaux de Gulliver* (Kuroda Yoshio, 1965) ou *le Vaisseau fantôme volant* (Ikeda Hiroshi, 1969). »[563] Comment ne pas voir l'influence du film dans *le Château de Cagliostro* (1979) ou *le Château dans le ciel* (1986) de Miyazaki ?

---

561 « *La pastorella e lo spazzacamino* », *Cinema*, 25 novembre 1954.

562 Entretien avec Jorge Alva del Aguila, direction de l'audiovisuel, de la phonographie et des nouveaux médias, Cinémathèque péruvienne, Lima, 16 avril 2020.

563 Propos extraits de l'exposition « Mondes et Merveilles du dessin animé, Grimault, Takahata, Miyazaki », 28 juin - 16 novembre 2008, Abbaye royale de Fontevraud. Jean-Pierre Pagliano,

Une même influence peut être relevée chez Osamu Tezuka : « Sadao Tsukioka conserve encore aujourd'hui dans son bureau de Shinjuku un album où sont imprimés les photogrammes des images clés de *la Bergère et le Ramoneur* de Paul Grimault. Tezuka et Tsukioka avaient réalisé eux-mêmes ces planches-contacts à partir d'une pellicule récupérée chez un projectionniste plutôt arrangeant. C'est en observant, puis en redessinant les photogrammes des grands films occidentaux qu'il s'agissait de réinventer l'animation, de deviner les techniques utilisées, de répondre aux interrogations pour décider des méthodes qui deviendraient les leurs. »[564]

À la fin du mois de décembre 1955, les créanciers de la société les Gémeaux sont réunis notamment pour donner leur avis sur deux propositions relatives à la mise en exploitation du film aux États-Unis, en Angleterre et dans les pays de langue anglaise. Les espoirs dans le succès du film dans ces deux pays semblent pourtant définitivement perdus.

En Angleterre, aucun contrat n'a pu être conclu avec les grosses maisons de distribution s'ajoutant au refus des autorités de reconnaître le film - malgré tous les efforts de Sarrut et malgré le fait qu'une partie du film a été tourné à Stroud - comme production anglaise, le « quota anglais » est ainsi refusé. Clarges Distributors qui a coproduit le film ne semble être qu'une autre société des frères de Grunwald, avec une activité des plus réduites : le British Film Institute ne recense qu'un seul documentaire à l'actif de cette société en 1955 : *Paris on Thames* de Theo Legeard coproduit avec C. M. George Films Productions. Le BFI ne recense même pas Clarges Distributors comme coproducteur de *la Bergère et le Ramoneur*. Le contrat de distribution conclue avec la Contemporary Films de Londres comporterait un à-valoir de 1 500 livres et 50 % des recettes à venir. Le film sort sous le titre *The Curious Adventures of Mr. Wonderbird* dans une version anglaise dirigée par Pierre Rouve sur des dialogues adaptés par Anatole de Grunwald (Rita Davison est créditée comme « script editor » mais Jacques Prévert n'est pas mentionné au générique pas plus que Paul Grimault) avec des acteurs britanniques de renom : Peter Ustinov double Mr. Wonderbird (l'Oiseau), Claire Bloom the Shepherdess (la Bergère), Denholm Elliott the Chimney Sweep (le Ramoneur), Max Adrian the King (le Roi), Alec Clunes the Blind Man (l'Aveugle), Cecil Trouncer the Statue (le Sentencieux), Philip Stainton the Policeman (le Policier), Harcourt Williams the Old Beggar (le Mendiant), Joan Heal the Kitten (le petit chat) et Frank Muir the Commentator. Le film sort au Royaume-Uni à l'automne 1956. Le distributeur retient évidemment une mention du *Daily Mail*

---

commissaire de l'exposition, avec Xavier Kawa-Topor et Ilan Nguyên. On peut trouver de plus larges extraits dans le livre de Jean-Pierre Pagliano, *le Roi et l'Oiseau. Voyage au cœur du chef-d'œuvre de Prévert et Grimault*, pp. 166-171, traduction française d'Ilan Nguyên et Emmanuel Pettini. Le premier numéro de la revue du film d'animation *Blink Blank*, janvier 2020, propose un texte inédit en français de Isao Takahata traduit par Ilan Nguyên, « Un pouvoir de redécouverte de l'être humain », pp. 37-41.

564 Samuel Kaczorowski, *Capter le moment fuyant. Osamu Tezuka et l'invention de l'animation télévisée*, Paris, L'Harmattan, 2017, p. 32.

indiquant : « une histoire savoureuse, superbement dessinée, intelligemment conçue. » Philippe Landrot se souvient : « En Angleterre, on n'aime pas la façon dont on traite le roi. Il faut bien se rappeler qu'à l'époque, à la fin des séances, les spectateurs se levaient pour chanter *God save the King* ! ». À l'automne 1958, Contemporary Films propose *The Curious Adventures of Mr. Wonderbird* en location 16 mm. dans un encart publié par la revue *Sight and Sound* (revue qui n'a jamais fait mention dans ses colonnes de la sortie du film). *La Bergère et le Ramoneur* a ainsi connu une sortie tout à fait confidentielle au Royaume-Uni. L'historien Richard Hollis confirme : « J'ai vérifié et je n'ai trouvé qu'une seule référence à une sortie du film au Royaume-Uni dans ma collection des années cinquante des *Kinematograph Weekly*. »[565] Il s'agit d'un encart publicitaire pour le film dont le titre est devenu *The Sherpherdess and the Chimney Sweep* distribué par la société Orb : « Trois des personnages du nouveau dessin animé musical en Technicolor, *la Bergère et le Ramoneur* d'Hans Andersen. Avec les voix de Claire Bloom et de Peter Ustinov. »[566] La version de 1980 est connue sous le titre *The King and the Mockingbird* avec un nouveau doublage anglais (non crédité au générique) distribué en DVD par Studiocanal en 2014.

Aux États-Unis, les films de dessins animés de long métrage, même ceux de Walt Disney, n'ont plus la faveur du public à tel point qu'il oriente son activité comme on l'a vu vers d'autres productions. Aussi aucun contrat n'a pu être conclu avec les grosses maisons de distribution et la société Cofranex, chargée du placement du film, après des efforts infructueux est-elle prête à accepter la cession des droits d'exploitation aux États-Unis pour une somme de 11 000 dollars payée comptant. Dans ses mémoires, Grimault écrit une phrase étonnante : « Le film n'a pas été distribué aux États-Unis »[567], ce qui est inexact. Malgré son coût de 1,5 million de dollars[568], c'est la société Lippert Pictures spécialisée dans les films à petits budgets qui, en début d'année 1957, distribue le film dans sa version sonore britannique aux États-Unis tout comme elle avait distribué *Jeannot l'intrépide* de Jean Image sous le titre *Johnny the Giant Killer* le 5 juin 1953 pour des projections en matinées réservées aux enfants – Lippert Pictures n'a jamais déposé de copyright, ce qui explique que le film de Jean Image soit aujourd'hui dans le domaine public aux États-Unis. C'est l'un des premiers films d'animation étrangers à y être projeté seulement précédés par *le Petit cheval bossu* du Russe Ivan Ivanov-Vano et *le Rossignol et l'empereur de Chine* du Tchèque Jiri Trnka[569] et surtout c'est le premier dessin animé français depuis les films muets d'Émile Cohl !

---

565 Entretien de Richard Holliss avec l'auteur, 19 mai 2020.

566 *Kinematograph Weekly*, 18 décembre 1958.

567 Paul Grimault, *Traits de mémoire*, p. 152. Dans ses entretiens avec Pagliano en 1985, Grimault dit la même chose.

568 « French Authors Fight Over $ 1,500,000 Cartoon Film ; in Prod. Since '47 », *Variety*, 8 octobre 1952.

569 Jerry Beck, « *Johnny the Giant Killer* », *Cartoon Research*, 31 mars 2014. On peut retrouver des informations similaires dans Jerry Beck, *The Animated Movie Guide: The Ultimate Illustrated Reference to*

The Curious Adventures of Mr. Wonderbird reçoit des critiques mitigées. Gilbert Dubrisay des Gémeaux indique : « Aux États-Unis, *la Bergère et le Ramoneur* est perçu comme un film communiste ! » *Variety* écrit : « La première moitié regorge d'imagination et de fantaisie solide... la seconde moitié s'embourbe dans trop de poésie qui produit un effet inverse. » Pour le *New Yorker* ce n'est « pas un très bon film ». Au début des années soixante, Audio Film Center situé à Mount Vernon dans l'état de New York acquiert les droits pour une distribution non destinée aux salles de cinéma en 16 mm. *The Curious Adventures of Mr. Wonderbird* est également projeté à la télévision américaine sur des créneaux réservés aux enfants. La chaîne de télévision KTLA aurait diffusé le film en épisodes dans les années soixante plusieurs dimanches de suite dans l'émission de « Skipper Frank » Herman, *Cartoon Carousel*[570] (Antenne 2 envisagera de faire la même chose pour *le Roi et l'Oiseau* avant d'y renoncer). Le film est désormais tombé dans le domaine public aux États-Unis, il est distribué en DVD dans des versions très bas de gamme et facilement trouvable sur internet sous des intitulés variés comme *Wonderbird*, *Mr. Bird to the Rescue*, *Adventures of Mr. Wonderful*, *Mr. Wonderbird*, *The Curious Mr. Wonderbird* ou encore *The Curious Adventure of Mr. Wonderbird* (« adventure » étant cette fois au singulier).

Les créanciers acceptent ces deux contrats et le chef du contentieux du Crédit national les suit n'étant au surplus que peu intéressé puisque l'organisme financier est primé sur les recettes de ces territoires par les créanciers privilégiés BFCE pour 30 millions de francs et des créanciers anglais pour 31 000 livres : il est hors de raison d'espérer pour le Crédit national atteindre, et de très loin, une somme pareille.

L'exploitation en France et Union française commence à avoir fait son plein et il n'apparaît pas que le Crédit national puisse espérer récupérer plus de 1/10ème des sommes acquises, soit environ une dizaine ou une quinzaine de millions de recettes producteur.

* * *
* *

L'exploitation trop tardive du film, tant en France qu'à l'étranger, n'a pas donné, et de très loin, les résultats qu'il était permis d'en attendre et, malgré l'aide apporté par l'excellent film de complément, *Crin Blanc*, les recettes n'ont permis qu'un amortissement partiel des intérêts échus, laissant le principal totalement impayé, sans qu'il soit permis d'espérer une amélioration de cette situation. Quant aux autres films *Tabusse*, *le Crime des justes*, *Hans le marin* et *Dans la vie tout s'arrange* qui ont pour producteur soit les Gémeaux soit la société Sagitta-Film (ex Safia

---

Cartoon, Stop-motion, And Computer-generated Feature Films, Chicago Review Press, 2005. Voir aussi Fred Patten, « French Animation. Part 2: Early Features », *Cartoon Research*, 2 novembre 2014.

[570] James E. Parten, 31 mars 2014, en commentaires du post de Jerry Beck sur *Cartoon Research*.

Production) et qui font partie du groupe Sarrut, ils représentaient avec *la Bergère et le Ramoneur* et quelques courts métrages, le seul actif valable de ces deux sociétés. Le seul espoir de récupération résidait dans le succès du film *la Bergère et le Ramoneur* mais malgré une bonne distribution et une importante publicité de lancement, il s'est avéré que ce film ne produirait que des recettes des plus médiocres tant en France qu'à l'étranger.
En avril 1956, les recettes de *la Bergère et le Ramoneur* s'établissent comme suit[571] :

	France	Étranger	Total
Versements UGC			
Recettes France novembre, décembre 1955 et janvier 1956	1 095 155		1 095 155
Recettes Belgique		96 723	96 723
Recettes Pologne		946 953	945 953
	1 095 155	1 043 676	2 138 831
Part du Crédit national (85 %)	930 882	887 124	1 818 006
Part « Autres créanciers » (15 %)	164 273	156 552	320 825

Répartition « autres créanciers » :

	Crédit	Solde antérieur	Solde à nouveau
Trésor public (5 %)	106 942	494 287	601 229
FIGECI (3 %)	64 165	42 538	106 703
Transaction (4 %)	85 553	47 797	133 350
UFB (3 %)	64 165		64 165

Source : Collection des archives de la Cinémathèque française CN242-B157

En février 1956, l'affaire est à nouveau plaidée[572]. L'avocat Me Boissarie ne semble pas très au fait des choses du cinéma puisqu'il demande au Crédit national ce qu'est un « découpage »[573]... puisque Grimault et Prévert ont introduit une action en justice aux fins de voir interdire la projection du film dont le « découpage » effectué sans leur concours ne correspondrait pas à leur propre conception de l'œuvre entreprise. Le 5 mars 1956, René Berthelé écrit à Jacques Prévert : « J'étais aux plaidoiries du *Ramoneur* - *Bis repetita*... comme nous disons

[571] CN242-B157. Au 3 avril 1956, les recettes de *la Bergère et le Ramoneur*.

[572] CN1727-B158. CAAIC, Extrait du rapport présenté par M. Péronne, chef du contentieux, à la séance du 20 mars 1956.

[573] Lettre de Péronne, Crédit national à Me Boissarie, 24 février 1956 : « Comme suite à votre demande vous trouverez ci-joint un découpage du film *la Bergère et le Ramoneur*. Ainsi que vous pourrez le constater le découpage est donc bien une réunion en deux colonnes de la mise en scène d'une part (partie de gauche) et du « dialogue » musique et « bruitage » correspondants (partie de droite). C'est, conformément à ce découpage, que sont dessinés les personnages et les décors qui serviront pour les prises de vue. Pour les films ordinaires, le découpage contient, généralement, en sus de la mise en scène, du dialogue et de la musique, des précisions sur la manière selon laquelle devra être effectuée la prise de vue (gros plan, plan moyen, plan panoramique, etc.). Demeurant à votre disposition pour vous donner toutes précisions complémentaires, nous vous prions de croire, Maître, en l'assurance de nos sentiments les plus distingués. »

nous autres humanistes. Mais un bon point pour Rivière, dont l'exposé, serré, plein de faits précis, étaient beaucoup plus décisif – et favorable à ta cause, il me semble – que la dernière fois. Impressionnant, même, pour l'auditeur attentif – parce que son argumentation a dû détruire tous les griefs illusoires de la partie adverse, preuves en mains. Que va pouvoir répondre cette partie adverse aux insoutenables prétentions ? ... À ce sujet – et excuse ma parenthèse – le cabinet Bluet, sous la forme d'une véhémente et corpulente dame, m'a relancée, avec Me Rivière, à la dite audience, pour le paiement d'une ancienne dette (101.000 fr.) : la sténo du procès. Comme Rivière insistait aussi, j'ai promis qu'on allait régler cela. Je puis, je pense, payer cette somme, en la prenant à ton compte, ici. Mais dis-moi si tu es d'accord, Jacques. »[574]

Le 18 avril 1956, la Cour d'appel de Paris rend son arrêt et reprend l'argumentation du Tribunal civil de la Seine à la fois en la précisant et en la radicalisant. En la précisant, car elle réfute l'argumentation de Paul Grimault selon laquelle le cinéaste aurait eu une « participation prépondérante dans l'œuvre commune ». À cette proposition, elle répond : « Considérant que cette collaboration nécessaire que postule la création d'un film de dessin animé constitue une sorte d'indivision dans laquelle préside l'esprit de solidarité et qui comporte des servitudes acceptées par les participants ; qu'ainsi ceux-ci ne sauraient prétendre imposer leur volonté discrétionnaire, même si celle-ci emprunte les apparences d'un droit moral, et l'intransigeance d'un seul, serait-il le créateur de la plus grande partie de l'œuvre, ne peut entraîner la ruine de l'œuvre commune, le prestige d'un co-auteur ne pouvant conférer à ce dernier un droit moral de nature supérieure aux autres co-auteurs et lui assurer une prééminence à l'égard de ceux-ci ; ». La Cour d'appel de Paris radicalise, par ailleurs, la position prise par les juges de première instance en considérant que « Grimault et Prévert sont malvenus d'exciper de leur droit moral pour critiquer la façon dont le film a été terminé et faire des reproches sur les modifications, soustractions et additions qui apparaissant au dernier moment indispensables, ont pu être apportées au film, alors que le défaut de participation de leur part résulte uniquement de leur carence et de leur défaillance à remplir leurs engagements ». La Cour « les déclare mal fondés ; confirme le jugement entrepris, et, y ajoutant, dit que, par suite de leur comportement fautif dans la collaboration qu'ils étaient engagés d'apporter dans la réalisation de l'œuvre commune, Prévert et Grimault sont, en outre, déboutés de toutes leurs demandes introduites au prétexte de la violation de leur droit moral, et ce, sans qu'il y ait lieu de recourir à une expertise préalable ; dit aussi que le délai de 10 ans prévu à l'engagement en date des 19-20 juillet 1944, signé de Grimault, n'a commencé à courir également que du jour où l'exploitation du film aurait pu être commencée [29 mai 1953] ; rejette comme inutiles ou mal fondées toutes autres

[574] Courrier de René Berthelé à Jacques Prévert, le 5 mars 1956. Fatras, succession Jacques Prévert, Paris.

conclusions, etc. » Elle annule donc la demande d'expertise destinée à déterminer s'il y a eu « dénaturation » de la contribution de Prévert et Grimault[575].

Étant déboutés de leur action par arrêt de la Cour d'appel de Paris, ils décident de se pourvoir en Cassation le 2 octobre.

Le 9 octobre 1956, le Crédit national prend position : « En ce qui concerne le film *la Bergère et le Ramoneur* nous venons de recevoir avis du greffier en chef de la Cour de Cassation nous faisant connaître que MM. Prévert et Grimault se sont pourvus contre l'arrêt de la Cour d'Appel de Paris en date du 18 avril 1956. Il n'apparaît pas que nous ayons intérêt à suivre sur ce pourvoi puisqu'aussi bien nous n'avons pour ainsi dire plus rien à espérer de l'exploitation du film en question. Nous estimons que ce dossier, comme ceux des quatre autres films intéressant le groupe Sarrut devrait être confié pour recouvrement à l'Agence judiciaire du Trésor, déjà en possession de celui de la Banque française du commerce extérieur relatif à l'avance de cet établissement pour *la Bergère et le Ramoneur*. L'agent judiciaire, qui était en cause devant la Cour d'appel, jugera s'il doit, ou non, suivre sur le pourvoi, lequel intéresse plus, à notre avis, le Syndicat des producteurs que les malheureux créanciers. »[576]

Suivant les décomptes, il reste à rembourser au Crédit national :

- *la Bergère et le Ramoneur* : avances économiques de 50 millions de francs (et 5,8 millions de francs d'intérêts) plus avances faites au titre de la loi du 19 mai 1941, 47 millions (et 9,5 millions fr. en intérêts et frais) ;
- *Tabusse* : 4 029 747 fr. en principal et 620 933 fr. en intérêts ;
- *Le Crime des justes* : 7 209 770 fr. en principal et 1 247 019 en intérêts ;
- *Hans le marin* : 8 127 284 fr. en principal et 1 658 179 fr. en intérêts ;
- *Dans la vie tout s'arrange* : 24 077 424 fr. en principal et 5 928 815 fr. en intérêts et frais[577].

Un des derniers courriers conservés dans les dossiers du Crédit national pour ce qui concerne *la Bergère et le Ramoneur* date du 2 janvier 1957. En effet, la banque Odier Bungener & Cie envoie au Crédit national un chèque de 444 254 francs le 11 décembre 1956 (440 267 francs ont été appliqués sur les intérêts du prêt de 50 millions et 3 987 francs sur l'avance de 47 millions…). Le Crédit national fait savoir à la banque le 20 décembre 1956 que les dossiers

575 Les faits litigieux s'étant produits avant qu'eût été mise en vigueur la loi du 11 mars 1957 « sur la propriété littéraire et artistique », la Cour de cassation n'a pas pu faire état des dispositions qui traitent du droit moral dans les rapports des co-auteurs entre eux et avec le producteur.

576 CN261-B173. Comité d'attribution des avances à l'industrie cinématographique, le 9 octobre 1956.

577 CN261-B173. Comité d'attribution des avances à l'industrie cinématographique, procès-verbal du 9 octobre 1956 et le Crédit national à M. l'Agent judiciaire du Trésor public, le 20 décembre 1956. Ce dossier contient des échanges de courriers jusqu'en 1973.

concernant *la Bergère et le Ramoneur* ont été transmis à l'Agent judiciaire du Trésor public. Tout nouveau règlement doit être effectué au ministère des Finances[578].

Mais cette fois, pour les Gémeaux, l'histoire s'arrête définitivement là. Au Bulletin officiel du registre du commerce et des registres des métiers n°25 daté du mardi 28 janvier 1958, p. 2331, à la rubrique « Faillites ou règlements judiciaires. Paris et Seine. Tribunal de commerce de la Seine. Extraits de jugement de faillite. », on peut lire :

> 2218. En date du 6 janvier 1958, jugement prononçant la faillite de la société Les Gémeaux (RC 269110B) S.A. au capital de 10 millions de francs, ayant pour objet la publicité sous toutes ses formes et la cinématographie avec siège social ci-devant à Paris, 10 rue de Berri, et actuellement à Neuilly-sur-Seine, 16-18 rue Delabordère. Date de cessation des paiements : 9 juin 1953. Nomme M. de Prat-Thomassin, juge-commissaire et M. Rempler, syndic, 10 rue Monsieur-le-Prince, à Paris. Publication légale : Petites affiches n°4 du 7 janvier 1958 (n° F. 02248 du greffe)[579].

La saga des Gémeaux débutée en 1936 s'achève ici par ce jugement de faillite du 6 janvier 1958[580]. Vingt-deux années de production de dessins animés qui ont marqué durablement l'école française de ce qu'on commence alors à appeler le cinéma d'animation. Grimault dira malgré tout : « L'épopée des Gémeaux a été une aventure passionnante pour tous ceux qui l'ont vécue ».

Le 13 avril 1959, la Cour de cassation rend son arrêt. Cette décision confirme l'arrêt de la Cour d'appel de Paris du 18 avril 1956 en jugeant que les fautes de Jacques Prévert et de Paul Grimault (refus de terminer le découpage littéraire et technique, pour l'un ; abandon à contre-temps et sans raison majeure de son travail, pour l'autre) autorisaient la société les Gémeaux à terminer le film sans leurs concours. Mais elle l'infirme également dans un attendu de principe : « Attendu que les créateurs intellectuels d'une production cinématographique réalisée en collaboration ont la qualité de co-auteurs d'une œuvre de l'esprit au sens du texte susvisé, et jouissent, sur cette œuvre, d'un droit moral perpétuel, inaliénable et imprescriptible ; que si le co-auteur, qui refuse d'achever sa

---

578 CN242-B157. Le Crédit national à Odier, Bungener et Cie 2 janvier 1957.

579 Jugement de faillite du 6 janvier 1958. Extrait du bulletin officiel du registre du commerce et des registres des métiers n°25 – mardi 28 janvier 1958 – p. 2331. Faillites ou règlements judiciaires. Paris et Seine. Tribunal de commerce de la Seine. Extraits de jugement de faillite.

580 Par prudence, le Crédit national indique qu'il y a lieu de requérir avant le 14 mai 1963 de M. le Conservateur du Registre public de la Cinématographie, le renouvellement de l'inscription prise sur le film *la Bergère et le Ramoneur* le 20 mai 1948 et renouvelée en 1953 et en 1958. Selon les instructions de l'Agence judiciaire du Trésor il n'y a pas lieu de modifier le montant de la créance soit 200 millions de francs en principal pour sûreté de laquelle a été prise l'inscription initiale. Note pour le chef du service des actes de prêts. 7 mai 1963. CN242-B157.

contribution à une œuvre cinématographique, ne peut s'opposer à l'utilisation, en vue de l'achèvement de cette œuvre, de la partie de cette contribution déjà réalisée, il n'en conserve pas moins, en vertu de son droit moral, le contrôle de ladite utilisation ». Or en refusant de rechercher si « 'les modifications, soustractions ou additions' opérées après le 4 décembre 1950, pour terminer le film, et dont l'arrêt reconnaît la matérialité, avaient eu pour résultat une dénaturation de la partie, déjà réalisée de la contribution de Prévert et de Grimault, dénaturation qui pouvait constituer une atteinte à leur droit moral, la Cour d'appel n'a pas donné une base légale à sa décision »[581].

L'arrêt de la Cour de Paris, partiellement annulé, a exercé une influence non contestable sur les rédacteurs de la loi du 11 mars 1957 et singulièrement sur le contenu de son article 15 : « Si l'un des auteurs (coauteurs) refuse d'achever sa contribution à l'œuvre audiovisuelle ou se trouve dans l'impossibilité d'achever cette contribution par suite de force majeure, il ne pourra s'opposer à l'utilisation, en vue de l'achèvement de l'œuvre, de la partie de cette contribution déjà réalisée. Il aura, pour cette contribution, la qualité d'auteur et jouira des droits qui en découlent. ».

L'arrêt de la Cour de Paris demande à ce que la Cour d'appel de renvoi d'Orléans dise à son tour si, en l'espèce, il y a eu ou non violation du droit moral des auteurs. Jacques Prévert et Paul Grimault décident finalement de ne pas saisir cette juridiction.

Selon la revue *Arts* de juillet 1959 qui effectue un drôle de raccourci (la faute de Prévert et Grimault a, une nouvelle fois, été reconnue mais l'article n'en dit pas un mot !), Jacques Prévert aurait ainsi remporté une « victoire décisive » devant la Cour de cassation : « Un producteur de cinéma n'a pas le droit de transformer un film sans l'assentiment de l'auteur. Cette vérité évidente pour les profanes a semblé très contestable à de nombreux juristes : pour la reconnaissance de ce principe, Jacques Prévert a livré devant les tribunaux une bataille de neuf ans. [...] La Cour de cassation vient de casser dans un arrêt important les deux premières décisions de justice. »[582].

---

581 Toute la chronologie du feuilleton juridictionnel a été établie par Dominique Bougerol, docteur en droit et maître de conférences à l'université Paris 3 Sorbonne nouvelle (il y enseigne notamment le droit d'auteur et les droits voisins). Il m'a communiqué ses travaux le 1er juillet 2008. Son aide a été inestimable. Un grand merci également à Lisa Pedel. Dominique Bougerol a effectué ses recherches à partir des décisions reproduites dans plusieurs revues juridiques et accompagnées de commentaires de la part de juristes, professeurs de droit pour la plupart : Robert Plaisant « Propriété littéraire et artistique », *Jurisprudence*, 1954 ; *Revue internationale du droit d'auteur*, jurisprudence, 31 janvier 1954, p. 102 ; Raoul Castelain, « À propos de *la Bergère et le Ramoneur* », *Revue internationale du droit d'auteur*, 31 janvier 1954, p. 17-29 ; Henri Desbois, « Propriété littéraire et artistique », *Chroniques de législation et de jurisprudence françaises*, 1954 ; *Gazette du Palais*, jurisprudence, journal du 20 août 1954, p. 121 ; *Revue internationale du droit d'auteur*, octobre 1954, p. 126 ; *Chroniques de législation et de jurisprudence françaises. Propriétés incorporelles*, 1954, p. 826 ; *Gazette du palais*, 1956 ; *Recueil Dalloz et Sirey*, 1957 ; *Revue internationale du droit d'auteur*, avril 1958, p. 158-159 ; *Bulletin civil*, n°188, 1959, p. 157 ; Gérard Lyon-Caen et Pierre Lavigne, « Jurisprudence », *Recueil Dalloz*, 1959 ; Fernand de Montera, *JCP*, 1959.

582 « Neuf ans après. Justice est rendue à Prévert et Grimault », *Arts*, 1er juillet 1959.

Le caractère d'œuvre collective de la production cinématographique n'a été dégagé que peu à peu par la jurisprudence. L'évolution s'est d'abord traduite par la reconnaissance au profit de coauteurs de plus en plus nombreux de droits sur leur création artistique individuelle ; alors qu'à l'origine la propriété littéraire et artistique n'est reconnue qu'à la seule firme productrice (voir les jugements des années 1920-1930 en ce sens) elle est, par la suite, étendue aux divers collaborateurs : auteur de l'œuvre adaptée, auteur du scénario, compositeur de la musique, metteur en scène, et, même, artistes. Les décisions du Tribunal civil de la Seine (6 et 7 avril 1949) en marquant nettement, d'un côté le caractère d'œuvre de collaboration de la réalisation cinématographique, mais d'un autre côté, en affirmant l'individualité propre de l'œuvre de chacun des participants ont bâti une construction juridique en équilibre instable : le caractère d'œuvre de collaboration du film et la défense des droits individuels de chacun de ses coauteurs, sans être inconciliables, ne peuvent subsister ensemble sans que l'une ou l'autre de ces notions ne perde une part de sa substance ; en l'occurrence l'aspect d'œuvre commune doit prévaloir. Le mérite des différentes décisions relatives à l'affaire *la Bergère et le Ramoneur* est d'avoir progressivement dégagé une théorie générale appartenant au domaine cinématographique (*Recueil Sirey*, 1957). Rappelons enfin que ces procès participent à la réflexion relative à l'élaboration de la loi du 11 mars 1957 sur la propriété littéraire et artistique.

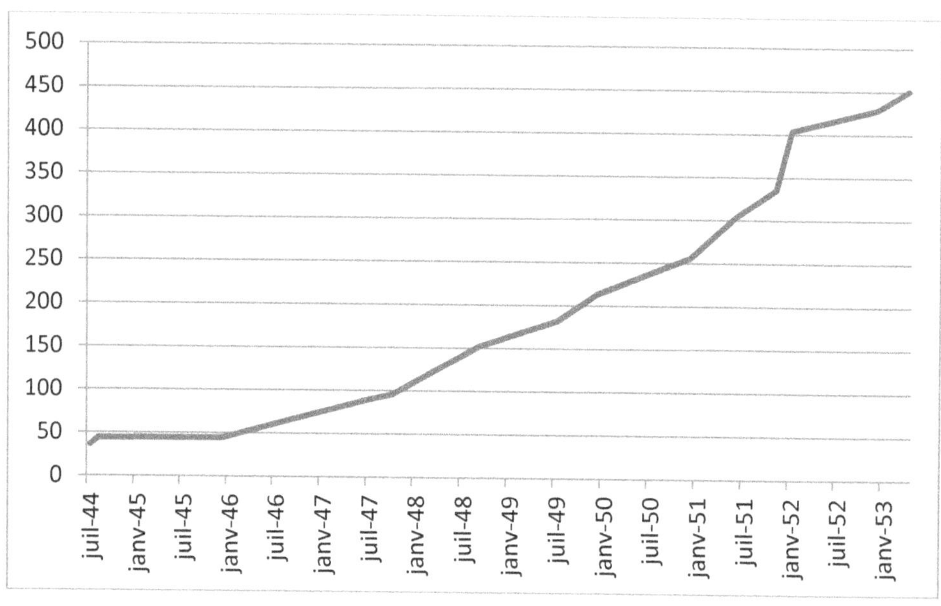

Évolution du prix de revient du film *la Bergère et le Ramoneur*, en millions de francs.
(de juillet 1944 à juillet 1946, ce sont des devis prévisionnels, la production commençant le 1er août 1946).

Chapitre 6. Et après. « Nous n'avons jamais le soleil. Pour nous c'est pareil, pareil, pareil tous les jours »

L'aveugle doublé par Léo Noël et son orgue de Barbarie chante : « … Nous n'avons jamais le soleil, pour nous, c'est pareil, pareil, pareil tous les jours ». Léo Noël accompagne Francis Lemarque à partir de la Seconde Guerre mondiale et le duo a pour pianiste un certain Joseph Kosma. Après-guerre, Léo Noël se crée un personnage à la Prévert et enregistre avec Fabien Loris un texte du poète en 1953, *l'Addition.* Interprète de nombreuses chansons, Léo Noël est une figure discrète mais non moins incontournable dans l'histoire de la chanson *rive gauche.* Accompagné de son orgue de Barbarie, il demeure le symbole du chanteur des rues.

Gérard Pellier archiviste de l'association les Amis de Joseph Kosma raconte à Yves Courrière : « *La Bergère et le Ramoneur* était commencé depuis très longtemps, et il faut bien dire que Jacques Prévert a beaucoup traîné. Quant à Grimault, s'il avait déjà esquissé la plupart des dessins au fusain, il lui fallait terminer l'animation et procéder à la colorisation. Travail encore considérable qui n'avançait pas assez vite aux yeux de Sarrut. Le producteur prit alors le mors aux dents : "Assez plaisanté, je termine le film sans Prévert et sans Grimault." Mais avec Kosma, qui accepta d'achever la musique même si une tierce personne terminait le film »[583]. Courrière dans la biographie qu'il consacre à Prévert *En vérité* s'étonne : « Comment Joseph Kosma avait-il pu prendre une pareille position ? » L'éditrice Jeanine Enoch raconte à Yves Courrière : « Dans le procès contre Sarrut, Kosma a eu tort de se désolidariser de Prévert et de Grimault qu'il connaissait depuis son arrivée en France. Tout cela sur les conseils de Marie Merlin, avec laquelle il vivait, sans toutefois abandonner la pauvre Lilly. Marie était une communiste invétérée qui dans un sens a fait beaucoup de mal à Kosma en lui disant : "En tant que communiste, tu ne peux pas ne pas terminer la musique pour Sarrut car tu mettrais ainsi une quantité de travailleurs sur le pavé !" »[584] Gilbert

---

583 Yves Courrière, *Jacques Prévert. En vérité*, Gallimard, p. 881.

584 *Ibid.*, p. 882. Janine Énoch, femme de l'éditeur de musique, raconte à Stéphane Lerouge, *Notes*, n°151, 1997 : « Kosma a vraiment été un compositeur de son temps, préoccupé par l'engagement politique, toujours soucieux d'écrire une musique avec un contenu, une musique que le public puisse comprendre. Dommage qu'il se soit fâché avec Jacques Prévert… Nous avons assisté en direct à la brouille Kosma / Prévert, en 1952, sur un film d'animation de Paul Grimault, *la Bergère et le Ramoneur.* Prévert et Grimault, auteurs du film, étaient en violent désaccord avec leur producteur et, pour faire pression sur ce dernier, ont demandé à Kosma de ne pas lui livrer sa musique. Ce qui a révolté Marie Merlin, la compagne de Kosma, membre du PC, qui trouvait indigne le fait de bloquer toute une production pour des raisons personnelles. Du coup, Kosma a refusé d'être solidaire de Prévert et Grimault : il a bel et bien enregistré et remis sa musique en temps et en heure. Prévert s'est alors senti trahi. La brouille était irrémédiable… Mon mari et moi, en tant qu'éditeurs de l'œuvre, étions au centre

Dubrisay se souvient : « Joseph Kosma, ce n'était pas un « nerveux » ! C'était sa femme qui le poussait à travailler ! »[585].

La justice a donné tort à plusieurs reprises à Grimault et à Prévert dans cette affaire. Ainsi le jugement du Tribunal civil de la Seine le 31 janvier 1953 a reconnu au producteur la faculté d'appeler des tiers pour achever la mission des spécialistes défaillants. Une telle dérogation se relie à une inflexion du droit moral de chacun des auteurs dans les œuvres de collaboration, en particulier dans les œuvres cinématographiques : si le metteur en scène ou l'auteur des dialogues peuvent déterminer la création intellectuelle de l'œuvre, leur participation ne saurait absorber celles du compositeur de la musique ou de tous ceux que des textes réglementaires ont classés dans la catégorie des créateurs (animateurs et décorateurs), qui ont formé équipe avec eux et sans lesquels leur œuvre serait vaine. Une communauté s'institue entre tous ceux qui ont promis leur concours à une œuvre de collaboration ; en prenant de tels engagements, chacun a accepté de sacrifier ses convenances personnelles à l'intérêt de tous, équitablement entendu. Le Tribunal fait observer à juste titre que la mauvaise volonté d'un co-auteur ne peut « entraver la terminaison d'un film dont le prix de revient, devait, en définitive, s'élever à environ 400 millions de francs » ; sans l'esprit d'initiative du producteur, et sans son acceptation des risques financiers, les plus beaux talents demeureraient sans emploi. L'opposition du dialoguiste et du dessinateur, quelle que soit leur notoriété, ne peut condamner à la ruine une entreprise qui engage des intérêts aussi importants que divers.

Gérard Pellier poursuit son entretien avec Yves Courrière : « Kosma avait une vision messianique et fausse du communisme avec lequel il était déjà plus que sympathisant. C'est surtout Marie qui l'a attiré du côté du PCF après lui avoir mis la main dessus. Avec Lilly, qui avait quinze ans de plus que lui, il ne s'occupait que de musique. Marie, qui en avait trois de moins et était fort jolie, lui a ouvert des horizons politiques. En outre, Marie n'aimait pas Prévert, qui le lui rendait bien. Il la considérait comme une bourgeoise du parti communiste et, pour Marie, Prévert était un anarchiste débraillé porté sur la bouteille ! Tandis que Jacques se retirait de l'univers de Kosma, celui-ci travaillait étroitement avec les pays socialistes et devenait un homme de plus en plus engagé. Ce fut la fin d'une grande amitié pour autant que Kosma, homme renfermé, ait eu vraiment des amis. »[586] La correspondance Prévert/Kosma montre ainsi la rupture : Prévert n'écrit plus à Kosma que de manière froide et dactylographiée. Kosma tente de relativiser la gravité de l'affaire : « Il est évident que cela est grave, peut-être même impardonnable, mais plutôt bête que méchant. »[587]

---

de la polémique, sans pouvoir vraiment intervenir en faveur de l'un ou l'autre. Avec beaucoup de tristesse au cœur, nous avons assisté à la fin d'une amitié. Par la suite, nous avons souvent essayé de les réconcilier. En vain : quelque chose de profond, d'intime était définitivement cassé. »

[585] Entretien de Gilbert Dubrisay avec l'auteur, Paris, 10 janvier 2008.

[586] Yves Courrière, *Jacques Prévert. En vérité*, pp. 882-883.

[587] Cité par Jean-Pierre Pagliano, *Le Roi et l'Oiseau. Voyage au cœur du chef-d'œuvre de Prévert et Grimault*, p. 83.

Kosma a signé son contrat avec les Gémeaux le 21 décembre 1950 et a reçu pour cela une rémunération de 500 000 francs[588], la partition devant être théoriquement terminée pour le 31 août 1951 avant que la date ne soit repoussée au 31 octobre. Par contrat, Kosma doit écrire la partition du film (articles 1 et 2), il cède le droit d'enregistrer son œuvre sur pellicule cinématographique en vue de la projection synchronisée avec les images du film (article 3 § b) ; il cède le droit d'exploitation et d'édition cinématographique pour tous pays, en toutes langues et ce par tous moyens de diffusion cinématographique (radio, relief, télévision) (article 3 § b).

Lors de l'enregistrement des courts mouvements musicaux de *la Bergère et le Ramoneur* (les mouvements plus symphoniques sont enregistrés à Londres), Kosma entre dans une forte colère en constatant l'absence de Grimault qui aurait préféré aller à la pêche[589]… Grimault est particulièrement dur avec le travail de Kosma qui signe pourtant une très belle musique de film : « Il y avait deux ou trois thèmes qui étaient très bons, les chansons étaient jolies, mais le reste… c'était du remplissage. Je n'étais plus là à l'époque où il a fait l'enregistrement. Il a maintenu son contrat avec la production, alors que Jacques Prévert, moi-même et les principaux copains nous n'étions plus dans le coup. Il a rempli ses engagements, mais ce sont des phrases qui tournent, qui tournent, qui tournent, pesamment, pour arriver au bout, quoi, pour s'en débarrasser. »[590]

Kosma fait enregistrer sa musique par le Royal Philharmonic Orchestra de Londres dirigé par Muir Mathieson (dont le nom est orthographié Matheson au générique du film) qui a assuré la direction musicale de nombreux films britanniques et américains (à l'instar du futur *Vertigo* d'Hitchcock)[591]. Le 17 juin 1953, Joseph Kosma dépose la partition de *la Bergère et le Ramoneur* à la Sacem sous le numéro 007788[592].

Après avoir composé la partition et les chansons de *la Bergère et le Ramoneur* Joseph Kosma continue sa collaboration avec Sarrut en travaillant pour les films publicitaires de la Comète. En 1954, la base de rémunération de Kosma s'établit à 25 000 francs par film d'une minute : trois compositions pour les produits de

---

588 Somme étonnamment basse car d'après le contrat de Kosma avec Romulus films, le compositeur a été payé 1,2 million de francs pour écrire la musique de *Innocents in Paris / Week-end à Paris* (1953) de Gordon Parry. On retrouve Muir Mathieson comme chef d'orchestre, Ann Chegwidden au montage et Anatole de Grunwald au scénario et à la production ; noms présents au générique de *la Bergère et le Ramoneur.*

589 Hélène Moinerie, *Le rôle de la musique dans les dessins animés de Paul Grimault*, maîtrise de musique dirigée par Jean-Pierre Berthomé, Université Rennes 2, Haute-Bretagne.

590 Jean-Pierre Pagliano, *Paul Grimault*, p. 136.

591 Lettre d'André Sarrut à Joseph Kosma, le 19 mai 1952 : « Cher Monsieur, Comme suite au contrat que nous avons signé avec vous le 21 décembre 1950 concernant notre film *la Bergère et le Ramoneur*, nous vous demandons de bien vouloir nous autoriser à porter sur le même carton que vous la mention « Interprété par / The Royal Philharmonic Orchestra / Dirigé par Muir Mathieson ». Votre nom étant en caractère 3 et ceux du Royal Philharmonic Orchestra et de Muir Mathieson en caractères 1. Si vous êtes d'accord, nous vous serions reconnaissants de nous retourner le double joint revêtu de votre signature. » Fonds Joseph Kosma, médiathèque musicale Mahler, Paris.

592 Contrat issu du Fonds Joseph Kosma, médiathèque musicale Mahler, Paris.

beauté Cadoricin, une pour Shell, une pour Armagnac et une pour Nestlé[593]. La même année, il compose la musique du dessin animé *la Cigale et la Fourmi* de Jean Image. En janvier 1955, Kosma compose la musique pour deux films anglais de la marque Omo et touche 120 000 francs. En 1959, Kosma autorise la Comète à réutiliser sa musique pour une campagne publicitaire Palmolive en Italie[594].

La même année, Kosma note dans ses carnets : « Lundi 14 décembre 1959 : Reprise de *Baptiste* à l'Odéon. Grand succès : la jeunesse a acclamé Jean-Louis Barrault. Tant mieux ! Mais nous vieillissons tous ! *Baptiste* a quelque quinze ans déjà ! Prévert [qui a écrit l'argument de l'œuvre] n'est pas venu. Carné non plus. »[595] Prévert et Kosma ne se revirent pas après leur brouille. Kosma lui avait « manqué », il ne le lui pardonna jamais. Par contre, un peu plus tard, Paul Grimault rencontra Joseph Kosma et se laissa photographier à ses côtés. En 1969, à la mort de Kosma, Prévert n'écrivit pas un mot, pas une ligne à son égard.

* * *
* *

André Sarrut n'est jamais allé aux différents procès intentés par Prévert et Grimault à son égard, son frère Jean[596], avocat, lui avait dit et répété : « N'y vas pas ! ». Marthe Ripert Sarrut, son épouse, une seule fois. Après le procès, Sarrut est écœuré et sombre dans la dépression. Il fait une crise de nerfs. Pour son épouse, il ne s'en est jamais vraiment remis. Et lorsque Grimault lui propose de racheter le film, Sarrut refuse. À la fin de la production, tout a été jeté à la poubelle, que ce soit les boîtes de films essais ou les calques, « j'ai vu tout ça dans les bennes ! »[597] se souvient le directeur technique Jacques Thévenet. Ce dernier a toutefois gardé un magnifique document contenant de très nombreux cellulos : le « cahier couleurs » du film avec toutes les indications couleurs pour chaque personnage ! André Sarrut a beaucoup de mal à se remettre de ce cuisant échec d'autant plus qu'il a entraîné avec lui un certain nombre de banques protestantes qui l'ont suivi malgré tout. Son

[593] La Comète (Jacques Marty) à Kosma, le 5 novembre 1954 : « Monsieur, nous accusons réception de votre lettre du 27 octobre dernier. Nous sommes d'accord pour prendre comme base de rémunération la somme de 25 000 francs par film d'une minute. Par application de ce principe, nous vous proposons les chiffres suivants calculés pour chaque affaire individuellement : [...] Ce qui ferait un total de 130 000 francs. » Fonds Joseph Kosma, médiathèque musicale Mahler, Paris.

[594] Le fonds Joseph Kosma conservé à la médiathèque musicale Mahler de Paris conserve quelques contrats conclus par Kosma avec la Comète entre 1953 et 1966.

[595] *La Revue musicale* n° 412 à 415.

[596] André Sarrut voue une grande admiration pour Jean Sarrut, son frère aîné, un modèle de réussite pour lui. Jean Sarrut (1904-1969) est avocat à la Cour de Paris et barrister-at-law en Angleterre. Ayant déjà une pratique internationale avant la Seconde Guerre mondiale, Jean Sarrut est l'assistant de Jean Monnet durant son séjour à Washington à la fin de la guerre. À son retour en France en 1946, il constitue l'un des premiers cabinets français spécialisé en droit international des affaires. Il a par ailleurs créé une collection de dictionnaires juridiques.

[597] Entretien de Jacques Thévenet avec l'auteur, Marly-le-Roi, 8 juillet 2014.

épouse indique : « André était caution d'une partie du film et les banques ont tout effacé, sinon il aurait été très endetté. L'ardoise a été effacée. »[598]

Après l'échec de *la Bergère et le Ramoneur*, il n'a plus jamais voulu en entendre parler. Il est triste et amer. Entre Grimault et Sarrut, c'est fini pour toujours. André Sarrut ne s'est jamais exprimé publiquement sur l'affaire. Ni dans un livre ni dans aucun article de presse. Pourquoi ? « Trop modeste pour écrire »[599] répond sa fille aînée Dominique Bousquet. Pourquoi sa famille n'a-t-elle jamais rien fait pour le faire (re)connaître ? « On avait peur de déranger... On a bien essayé, mais faire quoi ? » rétorque sa veuve. Gilbert Dubrisay note : « L'oubli de Sarrut est très injuste. Il a eu le mauvais rôle. Il ne se mettait pas en avant, il était modeste et honnête. On ne connaissait même pas l'importance de Sarrut aux Gémeaux ! Il ne se mêle pas directement des affaires du studio. On ne tutoie pas Sarrut, on lui dit Monsieur et lui nous voyait tous. Les rapports avec lui étaient plus sincères que Grimault qui tutoyait tout le monde. »[600] En 2014, Jacques Thévenet m'écrit : « J'ai lu, je dirais presque avec passion, mais il faut s'accrocher, votre *Histoire du dessin animé sous l'Occupation*. J'ai maintenant une idée de ce qu'est une thèse. Quel travail ! Bravo et surtout merci en ce qui me concerne. Je ne pensais pas avoir autant à apprendre de mon ancienne boîte. J'ai été frappé du rôle joué par A. Sarrut. En fait, j'ai révisé l'opinion que j'avais de lui. Ça me fait aujourd'hui un effet curieux. »[601]

Marthe et André Sarrut ont deux filles : Dominique, née en 1936 et Corinne, née en 1945. Dominique va beaucoup au cinéma mais son père lui dit : « Ce n'est pas ton truc le cinéma ! Toi, tu ne pourras jamais faire du cinéma » et à Corinne : « Toi, tu pourrais faire du cinéma, mais tu es trop timide ». Selon André Sarrut, chacun doit faire ce qu'il est capable de faire. Dominique arrête ses études en Seconde. Elle rencontre Jean Bousquet en 1959 avec qui elle se marie en 1965. Il arrive de Nîmes et a travaillé cinq ans chez un tailleur pour hommes à Monaco. Il n'a pas un sou. Il voit passer Corinne Sarrut, très artiste : elle transforme les vêtements qu'elle a achetés aux puces. Jean Bousquet crée la marque Cacharel en 1958 et fait travailler sa belle-sœur Corinne pour dessiner les collections aux côtés de la styliste Emmanuelle Khan. Pour la première présentation de Cacharel par Corinne au Gibus, André Sarrut décide de faire un film de ce premier défilé. Dominique collabore de loin à tout cela. En 1968, la photographe Sarah Moon débute une longue collaboration avec la marque. Cacharel est à son apogée dans les années 1975 avec le succès des chemisiers et robes à l'imprimé Liberty. Jean Bousquet, par l'intermédiaire d'André Sarrut qui travaille beaucoup avec l'Oréal pour la Comète sort le premier parfum Cacharel « Anaïs Anaïs » en 1978. Corinne Sarrut n'aime pas plus l'école que sa sœur aînée. Elle fait tout de même une école de dessin. En 1965, elle ne connaît rien à la mode avant d'intégrer Cacharel à 20

598 Entretien de Marthe Sarrut avec l'auteur, Paris, 24 janvier 2008.
599 Entretien de Dominique Bousquet avec l'auteur, Paris, 13 mars 2008.
600 Entretien de Gilbert Dubrisay avec l'auteur, Paris, 10 janvier 2008.
601 Lettre de Jacques Thévenet à l'auteur, Marly-le-Roi, 4 août 2014.

ans. Elle déclare avec humour : « Je sais faire des robes mais je ne sais pas choisir mes maris ! ». Devenue styliste maison, elle crée sa marque à son nom en 1986 et ouvre sa première boutique parisienne rue du Pré-aux-Clercs. Elle connaît durant quelques années un succès fulgurant en Europe et au Japon[602].

Corinne Sarrut se souvient d'un « gentil » père, « tendre papa » avec de l'esprit, de l'humour et beaucoup d'autodérision. « C'était un original, il était honnête, humain et plein d'esprit »[603]. Il ne parle jamais travail à la maison. Il lit des romans policiers, surtout Simenon. Il aime les films de Louis de Funès, et va au cinéma tous les samedis, une à deux fois. Le dimanche, c'est repos. André Sarrut rit beaucoup : « J'aime rigoler » disait-il. « Et c'est vrai qu'il nous a fait beaucoup rire. Quand il arrive dans un salon, une aura se crée autour de lui. André parle beaucoup, il n'était pas orgueilleux, il était sympa, modeste et plein d'autodérision. D'une grande qualité intellectuelle, il était très intéressant à écouter avec toujours du nouveau à dire. » Pour Dominique, sortir à des soirées quand on est la fille d'André Sarrut, c'est super car on la laisse entrer presque partout. André aime s'entourait des jeunes amis de sa fille Dominique quand ils sont à la maison[604]. « On habitait un très grand appartement afin de recevoir les invités pour des réceptions. Puis on a déménagé rue de l'Yvette dans un appartement plus petit. » Marthe et André Sarrut passent leurs vacances à Beaurecueil (Bouches-du-Rhône). Cette maison de famille accueille parfois les clients américains de la Comète. Riche, André Sarrut tient malgré tout à ce que les murs soient blancs, sans aucune décoration et avec des meubles très simples. Même s'il n'est pas pratiquant, André a l'esprit protestant : simplicité et honnêteté. De tradition, la famille est politiquement à gauche. Sarrut ne va jamais dans les magasins mais se fait tailler sur mesure ses costumes Cardin par un tailleur roumain à la retraite et c'est son épouse qui lui achète ses chemises. Il achète tous les trois ans trois paires de Weston : deux pour la journée et une pour les soirées[605].

Durant la finition de *la Bergère et le Ramoneur*, André Sarrut et Jacques Asséo (ce dernier s'occupe plutôt de la prise de vues réelles) montent la Comète en 1950 et travaillent pour Cinéma et Publicité dirigée par Jacques Zadok (production et distribution) : 40 à 50 personnes y travaillent en 1951-1952. Si les Gémeaux a fait faillite, la société la Comète poursuit une activité florissante dans le dessin animé publicitaire, éducatif et d'informations. Entre les Gémeaux et la Comète, il n'y a pas eu, pour certains employés comme Gilbert Dubrisay, de périodes d'inactivité. Selon Jacques Thévenet, Asséo était un « dessinateur moyen mais un excellent commercial. Il était méprisé par le reste de la bande car il travaillait pour la publicité. »[606]. Asséo travaille pour les Gémeaux depuis le début en 1937. Gabriel Allignet se souvient : « On a fini par devenir une équipe. Le pilier au départ était

[602] Entretien de Corinne Sarrut avec l'auteur, Paris, 24 janvier 2008.
[603] Entretien de Corinne Sarrut avec l'auteur, Paris, 10 janvier 2008.
[604] Entretiens de Dominique Bousquet et Marthe Sarrut avec l'auteur, Paris, 24 janvier 2008.
[605] Entretien de Marthe Sarrut avec l'auteur, Paris, 14 janvier 2008.
[606] Entretien de Jacques Thévenet avec l'auteur, Port-Marly, 9 et 13 février 2015.

Jacques Asséo qui était le plus ancien de tous. Il connaissait Paul depuis 1930, je crois. C'était un vieux de la vieille. Il y avait Reychman qui s'est sauvé en 1939. [...] Vilma de Kiss était la première de l'équipe avec Asséo. Il y avait aussi la petite Zézette [Suzanne] Rivière, Léon Dupont, Jean [Vimenet] et moi. »[607]

En 1952, un dessin animé est tourné dans le cadre du plan Marshall. *Productivité* de Jacques Asséo chante les vertus prodigieuses du développement de la productivité industrielle. En 1953, *Transatlantique* toujours de Jacques Asséo commence par la découverte du Nouveau Monde par Christophe Colomb, puis sa colonisation, la Guerre d'Indépendance des Amériques, ensuite la Révolution industrielle avec cette idée qu'en Occident nous sommes tous cousins, car grâce aux nouveaux modes de transports ultra-rapides l'homme moderne est partout chez lui.

Très rapidement, la Comète se consacre exclusivement au marché publicitaire alors en plein développement, le métrage des films publicitaires projetés sur les écrans en 1951 étant environ six fois plus important que celui de 1939. Lors des dix minutes d'entracte (270 mètres) six à dix messages de 25 à 45 mètres (1 à 2 min) sont projetés aux spectateurs. La revue *Publimondial* note en 1952 qu'au cours des derniers mois les films en dessins animés ont pris une importance plus grande, le plus souvent en Technicolor ; parfois de la marionnette et toujours avec un accompagnement musical séduisant[608]. Les dessins animés en couleurs de luxe peuvent atteindre en 1952-1953 60 000 francs environ le mètre[609] et dépasser - au mètre - les sommes investies dans les grandes productions les plus chères. Le film de publicité devient plus court qu'avant-guerre (on passe de 40 à 20 mètres environ, soit de 75 à 50 secondes environ). Les budgets pour la publicité au cinéma passent de 80 à 120 millions de francs. Cinéma et Publicité et Jean Mineur proposent pour 250 000 francs de passer dans le délai de quatre mois le même film dans toutes leurs salles[610].

Le caricaturiste Siné raconte : « [En 1953], je signai un contrat avec Publicis et un autre avec une boîte de dessins animés, la Comète, qui tenaient toutes deux à m'avoir en exclusivité. Je me mis alors à vanter, indifféremment et sans états d'âme, les mérites des meubles Lévitan, des chaussures André, des lunettes Marly, des tissus Reine, des vêtements Esder, des phares Marchal, des laboratoires Sandoz ou des slips Ambassade… En Angleterre, mes dessins animés pour Schweppes faisaient un malheur et, les carnets de commandes de mes employeurs ne cessant de se remplir, j'en profitai pour augmenter sérieusement mes tarifs. »[611] Siné poursuit : « Mes dessins animés, très courts, projetés dans les

---

607 Entretien vidéo inédit de Gabriel Allignet avec Pascal Vimenet, 10 mars 2000.

608 Pierre Picherit, « La publicité et le cinéma », *Publimondial* n°44, 4ème trimestre 1952, p. 60-61.

609 Le prix moyen facturé au client au milieu des années trente est de 150 francs le mètre pour un film noir et blanc et entre 250 à 500 francs le mètre pour un film couleurs. En 1963, le prix de revient au mètre d'un dessin animé fluctue entre 900 et 1 500 francs selon « Le cinéma », *Vendre* n°404, octobre 1963.

610 Pierre Remont, « L'annonceur devant le problème cinéma », *Publimondial*, n°52, 1953.

611 Siné, *Ma vie, mon œuvre, mon cul !*, tome 5, p. 7.

cinémas pendant les entractes, faisaient un carton aussi bien en France qu'à l'étranger. Mes séries pour Banania et Pirelli m'avaient même valu deux grands prix lors d'un festival à Montréal. L'équipe d'animateurs de sa boîte [la Comète] était tellement bien rodée qu'après les quelques premiers films, mon rôle s'était réduit au minimum. Je me contentais désormais de pondre les scénarios, quelques sommaires crobards et les décors. Des spécialistes se chargeaient de tout le reste. Un boulot de tout repos ! À tel point qu'un jour, il [Sarrut] s'était excusé d'avoir dû réaliser et signer de mon nom un film en mon absence pour un client hyper-pressé. J'avais, sans du tout me formaliser, accepté ses excuses et son chèque. »[612] Outre Siné, la Comète s'attache les services d'illustrateurs reconnus tels que Chaval, Raymond Savignac, Hervé Morvan, Jean Bellus ou Ronald Searle. Peut-être trois cents illustrateurs en près de vingt ans[613]. Des compositeurs de renom écrivent pour la Comète. En plus de Joseph Kosma déjà cité, se croisent au générique Jean Wiéner et Georges van Parys puis Georges Delerue, Jacques Loussier, Pierre Henry, Daniel White ou encore Gérard Calvi.

En juin 1954, 260 films publicitaires ont déjà été réalisés par la Comète pour la France, l'Angleterre, la Suisse, l'Italie, la Belgique et les États-Unis. Ces films ont été tournés pour la plupart, suivant le procédé Technicolor, et ont une longueur moyenne de 20 à 25 mètres. Parmi les plus importants de ces films, on peut citer :

> Annonceurs français : 11 films pour Astra ; 11 films pour Persil ; Roquefort, Belle Jardinière, Dubonnet (Prix du jury 1953), Philips, une série de trois films pour Spontex, Lait Mont-Blanc (Médaille du Sens Musical 1954), Ovomaltine, Gelée royale, Vitrac, Rochas, Revillon, une série de deux films pour Frigeco.
>
> Annonceurs belges : Chocolat Victoria, Cigarettes Belga, Margarine, Royco (Médaille du Sens Commercial 1954).
>
> Annonceurs anglais : Ronson, Thermogene, Colman's, Andrews, Pepsi, Cola Evan's, Cooking, Polo, Penguin, Sunfresh
>
> Annonceurs américains : 5 films Camay (savon de toilette), 4 films Adolph's (produit pour attendrir la viande), 3 films Johnsons (produit d'entretien)[614].

Lucienne Berthon, ancienne animatrice de l'équipe Albert Dubout, est recrutée à la Comète en 1954. Comme test d'entrée, Georges Juillet (l'animateur de l'Oiseau resté fidèle à Sarrut) lui fait animer une petite séquence de *la Bergère et le Ramoneur*, « pour voir ce dont j'étais capable. Georges Juillet me prend alors sous son aile, je deviens son bras droit. Il y avait aussi Victor Lagoutte et Jean Mutschler ». Elle se souvient : « Sarrut était un type intéressant. Courageux, entreprenant et avec beaucoup d'idées. Il était très gentil, très famille. Il aimait vraiment le cinéma. Il nous vouvoyait tous »[615]. Elle travaille sur des courts

[612] Siné, *Ma vie, mon œuvre, mon cul !*, tome 5, p.48.

[613] Claude Degoutte, « Le renouveau du dessin animé français », *Infos Afca* n°7, juillet 1982.

[614] Lettre de la Comète à Marie-Thérèse Poncet, « Production André Sarrut / Jacques Asséo la Comète », 25 juin 1954. Archives Marie-Thérèse Poncet, Institut Lumière, Lyon.

[615] Entretien de Lucienne Berthon avec l'auteur, Neuilly-sur-Seine, 13 février 2008.

métrages pour Renault ou les céréales Kellog's. Un client expose son problème, « Sarrut avait des idées sur le champ. Il intéressait tout de suite le client. Avec l'aide de Jacques Veinat, il cherche un scénario différent à chaque fois. Gilbert Dubrisay dirigeait l'équipe, Jacques Capo était opérateur. En 1956, j'ai quitté Sarrut gentiment. »[616]

En 1955, Jacques Thévenet, licencié des Gémeaux, est rappelé à la Comète comme responsable du secteur dessin animé en charge du personnel, des salaires, de la production et du respect des délais. Soixante personnes (dont 20 filles) travaillent alors à la Comète. Une quarantaine sont également en free-lance. Thévenet se souvient : « On se libère des carcans, c'est un animateur qui anime un plan ». La Comète possède bientôt des bureaux à Paris, à Milan (un attaché commercial, une secrétaire et un complexe de réalisation), à Francfort et à Londres, plus un point de chute à Chicago. Pour Londres, ce sont les fidèles frères de Grunwald, Anatole et Dimitri qui sont ses agents. Les frères de Grunwald s'occupent du volet production et sont en relation pour la prise de vue directe. Marthe Sarrut se souvient : « Les frères de Grunwald étaient attachés commerciaux de la Comète à Londres. Sa femme, Vera, était ma meilleure amie dans les festivals. Ils étaient russes, mais bilingues anglais, présentant bien. »[617]. André Sarrut voyage beaucoup en Angleterre (son point de chute à Londres est toujours le Hyde Park Hotel), en Suisse, en Italie et en Afrique du Sud. Son réseau professionnel est impressionnant. Il reçoit de très nombreuses récompenses pour son travail.

Lors d'une réunion avec le Crédit national en décembre 1955, André Sarrut expose que la Comète est encore au capital de 150 000 francs et que ce capital, pour se conformer à la loi, doit obligatoirement être porté à 1 million de francs avant la fin de l'année. La société les Gémeaux étant actionnaire de cette société et ne pouvant souscrire, faute de fonds, André Sarrut offre aux créanciers des Gémeaux de profiter du droit de souscription et de participer à l'augmentation du capital. Le procès-verbal de la réunion indique : « Le chef du contentieux du Crédit national n'a pas cru devoir, agissant pour le compte de l'État, répondre à cette offre, alors que la société la Comète est en face d'un passif d'une cinquantaine de millions de francs. »[618] Ce passif n'empêche pas la Comète de connaître une grande phase d'expansion avec à sa tête, entre 1955 et 1965, Jacques Marty, issu

---

616 Lucienne Berthon : « J'avais eu en effet l'occasion de faire un film de relations publiques qui intéressait Citroën, *Et pourtant*. Le budget était plutôt confortable. Michel Zerner était le réalisateur de la prise de vues réelles du film. Je m'étais associée à hauteur de 25 % des parts dans les films du Rond-Point avec Jean Le Landais qui avait débauché un animateur de la Comète, Jean Mutschler. Jacques Zadok avait voulu que je prenne la direction d'un département chez Cinéma et Publicité. J'ai refusé. Zadok renoue alors avec la Comète et finalement Cinéma et Publicité l'absorbera en 1968. Quant à moi, sur un conseil de Zadok, je crée ma propre société avec Mutschler en 1957, les Films Berthon-Mutschler. Le Landais me rend les 250 000 francs que j'avais investis dans les films du Rond-Point, ce qui permet de me lancer. La société tournera une cinquantaine de dessins animés mais Mutschler tente de se passer de moi. Il pique du fric dans la caisse... ».

617 Entretien de Marthe Sarrut avec l'auteur, Paris, 24 janvier 2008.

618 CN1727-B158. CAAIC, Extrait du rapport présenté par M. Péronne, chef du contentieux à la séance du 27 décembre 1955.

d'une grande école de commerce. Près de 60 % de son chiffre d'affaires se fait alors à l'étranger.

En 1957, en France, le chiffre d'affaires du cinéma publicitaire dépasse les cinq milliards de francs pour 600 films produits (format de 20 à 40 m en moyenne, de 50 à 75 s), dessins animés et marionnettes. Le film d'entracte est réalisé par une quinzaine de firmes. Tous les dessins animés de Cinéma et Publicité[619] (116 bis Champs-Élysées) sont réalisés par la Comète. Jacques Sermaize écrit dans son panorama annuel : « Restons-en sur cette grande confiance pour la technique et la progression du film d'animation, image par image, confirmée par la réussite dans ce domaine, d'autres groupes, les films la Comète ou encore les Cinéastes associés, qui ont propagé à l'étranger comme en France, le renom d'une production souvent exceptionnelle. »[620] Société des Cinéastes associés dans laquelle s'épanouit Jacques Vausseur qui avait animé le petit chien et les petits oiseaux de *la Bergère et le Ramoneur* : « Je suis resté animateur plusieurs années et peu à peu j'ai commencé à concevoir et à réaliser des films publicitaires, ce qui m'a amené à être d'abord assistant-réalisateur puis réalisateur. Les premières opportunités de réalisations de courts métrages, je les ai eues aux Cinéastes associés. »[621]

Chaque année, l'équipe de la Comète produit une centaine de films (à partir des années soixante, la moitié en dessins animés, l'autre moitié en prises de vues réelles avec des durées variant de dix secondes à dix minutes) dont le style peut s'apparenter à celui du cartoon classique comme dans les bandes de Jacques Asséo pour les Parfums Camay ou pour l'« attendrisseur » de viandes britanniques Adolph ou pousser jusqu'au cartoon moderne comme avec *Ça Va Mal* de Sarrut-Asséo (et Aurance pour les décors) ou *Shell Super ICA* qui, combiné à une remarquable partition de musique concrète de Pierre Henry, est à l'époque une nouveauté graphique, à l'instar des films de la UPA. La musique concrète, qui devient un élément de plus en plus utilisé par le cinéma publicitaire, soutient l'animation nerveuse, assurée par Gilbert Dubrisay, des zébrures abstraites d'une boîte de café soluble Ecco. André Sarrut et Jacques Veinat ont également réalisé *Azur*, qui, dans un long plan synchrone et dynamique, transforme tous les signaux et les barres jaunes de la route en mouvement visuels abstraits que l'on peut comparer à certaines bandes dessinées à même la pellicule de Norman McLaren[622]. Jacques Thévenet considère Jacques Veinat comme un génie, « il avait un vrai sens

---

[619] En 1957, Cinéma et Publicité est la plus grande firme en France ; elle régente 1 280 écrans de 35 mm (sur 5 700), 400 en Afrique du Nord et 130 en Sarre. Suivent Jean Mineur, France-Films et France-Écrans. Les distributeurs sont limités à 270 mètres de films pour l'entracte soit environ 12 films. En 1962, les quatre grands circuits de distribution de publicité générale en standard 35 mm sont France-Film (1 750 salles), Jean Mineur (1 575 salles), Cinéma et Publicité (1 432 salles) et dans une moindre mesure France-Écrans (745 salles en banlieue et en province).

[620] Jacques Sermaize, « Le cinéma publicitaire 1957 est désormais majeur », *Publimondial* n°86, 1957, p. 33.

[621] *Image et son*, 1967, p. 99.

[622] Archives de l'Afca, Paris, dossier « André Sarrut ». Document non sourcé.

de l'animation, c'était un artiste mais aussi un vrai professionnel. Caractériel, il était malgré tout le véritable moteur de la nouvelle entreprise. »[623]

En novembre 1959, naît à la télévision française la « propagande collective d'intérêt général » ou « publicité collective » ou « publicité compensée » qui consiste à vanter les mérites de catégories de produits sans citer les marques ; enfin, le 1er octobre 1968, sont diffusées les premières publicités de marque qui signent la « petite mort » du cinéma publicitaire. Entre ces deux dates, la Comète disparaît. Pour Jacques Thévenet, André Sarrut recommence les mêmes erreurs qu'à l'époque des Gémeaux, il a été, selon lui, mauvais gestionnaire. Surtout, la publicité à la télévision provoque un tort considérable à la société : de multiples petites entreprises de quatre/cinq personnes concurrencent la Comète qui est une très grosse structure manquant peut-être d'agilité. André Sarrut signe en juillet 1967 pour le magazine *Vendre* (n° 465) un article qui prend une tournure ironique avec le recul des années : « Un media irremplaçable pour la publicité de marque : la télévision française ». En 1967, la Comète déménage à Boulogne dans les locaux de Cinéma et Publicité. Après 1968, la Comète est hébergée pendant un an chez Vernes à côté du cimetière de Montmartre avant d'être rachetée par Cinéma et Publicité qui, elle-même, fusionne avec Pathé Cinéma Jean Mineur en 1971 pour donner naissance à Médiavision.

André Sarrut rejoint alors Synelog, une agence de communication financière dirigée par André Vernes. Il s'occupe des rapports annuels, des plaquettes commerciales, des brochures. L'idée est que Sarrut crée un département audiovisuel afin de mettre un pied dans le marché de la communication d'entreprise. Ils installent la société au 49, rue Ganneron alors que le montage et le mixage des films se fait rue Forest dans le 18ème arrondissement de Paris. Patrice Garlot rejoint André Sarrut comme assistant en juin 1973 : Sarrut sera le réalisateur et Garlot le chef opérateur. Le premier film qu'ils tournent ensemble est un court métrage pour le Pays basque intitulé *Harmonies et contrastes*. Garlot qui vient de créer Sériplume (une petite SARL avec des bureaux à Neuilly-sur-Seine) pour être le sous-traitant exclusif de Synelog, se souvient : « On était trois ou quatre sur le tournage en 1975. On a tourné en 16 mm gonflé en 35 mm. On a filmé les lieux à mettre en exergue avec pour scénario : « Je me balade, je vois des jolies choses ». »[624] Ce film de 12 minutes, financé par le comité régional du tourisme, aurait été projeté en salles avec *le Coup de sirocco* (1979) d'Alexandre Arcady. Sarrut et Garlot (par l'intermédiaire de Sériplume) travaillent également en 1977 sur *Saisons et couleurs*, 16 mm gonflé en 35 mm, pour la région Aquitaine et projeté en salles. Ensemble, ils tournent également pour le CETIM, Centre d'études techniques des industries mécaniques. Ce sont quinze expériences filmées, mais ces courts métrages ne passent pas au cinéma, ils sont destinés à la vidéothèque des films d'entreprise CEFILM. En dehors de ce circuit privé intra-entreprises, les courts métrages ont pu être projetés dans un festival du film d'entreprise. Sarrut et

623 Entretien de Jacques Thévenet avec l'auteur, Port-Marly, 9 et 15 février 2015.

624 Entretien de Patrice Garlot avec l'auteur, Le Chesnay, 17 décembre 2014.

Garlot tournent le film d'ouverture (cinq minutes) pour l'assemblée générale d'Air Liquide. Le duo tourne environ deux films de publicité par an (ce qui est peu) pour les biscuits TUC ou les téléviseurs ITT Océanic puis ITT Schaub-Lorenz (en tout, de cinq à six films, de 15 à 20 secondes qui voient débuter la comédienne Catherine Alric). C'est malgré tout beaucoup de bricolage se souvient Garlot. Ils participent également au tournage d'un film d'une dizaine de minutes pour Cacharel réalisé par Sarah Moon. Garlot : « C'était un mélange de photos et de prises de vues réelles sur une musique de Ravel, *Pavane pour une infante défunte*. C'était très innovant. Les nymphettes venaient de la bande à Just Jaeckin. »

Bientôt pourtant Sarrut et Garlot doivent se rendre à l'évidence : ils ne gagnent pas beaucoup d'argent car le marché du film d'entreprise n'est pas énorme. Il est difficile de trouver le long métrage auquel accrocher un court ou moyen métrage pour une diffusion en salles. En 1978, Patrice Garlot tourne pour le ministère du Tourisme *Montagnes d'été* en 35 mm afin de promouvoir les loisirs d'été en montagne en France. Mais sans André Sarrut. Garlot raconte : « Sarrut arrive un matin, il se dit fatigué alors qu'il était toujours créatif, il avait été un grand communicant. « J'ai envie de m'arrêter » dit-il. Sarrut reste à Synelog comme directeur artistique, il donne son avis mais il lève progressivement le pied. Sarrut s'éloigne doucement, fatigué, usé. J'avais une relation papi/petit-fils. Il me racontait beaucoup d'histoires de sa vie mais rarement de *la Bergère et le Ramoneur*. Il n'avait pas envie d'y revenir. » À 70 ans, André Sarrut décide se retirer définitivement des affaires en 1980 alors que sort au cinéma *le Roi et l'Oiseau*. Il n'en fait aucun commentaire.

En mars 1979, Patrice Garlot travaille avec Disney pour la création et la commercialisation du Pavillon français à EPCOT et du film 180° pour ce même Pavillon, puis au Parc de la Villette en 1982 pour produire le premier film en IMAX Dôme pour la Géode : *l'Eau et les Hommes*. Garlot réintègre Synelog en 1985 pour une durée d'un an, « Je ne sais pas pourquoi ils m'ont réengagé. Pour mettre en ordre leurs affaires après le départ d'André peut-être. »[625]

---

[625] Patrice Garlot : « Parmi mes autres films, un court métrage en 70mm, tourné en Espagne en 1980 pour le lancement de la Fuego. Projeté en 70mm une seule fois, à Monte-Carlo, sur un écran hémicylindrique de 33 mètres de bases. Une seule fois parce que c'était un évènementiel rien que pour le lancement-France de la Fuego. Le film a également été primé au Festival du film d'Entreprise de Biarritz 1980. En 1981-1982, Sériplume a ses propres clients comme Bouygues, Vinci, Raclette Richemonts, Guerlain… En 1980, un important grossiste-quincaillier limousin François Pénicaut veut fêter les 130 ans de la création par son père à Limoges de sa société. Il veut faire un événement audiovisuel important. Il rêve d'un 360° sans aucune idée de ce que cela coûterait. Seul Disney l'a fait en 1954, avec *America the Beautiful* produit par et pour Monsanto [en Circle-Vision 360°]. Je contacte Armand Bigle des Walt Disney Productions, France. Disney annonce le coût mais EPCOT va ouvrir et Disney cherche à remplir le Pavillon français. J'emmène des politiques de divers ministères : Commerce, Industrie pour faire venir des entreprises françaises. Deux ans de collaboration, et plusieurs voyages chez Disney suivent. Le projet « Pénicaut 360° » se transforme en « projet Disney 360° » pour le Pavillon France [pourtant le film projeté au pavillon français *Impressions de France* est en 180° (avec l'épaisseur des joints entre chaque écran, cela porte l'angle de vision à environ 200 degrés) en 35 mm entre 1982 et 2011 et en 4K depuis ; les seuls films 360° sont pour les pavillons canadien et chinois. Merci à Sébastien Barthe pour ces précisions, SR]. Ensuite, je continue de tourner des courts

André Sarrut, devenu grabataire, après un an passé alité, décède à 86 ans le 13 juin 1997 à cinq heures du matin dans sa chambre d'hôpital. Il est inhumé à Bagneux après une cérémonie simple au temple du Luxembourg, 58, rue Madame à Paris. Aucun hommage à sa carrière n'est rendu. Son épouse, Marthe Ripert Sarrut, continue une activité de poétesse. Elle décède à l'âge de 105 ans en octobre 2018[626].

* * *
* *

Pour ce qui concerne l'activité de Paul Grimault après *la Bergère et le Ramoneur*, je renvoie le lecteur aux livres d'entretiens de l'artiste avec Jean-Pierre Pagliano publiés chez Lherminier en 1986 et réédités chez Dreamland en 1996, à son livre *Traits de mémoire* publié au Seuil en 1991 et à *Le Roi et l'Oiseau. Voyage au cœur du chef-d'œuvre de Prévert et Grimault* paru chez Belin en 2012. Tout au long des notes de cet ouvrage, le lecteur trouvera également des dizaines et des dizaines d'entretiens que Grimault a donnés durant des années. Paul Grimault avait enfin un projet de Mémoires resté à l'état de notes. Il existe également un certain nombre de documentaires télévisés, en bonus DVD/Blu-Ray et émissions radiophoniques dans lesquels Grimault s'est exprimé.

Pendant de longues années, Grimault est très mal vu par la profession en raison de son intransigeance. Grimault : « Je n'avais pas la possibilité de refaire un autre film. J'étais grillé. » ; « J'avais perdu la partie. J'aurais préféré que ça se passe avec un peu plus d'élégance, mais l'élégance n'est pas donnée à tout le monde, et, de toute façon, ça n'aurait rien changé. »[627] Il poursuit : « En 1950, je suis sorti complètement dépouillé[628] de ma rupture avec l'entreprise que j'avais fondée, les Gémeaux. [...] La publicité sur laquelle je comptais d'abord ne s'est pas montrée très accueillante pour le retour de l'enfant prodigue. »[629]. En effet, les commandes

---

métrages d'entreprise dont l'un des plus importants fut un 15 minutes en Scope, sur le Pont de l'île de Ré, en février 1988, une fiction financée par Bouygues, constructeur du Pont. Primé la même année, au Festival du Film d'Entreprise de Biarritz. J'ai réalisé également ensuite plusieurs courts métrages historiques pour des spectacles permanents, *L'Archéoscope du Mont-Saint-Michel*, (35mm), *Carnac* (35mm) ou *Godefroy de Bouillon* (35mm Scope). Je me suis lancé dans le 360° pour mon compte personnel en créant Totavision en 1998, qui ne produit que des films en formats panoramiques divers, 360° et Fulldôme. » Entretien de Patrice Garlot avec l'auteur, Le Chesnay, 17 décembre 2014.

626 Pour plus de détails sur Marthe Ripert Sarrut se reporter à Sébastien Roffat, *Histoire du dessin animé français entre 1936 et 1940 : une politique culturelle d'État*, l'Harmattan, 2014, pp. 290-292.

627 Paul Grimault, *Traits de mémoire*, p. 161.

628 En 1937, à la création des Gémeaux, Grimault ne possède que 3 % des parts grâce à un apport en nature d'un appareil de projection et de deux aérographes ; en 1946, à la constitution en société anonyme, il possède au mieux 17 % des parts. En 1950, en tant que directeur artistique, Grimault touche un salaire mensuel conséquent de 150 000 francs. En tout, Grimault a été payé 5,4 millions de francs pour la réalisation de *la Bergère et le Ramoneur*. Alors l'expression « dépouillé » est-elle sans doute un peu exagérée…

629 Paul Grimault, *Traits de mémoire*, p. 27.

n'affluent pas aux Films Paul Grimault. Le réalisateur le reconnaît d'ailleurs : « En 1950, j'avais encore beaucoup à apprendre »[630]. Grimault raconte : « Le directeur d'un circuit de distribution de films publicitaires spécialisé dans la réalisation de films dits préfabriqués ou passe-partout m'a proposé de travailler pour lui. L'appellation de ces films me semblait manquer un peu de classe, mais il fallait voir. Il s'agissait de lui fournir des petites séquences en dessin animé, de 10 à 15 secondes, au bout desquelles il rajouterait une finale à sa façon du genre : « En vente dans les magasins X ou Y », qui, elle, varie selon les localités. Cette astuce permettait de vendre ces bandes à des clients différents, chacun semblant localement avoir fait les frais d'un film original. Surtout si le plan final montrait le boutiquier, sa femme, ses gosses et les vendeuses posant souriant devant le magasin. Le travail était extrêmement mal payé. Pour m'en sortir, je devais simplifier à l'extrême et aller le plus vite possible. C'est ce que j'ai fait, réussissant même à torcher un de ces produits en deux heures. [...] Après avoir bricolé une dizaine de ces films, j'en ai eu assez. »[631] Grimault est crédité comme réalisateur du court métrage publicitaire *Sain et Sauf* (1'10 min) pour Danone distribué par Cinépropagande et animé par Alberto Ruiz et Léon Dupont. Grimault a également « supervisé » un dessin animé publicitaire d'Henri Lacam pour la Vache qui rit : *le Congrès du rire*. Grimault est aussi le réalisateur du court métrage publicitaire *Terre !* (30 secondes) animé par Léon Dupont sur une musique de José Berghmans distribué par France-Ecrans pour le syndicat des lunetiers. En 1951, il tourne avec Henri Lacam le dessin animé publicitaire *la Légende de la soie* animé par Alberto Ruiz et Léon Dupont. En 1952, pour le compte du ministère de la Reconstruction et de l'Urbanisme, il coréalise *Pierres oubliées* mêlant prises de vues réelles et animation (par Henri Lacam, Gabriel Allignet, Alberto Ruiz et Jean Vimenet). Grimault fait parallèlement des emballages pour bouteilles, des étiquettes, des annonces, des affichettes pour Roger Roumagnac. Il continue l'illustration de cartes de vœux (tradition entamée depuis 1936). Il illustre *la Communale* de Jean L'Hôte et *le Petit Simonin illustré*, un dictionnaire d'argot. En 1956, il écrit avec Pierre Prévert le scénario du court métrage *Enrico Cuisinier*. En 1957, il réalise le dessin animé *la Faim du monde* (3'30 min), film de commande du Commissariat général du Gouvernement (ancêtre de l'UNESCO).

En 1960, Paul Grimault est interrogé sur ses projets : « [il] avoue n'avoir pas abandonné l'espoir de refaire du film-spectacle ; il a pour le moment des propositions italiennes relatives à un long métrage, ainsi qu'une proposition venant du Japon, où l'on souhaiterait qu'il se rende afin d'y réaliser un dessin animé. Mais il n'y a encore rien de conclu, le long métrage n'étant pas une mince affaire... Actuellement, Paul Grimault, qui vient de terminer un film expérimental pour la télévision, se consacre à quelques films de publicité et surtout à des courts métrages techniques, des films de relations publiques, des films instructifs,

---

[630] Propos recueillis par Robert Grelier à Paris le 23 janvier 1980 paru dans *la Revue du cinéma/Image et son/Écran* n°348, mars 1980, p. 72.
[631] Paul Grimault, *Traits de mémoire*, p. 60

éducatifs, etc. Le film d'information ou le film technique lui paraît une forme de cinéma intéressante à développer parce qu'elle permet de disposer d'un métrage plus important. »[632] On le voit également apparaître dans de petits rôles dans *Paris mange son pain* de Pierre Prévert ou dans *Mon Oncle* de Jacques Tati.

Dans les années soixante, Grimault travaille sur un projet de film de marionnettes sur un scénario de Jacques Prévert : *Import-Export* renommé *Des parapluies pour les colonies* ; le film remanié est finalement devenu le dessin animé *le Diamant* (1970). Cinglant, François Porcile écrit à propos de ce film : « En 1969, la « rentrée » attendue de Paul Grimault avec *le Diamant* n'apporte aucun renouvellement de l'inspiration de l'auteur du *Petit Soldat.* »[633] En 1962, il produit le premier film en papier découpé de Jacques Colombat, *Marcel, ta mère t'appelle.*

En 1964, il dessine les décors agrandis photographiquement du téléfilm des frères Prévert, *le Petit Claus et le Grand Claus.* Grimault espérait en faire d'autres, il n'y eut pas de suite.

En 1973, Grimault participe au spectacle monté à l'Odéon par la Comédie française : *C'est la guerre, monsieur Gruber* de Jacques Sternberg dans une mise en scène de Jean-Pierre Miquel. La même année sort *le Chien mélomane* (1973), « réalisé dans des conditions difficiles. C'est un film corrosif qui dit bien ce qu'il veut dire, sans concession aux tentations contemporaines. Le genre de film que les commissions d'aide n'estiment pas utile de soutenir. Pour moi, le film est fait, et c'est le principal. »[634] Son dernier court métrage en 1988 s'intitule *le Fou du roi* (2 minutes) destiné à être inclus dans *la Table tournante.*

Que sont devenus les artistes qui ont œuvré sur le film et qui n'ont pas travaillé à la Comète ? En 1981, Gilles André écrit dans *Sonovision* : « En France, après l'éclatement des Gémeaux, les animateurs se sont retrouvés atomisés, sur le trottoir. Beaucoup ont abandonné, d'autres se sont débrouillés par leurs propres moyens, faisant de petits travaux ça et là, démarchant leur carton à dessins sous le bras. D'où, non seulement, il n'y a plus d'équipes constituées mais, de plus, les très bons cinéastes ont perdu l'habitude de travailler ensemble. »[635] L'animateur et réalisateur Manuel Otero raconte : « Le court métrage, c'est le ghetto du cinéma et le ghetto du court métrage, c'est le cinéma d'animation. C'était une période de vaches maigres, Henri Lacam et son assistante n'avaient rien. Des excellents animateurs se retrouvent à la rue, certains fabriqueront des matelas, d'autres vendent des bijoux place de l'Opéra. »[636]

Henri Lacam, après avoir quitté les Gémeaux en décembre 1950 en même temps que Paul Grimault, continue comme directeur d'animation avec ce dernier jusqu'en 1954, puis seul. En 1957, Lacam réalise son premier court métrage *les*

---

632 S. K., « Le maître du dessin animé européen Paul Grimault nous parle de son métier… », *Dernière Heure*, 15 janvier 1960.

633 François Porcile, « Le cinéma d'animation aujourd'hui. France », *Écran 73*, p. 41.

634 Paul Grimault, *Traits de mémoire*, p. 127.

635 Gilles André, « Film d'animation : création, production, distribution », *Sonovision*, novembre 1981.

636 Entretien de Manuel Otero avec l'auteur, Paris, 2 mai 2008.

Deux plumes sur une musique d'Henri Crolla : « J'étais encore sous l'impression de cette rupture qui s'était passée pendant *la Bergère et le Ramoneur* et il est probable que le sujet que j'ai choisi en a été influencé. En réalité, deux personnages sortis de l'encrier, s'entendent admirablement et sont faits très exactement l'un comme l'autre, ce sont des jumeaux, mais qui sont de couleur différente, l'un est rouge, l'autre est bleu, une raison de plus d'harmonie. Pour une cause absolument idiote, ils se fâchent, et comme ce sont des encres, c'est avec des plumes qu'ils se battent et les plumes ça piquent… C'est un petit drame. »[637] Grimault : « Henri a été long à démarrer. Il est devenu un grand animateur, le meilleur sans doute que j'aie connu. »[638]

Pierre Watrin : « Je suis venu au dessin animé d'abord par l'illustration de livres, j'ai ensuite travaillé avec Paul Grimault sur *la Bergère et le Ramoneur*, j'ai toujours fait parallèlement de la publicité graphique. Je suis venu travailler avec Champeaux[639], il y a une dizaine d'années [en 1954]. Depuis, nous avons réalisé ensemble de nombreux films, courts métrages et films de publicité. […] Jusque-là le dessin animé, c'était uniquement pour moi une « question d'animation » ; maintenant je m'occupe surtout de graphisme. »[640]

Jacques Leroux, l'animateur du ramoneur qui travaillait aux Gémeaux depuis 1941, quitte la société en 1950 et travaille avec Henri Gruel puis dans l'équipe Martin-Boschet où il rencontre Manuel Otero avec qui il crée le studio Cinémation. Il y tourne son premier film en 1960, *Maître*. Leroux : « Mes années d'animateur « classique » chez Paul Grimault ne m'ont pas empêché de subir une certaine évolution. Je me suis servi de ma formation comme base pour aborder un langage différent. »[641]

Gabriel Allignet : « Je n'étais pas préparé à la bagarre pour trouver du travail. Aux Gémeaux, je m'étais toujours amusé à travailler. La Cinémathèque française a offert un toit pour franchir les premières difficultés, mais tout était à recommencer. Paul a démarché des films publicitaires mais, à cette époque, nous conservions encore le rythme et les habitudes de la grande époque des Gémeaux, soucieux du travail piqué et très perfectionniste. Il est arrivé que les clients recevaient des films dont la qualité dépassait ce qu'ils attendaient. »[642]

Refusant aimablement la proposition de Kavanagh de monter une société à deux à Londres, Philippe Landrot se retrouve au début de mars 1953 à Amsterdam chez Marten Toonder, grand auteur de bandes dessinées et très

---

637 Henri Lacam dans *Image et Son* n°207, juin-juillet 1967, p. 57.

638 Paul Grimault, *Traits de mémoire*, p. 104.

639 Albert Champeaux : « Lorsque j'étais à l'atelier de Paul Colin, il y avait à cette époque-là quelques cours de dessins animés et je me suis amusé à les suivre, sans tellement y croire au départ. C'était en 1941. Et depuis je n'ai vécu que de l'animation. »

640 Hubert Arnault, « Des cinéastes comme les autres. Champeaux et Watrin », *Image et son, Revue de cinéma*, n°207, juin/juillet 1967, p. 31.

641 Hubert Arnault, « Des cinéastes comme les autres », *Image et son, Revue de cinéma*, n°207, juin/juillet 1967, p. 83.

642 Entretien de Gabriel Allignet avec Gildas Le Reste, septembre 1986.

apprécié dans les pays du Nord. Il est très bien reçu. « Y a-t-il eu une recommandation de Sarrut ? C'est possible. Merci André. » En plus du grand studio de bandes dessinées où il rencontre le fameux scénariste Lo Hartog Van Banda, il y a un petit studio de dessins animés. Il y rencontre deux animateurs danois qui ont travaillé avec Art Babbitt, David Hand etc., après qu'ils aient quitté Disney : une bonne école. Philippe Landrot, Bjørn Frank Jensen et Børge Ring deviennent amis. Tous les trois viennent souvent le samedi matin au studio étudier en projection image par image certains plans des meilleurs Disney. Là-bas, pas d'intervallistes. Landrot reste un peu plus d'un an à Amsterdam, « à peine ce qu'il faut pour visiter tous les grands peintres des musées. Cela aurait plu à André Sarrut ! » Dégagé de la rigueur théorique à la française et un peu plus fantaisiste qu'avant, Landrot, dès son retour à Neuilly-sur-Seine, passe à la Comète pour proposer à la direction une collaboration sans engagement réciproque. « Chacun chez soi... ça marche ! » On lui donne une publicité pour l'Angleterre : un petit chamois joue du piano avant d'aller se coller sur l'étiquette d'un faux champagne. La musique existe, les notes sont indiquées sur le clavier où s'agite la petite bête. Nuit et jour, en un temps presque record, tout en croquis, Landrot donne son animation à la prise de vue essai et s'en va. C'est un vrai succès ! « Comme quoi, il est bon d'aller travailler à l'étranger pour être apprécié à son retour en France »[643]. De courts métrages en films publicitaires, de petites séries en films d'entreprise et de grandes séries télévisées en longs métrages, en tant qu'intervalliste corvéable, puis animateur, storyboardiste, producteur de moyens métrages ou réalisateur de longs métrages, traducteur, adaptateur ou scénariste, Landrot n'a pas arrêté de l'année 1942 à l'an 2000 quand il a pris sa retraite. Il a repris son activité en 2007 pour un an seulement.

Pour finir, il ne semble qu'aucune gouacheuse ou traceuse des Gémeaux n'a continué sa carrière dans le cinéma d'animation (exception faite de Lucienne Berthon mais qui a travaillé avec Albert Dubout sur deux dessins animés avec le personnage d'Anatole).

* * *
* *

La société productrice a fait faillite en 1958. La cession des droits d'auteur de Prévert et Grimault aux Gémeaux pour *la Bergère et le Ramoneur* expirent en mai, juin et juillet 1964. Grimault et Prévert peuvent donc les reprendre, comme prévu, dix ans après la mise en exploitation du film. Grimault : « Le 24 avril [1958], radiation de la société les Gémeaux du registre du commerce, après que tout le matériel technique des Gémeaux ait été bradé pour un prix d'ami à une société de films publicitaires où l'on retrouvait le même PDG qu'aux Gémeaux »[644]. En 1980, Paul Grimault raconte : « Le matériel de la société les Gémeaux en faillite est

643 Entretien de Philippe Landrot avec l'auteur, Paris, 14 janvier 2008.
644 Jean-Pierre Pagliano, *Le Roi et l'Oiseau. Voyage au cœur du chef-d'œuvre de Prévert et Grimault*, p.71.

racheté par la filiale qui travaillait uniquement pour le film publicitaire [la Comète]. Le négatif de *la Bergère et le Ramoneur*, qui les encombrait et qui n'intéressait personne, les droits ayant expiré, est mis en vente aux enchères publiques. Un premier acquéreur le prend, puis le revend à un autre et c'est ainsi qu'en 1967 j'ai pu le récupérer [pour, dit-on, 600 000 (anciens) francs]. L'un de ces acquéreurs m'avait bien demandé de reconduire les droits. Bien entendu, j'ai refusé puisque je ne reconnaissais pas ce film comme le mien. Mon seul désir était de refaire le film... »[645]. Dans la revue de cinéma *Image et son* n°207 de juin-juillet 1967 consacrée aux cinéastes français d'animation, « des cinéastes comme les autres », Hubert Arnault annonce le titre de la nouvelle version choisie par le réalisateur : « Paul Grimault, en préparant *le Roi et l'Oiseau*, entend réaliser enfin la version intégrale de ce qu'aurait dû être *la Bergère et le Ramoneur* »[646]. Grimault estime le budget nécessaire à 4 millions de francs (soit 400 millions d'anciens francs, soit le budget final de *la Bergère et le Ramoneur* si on ne prend pas en compte l'inflation)[647]. Il faut refaire la musique, les voix, les plans supprimés/les nouveaux plans (soit près de 44 minutes d'animation à tourner), un nouveau montage et un nouveau mixage.

La Bergère et le Ramoneur dure 62 minutes. Grimault en coupe 20 qu'il estime ne pas correspondre au film qu'il avait primitivement envisagé. En 1980, *le Roi et l'Oiseau* fait ainsi 85 minutes. Grimault reprend donc la moitié du film, mais à travers des séquences très morcelées. Il démonte complètement, plan par plan, une copie standard de *la Bergère et le Ramoneur* et met à l'écart ce qu'il désapprouve. Il commence alors un prémontage : sur de longues bandes d'amorce blanche, il note les indications de départ et de fin des plans, anciens et nouveaux. Grâce à cette maquette, il incorpore les plans tournés trente ans auparavant aux nouveaux qu'il va falloir réaliser. Il consulte le plus possible Pierre et Jacques Prévert, ce dernier alors très malade (atteint d'un cancer des poumons causé par la consommation de trois paquets de Gauloises chaque jour et d'une forte dose d'alcool). Grimault : « Jacques Prévert n'a malheureusement pas pu voir le film *le Roi et l'Oiseau* terminé. Il nous a quittés alors que j'en étais encore à chercher les moyens de le commencer. J'allais souvent le retrouver à Omonville-la-Petite [...] où il s'était replié avec Jeanine. Il aimait cet endroit qui ressemblait à l'Irlande tel qu'il se l'imaginait [...]. Il était déjà très atteint et s'en rendait compte. Nous allions nous promener au bord de la mer en parlant du film. C'est lui qui avait eu l'idée du plan final. Il savait qu'il ne le verrait pas mais que d'autres le verraient. »[648]

Des studios américains, russes et japonais lui proposent leur service mais Grimault refuse car cela impliquerait une délocalisation de la production : « À chaque fois, j'ai refusé. Non par chauvinisme, mais parce que je vis bien dans ce pays, avec mes copains et qu'il me serait pénible d'aller travailler ailleurs. Je préfère

---

645 Propos recueillis par Robert Grelier à Paris le 23 janvier 1980 paru dans *la Revue du cinéma/Image et son/Écran* n°348, mars 1980, p. 72.

646 Hubert Arnault, « Des cinéastes comme les autres », *Image et son* n°207, juin-juillet 1967, p. 11.

647 4 millions de francs de 1967 équivaut à 5 millions d'euros actuels.

648 Paul Grimault, *Traits de mémoire*, p. 162.

imaginer les pays plutôt que de les connaître. »[649] Grimault rencontre finalement M. Grundler du CNC et obtient une avance sur recettes importante (1 million de francs)[650] complétée par une participation de Robert Dorfmann (Films Corona) et d'Antenne 2.

Avant 1977, le nouveau découpage est prêt et Grimault a dessiné les principaux décors du film. En huit mois, avec l'aide d'Émile Bourget, d'Henri Lacam, de Lionel Charpy et de son fils Henri, tout est organisé[651]. Charpy se souvient qu'ils n'avaient aucun document de référence de la première époque[652]. Grimault confirme : « [Je ne possédais] absolument rien, ni aucun plan, aucun cellulo, aucune bande séparée et aucune musique... »[653] ; ailleurs : « Personne ne savait ce qu'étaient devenus les dessins d'animation, les cellulos, les trois cents et quelque décors, les plans supprimés au montage, les chutes d'image et de son qui m'auraient permis de rétablir la version d'origine du film. »[654]

Paul Grimault se souvient : « Comment avons-nous travaillé pour retrouver les mêmes couleurs ? Pour une fois, l'alliance du bricolage et de la technique fut profitable. Premièrement, il faut souligner que si le film n'avait pas été produit en Technicolor, nous n'aurions rien pu faire étant donné que tous les films réalisés à partir d'autres procédés perdent avec le temps leurs coloris. Deuxièmement, j'avais pris la précaution de réaliser mon négatif sur de la pellicule noir et blanc avec l'aide de trois filtres à la prise de vues. De la même image arrêtée sous le banc-titre, je prenais une image avec un filtre bleu, la suivante avec un filtre rouge et la troisième avec un filtre vert. Chaque image était respectivement bleue, rouge, vert. Le négatif était trois fois plus long. À l'époque, la caméra Technicolor qui existait pour la prise de vues réelle possédait un système particulier composé d'un prisme permettant de travailler directement sur deux pellicules au lieu de trois. Une pellicule "bipack" couvrait deux couleurs. L'inconvénient de ce procédé a été que chaque support s'est rétréci différemment dans des proportions incontrôlables, empêchant ainsi toute superposition d'images. Sinon en créant des franges de couleurs comme on a pu le voir dans les copies d'*Autant en emporte le vent*. Avec ma caméra de prises de vues bricolée, j'ai obtenu une pellicule qui, certes, a réagi, mais d'une façon identique pour chaque image. Néanmoins, un problème s'est posé pour le tirage où du fait de ce rétrécissement, le film ne passait plus dans la tireuse qu'il a fallu modifier en construisant spécialement un nouveau couloir de passage. C'est donc à partir de ce négatif Technicolor que les laboratoires londoniens ont

[649] Propos recueillis par Robert Grelier à Paris le 23 janvier 1980 paru dans *la Revue du cinéma/Image et son/Ecran* n°348, mars 1980, p. 72.
[650] À condition de trouver un complément de financement et l'assurance d'une distribution, Grimault doit aussi fournir les contrats des animateurs.
[651] Informations tirées du dossier de presse du *Roi et l'Oiseau*.
[652] Lionel Charpy lors du colloque *Grimault, Takahata et Miyazaki*, Centre des arts d'Enghien-les-Bains, 12 février 2009.
[653] Entretien de Paul Grimault avec Thierry Steff, « Le Roi et l'Oiseau », *Banc-Titre*, n°11-12, mars 1980.
[654] Paul Grimault, *Traits de mémoire*, p. 161.

effectué un négatif Eastmancolor. Puisque aujourd'hui, nous ne trouvons plus sur le marché de négatif Technicolor, mais seulement le tirage positif, j'ai fait part de cette expérience aux Archives du film de Bois-d'Arcy qui viennent d'envoyer un technicien à Londres chez Technicolor pour étudier, d'après mes schémas et photos, ce que l'on peut faire pour d'autres films qui n'ont pas bénéficié en leur temps d'une prise de vues bricolée... Personnellement, je n'ai jamais été inquiet pour les rapports de couleurs, étant donné que mon négatif bleu, rouge, vert était sans aucun doute plus près de ma palette que ne pouvaient l'être vingt-cinq ans après toutes les copies disponibles. Je me rappelais ma palette. Je n'avais pas oublié les couleurs dont je m'étais servi pour colorier personnages et décors. Et tous les essais d'étalonnage confirmèrent le souvenir. »[655]

Paul Grimault poursuit : « Alors comme problème important, il y a eu le mélange des anciennes séquences avec les nouvelles parce que ça nous aurait facilité le travail si nous avions pu réutiliser, retrouver, récupérer les anciens décors. Il a fallu tout reconstituer, parce que nous n'avions plus aucun cellulo, il a fallu retrouver les couleurs des personnages, c'était très difficile. Tout d'abord, j'ai fait tirer une première copie en Eastman à partir du négatif Technicolor. Les premiers essais n'étaient pas flambants, car les gars travaillaient dans le vide ; ils n'avaient absolument aucun élément, il n'y avait plus de modèle et pas de charte. Alors petit à petit, je faisais faire des essais de tirage, en tâtonnant. J'avais même refait des décors de mémoire pour retrouver la palette dont je me servais et ces choses-là tournées en couleur, comparées avec l'élément négatif et le décor à côté, permettaient d'avoir un étalonnage le plus précis possible. D'après ces indications de couleurs, ils sont arrivés à me faire un étalonnage qui était quand même très précis. C'était un travail très délicat et ce fut très bien fait. On est arrivé à retrouver comme ça, par tâtonnements successifs, les couleurs d'origine. Le négatif le permettait, parce qu'il est exactement comme les négatifs de sélection trichrome. J'ai effectivement retrouvé les couleurs d'origine. Il y a eu après quelques fignolages. C'était assez simple puisque je travaillais toujours avec la même palette, celle que j'ai toujours utilisée. L'autre problème était de retrouver les couleurs des personnages pour le gouachage. Heureusement, j'avais retrouvé deux ou trois morceaux de vieux cellulos dont la couleur était presque foutue. C'est un copain qui avait ça chez lui dans un tiroir. Trois cellulos : un avec l'Oiseau, un avec le Chef de la police, et puis le troisième avec le Roi. Il en restait un autre avec le roi, mais il avait été peint à l'huile pour un essai. Tu sais, ça a toujours été le même problème : la gouache ne tenait pas sur les cellulos. On avait essayé plein de trucs avec du fiel de bœuf, qui ont tenu le coup à peu près, mais il suffisait d'éternuer à côté pour que toute la couleur parte. Donc ces cellulos peints à l'huile avaient des couleurs complètement passées. Grâce à ces vieux cellulos, on a pu reprendre les couleurs en les rajeunissant. Un autre copain a retrouvé chez lui un décor, hélas je n'ai pas pu m'en servir car il l'avait encadré et les couleurs avaient complètement passé comme un vieux papier peint. C'est inimaginable tout le travail de recherche,

---

655 Paul Grimault, *Image et Son*, n°348, mars 1980, pp. 74-76.

d'archéologie, de fourmi qu'il y eut par derrière. Mais je n'ai pas voulu que ce travail soit uniquement de reconstitution, parce qu'il fallait que les choses nouvelles et anciennes raccordent. Pour les séquences nouvelles, il a fallu aller plus loin. »[656]

En effet, comment reconstituer une équipe d'animateurs ? Un certain nombre de collaborateurs sont décédés : Georges Juillet qui avait animé l'Oiseau, Jacques Vausseur, le petit chien et les petits oiseaux, Roland Genestre, les personnages secondaires. Gabriel Allignet : « C'est d'ailleurs rue Bobillot sous le sigle Les Films Paul Grimault que Paul a réalisé *le Roi et l'Oiseau* … Savez-vous qu'à quelques-uns près, il a retrouvé les principaux animateurs du film *la Bergère et le Ramoneur* qui est en partie réutilisé pour *le Roi et l'Oiseau*… Un peu plus de 25 ans après, il retrouve presque la même équipe, c'est pas mal, non ? Beaucoup étaient restés, les autres, comme moi, faisaient autre chose. Mais tous avec enthousiasme nous avons été d'accord pour remettre ça. C'est en plus avec beaucoup de joie que nous travaillions selon nos possibilités avec nos nouveaux copains, les jeunes, des animateurs pleins de talent. Que c'était bon ! On se retrouvait comme avant, tous ensemble avec un seul but pour tous : collaborer à plein avec Paul, pour réussir ce nouveau film. En ce qui me concerne Philippe Leclerc à interpréter le Robot avec plus de dynamisme que je ne pouvais le faire car il y avait longtemps que je ne pratiquais plus l'animation… C'est comme de tout, il faut faire des gammes tous les jours. »[657] Une nouvelle équipe est ainsi formée et compte alors une trentaine de personnes dont treize animateurs parmi lesquels quelques anciens comme Philippe Landrot, Alberto Ruiz, Pierre Watrin ou Jean Vimenet mais aussi le décorateur Roger Duclent. Mais qui va animer le Roi ? Henri Lacam n'anime plus, il assiste Paul à qui il témoigne une grande loyauté. « À la demande de Paul Grimault et surtout de Lacam, malgré des honoraires très modestes », Philippe Landrot relève le défi. « Peut-on encore animer comme cela ? » Oui, la preuve : il anime environ 10 à 15 minutes des deux rois, sans assistant ni intervalliste. « Je prends la suite de Lacam pour terminer l'animation des deux rois qui sont ses personnages préférés : les méchants ! »[658]

243 plans nouveaux sont ainsi réalisés pour *le Roi et l'Oiseau*. En juillet 1979, la nouvelle version du film est terminée. Jacques Thévenet, directeur technique de *la Bergère et le Ramoneur* dit : « Grimault a bricolé avec génie *le Roi et l'Oiseau*. Il a fait refaire quelques plans du strabisme par Landrot. C'était indispensable. Le strabisme du Roi n'était pas assez apparent dans *la Bergère et le Ramoneur*. L'image a été améliorée mais le son est un massacre (surtout les voix). »[659]

En septembre 1979, une annonce paraît dans *le Film français*. L'étude des maîtres Demortreux et Sagaut, notaires au 67, boulevard Saint-Germain à Paris annonce que le 24 septembre 1979 à 13h45 une adjudication des droits sur films

---

656 Entretien de Paul Grimault avec Thierry Steff, *Banc-Titre* spécial Paul Grimault, n°11/12, mars 1980, pp. 16-17.

657 Entretien de Gabriel Allignet avec Gildas le Reste, septembre 1986.

658 Entretien de Philippe Landrot avec l'auteur, Paris, 14 janvier 2008.

659 Entretien de Jacques Thévenet avec l'auteur, Marly-le-Roi, 27 novembre 2014.

pouvant appartenir à la société les Gémeaux (*la Flûte magique*, *l'Épouvantail*, *le Voleur de paratonnerres*, etc.) est mise à prix 4 000 francs[660]. Evidemment, Paul Grimault s'en porte acquéreur.

Le Roi et l'Oiseau obtient le prix Louis-Delluc le 13 décembre 1979 (et l'Ours d'Argent du festival de Moscou 1981).

En mars 1980, *le Roi et l'Oiseau* sort en salles et réalise 1,8 million d'entrées[661]. Paul Grimault : « Le film a tenu pendant trois ans en exclusivité dans trois salles à Paris, avec plus de 300 000 entrées. Sur la France, plus d'un million d'entrées. Je trouve que c'est bien. On espère toujours plus, mais il ne faut pas être trop gourmand. Et puis, je sens un climat favorable, un intérêt, d'après le courrier que je reçois du monde entier et quand les gens m'en parlent. »[662] Pour Cécile Noesser, c'est « une œuvre personnelle qui conquiert les faveurs du public comme de la critique, la jonction inespérée entre un auteur, un public, un écho international, et des conditions socio-économiques favorables qui crée une sorte de « fait cinématographique total » pour paraphraser Marcel Mauss. »[663]

En 1988, Paul Grimault réalise avec la complicité de Jacques Demy, *la Table tournante*, un long métrage qui rassemble la plupart de ses dessins animés. Paul Grimault décède à 89 ans le 29 mars 1994 au Mesnil-Saint-Denis.

---

[660] *Le Film français* n° 1 777, 14 septembre 1979.

[661] Le film totalise 2 314 223 entrées (et 411 289 sur Paris) si l'on compte les ressorties au cinéma en 2003 (environ 400 000 spectateurs) et en 2013 (environ 185 000 spectateurs).

[662] Jean-Pierre Pagliano, *Paul Grimault*, p. 66.

[663] Cécile Noesser, *La résistible ascension du cinéma d'animation. Socio-genèse d'un cinéma-bis en France (1950-2010)*, Paris, L'Harmattan, 2016, p. 248.

Conclusion. « Ne pleurez pas bergère, ne pleurez pas surtout, ne pleurez pas bergère, papa s'occupe de vous ! Papa s'occupe de tout ! »

La Bergère et le Ramoneur en version française est aujourd'hui un film invisible selon les vœux de Paul Grimault. Il n'est jamais ressorti en salles depuis 1953, il n'a jamais été édité en DVD et n'est pas disponible en ligne non plus. Son visionnage aux archives du film de Bois-d'Arcy nécessite une autorisation spéciale. Évidemment cela pose un problème ; le « remake » du *Roi et l'Oiseau* éclipse ainsi totalement l'original en rendant l'accès à la version primitive très difficile. Cela finit par dissoudre les deux œuvres elles-mêmes. Ainsi, de quel objet parle-t-on quand on évoque *le Roi et l'Oiseau* ? Cela crée dans l'esprit du public une grande confusion même si ce n'est pas le premier film à connaître un « remontage » et des versions multiples. Mais ici, le cas est un peu différent : c'est le réalisateur lui-même qui a démonté le film d'origine pour remplacer certaines scènes par d'autres dessinées vingt-cinq après. Cela n'est possible qu'avec le dessin animé, le raccord des acteurs est aisé ! Quoique ! Les voix d'origine ont malheureusement disparu : Pierre Brasseur (l'Oiseau) est décédé en 1972 ; Anouk Aimé (la Bergère) et Serge Reggiani (le Ramoneur) n'ont pas redoublé leur personnage, pas plus que Fernand Ledoux (le Roi). Le seul personnage qui a gardé sa voix d'origine est Roger Blin, l'Aveugle. La même chose s'est passée pour la version anglaise d'origine avec ses acteurs prestigieux : Peter Ustinov, Claire Bloom, Denholm Elliott et Max Adrian ont été remplacés pour le nouveau doublage de *The King and the Mockingbird.* Films différents mais pareils à la fois : l'histoire est la même, les dessins identiques mais certains épisodes ont été supprimés, allongés ou rajoutés d'où un montage différent. La très belle musique de Joseph Kosma a elle aussi disparu au profit d'une autre très belle musique, celle de Wojciech Kilar.

Chronique d'un désastre annoncé ? Comment expliquer que malgré une telle dépense d'argent, d'énergie et de talents, l'aventure de *la Bergère et le Ramoneur* se soit aussi mal terminée ? Sarrut, le producteur, est-il donc le seul responsable, comme tous les écrits l'affirment depuis 1950 ? J'ai essayé dans ce livre de montrer la part de responsabilité importante de Grimault (et de Prévert) dans cette affaire. Oui, Grimault est responsable de son propre échec, n'en déplaise à certains. Et cela n'enlève rien à son immense talent. Contrairement à ce qu'il a sous-entendu à plusieurs reprises, Sarrut n'a jamais détourné d'argent, il n'a jamais fini le film « tout seul » en Angleterre, il n'y a pas eu une nouvelle équipe qui a été recrutée pour cela, tous les « anciens » des Gémeaux ne sont pas partis à la suite de Grimault, loin de là ! La justice a donné raison à Sarrut dans la plupart des procès qui ont reconnu la faute de Grimault et de Prévert. Sarrut n'a jamais eu l'occasion de s'exprimer dans la presse contrairement aux deux auteurs qui se sont épanchés dans un nombre impressionnant d'articles, quitte à être, souvent, d'une mauvaise foi incroyable.

Autres idées répandues : le budget du film a totalement dérapé et le film a été un échec au box-office. En 1953, le film a rassemblé 1,3 million de spectateurs (*les Aventures de Peter Pan*, 1,9), ce qui est dans la moyenne des productions Disney de l'époque. Le film a-t-il coûté cher ? Oui, plus de 450 millions de francs (10 millions d'euros actuels) alors que ce devait être 36 millions… mais la production s'est étalée sur dix ans et, comparé aux budgets des films Disney sortis en même temps, c'est peu (*Alice au pays des merveilles* a ainsi bénéficié d'un budget de 1,63 milliard de francs de l'époque). *Le Petit Monde de Don Camillo* de Julien Duvivier avec Fernandel sorti la même année que *la Bergère et le Ramoneur* aurait eu le même budget de 450 millions de francs, soit dix fois plus qu'un film moyen[664]. *Le Salaire de la peur* d'Henri-Georges Clouzot a bénéficié d'un budget de 197 millions de francs (soit plus du double de ce qui était prévu)[665]. Quant à *Manon des sources* de Marcel Pagnol son budget est estimé à 70 millions de francs. Pourtant, les résultats au box-office français en 1953 sont bien supérieurs à ceux de *la Bergère et le Ramoneur* (n°70) : 6,8 millions de spectateurs pour *Don Camillo* (n°2), 4,9 millions pour *le Salaire de la peur* (n°4) ou encore 3,7 millions pour *Manon des sources* (n°6).

Mais nous n'avons pas encore répondu à la question de fond : pourquoi ? Le travail de l'historien est inconfortable : son but n'est pas de dire le Bien mais de s'approcher d'une vérité qui peut être ambivalente et complexe. L'Histoire est un travail patient d'appréhension du passé. Il doit pouvoir dissocier l'analyse historique du jugement de valeur.

Pourquoi Grimault a-t-il été si peu présent lors de la production ? Pourquoi Prévert a-t-il autant traîné à écrire le scénario ? Pourquoi Grimault a-t-il autant tardé à choisir le design et les couleurs des personnages ? Pourquoi ne donne-t-il jamais sa validation mais se complait-il au contraire dans la « dévalidation » ? Pourquoi a-t-il fait recommencer de très nombreuses scènes se montrant toujours insatisfait ? Grimault a fait preuve d'un orgueil totalement déplacé. Ce n'est pas très nouveau : il a toujours été dangereux de laisser le dernier mot aux équipes créatives, ce qui provoque souvent d'importants risques de dépassement de budget. Comment trouver l'équilibre entre la vision artistique et la discipline commerciale ? Comment faire émerger le génie créatif, créer un véritable élan, sans provoquer des frustrations ? Comment réfléchir à une stratégie de développement quand la société manque d'argent ? Comment remettre de l'ordre et de la hiérarchie sans tuer l'esprit créatif ? Ce sont finalement les thèmes développés dans le film.

---

664 *L'Humanité* : « il a bénéficié d'un budget formidable (on parle de 450 millions de francs, dix fois plus qu'un film moyen) ».

665 Laurent Creton, *Histoire économique du cinéma français. Production et financement 1940-1959*, CNRS Éditions, p. 236.

Si Grimault est très apprécié d'une partie de l'équipe des Gémeaux (voire adulé), une autre ne l'aime guère. Ce dernier étant souvent méprisant à leur égard. En écrivant ce livre, j'ai découvert un autre Paul Grimault. Souvent, dans les entretiens que j'ai menés, des témoins ont spontanément évoqué sa part de responsabilité ; d'autres ont souhaité réhabiliter Sarrut qu'il trouvait injustement oublié. L'affaire de *la Bergère et le Ramoneur* m'est soudainement apparue plus complexe qu'elle n'en avait l'air. Faire passer Sarrut, le producteur, pour le méchant est trop facile (voire le comparer au Roi du film dans un livre consacré à la production du *Roi et l'Oiseau* est totalement stupide). Grimault et Prévert ont menti, parfois. Arrangé les choses à leur manière souvent. Été de mauvaise foi, toujours. L'ouverture des archives du Crédit national a permis de découvrir tous les méandres de la production du film, bien plus complexes que semble ne le penser Grimault lui-même (il manque malgré tout les archives de la société les Gémeaux elle-même mais aussi les rapports avec d'autres organismes financiers que le Crédit national) ; la lecture de toutes les pièces du dossier judiciaire a éclairé d'un œil nouveau cette affaire. Les archives de la Direction générale de la Cinématographie nationale conservées aux Archives nationales ont également été d'un précieux secours. Sarrut n'est-il pour autant responsable de rien dans cette affaire ? Bien sûr que non. Le budget de départ (36 millions de francs) a été sous-estimé mais il n'était pas ridiculement bas (le budget des courts métrages des Gémeaux était en général de moins de 1 million de francs). Sarrut a de nombreuses qualités que Grimault s'est bien gardé de dire ou d'écrire (à de très rares exceptions près). Sarrut apparaît dans les courriers conservés aux archives comme trop optimiste, mentant parfois ou présentant comme acquis des données qui relèvent surtout d'une hypothèse. Il apparaît malgré tout comme l'âme même des Gémeaux : sans Sarrut, pas de Paul Grimault. C'est lui qui est, depuis 1936, toujours présent, à la recherche de financements pour réaliser les envies du réalisateur. Je n'ai jamais retrouvé une seule lettre de Grimault qui concernerait la production du film. Il apparaît comme détaché de tout cela, peu au courant des affaires et surtout n'ayant pas envie de s'en mêler ! Alors Grimault a pris son temps, tout son temps. Des balades, des vacances, une présence au studio très ponctuelle. Il a mené une vie d'artiste bohème, travaillant au gré de ses envies mais recevant chaque mois son salaire de directeur artistique pendant des années. S'il s'est beaucoup investi au départ, la lenteur de la production l'a fait complètement décrocher. C'est comme si l'intérêt pour son propre film s'émoussait au fil des années. Et le fait qu'en cette fin d'année 1950, il soit pressé par le cabinet Chéret de finir, a provoqué en lui un réveil soudain. Jacques Thévenet, le directeur technique sur le film, l'a dit : « avant le départ de Grimault, on ronronnait ».

L'avocat du Crédit national, dans sa plaidoirie en 1954, interprète l'intransigeance de Grimault, non comme une clause morale, mais comme un caprice et une incapacité à mener à bien le projet : « au désaveu de paternité, Messieurs Grimault et Prévert, dès lors, préfèrent l'infanticide... ». Voilà une hypothèse intéressante.

Caprice ? Sabotage de sa propre œuvre ? Mauvaise volonté ? Jacques Thévenet, le directeur technique dit : « Grimault n'a pas été conciliant, il n'a rien voulu céder. Grimault n'a pas été raisonnable. Il a sacrifié des gens. »

Orgueil ? L'animateur Manuel Otero ne mâche pas ses mots : « Grimault est très orgueilleux. Il avait les meilleurs animateurs américains, il les jette ! »[666]

Excès de confiance ? Arrogance française ? Il est frappant de lire à plusieurs reprises que tout le monde sait que le projet est sous-financé, que l'équipe de départ est fort réduite mais que nous, Français, ferons mieux que Disney avec moins. Chacun pense que Grimault et Sarrut sauront se débrouiller.

Incapacité à mener le projet ? Tiraillement entre « mieux vaut dépasser que bâcler » et « les vrais artistes terminent leurs œuvres ». Jacques Thévenet, le pense : « Paul était un grand artiste, mais un artisan dans sa façon de travailler. C'est un homme de petite équipe qui préfère travailler avec ses copains. Il a lâché prise. »[667] Grimault n'était pas fait pour mener à bien un long métrage, il n'en a pas les compétences, pas la carrure, pas la volonté. Il ne cessera de dire qu'il regrette le côté usine qu'a pris la société les Gémeaux. Il prône à la place l'atelier, les copains, les camarades, l'équipe. « Un noyau solide [...] conserve à l'ensemble son grand esprit solidaire d'équipe »[668] écrit-il, quitte à mépriser le reste des employés (peut-être de manière involontaire d'ailleurs). André Sarrut a perçu le danger dès 1948 : « Mon « usine » à son échelle est un tout petit artisanat autour d'une personnalité qui dessine tout et qui est monsieur Paul Grimault. Et nous ne voulons en aucun cas faire une très grande usine parce que nous savons que l'imagination et la qualité et la personnalité ne peuvent pas s'adapter à une machine trop lourde qui, diluant l'intérêt personnel, en fait une chose anonyme. »[669]

La faute de l'Etat ? Oui, indubitablement. Il suffit de lire avec quelle insistance Louis-Émile Galey, le directeur de la Cinématographie nationale, met la pression sur le Crédit national afin que l'organisme bancaire alors très frileux prête à la société les Gémeaux les sommes de départ nécessaires. Le futur CNC allant jusqu'à financer une partie du film avec ses fonds propres. C'est une question de prestige national. L'idée est aussi de mettre sur pied une industrie française du dessin animé sous une forme originale entre capitalisme américain et communisme soviétique. L'idée est née sous l'Occupation.

Intolérance religieuse ? Cela peut paraître surprenant mais le fait qu'André Sarrut soit protestant semble avoir joué un certain rôle dans un sens comme dans l'autre[670]. Jacques Asséo, employé aux Gémeaux depuis les débuts et associé de Sarrut à la Comète raconte : « Le financement autant que je sache, c'est André

---

[666] Entretien de Manuel Otero avec l'auteur, Paris, 2 mai 2008.

[667] Entretien de Jacques Thévenet avec l'auteur, Marly-le-Roi, 27 novembre 2014.

[668] Paul Grimault, *Traits de mémoire*, p. 153.

[669] *Tribune de Paris* une émission du journal parlé de la Radiodiffusion française, 11 juin 1948. « Jacques Bourgeois, Dubout, Peynet, Georges Sadoul, André Sarrut et Nicole Védrès ont exposé et discuté la situation du dessin animé français ». Collection privée Greg Philip.

[670] Pour plus de détails, je renvoie le lecteur à Sébastien Roffat, *Histoire du dessin animé français entre 1936 et 1940 : une politique culturelle d'État ?*, l'Harmattan, pp. 272-293.

Sarrut qui s'en est occupé au départ. Les gens auprès duquel il était allé prospecter, c'étaient les gens chez lesquels il était déjà introduit, c'est-à-dire la HSP, la haute société protestante. Paul y était mal vu mais le cinéma en général était mal vu. Jamais les protestants n'avaient mis un sou dans un film. Ça fait partie du génie de Sarrut d'avoir réussi à mettre sur pied un financement. »[671] Conservé aux archives de l'Afca à Paris, un entretien vraisemblablement de Raymond Maillet avec Grimault daté du 16 septembre 1972 indique qu'il se « méfiait un peu » de Sarrut, « médiocre dessinateur » mais « issu d'une famille protestante aisée »[672]. Patrice Garlot, qui a travaillé avec Sarrut à la fin de sa vie, est persuadé que la religion a joué une part : « Il y a clairement un préjugé, un « racisme », sur les protestants, une réelle méfiance. André Sarrut disait ne jamais parler politique car « Dans la vie, il ne faut discuter qu'avec des gens avec lesquels on est d'accord ! ». André Sarrut passe pour quelqu'un qui a de l'argent, ils se le sont fait. Ils ont assassiné le banquier protestant. Ils ont tué le père. »[673]

Incapacité à finir ? À écrire le mot « fin » ? Patrice Garlot : « Grimault ne sait pas finir. Il y a la jouissance de la grossesse, l'envie de profiter d'une grossesse éternelle. L'accouchement fait peur, c'est le moment de l'expulsion de l'œuvre. C'est le phénomène de rejet d'un corps étranger. On n'est pas fait pour finir. ». L'animateur Pierre Nicolas va dans le même sens : « Grimault jouait un peu les Pénélope. Je veux dire par là qu'après avoir fait travailler une équipe pendant plus d'un an sur un personnage animé, il arrivait et demandait à tout changer. C'était comme ça pour tout. »[674]

L'échec de *la Bergère et le Ramoneur* signe la défaite de la mise en place d'une industrie française du cinéma d'animation et l'instauration du mythe fondateur de la malédiction : le cinéma d'animation est l'éternel parent pauvre du cinéma. L'animateur Manuel Otero se souvient : « Le milieu de l'animation, c'était des terroristes à cause du procès ! Sarrut se battait pour tout. De vrais ayatollahs de l'animation ! »[675]. Dans un autre registre, Gabriel Allignet regrette : « Cette expérience nous aurait conduits vers une forme complètement différente du dessin animé, par le style, le contenu… Enfin ! »[676] Grimault : « On était pas loin d'une centaine. C'était trop gros pour un pays comme le nôtre. Il faut revenir aux réalités : on s'est ratatiné. Si cela s'était passé dans une autre période, avec des gens plus compréhensifs autour de nous, cela aurait été différent et l'on serait resté un pays important en matière de production de dessins animés. »[677] Il me semble pourtant que les banques ont été plus que « compréhensives »…

---

[671] Entretien de Jacques Asséo avec Jean-Pierre Pagliano le 19 novembre 1991 repris dans Jean-Pierre Pagliano, *le Roi et l'Oiseau. Voyage au cœur du chef-d'œuvre de Prévert et Grimault*, p. 19.

[672] Archives de l'Afca, Paris. Dossier « Paul Grimault ».

[673] Entretien de Patrice Garlot avec l'auteur, Le Chesnay, 17 décembre 2014.

[674] Entretien de Pierre Nicolas avec Didier Ghez, Neuilly-sur-Seine, 5 août 1991.

[675] Entretien de Manuel Otero avec l'auteur, Paris, 2 mai 2008.

[676] Entretien de Gabriel Allignet avec Gildas le Reste, Chatellerault, septembre 1986.

[677] Jean-Pierre Pagliano, *Paul Grimault*, p. 154.

Les années passant, Paul Grimault se montre plus conciliant avec son ancien associé. En 1985, à 80 ans, Paul Grimault semble plus apaisé et, tout en ne reconnaissant aucune part de responsabilité directe, déclare : « Il y a eu l'aventure de *la Bergère et le Ramoneur* sur laquelle je préfère ne pas m'étaler une fois de plus. On avait visé grand, on voulait faire un grand film. C'était la première fois qu'on tentait un long métrage en France et c'était une aventure nouvelle pour tout le monde, pour moi comme pour tous les financiers et pour tous ceux qui se sont occupés d'organiser ça. On s'est engueulé avant la fin du film parce qu'il y avait des difficultés. Quand il y a des difficultés, ceux qui se sont trompés prennent les devants en affirmant que c'est la faute des autres. En réalité, nous étions tous engagés dans une aventure, mais on ne parlait pas du tout la même langue. »[678]. Grimault a même un mot aimable pour Sarrut : « Ces gens avec qui je me suis engueulé, je n'arrive pas à les détester malgré les coups minables qu'il a fallu encaisser. On s'est chamaillé, on s'est bagarré mais enfin c'est comme des boxeurs qui peuvent se tabasser sur un ring sans se ménager et puis… On s'est plus revu mais, je le dis comme je le pense, même un gars comme Sarrut, le producteur, avait de l'enthousiasme et des qualités que j'ai rarement rencontrées chez d'autres gens de la profession. Ça s'est passé comme ça, on ne s'est pas rabiboché, et puis c'est tout. Maintenant je me rappelle plutôt les bons souvenirs, les moments qui ont précédé. On s'est traité de dingues les uns les autres, mais je crois que si on n'avait pas été dingues, lui comme moi, et puis ceux qui ont pris parti d'un côté ou de l'autre, il n'y aurait jamais eu de dessin animé en France, en tout cas ce qu'on a tenté de faire. On était dingues, alors les circonstances étaient réunies pour arriver à faire du dessin animé en France ! »[679] Le caricaturiste Siné, grand ami de Prévert mais qui a travaillé pour Sarrut écrit : « Malgré tous ces déboires, André Sarrut leur gardait son estime et regrettait amèrement leur amitié si bêtement gâchée. »[680]

Paul Grimault et André Sarrut ont fait ce qu'ils pensaient être juste. J'en suis certain. Ils sont morts alors que j'étais adolescent et loin de penser que je m'intéresserai un jour à cette aventure. Je trouve les deux personnages plus intéressants avec leurs qualités et… leurs défauts. Les hagiographies sont généralement suspectes, non ?

En 2001, je m'engageai dans une recherche sur le dessin animé pendant la Seconde Guerre mondiale, qui, de maîtrise en DEA a abouti à une thèse consacrée au dessin animé français sous l'Occupation. C'est à cette occasion, que j'ai mené une enquête palpitante dans les archives de Paris à Berlin en passant par Venise ou Lausanne et d'autres villes de province, rencontrant des dizaines de témoins de l'époque, dépouillant des centaines d'articles de presse, épluchant des milliers de pages de lettres, de contrats, de correspondances, d'actes judiciaires, de bilans

[678] Jean-Pierre Pagliano, *Paul Grimault*, p. 47.
[679] Jean-Pierre Pagliano, *Paul Grimault*, p. 52.
[680] Siné, *Ma vie, mon œuvre, mon cul !*, tome 5, p. 49.

financiers... Voilà vingt ans que je travaille sur le sujet et je n'ai toujours pas toutes les réponses à mes questions.

Enfin, j'ai été surpris quand j'ai découvert pour la première fois *la Bergère et le Ramoneur* en français : objectivement, c'est un très bon film ! Par aspects, plus cohérent et mieux animé que *le Roi et l'Oiseau* ! Seule la fin mériterait d'être revue. L'animation est superbe, l'histoire palpitante, les voix incroyables, la musique de Joseph Kosma entêtante. Tout n'était donc pas à jeter contrairement à ce que Grimault et Prévert ont raconté ! « Suffisamment de beaux restes » disait le réalisateur, c'est le moins qu'on puisse dire ! Alors je ne peux qu'engager le lecteur à voir *la Bergère et le Ramoneur* et à se faire sa propre idée.

Filmographie de la société les Gémeaux

1936 - MONSIEUR PIPE FAIT DE LA PEINTURE. Production : Les Gémeaux. Scénario et décors : Paul Grimault. Musique : Jean Wiéner. Début d'animation par Paul Grimault, avec l'aide de Vilma de Kiss et Marcel Reychman. Gasparcolor. (Court métrage inachevé).

1936 - NATCHA. Production : Les Gémeaux pour le Comptoir des textiles artificiels. Musique : Jean Wiéner. Technicolor. Durée : 2 mn.

1937 - PHÉNOMÈNES ÉLECTRIQUES. Production : Les Gémeaux pour la Compagnie parisienne de distribution d'électricité. Scénario, décors et réalisation : Paul Grimault. Musique : Jean Wiéner. Animation : Gabriel Allignet, Jacques Asséo, Léon Dupont, Vilma de Kiss, Paul Grimault, Marcel Reychman, Jean Vimenet. Technicolor. Durée : 6 mn.

1938 - HISTOIRE NATURELLE. Production : Les Gémeaux pour L'Oréal. Musique : Paul Grimault et Émile Savitry.

1938 - EMBARQUEMENT POUR COCAGNE. Production : Les Gémeaux pour les Huileries du Nord. Réalisation : Jacques Asséo et Marcel Bovis. Musique : Jean Wiéner. Durée : 1 mn.

1938 - LA SYMPHONIE ACHEVÉE. Production : Les Gémeaux pour Ducretet-Thomson.

1938 - L'ENCHANTEUR EST ENCHANTÉ. Production : Les Gémeaux pour Noveltex. Animation : Jacques Asséo, Léon Dupont et Marcel Reychman.

1938 - ALI ET LE TAILLEUR ou LE PETIT TAILLEUR DE BAGDAD. Production : Les Gémeaux pour les Grands Magasins du Printemps.

1938 - LE MESSAGER DE LA LUMIÈRE. Production : Les Gémeaux pour les lampes Mazda. Réalisation : Paul Grimault. Musique : Jean Wiéner (paroles d'André Delons). Animation : Gabriel Allignet, Jacques Asséo, Léon Dupont, Dugas, Vilma de Kiss, Paul Grimault, Marcel Reychman, Jean Vimenet. Technicolor. Durée : 2 mn.

1939 - GÔ S'ENVOLE (ou GÔ CHEZ LES OISEAUX). Interrompu par la guerre, ce film deviendra *Les Passagers de la Grande Ourse*.

1942 - LE MARCHAND DE NOTES. Production : Les Gémeaux pour la Continental-Films. Réalisation : Paul Grimault. Scénario : Paul Grimault et Jean Aurenche. Musique : Marcel Delannoy. Animation : Gabriel Allignet, Léon Dupont, Georges Juillet, Henri Lacam, Jean Vimenet. Agfacolor. Durée : 11 mn.

1943 - LES PASSAGERS DE LA GRANDE OURSE. Production : Les Gémeaux. Réalisation : Paul Grimault. Scénario : Maurice Blondeau et Paul Grimault. Musique : Jean Wiéner et Roger Désormière. Animation : Jacques Asséo, Gabriel Allignet, Léon Dupont, Jacques Gadoin, Roger Guitat, Georges Juillet, Henri Lacam, Marcel Reychman, Jean Vimenet. Agfacolor. Durée : 9 mn.

1943 – L'ÉPOUVANTAIL. Production : Les Gémeaux. Réalisation : Paul Grimault. Scénario : Jean Aurenche, Maurice Blondeau et Paul Grimault. Musique : Jean Wiéner et Roger Désormière. Animation : Gabriel Allignet, Léon Dupont, Georges Juillet, Henri Lacam, Jean Vimenet. Agfacolor. Durée : 10 mn 30. Prix Émile Reynaud 1943.

1944 - LE VOLEUR DE PARATONNERRES. Production : Les Gémeaux. Réalisation : Paul Grimault. Scénario : Paul Grimault et Maurice Blondeau, d'après une idée de Jean Aurenche. Musique : Jean Wiéner (orchestration : Roger Désormière). Animation : Gabriel Allignet, Léon Dupont, Georges Juillet, Henri Lacam, Jean Vimenet. Technicolor. Durée : 10 mn.

1945 - NIGLO REPORTER. Production : Les Gémeaux. Réalisation : Paul Grimault. Scénario : Jean Ferry et Paul Grimault. (court métrage inachevé)

1946 - LA FLÛTE MAGIQUE. Production : Les Gémeaux. Réalisation : Paul Grimault. Scénario : Roger Leenhardt et Paul Grimault. Musique : Marcel Delannoy. Animation : Gabriel Allignet, Georges Juillet, Henri Lacam, Jean Vimenet. Technicolor. Durée : 10 mn. Présenté au Festival de Cannes 1947.

1948 - LE PETIT SOLDAT. Production : Les Gémeaux. Réalisation : Paul Grimault. Scénario : Jacques Prévert et Paul Grimault, d'après le conte de Hans Christian Andersen *L'inébranlable (ou l'intrépide) soldat de plomb.* Musique : Joseph Kosma. Animation : Gabriel Allignet, Paul Granger, Georges Juillet, Henri Lacam, Alberto Ruiz, Jean Vimenet. Technicolor. Durée : 11 mn. Prix du dessin animé au Festival de Venise 1948, ex aequo avec *Melody Time* de Walt Disney.

1949 - HISTOIRE D'UN SAUVETAGE / STORY OF A RESCUE. Production : Les Gémeaux pour l'Economic Corporation Administration. Réalisation : Jacques Asséo. Scénario : Paul Guth Animation : Maurice Henry, Pierre Watrin, Philippe Landrot. Musique : Georges van Parys. Durée : 8 min.

1949 - TABUSSE. Production : Les Gémeaux. Réalisation : Jean Gehret. Assistant : Émile Roussel. Scénario et dialogues : André Chamson d'après son roman. Directeur de la photographie : Georges Million. Son : Fernand Janisse. Montage : Myriam Borsoutzky. Distribution : Rellys (Tabusse), Paulette Andrieux (Julia), Marcel Lévesque (Le Pat), Yvonne Yma (Mme Montet), Robert Seller (Milette), Jane Morlet (Mme Milette), Julienne Paroli (La Noémie), Jean-Marc Lambert (Léon), Edmond Guiraud (le père de Julia), Albert Malbert (le député), Léon Pauléon (le curé), Janine Press (la télégraphiste). Durée : 95 min. Distribution France : les Films Fernand Rivers.

1949 - HANS LE MARIN / WICKED CITY. Production : Sagitta-Film (André Sarrut) et Films Caravelle. Producteur associé : Marcel Cravenne. Réalisation : François Villiers. Scénario : Jean-Pierre Aumont et François Villiers d'après le roman d'Édouard Peisson. Directeur de la photographie : Jean Bourgoin. Musique : Joseph Kosma. Montage : Henri Taverna. Décors : Jean d'Eaubonne. Son : Tony Leenhardt. Directeurs de production : Sacha Kamenka et Claude Clert. Costumes de Maria Montez par Jacques Fath. Distribution : Jean-Pierre Aumont (Éric), Maria Montez (Dolorès), Lilli Palmer (Tania), Marcel Dalio (Aimé), Pierre Bertin (le monsieur sérieux), Catherine Damet (une entraîneuse), Roger Blin (un gitan), Roland Toutain (le rabatteur), Coco [Grégoire] Aslan (le Brésilien), Poupy Simon (Pierrot). Et Lawson Mooney, Lita Recio, Kosta Alex. Durée : 95 min. Version américaine coproduite par Christina, Inc. Distribution à l'international : Motion Picture Sales Corporation.

1950 – LE CRIME DES JUSTES. Production : Les Gémeaux. Réalisation : Jean Gehret. Assistant : Émile Roussel. Scénario et dialogues : André Chamson d'après son roman. Directeur de la photographie : Georges Million. Son : Fernand Janisse. Montage : Myriam Borsoutsky. Musique : Henri Dutilleux. Directeur de production : Maurice Saurel. Distribution : Jean Debucourt (Arnal), Claudine Dupuis (Clémence), Jean-Marc Lambert (Maurice Arnal), Frédérique Hébrard (Jeannette), Jean Gosselin (le fils Carrière), Edmond Guiraud (le maire), Robert Seller (Albin). Durée : 88 min.

1951 – PARDON MY FRENCH. Production : Cusik International Films, Inc. (Peter Cusik), Huntington Hartford et André Sarrut. Producteur associé : George Thomas Jr. Réalisation : Bernard Vorhaus. Assistant réalisateur : John Bremer. Scénario : Roland Kibbee. Directeur de la photographie : Gerald Gibbs. Musique : Guy Bernard et Joseph Kosma. Montage : Derek Armstrong, Gordon Hales, Henri Taverna. Directeur de la production : Vincent Permane. Distribution : Paul Henreid (Paul Rencourt), Merle Oberon (Elizabeth Rockwell), Paul Bonifas (Monsieur Bleubois), Maximilienne (Madame Bleubois), Jim Gérald (Monsieur Poisson), Alexandre Rignault (Rondeau), Martial Rèbe (Mobet), Dora Doll (Yvette), Laura Daryl (Mme Mobet), Lucien Callamand (l'inspecteur), Victor Merenda (François), Gilberte Defoucault (Marie-Claire), Marina Vlady (Jacqueline). Durée : 82 min.

1952 – DANS LA VIE TOUT S'ARRANGE / ENTREZ DANS LA DANSE. Production : Sagitta-Film (André Sarrut). Réalisation : Marcel Cravenne. Assistant : André Pergament. Scénario : Roland Kibbee, Claude Roy et Robert Scipion. Directeur de la photographie : Gerald Gibbs. Directeur de la production : Maurice Saurel. Scripte : Dagmar Bolin. Son : Séverin Frankiel. Décors : Émile Alex. Musique : Joseph Kosma. Montage : Henri Taverna. Distribution : Paul Henreid (Paul Rencourt), Merle Oberon (Elizabeth Rockwell), Paul Bonifas (M. Bleubois), Maximilienne (Mme Bleubois), Jim Gérald (M. Poisson), Alexandre Rignault (Rondeau), Martial Rèbe (Mobet), Dora Doll (Yvette), Lucien Callamand (l'inspecteur), Victor Merenda (François), Marina Vlady (Jacqueline), Charles Aznavour. Durée : 82 min.

1953 - LA BERGÈRE ET LE RAMONEUR. Production : Les Gémeaux et Clarges Distributors. Réalisation : Paul Grimault. Scénario : Jacques Prévert et Paul Grimault, d'après le conte de Hans Christian Andersen. Dialogues : Jacques Prévert. Découpage technique : Pierre Prévert et Paul Grimault. Musique : Joseph Kosma interprétée par The Royal Philharmonic Orchestra dirigé par Muir Mathieson. Chansons : Jacques Prévert et Joseph Kosma interprétées par Jacques Jansen, Eric Amado, Léo Noël et Pierre Brasseur (la berceuse). Conseillers techniques américains : Robert Leffingwell et John Harbough. Assistants : Gehret, Cohen, Payen. Animation : Jean Aurance, Collet, De Enden, Léon Dupont, Jacques Gadoin, Roland Genestre, Paul Granger, Maurice Henry, Georges Juillet, Henri Lacam, Philippe Landrot, Jacques Leroux, L. Logé, Marguerite Moreau, Roger Moreau, Jean Mutschler, Pierre Ovtcharoff, Jacques Rannaud, Robert Rosé, Alberto Ruiz, Roger Ségui, Jacques Vausseur, Pierre Watrin. Intervallistes : Artiglia, Beaurain, Gonzalès, Rebould, Desbois, Dumotier-Cazes, Galan, Laurent, Loir-Montgazon, Bernard Roso, Jodon, Galleyran, Siefert, Bressy, Carrale, Galour, Lafon, Robert Richez, Herbin, Barrier, Pierre Nicolas, Saunier, Jacquemot, Wiegand. Traceurs / Gouacheurs : Nadège Brossolet, Grobb, Joly, Simone Course, Demory, Lucienne Dimitroff, Durand, Frey, Tamara Koblikoff, Monique de Saint-Martin, Doyen, Gary, Villard, Bollig, Ducros, Lambert, Seston, Lucette Simaeys. Dessins, traçage : Geneviève Helbig. Décors : Canalé, Louis Danet, Roger Duclent, Bernard Fiévé, Roche, Marcel Saufnai, E. Zilahy. Technique : Gabriel Allignet, Gilbert Dubrisay, Roger Dumotier, Frérot, Ory, Mathieu, Simone Moreau, Emanuele, Robert Richez. Checking : Jacques Thévenet, Jacques Capo, Claudine Capo. Service essais prises de vues : Dorbais, Madintzeff, Duchon, Pavie, Maillot, Wiard, Millet. Vérification des couleurs : Jean Vimenet. Secrétaires de production : Suchaud, Paulette Chaut, Nerrienet, Bigo, Claude Andry, Bru, Agostini. Collaboration technique : Etienne Laroche. Direction de production : André Tripard, Roland Duchaussoy, Bernard Videau, Georges Balland. Directeur de production : André Sarrut. Comptable : Sevel. Coursiers, manutentionnaires : Travers, Tellier, Rier. Dessinateur publiciste : Langevin. Dactylographes et employés aux écritures : Gauthier, La Cotte. Studios anglais pour une partie du gouachage et la prise de vue Technicolor : Stratford Abbey (Stroud), Halas & Batchelor, Kavanagh, Diagram-Films. Correspondants à Londres : Philippe Landrot avec Anatole et Dimitri de Grunwald. Interprétation (voix des personnages) : Anouk Aimée (la Bergère), Serge Reggiani (le Ramoneur), Pierre Brasseur (l'Oiseau), Fernand Ledoux (le Roi), Roger Blin (l'Aveugle), Étienne Decroux (le Haut-hurleur), Yves Deniaud (le Chef de la police), Félix Oudart (le Sentencieux), Marcel Pérès (le Belluaire), Maurice Schutz (le Vieux Mendiant). Enregistrement et choix des voix : Pierre Prévert. Montage : Gilbert Natot. Son : Antoine Archimbault, René Sarazin, G. Mac Callum, E. Drake. Enregistrement Western Electric. Technicolor. AGDC. Durée : 66 mn. Sortie : 29 mai 1953 aux cinémas Normandie et Rex à Paris. Grand Prix à la disposition du jury de la XIIIème Biennale de Venise (1952).

1955 - THE CURIOUS ADVENTURES OF MR. WONDERBIRD. Adaptation anglaise des dialogues par Anatole de Grunwald. Script Editor : Rita Davison. Distribution : Peter Ustinov (Mr. Wonderbird), Claire Bloom (The Shepherdess), Denholm Elliott (The Chimney Sweep), Max Adrian (The King), Alec Clunes (The Blind Man), Cecil Trouncer (The Statue), Philip Stainton (Chief of Police), Harcourt Williams (The Old Beggar), Joan Heal (The Kitten), Frank Muir (Commentator). Sous la direction de Pierre Rouve. Produit par André Sarrut. Technicolor. Durée : 63 mn.

Annexes.

Quelles différences entre la Bergère et le Ramoneur *et* le Roi et l'Oiseau *?*

Alors, quelles différences entre *la Bergère et le Ramoneur* et *le Roi et l'Oiseau* ? Cyprien Clément s'est livré à une analyse comparative très précise des deux films (à défaut de pouvoir visionner la version française, il a utilisé *The Curious Adventures of Mr. Wonderbird* mais cela ne fait (presque[681]) aucune différence pour les images) : *la Bergère et le Ramoneur* compte 616 plans et *le Roi et l'Oiseau* 830 plans. À partir du *Roi et l'Oiseau*, Cyprien Clément a effectué un dénombrement de chaque ensemble de plans, afin d'avoir un aperçu général des modifications à l'échelle des deux films :

« Les plans ajoutés sont au nombre de 259. / Les plans inchangés sont au nombre de 387.
Les plans supprimés sont au nombre de 61. / Les morceaux supprimés de plans sont au nombre de 102.
Les plans segmentés sont au nombre de 26. / Les plans joints sont au nombre de 6.
Les plans déplacés sont au nombre de 48. / Les plans redessinés sont au nombre de 20.
Les plans mixtes sont au nombre de 88. »[682]

* * *
* *

À l'occasion de la sortie du livre, Grégoire Philibert du blog filmperdu.fr a écrit ce texte inédit.

La Bergère et le Ramoneur : un film frappé du sceau de l'infamie.

Connaissez-vous l'histoire du film *le Roi et l'Oiseau* ?

On ne peut l'évoquer sans citer l'incontournable Jean-Pierre Pagliano, auteur de *Paul Grimault* et de *Le Roi et l'Oiseau. Voyage au cœur du chef-d'œuvre de Prévert et Grimault.* Dans ce deuxième ouvrage, M. Pagliano intitule son introduction « lever de rideau », une référence claire à la première scène du premier film, soulignée par un croquis, celle-là même qui, dans le deuxième film, a été réanimé à l'identique devant un décor... qui n'est plus un rideau.

Car il y a deux films, c'est là la spécificité de ce dessin animé. Pour résumé aussi clairement que possible une situation complexe : Paul Grimault, réalisateur, André Sarrut, producteur et Jacques Prévert, scénariste, se lancent après-guerre dans la production de *la Bergère et le Ramoneur* qui se veut le premier dessin animé français de long métrage, fort de leur expérience grâce aux courts métrages déjà produits depuis le début de l'Occupation dans leur studio les Gémeaux. Jean Image double les Gémeaux en sortant en 1950 le premier dessin animé de long métrage français *Jeannot l'intrépide*, la production traîne encore trois ans après cela et les coûts s'accumulent tant que la sortie du film à elle seule a toutes les chances de ne plus suffire pour rentrer dans leurs frais. Le producteur tente tout de même une sortie en français et en anglais mais, pour ce faire, donne un coup d'arrêt aux velléités de Grimault et Prévert qui désavoueront publiquement (dans le générique, la presse et les tribunaux) le montage supervisé par Sarrut qu'ils considèrent comme une version inachevée et non conforme à leurs souhaits. La compagnie fait faillite.

Vingt-cinq ans plus tard, Grimault rachète les droits et le négatif, pour achever ce qu'il considère encore à l'époque sa version du film grâce à une remontage des scènes, une nouvelle bande

681 La version anglaise est plus courte de 3'30 min : la scène du peintre est coupée au montage (présente entre 6'30 et 10') dans *la Bergère et le Ramoneur.*

682 Cyprien Clément, The Curious Adventures of Mr. Wonderbird *(1953) et* le Roi et l'Oiseau *(1979) de Paul Grimault. Analyse comparative plan par plan*, mémoire de master 2 Cinéma et audiovisuel sous la direction d'Hervé Joubert-Laurencin, université de Nanterre Paris-Ouest la Défense, 2017, 60 pages.

son et de nouvelles scènes animées par une nouvelle équipe. Le film est rebaptisé *le Roi et l'Oiseau* pour bien se démarquer de la honteuse première version, il gagne le prix Louis-Delluc ainsi que l'admiration de toute la critique « en embouchant sa trompette à chaque nouvelle sortie, en salle ou en vidéo » nous précise M. Pagliano. Tout est bien qui finit bien.

Même aussi brièvement résumé, cette histoire soulève plusieurs questions. *La Bergère et le Ramoneur* était-il un très mauvais film ? Comment le voir aujourd'hui pour se faire une opinion ? Les différences entre les deux versions sont-elles à ce point drastiques ? Pourquoi le film a-t-il mis si longtemps à être produit ? Et bien sûr : *le Roi et l'Oiseau* est-il à ce point supérieur à *la Bergère et le Ramoneur* ?

Le dessin animé interdit. -

Il existe deux façons de répondre à ces questions. Pour le commun des mortels, il n'en existe qu'une : en imaginant ce que *la Bergère* a pu être. Et pour quelques très rares privilégiés, il en existe une autre : en regardant le film. En effet, Jean-Pierre Pagliano nous explique : « Pour le réalisateur, en tout cas, la seconde mouture a définitivement occulté la première, à laquelle le public ne doit plus avoir accès. » La messe est dite. Vous, chers spectateurs, n'avez pas le droit de comparer. N'essayez pas de savoir si Paul Grimault a eu raison : vous serez forcément de son avis.

Pourtant, dès l'introduction du livre, l'auteur nous révèle que les fameux réalisateurs des studios japonais d'animation Ghibli considèrent, pour l'avoir vue, cette fameuse *Bergère* comme leur inspiration et, horreur, « les séquences d'origine leur paraissent supérieures aux éléments nouveaux. » Voilà qui interpelle. Si la deuxième version a gagné le prix Louis-Delluc, la première a gagné le Grand Prix du Jury à la Biennale de Venise ! Même sur la base de ces deux éléments, on peut commencer à s'interroger sur la qualité de ce premier film. Ce peut-il que des professionnels de l'époque et actuels se trompent à ce point ?

De fait, lorsqu'un spectateur est tombé amoureux d'un film, il vit plutôt mal le fait de ne plus pouvoir jamais le revoir, et sans doute guère mieux le fait que celui-ci ne puisse être visible que dans une version profondément modifiée, quelque soient les modifications.

L'exemple le plus connu est sans doute George Lucas qui s'oppose à la ressortie de *la Guerre des étoiles* dans sa version initiale, lui attirant ainsi les foudres des passionnés qui souhaitent connaître ou revivre les sensations ressenties à sa vision. Pour les modifications apportées sur le film, Lucas est souvent critiqué, voire même franchement insulté. Pour les modifications autrement plus drastiques et l'embargo sur *la Bergère*, Grimault est encensé et félicité (« Dans l'ensemble, la presse a toujours été plutôt gentille avec moi »). Il y a là un paradoxe fascinant.

Le capitaine des Gémeaux et son équipage en croisière. -

Lorsque Paul Duch écrit son article dans *Ciné Miroir* du 25 octobre 1946, il est visiblement enchanté par sa visite des studios des Gémeaux. Il nous rapporte qu'après quatre moyens métrages presque terminés, un long métrage, *la Bergère et le Ramoneur*, écrit par Jacques Prévost [sic] est en préparation. L'harmonie semble régner (« tout le monde est gentil aux Gémeaux ») et le journaliste va jusqu'à croire que le studio est géré par « les frères Grimault ». S'il s'agit là de Grimault et Sarrut, ils devaient faire l'effet d'une sacrée paire d'amis !

Alors que la réalisation du film n'en est qu'à ses tout débuts, un journaliste de *Cinévie* publie le 24 juin 1947 un article titré « Avec 100 millions, Paul Grimault espère faire mieux que Walt Disney ». Passé l'étonnement devant l'immodestie utopique de ce titre, on s'aperçoit que le rédacteur n'est pas dupe, qui décrédibilise, chiffres à l'appui, les prétentions du réalisateur. Et les raisons de s'inquiéter ne manquent pas : nombre de dessinateurs insuffisant, temps de production prévu trop court, vivier de nouveaux dessinateurs sortis d'école inexistant, salaires proposés non attractifs. « La situation du dessin animé est du reste désespérée ». Si un journaliste de *Cinévie*, magazine "tout public" et non publication corporatiste, a su prédire aussi bien les embûches à venir, on ne peut que trembler à l'idée d'être dans les chaussettes d'André Sarrut. « Cette réalisation doit demander 1 an et coûtera 100 millions de francs. Au rythme actuel de travail, elle menace pourtant de durer 5 ans ». Une prédiction qui se voulait catastrophique pour l'époque, et qui se révèlera en-dessous de la vérité. Jacques Asséo nous apprend qu'André Sarrut a attendu d'avoir englouti 500 millions (le *New York Times* rapportera une facture finale de 600 millions !) dans un film toujours pas terminé pour siffler la fin de la récréation. On a connu des producteurs moins coulants. De fait, Philippe Landrot le décrit comme « assez sympa », « drôle, c'était un type spirituel ». Bref, pas Landru. On notera tout de même dans l'article de *Cinévie* la conclusion indulgente, bien que peu sincère, sur le fait que Grimault saura sans doute recréer « l'esprit d'un genre qui pourrait être éminemment français ». Un argument patriotique d'une vacuité crasse qu'on retrouvera souvent pour tout excuser.

Or, de par ses coûts, du nombre de personnes requis pour le créer, et des enjeux invariablement encourus, le septième est, de tous les arts, celui qui souffre le plus de cette loi implacable : une œuvre n'est pas faite pour ses créateurs mais pour le public. Le cinéaste qui ne comprend pas cette simple vérité s'expose à ne plus jamais créer une deuxième œuvre, voire à ne jamais finir la première. Si *Blanche Neige et les sept nains* avait été un flop, Walt Disney serait probablement un inconnu aujourd'hui.

Prenons plus modestement Jean Image puisqu'il était question de lui plus haut. Son premier long métrage n'est pas ce qu'il est convenu d'appeler un incontournable de nos jours. Mais il a été construit avec un budget raisonnable, et accompagné d'une campagne avec produits dérivés, publications jeunesse, qui ont permis de dégager en un temps restreint assez de bénéfices pour se lancer tout d'abord dans un deuxième long métrage, peut-être avec une ambition un peu plus poétique, *Bonjour Paris*. Son créateur a ensuite fait carrière à la télévision en réalisant de nombreuses séries populaires tout en continuant à sortir des longs métrages animés au cinéma jusque dans les années 80. On peut aimer ou non son style, mais dans le vocabulaire courant, c'est ce qu'il est convenu d'appeler un succès. Après l'échec de l'aventure de *la Bergère*, Grimault, lui, réalisera notamment des publicités pour Lustucru. Cela se dispense de commentaires. Il renie le film à tel point que lorsqu'il publie dans *la Cinématographie française* l'annonce de la création de sa société Presse-Écran-Publicité, il se présente comme « l'excellent réalisateur de dessins animés à qui l'on doit *le Voleur de paratonnerres, l'Epouvantail, le Petit Soldat* ». Oubliée, *la Bergère*.

Grimault reprochera plus tard à Sarrut d'avoir effacé du générique tous les collaborateurs licenciés, y compris Prévert. Un rapide coup d'œil nous apprend que, au moins dans le cas de Prévert, c'est un mensonge. D'ailleurs, il est mis en avant dans les publicités et l'affiche. Mais ce qui frappe le plus un spectateur non averti dans ce générique n'est pas l'absence de noms d'inconnus. Ce sont bel et bien les deux cartons du réalisateur et du scénariste qui proclament sur la moitié de l'écran, telle une décision de justice à la une d'un journal à scandale : « Les personnages et les décors ont été conçus et exécutés par Paul Grimault, mais il leur a été apporté des modifications qu'il désapprouve. La réalisation du film est de Paul Grimault, mais a subi en dernier lieu des coupures, modifications, et additions sans son accord. Ce film a été fait d'après un scénario et des dialogues de Jacques Prévert et Paul Grimault mais a reçu des modifications qu'ils désapprouvent ».

Imposer de tels messages (de toute évidence par voie de justice) dans un générique de début équivaut à proclamer publiquement la mauvaise qualité supposée du film, et donc à condamner son exploitation qui aurait pourtant bien besoin d'un succès pour renflouer les caisses ou, à ce stade, limiter la casse.

Sarrut, lorsqu'il y est invité par *la Cinématographie française*, répond avec gratitude aux accusations le 27 septembre 1952 mais, peut-être trop honnête, se limite à signaler discrètement que la procédure judiciaire en cours l'oblige à réserver ses explications approfondies à la Cour. Il semble que la partie adverse ne se soit pas embarrassée de ce détail.

Et si cette controverse n'avait pas existé ? Certes, les dettes auraient demeuré. Mais le film aurait-il été considéré comme un échec ? La compagnie n'aurait-elle pas pu inspirer confiance aux investisseurs ?

Grimault en est conscient qui admet : « Le public l'a bien accueilli [...] parce qu'ils n'avaient pas idée de ce qu'aurait dû être le film ». *La Cinématographie française*, après nous avoir rappelé que le film a été primé à la Biennale, le considère, en l'état, comme « un très bon dessin animé français de long métrage [...] tour à tour amusant et émouvant [...] fort agréable à voir et à entendre ». Bref, on est loin du nanar ou de la trahison supposée et si les auteurs avaient voulu faire des compromis plus tôt, les dépenses auraient été moindres, les profits moins tardifs et les perspectives de nouveaux projets peut-être plus tangibles. Présenté avec *Crin Blanc*, il fera d'ailleurs une carrière respectable bien qu'insuffisante pour régler ses dettes, et ce même en version anglaise sous le titre *The Adventures of Mr. Wonderbird*, grâce à la participation du grand Peter Ustinov dans le rôle de l'oiseau et de Claire Bloom. Il est à noter que cette version est la seule qui est encore actuellement trouvable en DVD dans une copie de mauvaise qualité où l'on a retiré du générique les inscriptions controverses et la belle musique. La scène du peintre est également raccourcie.

On est ainsi en droit de se demander qui est responsable du naufrage relatif du film. Est-ce le producteur qui a sorti le film envers et contre tous afin de sauver les meubles mais en dépit des volontés des artistes ? Ou les artistes eux-mêmes qui ont fait trainer la réalisation au-delà du raisonnable et sabordé sa sortie ? Comme dans bien des querelles, les torts sont sans doute partagés.

Il semblerait en tout cas que Grimault et son équipe aient perdu de vue cet aspect essentiellement mercantile de leur art. Concernant les animateurs principaux, on peut lire une phrase révélatrice de Philippe Landrot : « C'était tous des perfectionnistes, d'ailleurs, et à mon avis, certains des ennuis financiers viennent de là ». Au pays des aveugles, les borgnes sont rois. Quant à Grimault, je vous invite à lire les nombreux portraits par ses collaborateurs reproduits par Jean-Pierre Pagliano dans son livre. Tout dans les descriptions qui sont faites du réalisateur fait penser à un doux rêveur (le terme employé par un journaliste de *Pour Vous* pour le décrire dès le 3 mai 1939). « Paul Grimault était un homme libre. Libre par exemple de perdre joyeusement son temps ». Et il semble que cette philosophie ne s'arrêtait pas au travail comme nous le rapporte Jean Vimenet : « Il avait fait un décor extraordinaire qui était pratiquement terminé et puis, d'un seul coup, il a rangé ses pinceaux, il a ouvert le robinet et il a passé sa feuille sous le robinet ! C'est rare de voir quelqu'un avoir le courage de faire ça ». D'aucuns parleraient d'inconscience, surtout quand le temps et l'argent sont cruellement comptés.

On est en tout cas à l'opposé même du chef d'entreprise responsable. Grimault s'en vantera lui-même après la sortie du *Roi et l'Oiseau* : « Moi j'ai réussi à aller au bout de mon truc et je pense qu'il y en a qui ont préféré prendre un autre train que celui-là (un train de luxe pour un train de marchandises), ça c'est autre chose. Mais quand on me demande combien ça représente d'années de travail, combien de kilos de gomme, de kilomètres de mines de crayons, je m'en fous complètement ».

Tout est dit : peu importe le budget, la faillite, les amitiés brisées, les licenciements, les carrières avortées, puisqu'il est allé au bout de son truc. On ne lui a de toute évidence pas présenté la facture du train de luxe.

Deux œuvres différemment similaires : le son. -

Examinons donc le train de marchandises. Quelles sont les différences entre ces deux films ? Ce qui frappe d'emblée, c'est la similarité entre les deux. En effet, une énorme partie de l'ancien a été repris pour le nouveau. De fait, l'histoire est donc globalement la même, ce qui déçoit quelque peu puisqu'on aurait pu s'attendre à ce qu'une entreprise aussi longue, complexe et génératrice de drames humains, soit justifiée par une histoire différente, une animation en majorité améliorée. Que nenni. Le changement majeur évident est bien entendu la bande son. Tout d'abord la musique, qui était dans l'ancienne version une musique ravissante, parfois grandiose à souhait lors du générique ou de la course poursuite et en tout cas, aux oreilles de ce rédacteur, parmi les meilleurs œuvres de Joseph Kosma qui compte pourtant bien des chefs-d'œuvre dans sa prolifique carrière. L'effet ressenti est celui d'un film de prestige.

Malheureusement, les considérations techniques, mais aussi et surtout la rancœur de Prévert et Grimault à l'encontre du génial compositeur, pas assez solidaire de leurs malheurs à leurs yeux, sonnera le glas de cet accompagnement. En gros, Kosma avait commis l'erreur impardonnable de respecter son contrat.

À l'inverse, l'approche de Wojciech Kilar est bien plus intimiste, mélancolique et contemplative. « Mélancolique » et « sombre » sont d'ailleurs les termes utilisés sur le sous-titrage pour sourds et malentendants du Blu-ray. Cela donne un ton particulier aux mêmes images, certes poétique, presque nostalgique, mais à mon sens, moins universelle. J'entends par là que le film n'étant pas, à la base, conçu pour plaire au plus grand nombre, ce choix de partition n'est pas fait pour dévier de cette optique. La scène de poursuite, largement laissée sans musique dans la nouvelle version, perd clairement en rythme et en intérêt. Certains changements n'ont même aucun sens logique : le son de l'orgue qui attire l'oiseau vers l'aveugle et les lions est remplacé par le son d'un orchestre deux scènes de suite. C'est charmant mais visuellement incohérent.

Bien évidemment, l'effacement presque total de l'ancienne bande son a pour conséquence de ne garder aucune des voix prestigieuses de la distribution du film original. Pensez : Anouk Aimée,

Pierre Brasseur, Fernand Ledoux et Serge Reggiani ! Qui pourrait penser que, si talentueux qu'ils soient, les acteurs de la deuxième version puissent éclipser ces noms ? Visiblement pas Grimault qui, n'étant pas à un paradoxe près, convie la peu rancunière Anouk Aimée à participer à son documentaire *la Table tournante* (disponible en supplément dans le Blu-ray) pour évoquer la prestation qu'il vient de condamner à l'oubli éternel sans même évoquer cette sentence. La presse lors de la sortie du *Roi et l'Oiseau* « oubliera » également bien commodément que les célèbres artistes n'étaient plus au générique en les citant dans leurs colonnes.

Pourtant, il faut bien le dire : les répliques ne fusent pas dans le film. Une caractéristique qui devrait ajouter à l'universalité du film, à la manière des films muets, mais qui a pour effet secondaire d'éloigner les personnages du spectateur. On a peine à s'identifier aux deux protagonistes du premier titre, ou aux deux rôles-titres pourtant plus verbeux, du second. Outre le fait qu'il est le méchant du film, le Roi a cette complexité supplémentaire d'être deux personnages à lui seul : le roi qui louche et son double sorti tout droit d'un tableau ; une pirouette de l'histoire qui trouve sans doute sa source plus volontiers dans une inspiration poétique qu'une nécessité de clarté scénaristique, au contraire ! On s'éloigne encore un peu plus d'une histoire susceptible de charmer tous les publics.

Ce n'est de toute façon pas ce que Grimault recherche. Il a déjà refusé les suggestions de Sarrut pour faciliter l'exploitation du futur film aux États-Unis. Parce qu'il considère également que rien ne doit polluer sa vision et son art, il ne cache pas non plus son aversion pour les produits dérivés qui auraient pourtant pu aider l'aspect financier et la popularité du film, et sous couvert de considérer que le dessin animé ne doit pas être réservé aux seuls enfants, opinion qu'il partage avec Disney et ce en quoi il a tout à fait raison, il s'évertue à prouver qu'il n'est pas fait pour eux. Il est l'anti par excellence. L'anti Goldorak, l'anti Disney. À mettre tant d'énergie pour être à contre-courant de ce qui est populaire (le vilain mot !), n'est-il pas normal qu'on ne le soit pas ?

« On sentait qu'il y avait des choses dans lesquelles on ne pouvait aller plus loin sans passer pour un gars qui veut absolument se différencier de toute le monde ». Il s'est libéré de cette contrainte dès qu'il a pu : des films tels que *le Diamant* ou *le Chien mélomane* peuvent, dans leur style ou dans le choix de leurs protagonistes franchement désagréables, difficilement être présentés à des enfants avec succès. Dans le cas du *Roi et l'Oiseau*, cette démarche est moins flagrante, mais on y trouve bel et bien des éléments (politiques et philosophiques notamment) plus directement destinés à un spectateur adulte. Un ancien enfant de mes amis avec qui je parlais du film m'avouait qu'il l'avait vu alors et que celui-ci ne faisait « pas partie des cassettes que je demandais régulièrement à mes parents ». Autour de moi, cette opinion semble majoritaire.

Un puzzle animé : le montage. -

Or, le deuxième élément modifié par Grimault aggrave la situation : le nouveau montage. Si la quasi-totalité des anciennes scènes ont été reprises, elles ne sont plus nécessairement dans le même ordre. Des plans de la même scène sont coupés en deux par un insert, *a contrario*, des plans séparés sont montés ensemble pour en faire une seule scène. Or, je le répète, il s'agit néanmoins de la même histoire. Celle-ci est dès lors racontée de façon plus alambiquée. Par exemple, après la scène du peintre, le roi monte en ascenseur dans ses appartements dans lesquels ils rentrent par une porte dérobée animée avec sa commode qui se scinde en deux, puis contemple le tableau. Dans le nouveau film, une scène vient s'intercaler entre celle du peintre et l'ascenseur, et le plan de la porte dérobée est supprimé, rendant l'entrée du roi dans la chambre moins logique et visuellement plus pauvre.

Une bonne partie de ces coupes est malheureusement motivée par des raisons techniques. Parfois une seule image a été enlevée afin d'effacer un défaut d'animation sur un personnage, créant ainsi une coupure sur le mouvement des autres personnages de la scène. Ce type de défaut n'est pourtant pas rédhibitoire dans l'animation classique, même après une restauration considérée par certains comme trop intrusive car éliminant justement des défauts d'époque, *Blanche Neige et les sept nains* garde aujourd'hui une fleur qui disparaît et réapparaît au milieu d'un plan.

De même, dans *le Roi et l'Oiseau*, toutes les transitions en fondu ont été excisées afin de se débarrasser des morceaux de film qui s'éloignent de plus d'une génération du négatif. Ce qui explique le remplacement de certains plans « d'entrée » du château par des nouveaux ou le raccourcissement de plans beaucoup plus longs à l'origine (la bergère et le ramoneur sur les toits qui contemplent l'aube). La restauration de *Sueurs froides* subira le même sort des années plus tard.

Une nouvelle animation. -

Le troisième élément est celui qui a principalement motivé l'entreprise : les nouvelles scènes pour « terminer » le film. Quelles sont-elles ? Des scènes de la statue équestre qui prend désormais la défense du roi là où elle l'attaquait auparavant, des plans fixes ou peu animés pour remplacer des scènes tridimensionnelles (l'ascenseur par exemple : un simple cellulo glissé), un portrait de femme éteint le feu au lieu des poissons ornementaux dans la cheminée, une emphase sur les statues du Roi dès la scène d'ouverture (une statue ne bouge pas, c'est pratique), de longs et peu utiles préparatifs de mariage, et des idées poétiques sans rapport avec l'histoire, insérées entre deux scènes sans continuité logique.

Par exemple, le petit clown, par ailleurs très mignon, qui fait son apparition pour détendre le roi qui vient juste d'ordonner la poursuite des fuyards et qui, dans la scène d'après, participe à celle-ci. Le rythme en souffre considérablement. De même, l'utilité dans l'histoire du ventre orchestre du robot, élément nouveau, ne m'apparaît pas évidente, si ce n'est que l'idée requiert peu d'animation.

Dans la scène des lions, outre le son de l'orgue déjà mentionné, un parti pris important a été changé : dans la première version, l'oiseau « parle lion ». C'est à dire qu'il rugit, et pour que le spectateur le comprenne aussi bien que les lions, il est sous-titré en français. Dans la nouvelle version, il annonce également parler lion, mais procède juste après de parler français. On perd encore en cohérence. Quant à la qualité de l'animation, je dois être juste et mentionner que recréer des scènes avec des personnages créés trente ans plus tôt par d'autres sans avoir toutes les études d'époque n'est sans doute pas chose aisée.

En conclusion. -

Tout est-il inférieur dans cette deuxième version ? Certes non ! Quelques détails y gagnent comme par exemple l'idée saugrenue, et non gardée de faire commenter l'évasion du roi par l'oiseau comme un journaliste sportif. Grimault a également peint de nouveaux décors magnifiques. Mais surtout la fin, si elle nous éloigne encore des personnages principaux et du *happy end* classique et consensuel (le mariage des héros), est globalement meilleure avec la libération métaphorique du petit oiseau par le robot.

Grimault a-t-il terminé son film exactement comme il souhaitait le faire en 1953 ? Bien sûr que non, et il le dira lui-même à l'époque du *Roi et l'Oiseau* en interview : « Je n'ai pas voulu que ce travail soit uniquement de la reconstitution. [...] Je me rappelle encore qu'à l'époque, j'avais trop de retenue. [...] J'ai donc fait de nouvelles séquences ». On peut en déduire aisément qu'il a donc ajouté des éléments auxquels il n'aurait pas songé à l'époque. Est-ce une mauvaise chose ? Non. Le film en est-il meilleur pour autant ? Tout est affaire de goût.

Les films à la forme figée n'existent pas. L'existence même de ce blog est basée sur le fait qu'on peut trouver de nombreuses versions alternatives de la plupart des films. Ce qui est regrettable, c'est quand une de ces versions demeure invisible, à plus forte raison par la volonté humaine et non la fatalité. Il est tant de films perdus à jamais par la faute du temps, des éléments, qu'on ne peut que déplorer que certains films aussi cruciaux pour l'Histoire du cinéma ne soient perdus par la vanité de leur créateur, qui perdure par-delà sa mort à travers ses ayants droit.

Pourtant, Grimault l'a dit lui-même : « Ce négatif maintenant est en dépôt en on n'en parle plus, et on en reparlera peut-être dans cinquante ans si un de mes arrières-arrières-arrières-petits enfants a envie de tirer une copie du film ».

Cette phrase a été imprimée il y a environ 40 ans. Plus que 10 ans. J'attends.

La Comète – André Sarrut. -

De 1948, date de sa fondation, à son arrêt d'activité en 1970, la Comète a fait plusieurs centaines de films de publicité ou de relations publiques, en toutes techniques : prise de vue directe, trucage, objet, poupée et dessin animé, dont 60 % environ exportés grâce à des filiales à Londres, Francfort, Milan et Chicago.

En 1964, au Festival de Venise, où se rencontrent tous les producteurs de quelque pays qu'ils soient, la Comète-André Sarrut a obtenu : en télévision, dans les catégories les plus concurrencées (15 à 45 secondes), 40 % des récompenses. En cinéma, le Grand Prix, et une proportion importante de récompenses décernées dans les catégories les plus significatives.

Quelques-unes des récompenses obtenues par la Comète – André Sarrut dans les festivals internationaux de films publicitaires

Festivals internationaux de films publicitaires – Récompenses pour la télévision		
Festival	**Société – Pays – Titre du film**	**Récompenses**
New York 1970	Saint-Gobain BSN (France)	Clio
Venise 1968	Tréca (France)	Médaille d'argent
New York 1967	Lustucru (France) « Le Médecin »	Médaille d'or
New York 1967	Campagne collective du verre (France) « Parfum »	Médaille d'or
New York 1967	Campagne collective du verre (France) « Jardinière de légumes »	Médaille d'argent
Cannes 1967	Lustucru (France) « Le Médecin »	Diplôme catégorie « produits alimentaires » 40 s
New York 1965	Schweppes (Angleterre) « Man »	Médaille de bronze
Festival de Cork 1965	Volkswagen (Allemagne) « Ice & Water »	Diplôme vues réelles 15 s
Festival de Cork 1965	Schweppes (Angleterre)	Médaille de bronze vues réelles 30 s
Trieste 1964	Bassetti (Italie) Société PCT Selene n°3 et Selene n°4	Grand Prix de la Télévision « Campana di San Giusto »
Trieste 1964	Bassetti (Italie)	Prix de l'Efficacité publicitaire
Trieste 1964	Bassetti (Italie)	Prix de la meilleure technique publicitaire
New York 1964	Volkswagen (Allemagne) « Ice & Water »	Médaille d'argent vues réelles jusqu'à 30 s
Venise 1964	Players Richmond (Angleterre) Cigarettes « Hammock »	Deuxième Prix vues réelles 20 à 45 s
Venise 1964	Cutex (Angleterre) « Diamond & Pearls »	Diplôme vues réelles 20 à 45 s
Venise 1964	Volkswagen (Allemagne) « Eis und Wasser »	Diplôme vues réelles 20 à 45 s
Cannes 1961	Martini n°1 (Angleterre)	Diplôme catégorie vues réelles 15 à 45 s
Venise 1960	Schweppes (Angleterre) « Roméo et Juliette », « Cambrioleur », « Archéologue »	Diplôme d'honneur catégorie séries dessins animés
Cannes 1959	Schwepps (Angleterre) « Monuments »	Deuxième prix catégorie animation 7 à 14 mètres
Cannes 1959	Ecco (Italie) « Il Barman »	Deuxième prix catégorie vues réelles et animation
Cannes 1959	Schweppes (Angleterre) « Sculptor », « Billposter »	Mentions
Venise 1958	Camay (Angleterre) « Grand Hôtel »	Mentions
Venise 1958	Ecco (Italie) « La Malle »	Mentions

Festivals internationaux de films publicitaires – Récompenses pour le cinéma		
Festival	**Société – Pays – Titre du film**	**Récompenses**
Salon de l'enfance 1972	4 films pour l'Office national d'information des étudiants et professionnels (ONISEP)	Prix de la formation professionnelle et information sur les carrières
New York 1970	Pirelli (Allemagne)	Clio
New York 1970	Rodier (France)	Clio
Venise 1968	Woolite (France)	Médaille d'argent
New York 1967	Olida (France) « Le Roi »	Médaille d'or
Cannes 1967	La Maison du Café (France) « Emballage sous vide »	Diplôme catégorie boissons non alcoolisées
Venise 1966	Palmolive (France)	Premier prix série de films vues réelles de 10 à 120 mètres
Venise 1966	Waterman (France) « Bibliothèque »	Deuxième prix vues réelles de 30 à 40 mètres
New York 1965	Eminence (France)	Médaille de bronze vues réelles 60 s
Cannes 1965	Duralex (France)	Premier prix techniques diverses 10 à 25 mètres
New York 1964	Lustucru (France) « La Preuve par l'œuf »	Médaille d'argent vues réelles et animation de plus de 30 s
New York 1964	Esso (France) « Garçon de café »	Médaille de bronze catégorie vues réelles au-delà de 30 s
Venise 1964	Lustucru (France) « La Preuve par l'œuf »	Grand prix du cinéma
Venise 1964	Les Petits Pois (France) « On a toujours besoin de petits pois chez soi »	Premier prix objets animés 13 à 110 m
Venise 1964	White Horse Whisky (Angleterre)	Deuxième prix vues réelles 26 à 40 m
Venise 1964	Peter Stuyvesant (Angleterre) « Riviera » & « Siena » (Italie)	Diplôme vues réelles 13 à 110 m
Venise 1964	Volkswagen (Allemagne) « Stempel »	Diplôme vues réelles 13 à 25 m
New York 1963	Olida (France)	Premier Grand Prix
New York 1963	Esso (France)	Prix spécial Festival international du film industriel et technique
Venise 1962	Banques populaires (France)	Deuxième prix catégorie dessins animés de 30 à 55 m
Venise 1962	Formfit (France)	Diplôme d'honneur catégorie vues réelles de 13 à 30 m
Venise 1962	Sacred (France)	Diplôme d'honneur catégorie dessins animés de 13 à 30 m
Venise 1962	Milo (Suisse) « Augmentez vos chances » n°2	Diplôme d'honneur catégorie vues réelles de 13 à 30 m
Venise 1962	Sacred (France)	Diplôme d'honneur catégorie dessins animés de 13 à 30 m
Venise 1962	Milo (Suisse) « Augmentez vos chances » n°1 et n°4	Diplôme d'honneur catégorie séries vues réelles de 13 à 110 m
Cannes 1961	Gelée Maggi (France)	Diplôme catégorie vues réelles de 13 à 30 m

Cannes 1961	Lipton Tea « Chanteuse »	Diplôme catégorie dessins animés de 13 à 30 m
Cannes 1961	Pirelli Sapsa (Italie) « L'Ipnotizzatore »	Diplôme catégorie dessins animés de 56 à 110 m
Trieste 1960	Pirelli (France) « La prigione » (Italie)	Premier prix catégorie dessins animés jusqu'à 55 m
Trieste 1960	Ford italiana (Italie)	Deuxième prix catégorie dessins animés jusqu'à 105 m
Venise 1960	Olida (France) « Portrait » et « Musée »	Premier prix catégorie série dessins animés
Venise 1960	Pingouin (France)	Deuxième prix catégorie dessins animés
Venise 1960	Lustucru (France) « Ah les bons œufs frais »	Diplôme d'honneur catégorie vues réelles
Cannes 1959	Guinness (Angleterre) « Interplanetary rocket », « The Flying head piece », « The Aerobyke »	Premier prix catégorie série vues réelles
Cannes 1959	Z. Franck (USA) « Used Cars »	Deuxième prix catégorie dessins animés 13 à 20 m
Cannes 1959	BP (Italie) « Buon viaggio amici »	Mention
Venise 1958	Maggi (France) « Ma joie »	Premier prix catégorie dessins animés 13 à 27 m
Venise 1958	Duralex (France)	Deuxième prix catégorie prise de vues réelles 13 à 27 m
Venise 1958	Shell (France) « Javelot », « Ressort », « Zèbre »	Deuxième prix catégorie séries dessin animé 13 à 110 m
Venise 1958	Camay (Angleterre)	Deuxième prix catégorie séries vues réelles 13 à 110 m
Venise 1958	Pschitt (France) « Médecin »	Mention, catégorie marionnettes 13 à 110 m

Quelques films publicitaires tournés par la Comète :
Azur, Charbon, Monsieur Lanvin, Saint Louis Raffineries, A la Ville du Puy, Pastilles Valda, Vitrac, Voiles Rhodia, Guinness (bicyclette), Guinness (for strength), Lustucru (280 000 oeufs), Relax with Milk, Shell Ica (foreign land), Nestlé's cream, Butterfinger, Horlicks, Mann's, Ernte 23, Schweppes (guide), Le Verre protège, Guinness (l'homme avec hélice), Shell Tox, Wahlt liste 2 (SPO), Cadets (cigarettes), Caddy, Petits pois (tableau noir), Petits pois (feu vert), Petits pois (orchestre), Treca, Munster, Astor, Guinness (Flying Toucans), Éminence, Schweppes (sculpteur), Le Verre protège (bouteille), Verre goût intact (macédoine), Rodier, Babybel, Volkswagen, Thé Lipton (chapeau), Verre goût intact (tête bouteille), Bic, Volkswagen (tampon), Star, Crackel Barrel, Camay (théâtre), Diamant Royal 144, Le Verre protège (maison en ruines), La Maison du Café, Lait Nestlé, Shell Ica (elephant story), New Bristow's, Le Verre protège (terrain vague), Olida (opéra), Astor, Butterfinger, Eminence, Esso (ski searl), Regilait, Acier (production Emprunt 67), Shell Ica (policier), Pye of Cambridge, Déménageurs, White Horse, Crédit Populaire de France, Super Shell Ica (chef d'orchestre), Saint Raphaël, Olida (voleur), Sacred, Olida (peintre), « Z » Franck, Petits Pois (petit, petit, petit), Lait concentré Nestlé (Afrique), Printemps, Esso (canapé), Esso (réception), Nescafé (Afrique, claveau), Thé Lipton (piano), Banania, Olida (Dr Jekyll et Mr Hide), Frigeco, Schweppes (Roméo et Juliette).

La tentative de collaboration avec Walt Disney Productions en 1948. –

Walt Disney Productions. 2 400 West Alameda Avenue, Burbank.
D'André Sarrut à l'attention de MM. Cutting et Feignoux.
Concerne : collaboration Walt Disney – les Gémeaux. 30 mars 1948.

Messieurs,
Comme suite aux conversations que nous avons eues avec vous le 25 mars dernier, et aux différents courriers que nous vous avons adressés le 25 octobre, le 19 février et le 4 mars 1948, nous vous indiquions ci-dessous de quelle façon nous croyons qu'une collaboration entre votre Maison et la nôtre pourrait être réciproquement fructueuse.

I. Vos apports seraient les suivants :

a) Vous délégueriez à notre Société une partie des recettes « bloquées » en France et éventuellement dans d'autres pays d'Europe qui ne peuvent pas transférer de recettes en dollars. Ces fonds seraient d'abord investis dans la production *la Bergère et le Ramoneur* un *feature* de dessins animés que nous réalisons ensemble (lettre du 4 mars 1948). Votre intérêt est en effet d'investir le plus tôt possible vos recettes bloquées car depuis deux ans elles perdent tous les jours 1 % de leur valeur. Ceci d'ailleurs n'empêcherait pas que le remboursement de vos investissements pourrait être assuré par, non seulement les recettes de *la Bergère et le Ramoneur* mais aussi celle d'autres films que nous pourrions produire ensemble. La valeur de vos investissements en francs sera calculée en dollars, au cours du marché libre du dollar le jour de l'investissement. Le prix de revient ressortant lui-même en dollars, il sera facile de définir la valeur relative des divers investissements à la fin du film. L'importance de vos investissements devrait être calculée en tenant compte, d'une part de vos disponibilités, d'autre part de notre désir de rester intéressés financièrement dans toutes les productions faites dans nos studios avec la participation de notre équipe.

b) Vous mettriez à notre disposition une équipe de chez vous qui : (1) étudierait la production en cours et ferait des suggestions qu'elle trouverait bon de faire, suggestions dont nous tiendrions compte dans la mesure où l'état d'avancement de la production le permettrait ; (2) apporterait un potentiel de production supplémentaire qui permettrait d'accélérer notre cadence de production ; (3) contrôlerait l'avancement de la production et l'usage fait de vos fonds. Un contrôle de ce genre est d'ailleurs déjà assuré pour le compte de l'État français intéressé financièrement à notre affaire. Si cette équipe exigeait un paiement partiel en dollars, c'est vous qui le feriez. Cet apport en dollars viendrait s'ajouter aux investissements que vous feriez comme dit au paragraphe I.
c) Une fois cette collaboration mise au point, vous obtiendrez d'une des 8 grandes compagnies américaines un contrat de distribution aux États-Unis du film *la Bergère et le Ramoneur* garantissant des recettes normales pour un film de cette importance.

II. Nos apports seraient les suivants :

a) Du fait de notre position dans le cinéma français, et en raison de la collaboration qui s'établirait entre votre groupe et le nôtre, le Ministère des finances accepterait que les premières recettes du film *la Bergère et le Ramoneur* aux États-Unis, vous soient déléguées jusqu'à remboursement de vos investissements dans nos productions. Si les recettes de ce premier film aux États-Unis n'étaient pas suffisantes pour rembourser vos investissements, vous pourriez continuer à encaisser les premières recettes faites sur le même marché par d'autres films que nous produirions ensemble. En compensation de cet avantage exceptionnel les recettes en monnaies appréciées autres que le dollar (pesos, couronnes suédoises, francs belges, francs suisses, livres sterling, etc.) nous reviendraient jusqu'à remboursement de nos investissements. Le montant de recettes dans ces monnaies que nous devrons recevoir pour obtenir la contrepartie de nos investissements calculés en dollars devra être égal à la valeur des investissements nous restant dus, calculés au cours libre moyen de ces monnaies durant le mois précédent. Quand nos investissements réciproques auront été remboursés, les recettes

supplémentaires en dollars comme dans les autres monnaies seront partagées au prorata de vos investissements et des nôtres, calculés en dollars.
b) Nous mettrions à la disposition de votre groupe collaborant avec le nôtre : nos nouveaux studios ainsi que leur équipement. Ces studios peuvent être étendus autant qu'il sera nécessaire car nous disposons d'un terrain de 15 000 m² sur lequel nous avons le droit de bâtir. / Une équipe de 100 spécialistes qui sera bientôt portée à 150 ; dont la valeur artistique a pu être jugée par vous au cours des projections de nos films.
c) Vous profiterez des prix de production de dessins animés français qui à organisation égale seront toujours en France entre 3 et 5 fois moins chers qu'aux États-Unis, pour la simple raison que la France ayant un équipement industriel très inférieur à celui des États-Unis, la main-d'œuvre y est beaucoup moins chère. Cette situation n'est pas provisoire car malheureusement la France ne peut pas, en raison de ses faibles ressources calorifiques et des guerres qui détruisent régulièrement ses équipements, rattraper le retard qu'elle a sur les États-Unis.

La Bergère et le Ramoneur étant conçu et dirigé par nous, rien n'empêcherait qu'après ce film nous étudions un autre avec vous dans lequel nous apporterions toute notre collaboration, mais dont la Direction artistique serait assurée par vous.

Pendant la réalisation de ce deuxième film, un autre sujet serait également étudié en commun, mais la Direction serait assurée par nous, et ainsi de suite.

Il serait d'ailleurs possible de réaliser autre chose que des features, par exemple une série de dessins animés d'une bobine, ou même des films éducatifs.

Enfin, le risque de guerre est aussi réduit que possible dans le cas du « dessin animé ».

En effet, au fur et à mesure de l'avancement du travail, nous expédierons aux États-Unis, les dessins, peintures, ou négatifs dont nous n'aurons plus besoin, pour permettre de terminer le film aux États-Unis si un conflit empêchait de le terminer en Europe.

En résumé, les buts que notre collaboration permettrait d'atteindre, sont :
1) atteindre par une collaboration culturelle journalière entre un groupe américain et un groupe européen une qualité et une variété maximum au spectacle du dessin animé ;
2) tirer le meilleur parti de la situation des deux groupes dans deux secteurs économiques différents, qui, séparés, se nuisent, mais, groupés, peuvent s'enrichir mutuellement.

En n'investissant pas vos recettes bloquées vous perdez depuis deux ans, 1 % de la valeur de votre capital tous les jours.

Si cette collaboration s'était faite il y a deux ans quand nous l'avons proposée, la prospérité des deux groupes serait à son maximum car, non seulement, ils n'auraient pas souffert de la crise mondiale, mais encore ils s'en seraient enrichis.

Espérant une réponse favorable de votre part…

André Sarrut.

(ci-joint : remis le 23 mars 1948 un scénario anglais de *la Bergère et le Ramoneur* ainsi qu'un schéma du groupe dont nous faisons partie, les références de ces groupes techniques (production et distribution) et sociales et financières).

Les Gémeaux au Crédit national (Xavier Flûry), le 22 avril 1948.
Concerne les pourparlers engagés avec la société Walt Disney.

Pour que vous puissiez continuer à suivre ces négociations, et nous donner votre avis si vous le jugez bon, nous vous remettons ci-joint copie d'un procès-verbal daté du 8 avril 1948 établi par M. Feignoux, directeur européen de la société Walt Disney pour M. Cutting, directeur du Foreign Department de la même société.

A la suite de ce procès-verbal, une nouvelle note destinée à Walt Disney a été rédigée par nous, également datée du 13 avril 1948.

A la suite de la présentation à M. Feignoux du film *le Petit soldat*, ce dernier a écrit, le 9 avril 1948, une lettre adressée à M. Roy Disney, président de la société Walt Disney et à M. Bill Levy, directeur général de cette société.

Notre président, M. Sarrut, revient d'Amsterdam aujourd'hui après avoir précisé toutes ces questions avec M. Cutting, avant son départ pour New York.

M. Bill Levy est arrivé à Paris ce matin pour rencontrer M. Sarrut et poursuivre les pourparlers.

April 8, 1948

Mr Jack Cutting
Hotel Central
The Hague
Holland

My dear Jack:

Further to the different conversations we have had with Les Gémeaux people and mainly with André Sarrut, the later has summed up in a first letter dated March 30, 1948 the project we have so often talked about you and I and which we would like so much to see carried out some day.

Sarrut's letter of March 30 was addressed in French to both of us and I have translated it into English, the best I could.

In the evening of April 1st Sarrut came to my office and we discussed together the text of his above mentioned letter : I thought it would be interesting for you to know of my objections and Sarrut's answers to them and it is purpose(d)ly that some of the paragraphs of Sarrut's letter are followed by the indication : Wally objections – Sarrut's answer, so that you are perfectly conversant with the whole affair.

Further to the meeting I have had April 1st with Sarrut he wrote a second letter exposing his views further to some of my objections with second letter he intentionally dated March 30, 1948 too.

You will find said second letter enclosed herewith and written on Les Gémeaux letter heads.

Together with said letter I am enclosing herewith several notes and documents which Sarrut has just supplied me with:

1) Production references of Les Gémeaux SA and Safia SARL (André Sarrut producer)
2) Constitution of Les Gémeaux and Safia Group (financing, associated producers, foreign distribution Safia, private specialised financing groups).
3) Commercial and financial references (for Les Gémeaux both in France and in the United States).
4) Finally a scenario (in French) of *la Bergère et le Ramoneur* (*the Shepherdess and the Sweep*)

I really have no time to translate into English such voluminous a piece of literature and I wonder whether you will think it worthwhile taking said scenario to the United States. In the case you cannot use it, you better give it back to Sarrut when you meet him in Holland where he expects to be April 14 or 15 next (Sarrut will stop at the Central Hotel in the Hague) and he will bring with him a print of *Le petit Soldat* (*The Tin Soldier*), which cartoon is excellent, I think, and which both Sarrut and myself thought that you must absolutely screen before sailing back to the States and talk with Walt, Roy and Bill Levy the advisability of an association for joint production with Les Gémeaux.

Kindest personal regards,

Cordially,

R. W. Feignoux

Copies to Roy Disney, O.B. Johnston, D.B. Levy

Paris, March 30th 1948.

Les Gémeaux
Walt Disney Productions

Attention Messrs Cutting and Feignoux in Paris.

Re : Association for joint production Walt Disney / Les Gémeaux

Gentlemen :
Further to the conferences we had together, principally March 25, 1948 and to the various correspondence that have been addressed you October 25, 1947, February 19, 1948 and March 4, 1948, we beg to outline hereunder the ways we think a joint production agreement could be made between our two companies.

DISNEY SHARE IN PARTNERSHIP
1. You should turn to our Company all the monies you make through RKO or other sources of distribution of your pictures and which are blocked in France, and eventually all the other monies belonging to you which are also piling up in such other European countries where it is extremely difficult, not to say impossible, to obtain permission of transfer to the USA.

Wally's objection: We cannot possibly contemplate assigning to Les Gémeaux all we have even blocked because we must always keep substantial reserves.

Sarrut's answer: This is correct and I take due note.

Wally: What do you mean exactly by other monies piling up in other European countries besides France ?

Sarrut: I mean all the countries where a transfer of local currencies to France will be undoubtedly easier to obtain than a transfer to the USA.

Said funds should be in the first place invested in our present production *la Bergère et le Ramoneur* (*the Shepherdess and the Sweep*) an animated cartoon feature picture which we are now producing (kindly refer to my letter of March 4, 1948).

Wally: Must we understand that investing money in the *the Shepherdess and the Sweep* is a condition sine qua non ?

Sarrut: *The Shepherdess and the Sweep* are already subventioned but we consider it important that the Disney Productions personally contribute in it by the means of supplying us with material or better with technicians. As far as a financial participation is concerned we also think that this would be very wise in order to strength then Disney position at Les Gémeaux in view of future production as regards to the French Authorities.

Wally: Imagine Disney definitely do not want to interfere and participate making of a feature picture already in course of production : what happens then ?

Sarrut: Disney should at least contribute in securing a first class American Distributor in view of the distribution of our picture in the United States.

For said feature picture as well as for any other that we may produce together the importance of your investments should be calculated after taking in full consideration:

a) what amount of Disney money is there available

b) we have a definite desire to remain and kept financially interested in all and every production that will be produced in our Studio with the cooperation of a Disney group of artists

2. In order to serve our needs and purposes Disney should put at our disposal a team composed of some of your finest and most experienced artists and specialists whose job would be:

a) to study the feature picture in course of production and make suggestions and recommendations which would be taken into consideration in the measure when this would be feasible owing to the fact that said picture is well advanced in production
b) represent for us a supplementary potentially in production which would permit more rapid a rhythm of/in production
c) control how the production is progressing and also control how the Disney funds are made use of: such a control is already existing of the behalf of the French Government financially interested in our company for the specific picture in course of production. In the case the Disney group of artists would request part of their wages to be paid in dollars, Disney would take care of it, it being well understood however that the amount of dollars Disney would have paid for in that respect would be added to the amount of Disney investments as figuring at paragraph 1.

3. A cooperation agreement would imply for Disney to negotiate with and obtain from one of the eight American major companies a distribution contract for *the Shepherdess and the Sweep* throughout the United States, it being understood that the American distributor selected would grant Les Gémeaux a minimum guaranty within reason and according to the value of the picture.

Wally : This would in short eventually replace paragraph 1.

LES GEMEAUX SHARE IN PARTNERSHIP

1.Due to our strong and very favourable position in the French cinematographic industry and thanks to a joint production agreement between Disney Studio and our Studio we know that the French Ministry of Finances would be willing to accept that the receipts that would be made in the dollar zone be turned over to Disney up to the reimbursement of their investments in our productions.

Wally : In the proportion of how many francs invested to one American dollar ?

Sarrut : According to the rate of exchange franc/dollar on the free market of exchange.

In compensation of such exceptional a concession from the French authorities it is understood however that all the receipts (revenue) made from the distribution of our pictures in hard currencies other than the dollar (for instance : pesos, Swedish crowns, Belgian francs, Swiss francs, etc.) will be turned over to Les Gémeaux up to the refund of their investments in said production.

As soon as Disney investments have been reimbursed in dollars the further receipts made in dollars would be divided among our two companies according to the percentage of their respective investments in each individual production.

Wally : That sounds fair.

Once Les Gémeaux investments will have been reimbursed in pesos, Swedish crowns, Belgian francs, Swiss francs, etc. the further receipts will then be divided among Disney and Les Gémeaux and according to the percentage of their respective investments in each individual production.

Wally : Here again how will be calculated the amount of pesos, etc. to get as compared to the various investments made in French francs ?

Sarrut : As above mentioned as regards the dollar.

All the receipts (revenue) made in other currencies than the hard currencies above mentioned would also be divided between our Companies according to their respective investments.

Wally : I think that the revenue should be monthly or quarterly calculated taking into consideration the rate of the dollar at the free market of exchange, as it will be in the course of the month as compared to the rate of exchange of any and every currencies interested other than the hard currencies above mentioned and at the same period of time.

Sarrut : It is correct.

Example : Admitting that the cost price of one picture (we take as a basis the free market value of the dollar to the franc) will represent one hundred dollars all the sums made in currencies other than the dollar will be calculated at the rate of the free market dollar/franc at the day of the investment : this is only a suggestion of course and it is obvious that what will be finally agreed upon will have been calculated for the best of our mutual interests.

Wally : I think it would be better not only to have the dollar/franc value but also to consider the value of any other currency as compared to the value of the dollar on the free market of exchange. It is also my opinion that the receipts in the United States should be considered at the rate of the dollar in course of the period when the receipts have been made.

This formula presents the advantage of leaving a maximum liberty of action to both your group and ours since (thanks to the possibility of a delegation of the receipts) it is always possible to transfer under the best possible conditions such receipts as will have been made in foreign currency either "hard" or not.

Wally : Kindly develop your idea

Sarrut : If, when the time comes, we feel that the French franc for instance is improving as compared to the dollar Disney would then have the possibility of not making a transfer at that time.

2. We should put at the disposal of a Disney team :

a) our new Studio at Neuilly including their equipment. Our Studio can be extended as much as can be necessary since we dispose of 3 ½ acres about of building ground.
b) A group of 100 specialized artists which shall be soon brought up to the 150 are people whose artistical value you can have judged when you visited our Studio.

3. Disney shall benefit of the conditions and cost prices of production which as far as the making of animated cartoons is concerned will always be about three times cheaper in France than they are in the United States for the very reason that the French industrial equipment being inferior to the American's, the cost of labour in France is much cheaper accordingly. Such a situation is not temporary because (and most unfortunately), France cannot due to her small calorific resources for instance and to the wars which regularly destroy her equipments, overtake her industrial backward situation as compared to the US's.

Wally : It must be well understood that both Les Gémeaux studio and Les Gémeaux artists, technicians, etc. will be supplied to the Disney group at the charge, expense and risks of the only Les Gémeaux.

Sarrut : OK.

The Shepherdess and the Sweep having been created and directed by us since the very start of its production it is very possible that Disney won't feel like interfering with it but we cannot imagine why it would be impossible to study together another scenario and a second feature picture in the making of which we should bring all the possible cooperation but the direction and artistic production of which should be entirely assumed by Disney.

Wally : I don't think that Disney will overlook the importance there is for him, as regards the French Authorities, to take some kind of an interest in *the Shepherdess and the Sweep* but they might not want to "interfere" as you may say and may be it would be preferable to forget about your first feature picture and concentrate our combined efforts on a second one, the story of which would have been selected by Les Gémeaux and Disney together.

Sarrut : I wish that Disney would try and his utmost and take a participation in our first feature picture if only for the sake of French Authorities' point of view.

In the course of production of the second feature picture it would prove not only wise but normal to jointly study a third picture, the artistic direction and production of which would this time be entirely assumed by our Studio (the idea being one directed by Disney, the next one by Les Gémeaux, and so on.)

In our opinion it should be possible to produce other kind of animated cartoon pictures than feature pictures, for instance a series of short subjects one reel, and eventually some educational pictures.

Wally : We already produce 18 short subjects a year, which might not leave room for additional Les Gémeaux/Disney short subjects to be made in Europe. Besides we cannot forget that due to the war years we still have a very important backlog of short subjects available for Europe and still remaining to be released in Europe.

Sarrut : It is up to you to decide.

Wally : As far as educational are concerned I only wish that I could use and release in Europe eventually through some governmental channels, the many educational pictures that have been produced in the US during the war. As far as I am concerned I am not certain on the advisability of European made educational short subjects because I know as well as you do, by long experience that this kind of picture dot not "pay".

Last but not least it is our opinion based on experience that the risks as represented by any possible war are much reduced as far as animated cartoon pictures are concerned and this for the following reasons :

a) either we jointly decide to go ahead with the work as it stands in our Studio when the war breaks out (this is what happened to us during German occupation of France and in that instance risks of war have been covered by special insurances).
b) Or we jointly decide to complete the work in the US in which case all the drawings and cels will be packed and shipped to the US for completion, the very day the war breaks out.

Wally : An association or joint production agreement with the USA might modify the point of view of the new occupying forces in the case things would happen as did in 1940…

Sarrut : This is a very sound remark and may be it would be for our joint interests to place a third party or third group to serve as an intermediary between Disney and Les Gémeaux.

In short the advantages of a joint production agreement between our companies would remain as follows :

1) Through a daily cooperation both from the cultural and artistical point of view our joint production could not fail reaching to a maximum in both quality and variety,

2) It would permit to take the best of a situation which both groups taken individually have to face in two different individual economical zones in which zones several groups acting individually can only harm each other but in which if said groups are amalgamated as a single group they can only individually benefit from.

By having not invested your blocked revenues you have been losing in the course of the last two years and a half, 1 % a day of the original value of your capital.

Should such cooperation and joint production agreement have been made years ago when we first conferred together, the prosperity of both groups should have very nearly attained its maximum by now and both our respective groups should not only not have suffered from the worldwide crisis but would have in some way benefited from it.

Expecting your attention and a favourable answer.

Kindest personal regards,

Sincerly,

André Sarrut.

April 13, 1948.

Walt Disney Productions
2400 West Alameda Avenue
Burbank

For the attention of Mr. J. Cutting and Mr. W. Feignoux

Gentlemen,

Following the conversation we had with you on March 25 last, and the several letters we sent you on October 25, 1947, February 19, 1948 and March 4, 1948, we suggest below the way in which we think a cooperation between your firm and ours could be mutually beneficial.

1. WALT DISNEY'S CONTRIBUTION AS FOLLOWS :

(1) Transfer to our Company part of the receipts "frozen" in France and eventually in other European countries that cannot transfer receipts into dollars.

These funds would be first invested in the production *la Bergère et le Ramoneur* an animated cartoon feature being produced by us (re our letter March 4, 1948).

It is your interest to invest your "frozen" receipts as soon as possible for they have been losing 1 % of their value every day for two years.

The decree of the Ministry of Finance which is about to become official (refer to our letter of same date) makes it advisable for a rapid decision.

The value of your investments in francs will be computed in dollars, according to the quotation of the dollar in the free market on the day of investment. The productions will be computed in dollars and the relative value of the various investments will be easily determined on completion of the productions.

The amount of your investments should be based on the funds you have available, keeping in mind that Les Gémeaux will also participate financially in every production of Les Gémeaux studio organization.

(2) A few American technical animation specialists would be placed with Les Gémeaux for the following functions :

a) Study the present production in the making and make suggestions that would improve the production for international release. These suggestions of course must take into consideration the completion of the picture in the most economical way.
b) Bring extra man-power to our production staff which will speed the rhythm of our production
c) Check progress of the production and the use made of your investments. A similar control system is in effect for the French government, financially interested in our production. If these American specialists should insist on partial payment in dollars, the dollar funds must be provided by you. This additional dollar investment would add to the amount you would advance as foreseen in paragraph 1.

(3) If these suggestions are agreed upon, you would obtain from one of the eight large American release firms, a contract of distribution in the US for the picture *la Bergère et le Ramoneur* with the usual guarantee of receipts for a picture of similar importance.

II. OUR CONTRIBUTION WOULD BE AS FOLLOWS :

1) Due to our reputation in the French cinema, and if cooperation between our groups can be agreed upon, the French Office des Changes is willing that should retain a sum in dollars corresponding to the investment in francs to us in Paris from the first exploitation receipts in the US. Our investments will be repaid on the first receipts from high currencies : other than the dollar (pesos, Swedish crowns, Belgian Francs, Swiss francs, pound sterling, etc.) until your complete investments are repaid. In all high currencies including the dollar provided by US receipts after your investments are completely reimbursed. The reimbursement in various currencies will have to be calculated on the free quotation of the dollar exchange of those currencies during the month prior to payment. When your and our investments will be completed : 75 % of the additional receipts in dollars and other currencies will be shared in proportion to your and our investments calculated in dollars. 25 % is reserved for Les Gémeaux SA as the producing firm.
2) Our contribution in France to your group cooperating with us will be : (a) a new studio and all equipment. This studio can be expand as production demands, as we have at our disposal over 45,000 sq. ft. of building aera. (b) a team of 100 animation specialists (that will soon be enlarged to 150) whose artistic value is already known to you.
3) You will benefit by the lower costs of French production. French cartoon organizations as well organized as the US cartoons organizations will prove to be three to five times less expensive for the simple reason that French labor is much cheaper. This situation will no doubt be permanent due to many factors such a poor fuel resources, limited industry prior war destruction and standard and living.

On completion of *La Bergère et le Ramoneur* production of another film could be mutually planned in which we would give your entire cooperation and would agree on the artistic direction to be handled exclusively by Walt Disney.

During the production of this second picture, a third of one-reel animated cartoons or even educational pictures in addition to the features. These could be so planned to fill any production intervals.

To overcome any war risk in Europe, we would so plan our productions that all drawings, paintings, negatives, etc. would be sent to the US immediately on completion of production in France, therefore allowing the completion of the production in the US if war should actually break out.

As a summary mutual cooperation would achieve the following results :

1) Produce animated features, short subjects, etc. with the maximum quality and international acceptance due to close cooperation between American and European technicians.
2) Obtain the maximum benefits of a combined American and European group, which, when apart, harm each other, but when together, are mutually beneficial.

It is unfortunate that we could not have obtained a cooperation similar to that suggested two years ago. However, it is never too late to reach an agreement that will be successful for both our two groups.

Trusting we may hear from you soon, Yours sincerely, Les Gémeaux SA, André Sarrut.

April 9, 1948

Mr Jack Cutting
Hotel Central
The Hague

"Les Gémeaux"

Dear Jack :

Just a few lines in a hurry.

It is most unfortunate that Sarrut did not get on time a Technicolor print of their last made animated cartoon *The Little Soldier* which obliged him to show it today to a few persons in black and white only.

I think that with *The Little Soldier* Paul Grimault and his small team have produced a beautiful short. It must be rightly considered as an achievement and I really am enthusiastic about it. There is no doubt that *The Little Soldier* should be considered as the most convincing support to the agreement for joint production that we two would like to much to be made between Les Gémeaux and our Studio.

André Sarrut will arrive at The Hague either April 14 in the evening or on the 15 the latest. As you know he will take the print of *The Little Soldier* with him so that you can screen it before going back to Burbank. I am positive that you will enjoy that cartoon as much as I did today. The story is charming and the special music by Kosma is excellent and full of effects and one cannot help being moved by and with the whole thing. I am really anxious to see it in Technicolor because the colors that Grimault uses for both his characters and backgrounds are beautiful most of the time and I think, in short, that *The Little Soldier* deserves the best possible success.

Just too bad that Les Gémeaux already have made an agreement for the distribution and exploitation of *The Little Soldier* because it would have been wonderful to release it together with one of our feature pictures and the more since that kind of a cartoon so specifically latin not to say in French could in no way compete with ours and vice versa. I am sure that everybody will love *The Little Soldier* at the Studio.

Kindest regards, Cordially,

R. Wce. Feignoux
Copy Roy Disney, Bill Levy.

Structures éditoriales du groupe L'Harmattan

L'Harmattan Italie
Via degli Artisti, 15
10124 Torino
harmattan.italia@gmail.com

L'Harmattan Hongrie
Kossuth l. u. 14-16.
1053 Budapest
harmattan@harmattan.hu

L'Harmattan Sénégal
10 VDN en face Mermoz
BP 45034 Dakar-Fann
senharmattan@gmail.com

L'Harmattan Cameroun
TSINGA/FECAFOOT
BP 11486 Yaoundé
inkoukam@gmail.com

L'Harmattan Burkina Faso
Achille Somé – tengnule@hotmail.fr

L'Harmattan Guinée
Almamya, rue KA 028 OKB Agency
BP 3470 Conakry
harmattanguinee@yahoo.fr

L'Harmattan RDC
185, avenue Nyangwe
Commune de Lingwala – Kinshasa
matangilamusadila@yahoo.fr

L'Harmattan Congo
67, boulevard Denis-Sassou-N'Guesso
BP 2874 Brazzaville
harmattan.congo@yahoo.fr

L'Harmattan Mali
Sirakoro-Meguetana V31
Bamako
syllaka@yahoo.fr

L'Harmattan Togo
Djidjole – Lomé
Maison Amela
face EPP BATOME
ddamela@aol.com

L'Harmattan Côte d'Ivoire
Résidence Karl – Cité des Arts
Abidjan-Cocody
03 BP 1588 Abidjan
espace_harmattan.ci@hotmail.fr

L'Harmattan Algérie
22, rue Moulay-Mohamed
31000 Oran
info2@harmattan-algerie.com

L'Harmattan Maroc
5, rue Ferrane-Kouicha, Talaâ-Elkbira
Chrableyine, Fès-Médine
30000 Fès
harmattan.maroc@gmail.com

Nos librairies en France

Librairie internationale
16, rue des Écoles – 75005 Paris
librairie.internationale@harmattan.fr
01 40 46 79 11
www.librairieharmattan.com

Librairie l'Espace Harmattan
21 bis, rue des Écoles – 75005 Paris
librairie.espace@harmattan.fr
01 43 29 49 42

Lib. sciences humaines & histoire
21, rue des Écoles – 75005 Paris
librairie.sh@harmattan.fr
01 46 34 13 71
www.librairieharmattansh.com

Lib. Méditerranée & Moyen-Orient
7, rue des Carmes – 75005 Paris
librairie.mediterranee@harmattan.fr
01 43 29 71 15

Librairie Le Lucernaire
53, rue Notre-Dame-des-Champs – 75006 Paris
librairie@lucernaire.fr
01 42 22 67 13

www.ingramcontent.com/pod-product-compliance
Lightning Source LLC
LaVergne TN
LVHW020937230826
846092LV00001BA/133

* 9 7 8 2 3 4 3 2 0 4 1 8 5 *